the secrets of codes

시크릿 코드

the secrets of 시크릿 코드

signs • symbols • ciphers & secret languages

codes

폴 룬드 엮음 | 박세연 옮김

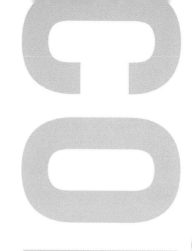

CONTENTS

시크릿 코드

발행일 2020년 8월 17일 초판 1쇄 발행
엮은이 폴 룬드
옮긴이 박세연
발행인 강학경
발행처 시그마북스
마케팅 정제용
에디터 장민정, 최윤정, 최연정
디자인 최희민, 김문배

등록번호 제10-965호
주소 서울특별시 영등포구 양평로 22길 21 선유도코오롱디지털타워 A402호
전자우편 sigmabooks@spress.co.kr
홈페이지 http://www.sigmabooks.co.kr
전화 (02) 2062-5288~9
팩시밀리 (02) 323-4197
ISBN 979-11-90257-67-1 (03900)

이 도서의 국립중앙도서관 출판예정도서목록(CIP)은 서지정보유통지원시스템 홈페이지(http://seoji.nl.go.kr)
와 국가자료종합목록 구축시스템(http://kolis-net.nl.go.kr)에서 이용하실 수 있습니다. (CIP제어번호 :
CIP2020029244)

* **시그마북스**는 (주)시그마프레스의 자매회사로 일반 단행본 전문 출판사입니다.

ACPOTNMTHEBNVTJSD

10

인간 행동의 코드

 **11**

시각적 코드

 **12**

상상력의 코드

 13

디지털 시대

들어가는 말

우리 모두는 뛰어난 암호 분석가이다. 우리는 모두 행동을 결정하고, 정보를 받고, 또한 자신에 관한 정보를 전달하는 엄청난 양의 코드로 가득한 글로벌 세상에서 살고 있다.

아이들은 말을 시작하기 전에 주변 환경을 먼저 해석한다. 아이들은 본능적으로 다른 사람들의 표정과 제스처를 읽고, 억양을 민감하게 감지한다. 언어를 사용하는 것은 엄청나게 복잡한 코드화된 프로세스이다. 단지 발음을 하는 기술을 배우는 것이 아니라 다양한 의미를 전달하는 제스처, 억양, 얼굴 표정과 더불어 언어 체계를 지배하는 법칙을 배우는 것이다. 우리는 살아가면서 끊임없이 코드를 풀어나가고 있다. 주위 환경을 인식하고 주변 인물들을 판단해야 한다. 하지만 우리 스스로도 우리가 하고 있는 일을 잘 이해하지 못하는 경우가 많다. 한편 우리는 말로 표현하지 않는 것도 이해하는 법을 배워야 한다. 언어는 의미를 전달하기도 하지만 그만큼 의미를 숨기기도 하기 때문이다.

'코드'라는 말에는 드러나지 않는 의사소통의 수단이라는 의미와 법칙의 체계라는 의미가 모두 담겨 있다. 사실 코드는 일회적인 것이 아니다. 사람들은 '드레스 코드'나 '예절 코드'에 대해 잘 알고 있다. 이러한 코드 역시 사회적인 법칙이지만 이 코드가 기능을 발휘하기 위해서는 상대방이 알아볼 수 있어야 한다. 인류가 최초로 상대방이 알아볼 수 있는 행동을 드러낸 이후로, (오늘날 그러한 것처럼) 모든 집단의 구성원들은 서로의 코드를 이해하기 위해 노력해 왔다. 오늘날에도 옷을 입고 행동을 하는 방식은 사람들을 규정하고 있다. 이러한 행동 코드들은 다른 사람에게 특정한 메시지를 보낸다. 과거의 전통 사회에서도 나이, 성별, 태생, 지위 및 여러 다른 개념들을 나타내는 코드들은 매우 복잡한 형태를 구성하기도 하였다.

또한 우리는 우리를 둘러싼 물리적 환경도 이해해야 한다. 원시 인류는 살아남기 위해 주변 환경을 끊임없이 해석해야만 했다. 그들은 먹을 수 있는 것과 못 먹는 것을 구별하기 위해 그리고 위협과 위협이 아닌 것을 구별하기 위해 자연 환경을 분석했다. 지형과 날씨를 읽는 법을 배우고 사냥기술을 익히고 천체의 움직임으로부터 시간을 재고 계절의 변화를 이해해 나가는 과정에서 신호 해석은 생존과 직결된 과제였다. 하지만 현대인들은 원시 인류가 개발했던 해석 능력을 대부분 잃어버렸다. 그럼에도 불구하고 현대인의 삶 역시 광고게시판으로부터 비상구와 고속도로 표지판에 이르기까지 엄청나게 많은 코드를 정확하게 해석하는 능력에 달려 있다.

의미를 숨기는 것 역시 집단에 따라 고유한 모습으로 나타난다. 비밀 문자나 수신호는 많은 조직에서 독특한 형태로 사용하고 있다. 자신들의 집단을 사회적으로 드러내거나 또는 외부인에게 메시지를 숨기기 위해 이러한 방법들을 사용한다. 어린이들도 어른들의 눈을 피하기 위해 그들만의 '비밀' 언어를 사용한다. 또한 어른들 역시 어린이의 호기심을 피하기 위해 말을 돌려서 하기도 한다. 역사적으로 지배적 엘리트들뿐만 아니라 범죄자들도 자신들만의 독특한 언어 체계를 개발하였다. 그들은 사회적 시선을 피하기 위해 비밀 언어를 사용한다. 한편으로 남자와 여자가 서로 다른 형태의 언어를 사용하는 사회도 있다.

음성을 시각적인 형태로 기록하는 문자의 발명으로 인해 쉽게 사라지고 마는 생각들을 오랫동안 보존할 수 있게 되었다. 문자는 그 자체로 인코딩의 한 형태이다. 이집트의 상형문자나 선문자 B와 같이 '사라져버린' 고대의 문자 체계들을 해독하기 위해서 사람들은 암호 분석 기술을 사용하였다. 어떠한 방식으로든 의미를 숨기려고 하는 코드는 사실 코드의 근간이 되는 문자 체계와 역사를 같이 한다. 현대 사회와 마찬가지로 고대국가들 역시 메시지를 숨기기 위해 다양한 시도를 하였다(그리고 동시에 멀리까지 전달하고자 했다). 군사 암호는 고대시대에 널리 사용되었다. 그리고 중세시대에 이르러서는 놀라울 정도로 다양한 '비밀' 기록들이 등장하였다.

원문의 글자 혹은 문장을 다른 문자로 치환하여 메시지를 감추는 치환 암호 체계들은 16세기 유럽에서 널리 사용되기 시작했다. 그리고 각각의 체계들마다 새로운 형태의 암호화 기술을 개발하였다. 역사적으로 볼 때, 메시지를 필사적으로 숨기려고 하는 인간의 노력은 제2차 세계대전에서 독일이 사용한 에니그마 기계에서 정점을 이루었다. 이후 눈부신 통신 기술의 발전은 암호가들에게는 새로운 기회를, 암호 해독가들에게는 또 다른 숙제를 안겨주었다.

컴퓨터 통신 기술의 발전으로 코드는 종래의 군사적 분야에서 일상생활로 넘어왔다. 우리가 매일 사용하는 휴대전화와 이메일은 이러한 서비스를 시스템, 기계장치, 알고리즘을 이용해 자동적으로 코드화하고 있다. 하지만 편리함 뒤에는 항상 보안 문제가 도사리고 있다. 빌 게이츠가 확인시켜 주었듯이, 우리는 지금 코드가 최고의 상품으로 대접받는 세상에서 살고 있다. 그리고 코드 다음으로 중요한 것은 코드 속에 포함된 '내부적인' 정보이다. 내부 정보의 보안을 지키기 위해서는 암호 시스템을 지속적으로 업데이트해 나가야 한다. 세상의 모든 코드는 메시지를 숨기기도 하지만 결국 그 스스로 암호를 풀 수 있는 실마리를 제공하기도 한다. 오늘날 정보 보안 문제는 더 이상 암호 전문가들만의 과제가 아니다. 외부 공격으로부터 개인 및 집단의 정보를 지키는 과제는 오늘날 전자시대를 살아가는 우리들 자신의 몫이다.

이 책은 엄청난 양의 정보를 전송하기 위해 다양한 코드들을 활용하는 과정에 대해 자세히 설명하고 있다. 그리고 이러한 주제를 설명하기 위해, 긴밀하게 조직된 수많은 사회적 집단들이 개발하고 사용하였던 다양한 유형의 코드들을 보여주고 있다. 이처럼 다양한 코드들을 시대 순으로 나열할 수도 있었지만, 여러 장을 통해 교차적으로 참조하는 형태로 책을 구성함으로써 코드들의 유형을 보다 분명하게 구분하고자 하였다. 이제 다양한 코드들이 그물처럼 연결되어 우리들을 둘러싸고 있는 현실에 대한 인식은 그 어느 때보다 오늘날, 우리의 생존과 번영에 직접적인 영향을 주고 있다. 이제 여러분은 이 책을 통해 달라진 자신의 삶을 바라보게 될 것이다.

폴 룬드Paul Lunde

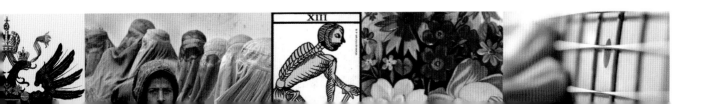

최초의 코드

태곳적부터 인류는 자연 환경의 변화와 의미를 이해하기 위해 노력해 왔다. 이러한 능력은 인류가 살아남기 위해, 그리고 지구상의 지배적인 종족이 되기 위해 가장 중요한 요소였다. 처음으로 공동체 생활을 하기 시작하면서 인류는 말과 문자, 숫자와 같이 독특하고 복잡한 시스템을 개발했다. 즉, 기호를 사용하여 추상적인 생각을 하고 구성을 하고 상징을 창조할 수 있게 되었다. 단편적인 유물들을 통해 당시의 상징 체계들이 어떤 역할을 했으며 어떻게 발전해 왔는지 밝혀내기 위해 고고학자들은 종종 암호 해독가들이 사용하던 기술을 활용하기도 했다.

자연 환경 해석하기

동굴은 원시 인류에게 훌륭한 은신처 역할을 했다. 물론, 좋은 동굴을 발견하고 다른 사람이나 동물로부터 그 자리를 지키는 것은 무척 힘든 일이었을 것이다.

자연의 변화를 이해하는 것은 원시 인류에게 생존과 직결된 과제였다. 원시사회가 형성되기 시작하면서 식량을 마련하고, 사냥을 하고, 피난처를 구하고, 위험을 피하기 위해 자연을 해석하는 능력은 더욱더 중요해졌다. 원시 인류가 자연의 변화를 해석하고, 이와 관련된 정보를 수집하는 활동은 아마도 인류가 자연의 법칙을 이해하고자 했던 노력의 출발점이었을 것이다. 인류는 점차 다른 지역으로 이동하면서 사냥을 하고, 공동생활을 꾸려나가기 시작했다. 그러면서 호모 사피엔스의 고향인 동아프리카 열대지역을 떠나 다른 곳으로 이동해 나갔다. 원시 인류는 전 세계 다양한 지역으로 흩어졌으며, 혹독한 환경에서도 적응할 수 있는 방법을 배워 나갔다. 이러한 과정에서도 자연 환경으로부터 정보를 읽어내는 능력은 매우 중요한 역할을 하였다.

주변 신호를 포착하기

오늘날 동아프리카의 리프트 계곡Rift Valley 지역에는 아직도 원시 부족들이 살고 있다. 자연 환경은 크게 달라졌지만, 우리는 이 부족들이 살아가는 모습을 통해 원시문명에 관한 실마리를 얻을 수 있을지 모른다. 과연 원시 인류는 어떻게 주변 환경을 '해석'했던 것일까?

절벽

은신처 역할을 하는 동굴이나 바위속으로 스며든 지하수가 존재했을 가능성이 높다. 원시 인류들은 높은 절벽 위에 올라, 아주 먼 지역까지 내다보았을 것이다. 아마도 사냥감을 찾고 다른 부족들의 움직임을 살피기 위한 최적의 장소였을 것이다. 원시 인류가 사냥감을 한꺼번에 몰아서 포획하기 위해, 절벽 지형을 활용했다는 증거도 발견되었다.

강의 흔적

지금은 메마른 지역처럼 보이지만, 협곡이나 우물의 흔적으로 볼 때, 한때 물이 흘렀음을 짐작할 수 있다. 땅을 파보면 지하수를 발견할 수도 있을 것이다. 물론, 대홍수의 가능성도 배제할 수 없다.

언덕

좋은 전망을 확보할 수 있으며 방어벽으로 활용할 수도 있다. 그리고 식수도 얻을 수 있다.

식물 군락지

식물 군락지는 지하수가 흐르고, 동물들이 모여드는 지역을 의미한다. 원시 인류는 이러한 지역에서 식용 식물을 구했을 것이다. 하지만 어떤 것이 식용인지 알아내기 위해, 그들은 수많은 시행착오를 거쳐야만 했을 것이다.

불모지

강수량이 부족한 지역에서는 식량을 구하기가 어렵다. 그리고 밤과 낮의 온도 차이가 매우 커서 생존에 적합하지 않다.

계절

열대지역을 벗어나 다른 지역으로 이동함으로써, 인류는 점차 계절 변화를 맞이하게 되었다. 인류는 매우 느린 속도로 이동해 나아갔으며, 오랜 세월 동안 수많은 시행착오를 거쳐 계절 및 기후 변화에 대한 정보들을 쌓아 나갔다. 여기서 분명한 점은 수백만 년 이후 나타난 최초의 농경문화가 메소포타미아 지역의 티그리스와 유프라테스 강, 이집트의 나일 강, 인도의 인더스 강, 중국의 황허 강과 같이 모두 큰 강 유역을 중심으로 발달했다는 사실이다. 초기 농경 사회에서는 파종 및 수확을 위해, 그리고 안전한 주거지 확보를 위해, 강의 범람 주기를 정확하게 알고 있어야만 했다.

날씨 신호 해석

원시 인류는 구름의 모양과 흐름을 보고 날씨를 예측했다.

1 권운 추운 날씨에도 불구하고 맑은 하늘에 높고 희미한 구름들이 바람을 따라 뭉치기 시작하면, 곧 눈보라가 몰아치게 될 것임을 의미한다.

2 적란운 아랫부분이 검으며 우뚝 솟은 모루 모양을 한 적란운은 폭풍이나 해일 또는 눈이 다가오고 있음을 알려준다. 적란운이 위치한 곳으로부터 불어오는 바람은 점점 거세지고, 기온은 급격하게 떨어지게 된다.

3 비구름 수증기가 흩어져 있는 모양의 구름이 바람을 타고 다가오면, 날씨가 계속 좋지 않을 것임을 의미한다.

4 우박을 동반한 폭풍 대홍수가 났을 때, 우박을 동반한 폭풍은 토네이도로 바뀔 수 있다.

5 권적운 높이 떠 있는 부푼 공 모양의 권적운은 좋은 날씨를 말해준다.

6 권층운(고층운) 회색 구름이 얇은 층을 이룬 권층운이 권운을 따라 오는 경우, 날씨가 나빠질 것임을 의미한다.

7 뭉게구름 푸른 하늘에 떠 있는 하얀 뭉게구름은 안정된 기상 조건을 나타낸다. 하루 종일 뭉게구름들이 모여서 계속 커지거나 높아지면, 폭풍으로 발전할 가능성이 있다.

8 난운 평평한 회색 비구름이 하늘을 덮고 있는 경우, 날씨가 나빠진 뒤 소나기가 올 가능성이 높다.

9 층운 평평한 회색 구름이 낮게 떠서 하늘을 가리고 있는 경우, 다습한 날씨를 나타낸다. 아주 낮게 떠 있는 층운은 넓은 지역에 안개를 드리우기도 한다.

긴급 재난

원시 인류는 짐승이나 새들의 행동을 보고 많은 정보를 얻었다. 일반적으로 동물들은 자연재난을 미리 감지하는 뛰어난 능력을 갖고 있다. 가령, 지진이 일어나기 직전에 지렁이들은 땅 위로 올라오고, 개들은 슬그머니 숨을 곳을 찾는다. 말이나 영양과 같이 덩치가 큰 동물들은 불안에 떨거나 무리지어 달아나기도 한다. 폭풍이나 번개가 칠 때도 이와 유사한 행동들을 보인다. 허리케인이나 태풍이 다가오는 경우, 새들은 흩어져서 날아다니거나, 심지어 떨어져 죽기도 한다. 상어는 살던 지역을 떠나 새로운 곳으로 이동한다. 동물들의 이러한 움직임을 통해, 원시 인류는 계절과 기후의 변화와 재난에 대한 중요한 정보를 얻을 수 있었다.

사냥하기

원시 인류가 정보를 '해석'했다는 사실은 그들의 사냥 활동으로 확인할 수 있다. 사냥의 역사는 약 10만 년 전으로 거슬러 올라간다. 원시 인류는 민첩하고 교묘한 방법으로 사냥하기 위해 동물들의 흔적을 분석했다. 그들은 발자국, 이동경로, 냄새, 식성, 기타 다양한 자취를 보고 사냥감을 판단했다. 이처럼 동물들의 흔적을 해석하는 능력은 맹수들의 공격을 피하기 위해서도 반드시 필요했다. 원시 인류의 이러한 능력은 오늘날 인류의 집단적 무의식으로 남아 있다.

개코원숭이 흔적
개코원숭이는 집단적으로 거주하고 음식을 구하고 사냥을 하는 잡식성 동물이다. 그렇기 때문에 한 마리의 발자국이 따로 발견되는 경우는 거의 없다. 개코원숭이들이 남긴 흔적들을 보면 큼직한 엄지손가락 자국이 보이는 손과 그렇지 않은 발의 차이를 쉽게 구분할 수 있다.

사바나 지역의 물웅덩이
아메리카, 아프리카, 아시아에 분포한 사바나의 물웅덩이 지역에서 동물들의 이동경로를 쉽게 확인할 수 있다. 물웅덩이는 독특한 환경을 제공한다. 인간 및 다양한 동물들은 물과 열매를 얻기 위해 웅덩이 근처로 몰려든다. 이러한 과정에서 동물들은 웅덩이 주변 진흙에 발지국을 선명하게 남기게 된다. 원시 인류는 기후 조건까지 감안하여 그 흔적이 언제 만들어진 것인지 짐작할 수 있었다.

토끼가 남긴 흔적
이 배설물은 토끼와 같은 초식동물들이 남긴 것이다. 토끼는 몸무게가 가벼워서 땅 위에 발자국을 잘 남기지 않는다. 하지만 배설물을 통해 확인할 수 있다.

아프리카 혹멧돼지 흔적
혹멧돼지의 배설물은 그 시기를 추측하기가 어렵다. 보통 혹멧돼지의 소화 속도는 매우 느리기 때문에 냄새가 적고 건조한 상태로 배설한다.

하이에나 흔적
하이에나의 발자국 근처에서 사냥감이나 금방 죽인 동물들을 발견할 수 있다.

사자 발자국
사자의 발자국은 다른 고양잇과 동물들의 것에 비해 크다. 사자의 발자국을 보고 근처에 사냥감이 있다는 정보를 얻을 수 있으며, 동시에 사냥자로부터 공격을 당할 위험을 감지할 수도 있다.

풀을 뜯어 먹은 흔적
최근에 동물이 이곳에 있었음을 말해주는 증거이다. 줄기가 찢겨진 형태로 보아 영양이나 얼룩말과 같은 말굽이 있는 동물들이 뜯어 먹었을 것이다.

다양한 생태 환경

서로 다른 생태 지리학적 환경으로 인해 특정 종들의 개체수가 늘어나기도 하고 여러 지역에서 다양한 종류가 나타나 여러 가지 종류의 흔적을 남기고 있다.

침수 지역과 강둑 주변

홍수 및 밀물로 인해 자주 침수가 되는 진흙 지역은 동물들의 발자국을 추적할 수 있는 최고의 장소이다. 하지만 비가 계속적으로 내리고 범람이 지속되면 이러한 흔적들도 사라져버린다. 우기에만 범람이 발생하는 열대 지역의 경우, 동물들의 발자국들은 종종 몇달 동안이나 그대로 남아 있기도 한다.

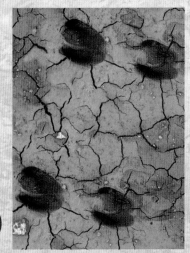

뒤쥐

따오기

얼룩말

사막 지역

눈이 내린 지역이나 모하비나 사하라 사막과 같이 모래가 많은 지역에서도 동물들의 발자국을 선명하게 확인할 수 있다. 하지만 모래 바람은 이러한 흔적들을 순식간에 지워버리기도 한다. 이 사진을 보면, 모하비 사막에서 코요테들의 이동경로가 수직으로 엇갈려 있는 모습을 확인할 수 있다.

선인장 굴뚝새

살쾡이

사막 캥거루쥐

코요테

눈이 내린 지역

아무리 가벼운 짐승이나 새라고 하더라도 눈밭에서는 선명한 발자국을 남길 수밖에 없다. 물론, 눈이 녹거나 바람이 심하게 불면 이 자국들도 사라진다. 하지만 다른 환경과는 달리 눈이 내린 지역에서는 동물들의 이동경로를 처음부터 끝까지 분명하게 확인할 수 있다. 사진에 나온 북극곰 발자국은 그린란드에서 발견된 것이다.

돌산양

북극여우

흰올빼미

수렵생활에 사용된 기호

오늘날 지구상의 사람들은 '바벨탑의 전설'에서처럼 수많은 언어를 사용하고 있음에도 불구하고 음성 언어가 언제, 그리고 어떻게 탄생하였는가에 대해서는 아직도 의견이 엇갈리고 있다. 과거의 수렵민들 역시 사냥을 하는 과정에서 손짓 발짓과 같은 의사소통 기술과 자신의 부족이나 다른 부족의 구성원들에게 신호와 지시를 전달하는 기술을 필요로 했다. 원시 문명이 존재했던 모든 지역에서 이와 관련된 증거들이 발견되고 있다. 오늘날 사냥꾼 또는 군인들이 사용하고 있는 첨단 기술도 원시 인류의 기술로부터 진화한 것이다.

페난 족의 나뭇가지 신호

사라와크Sarawak와 보르네오Borneo에 사는 페난Penan 부족은 아직도 나뭇가지를 사용하여 메시지를 전달하는 원시시대의 방법을 그대로 사용하고 있다.

이쪽으로 가시오   뒤따라 오시오

서두르시오   오랫동안 가야 함

3일 안에 오시오   식량은 없지만 좋은 장소임

주의할 것! 우리를 따라오지 마시오

인디언 기호

북아메리카 평원 지역에 살았던 인디언들이 사냥할 때 사용했던 기호들은 오늘날 우리가 알고 있는 광범위한 신호 체계의 일부분이다. 북아메리카 인디언들의 신호 체계는 복잡한 몸짓, 수신호 그리고 왼쪽에 나온 것과 같은 다양한 기호들로 이루어져 있다. 그들은 복잡한 신호 체계를 개발하였으며 다양한 부족들에 걸쳐 사용되었다. 호주 서부사막 지역의 원주민들도 이와 유사한 기호 체계를 사용했다고 한다. 귀가 들리지 않는 사람도 사용할 수 있다는 장점이 있다.

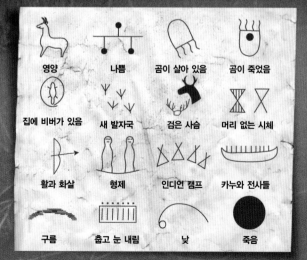

영양	나쁨	곰이 살아 있음	곰이 죽었음
집에 비버가 있음	새 발자국	검은 사슴	머리 없는 시체
활과 화살	형제	인디언 캠프	카누와 전사들
구름	춥고 눈 내림	낮	죽음

미군이 인디언 수신호를 배우고 있는 모습

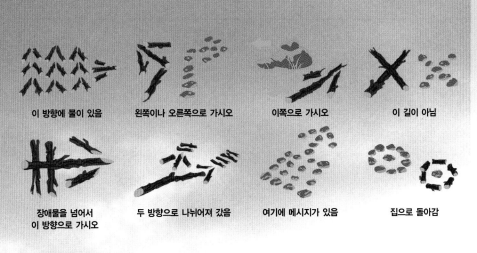

이 방향에 물이 있음

왼쪽이나 오른쪽으로 가시오

이쪽으로 가시오

이 길이 아님

장애물을 넘어서 이 방향으로 가시오

두 방향으로 나뉘어져 갔음

여기에 메시지가 있음

집으로 돌아감

수렵 기호 체계

아프리카 남부의 칼라하리Kalahari 사막의 산 부시맨San Bushmen 족이나 보르네오의 페난 족과 같은 수많은 부족들은 자신들만의 고유한 신호와 메시지 전달 방식을 개발하였다. 초기에는 식민지 주둔 군대가, 그 이후에는 그 정찰병들이 이러한 부족들의 신호들을 받아들여 자신들이 사용할 수 있는 체계로 발전시켰다. 그들은 이러한 신호 체계를 바탕으로 전쟁터에서 서로 정보를 주고받을 수 있었다. 그리고 이 신호 체계는 현대의 긴급 신호(220쪽 참조) 체계와도 상당히 비슷하다. 그들은 주로 막대기나 돌멩이 등을 사용하여 모래나 땅 위에 기호를 표시하였다.

군대 수신호

전투나 수색 중에 소리를 내지 않고 의사소통을 하는 것은 생사를 좌우하는 중요한 기술이다. 미군은 오늘날 다른 나라들과 유사한 수신호 체계를 사용하고 있다. 이 신호 체계를 활용하여 동료들에게 중요 정보를 전달할 수 있을 뿐만 아니라 영어를 하지 못하는 용의자와도 의사소통을 할 수 있다.

1 2 3 4 5

6 7 8 9 10

정지

이리로 오시오

어서 가시오

종대 편성

현재 지역 방어

쭈그려 앉아

섀도 울브즈

옛날의 수렵 기술은 오늘날에도 그 힘을 발휘하고 있다. 나바호Navajo 족과 블랙푸트Blackfoot 족과 같은 미국 인디언들로 구성된 엘리트 경찰 조직인 섀도 울브즈Shadow Wolves는 미국–멕시코의 경계 지역에서 마약 밀수꾼을 체포하기 위해 과거의 수렵 기술들을 그대로 사용하고 있다. 그들은 1972년 이후로 총 20,412kg에 이르는 마리화나를 압수하는 실적을 올렸다. 또한 중앙아시아와 동유럽 지역의 경찰들에게 그들의 추적 기술을 가르치고 있다.

초기 암각화

원시 인류는 단순하고 유형화된 형태로 인간의 모습을 그렸다. 그 그림에는 당시 인류의 다양한 활동들이 담겨 있다. 17,000년 전 프랑스의 라스코Lascaux 동굴 벽화나 BC 4500년경의 노르웨이 알타 암각화에는 머리, 몸통, 팔, 다리를 모두 갖춘 사람의 그림이 그려져 있다. 그림 속에 등장하는 사람들은 창과 활을 가지고 다양한 동물들을 사냥하고 있다. 이러한 그림을 그린 이유는 아직 정확하게 밝혀지지는 않았지만 원시 인류가 메시지를 전달하기 위해 시각적인 기호를 사용했다는 사실을 짐작할 수 있다.

그림문자

초기의 암각화들은 인간이나 동물의 모양을 정확하게 묘사하고 있지는 않다. 이 그림들은 아이콘들을 특정한 순서로 배열함으로써 메시지를 전달하는, 일종의 그림문자라고 할 수 있다(아이콘이란 단어는 이미지를 뜻하는 그리스어 이콘eikon으로부터 나왔다). 그 메시지가 사냥 기술을 표현한 것인지, 지역에서 사는 동물들을 나타낸 것인지, 승리를 기념하기 위한 것인지에 대해서는 아직 정확하게 밝혀지지 않았다. 하지만 이후 다양한 지역에서 발견된 그림들을 보면 원시 인류가 특정한 메시지를 전달하기 위해 그림을 사용했다는 의도를 더욱 분명하게 확인할 수 있다.

스페인 엘 가스티요El Castillo의 동굴 벽화
이 벽화에는 일련의 점과 눈금, 기하학적 무늬가 반복적으로 등장하고 있다. 토지의 형태나 평면도 또는 부족의 상징으로 추측된다.

다양한 그림들
다양한 크기와 갖가지 장면들로 미루어 볼 때, 이 암각화는 매우 오랜 기간에 걸쳐 완성되었을 것으로 생각된다. 아마도 여러 세대에 걸쳐 이루어졌을 것이다. 오랜 세월이 흐른 후, 한참 뒤의 후손이 색깔을 칠했을 것으로 추측된다.

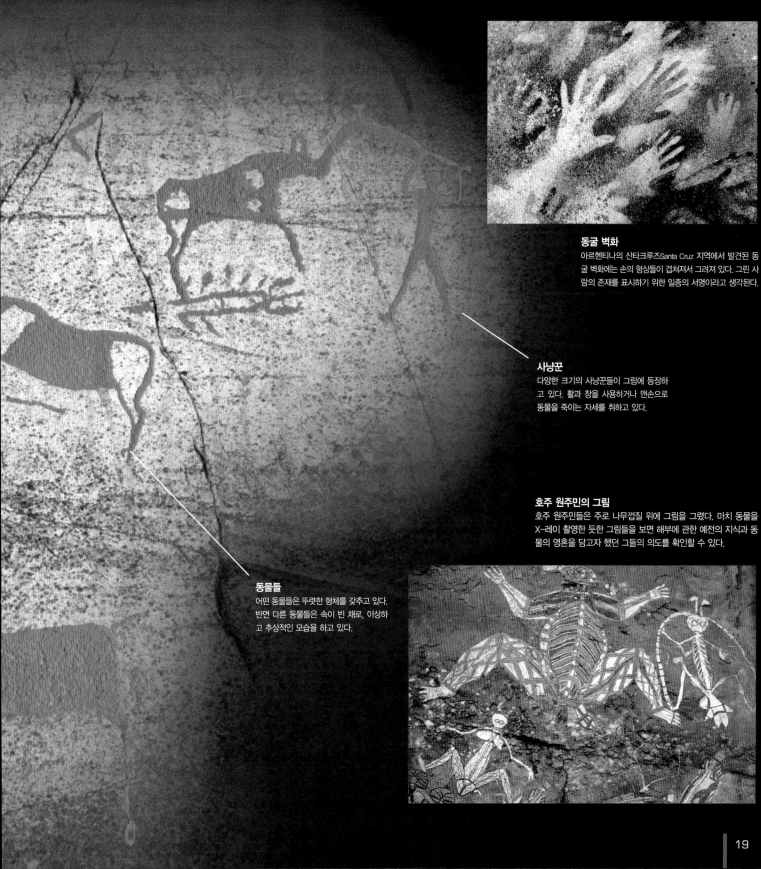

동굴 벽화
아르헨티나의 산타크루즈Santa Cruz 지역에서 발견된 동굴 벽화에는 손의 형상들이 겹쳐져서 그려져 있다. 그린 사람의 존재를 표시하기 위한 일종의 서명이라고 생각된다.

사냥꾼
다양한 크기의 사냥꾼들이 그림에 등장하고 있다. 활과 창을 사용하거나 맨손으로 동물을 죽이는 자세를 취하고 있다.

호주 원주민의 그림
호주 원주민들은 주로 나무껍질 위에 그림을 그렸다. 마치 동물을 X-레이 촬영한 듯한 그림들을 보면 해부에 관한 예전의 지식과 동물의 영혼을 담고자 했던 그들의 의도를 확인할 수 있다.

동물들
어떤 동물들은 뚜렷한 형체를 갖추고 있다. 반면 다른 동물들은 속이 빈 채로, 이상하고 추상적인 모습을 하고 있다.

문자의 탄생

숫자(26쪽 참조)와 더불어 의미를 표기하는 문자의 역사는 약 5,500년 전으로 거슬러 올라갈 수 있다. 초기 농업 사회에서 사람들은 물건이나 가축을 보관하고 전달하고 거래하기 위한 기록 체계를 필요로 했다. 최초의 기록 유물은 BC 3400년경 메소포타미아의 수메르 지역에서 발견되었다. 이 점토 유물에는 수를 나타내는 기호들이 새겨져 있었다. 그 이후 수천 년 동안 이와 유사한 숫자 및 문자 체계가 서아시아 지역으로 다양한 형태를 통해 퍼져나갔다. 한편, 남아시아, 중국, 중앙아메리카에서는 이와는 또 다른 문자 체계가 발달하였다. 문자의 탄생은 문명의 발전에 커다란 기여를 했다. 수를 세고 의미를 기록하는 추상적인 기술을 바탕으로 역법, 도량, 화폐, 수리, 기하 등이 탄생했다. 또한 고대의 국가들은 문자와 숫자 체계를 활용하여 명령을 전달하고 법률, 역사, 신화를 기록할 수 있게 되었다.

고대 이집트에서 서기는 아주 높은 지위를 차지하고 있었다. 심지어 세금도 면제 받았다.

BC 3400년경
수메르 지역에서 발견된, 숫자를 의미하는 기호가 새겨진 점토 유물. 이 숫자들은 물건이나 가축들의 수를 나타내고 있다. 발견 당시 내용물을 표시한 점토 재질로 봉인되어 있었다. 당시 아이콘이나 그림을 가지고 의미를 기록하는 그림문자도 동시에 발달하였다.

BC 3000년경
이집트 : 숫자 체계와 동시에 상형문자도 발달하였다.

BC 1400년경
시리아 지역 : 22개의 자음으로 구성된 우가리트어Ugaritian를 사용하였다. 자음의 수는 이후 30개까지 증가했다. 알파벳 개념을 최초로 사용

BC 1400년경
시리아, 팔레스타인 : 아람어Aramaic의 알파벳을 최초로 사용

BC 1100년경
페니키아 지역 : 알파벳을 개발하고 널리 전파하였다.

시리아/팔레스타인

메소포타미아

3500 BC · 3250 BC · 3000 BC · 2750 BC · 2500 BC · 2250 BC · 2000 BC · 1750 BC · 1500 BC · 1250 BC

문자의 종류
- 그림문자
- 상형문자
- 설형문자
- 비문
- 알파벳
- 해당 문자의 종류

BC 3250년경
시리아의 텔브라크Tell Brak 지역. 초기에 발굴된 유물들은 설형문자를 점토판 위에 기록한 것들이다. 처음으로 알려진 문자 체계

BC 2600년경
인더스 밸리Indus Valley 지역. 이 문자 체계는 메소포타미아 지역의 상형문자로부터 영향을 받았다고 알려져 있다. 인더스 강가의 하라판 Harappan 문명은 고유한 상형문자를 개발하였다. 하지만 이중 상당 부분이 아직까지 해석되지 않고 있다. 이 문자 체계는 BC 1800년경 하라판 문명의 쇠퇴와 더불어 사라졌다.

BC 2400년경
메소포타미아 : 메소포타미아 문명은 설형문자 형태의 아카드어Akkadian를 일반적으로 사용하였다. 최초의 문어적 문자 체계

인디아

BC 1700년경
시나이Sinai 지역 : 초기 가나안 문자

중국

BC 1400년경
중국 상나라 : 최초의 갑골문자. 동물의 뼈나 거북이 등껍데기를 가열할 때 생기는 균열을 보고 예언을 기록했다.

BC 2000~1600년경
크레타 문명은 선형문자 A와 선형문자 B를 개발하였다. 이집트의 상형문자로부터 영향을 받은 것으로 알려져 있다(28쪽 참조).

에게인

BC 1500년경
아나톨리아Anatolia와 카프카스Caucasus 산맥 지역. 히타이트Hittetes와 우라르투 Urartian 사람들은 상형문자를 받아들여 사용하였다.

초기 수메르어 설형문자 기호가 새겨져 있다.

문자의 진화
문자는 크게 네 가지 범주로 구분할 수 있다. 그림문자, 상형문자, 설형문자 그리고 단계적으로 진화된 알파벳 문자이다. 대부분의 문자 체계는 그림문자로부터 진화하였다. 그림문자의 경우, 각각의 상징이 특정 단어나 개념을 나타내고 있다. 하지만 그림문자의 불편함으로 인해 사람들은 보다 간편한 문자를 개발하기 시작했다. 다른 한편으로, 개념이 아닌 음성을 표기하는 형태의 문자가 등장하였으며 점차 정형화되고 추상화되었다. 특히 서부 유라시아 지역에서 문자 체계가 빠르게 발전하였다. 이 지역의 문자 대부분은 수메르와 이집트의 상형문자로부터 나온 것이다. 이와는 달리 중국은 독자적인 문자 체계를 개발하였으며, 향후 동아시아 지역의 지배적인 지위를 차지했다. 중앙아메리카 지역의 문자들 역시 독립적으로 발전하였지만 16세기 이후 유럽의 침략을 받으면서 크게 훼손되었다.

300년경
서유럽 : 라틴어가 지배적인 문자
체계로 떠올랐다.

BC 600년경
중앙아메리카 : 사포텍어Zapotecs와
관련된 최초의 그림문자

1000년경
중앙아메리카 : 미스텍Mixtec 족의 나후
아틀Nahuatl(아즈텍Aztec)어가 그림문자
기록으로 발굴되었다.

BC 650년경
이탈리아 : 에트루리아Etruscan 문자를 개
발. 이후 라틴어 형성에 큰 영향을 미쳤다.

서유럽

250년경
북유럽 : 룬Rune 문자가 나타났다(위). 룬 알파벳의 첫
여섯 자를 따서 푸타르크futhark라고도 한다. 에트루리
아어Etruscan나 로마 알파벳으로부터 영향을 받은 것으
로 알려져 있다(188쪽 참조).

300년경
중앙아메리카 : 마야 문명과 더불어 상형문자와
음절문자를 사용하기 시작했다.

동유럽

1000년경
동유럽 : 그리스어로부터 슬라브어가 탄생했다.

유럽

BC 750년경
그리스 : 가장 초
기의 알파벳을 기
록한 비문 발견

BC 500년경
페르시아 : 아람어
알파벳을 도입

중동

BC 300년경
인도 : 브라미Brahmi 문자를 개발하였다. 아람어
알파벳을 기반으로 하고 있다고 알려져 있다.

450년경
아라비아 : 아라비아어 알파벳으
로 이루어진 최초 기록

인도

1000 BC	750 BC	500 BC	250 BC	0	AD 250	AD 500	AD 750	AD 1000	AD 1250	AD 1500

75년경
메소포타미아 : 마지막으로 설형
문자를 사용했다고 알려져 있다.

300년경
한국 : 중국의 한자가 북부 지방으로
전파되었다.

750년경
일본 : 중국어의 영향을 받은 문자가
나타났다.

설형문자

메소포타미아 지역에서는 쐐기 모양(라틴어로 cuneus)의 금속이나 갈대를 사용하여 점토 위에 기록하는 설형문자가 발달하였다. 그리고 특정한 형태의 그림문자들을 함께 사용하였다. 또한 음절을 나타내는 그림문자와 추상적인 명사를 조합하여 단어를 만들었다(ear라는 명사를 가지고 hear라는 단어를 만드는 것과 유사). 그 이후 3,000년 동안 일상적인 상업 거래로부터 길가메시 서사시(고대 바빌로니아의 서사시. 수메르, 바빌로니아 등 고대 동양 여러 민족 사이에 널리 알려진 신화적 영웅 길가메시의 모험담을 모두 12편의 서사시로 엮은 것 ―역자 주)에 이르기까지 설형

문자는 다방면에 걸쳐 사용되었다. 이후 서남아시아 지역으로 전파되어 수메르어, 아카드어, 엘람어, 후르리어, 히타이트어, 우라르투어, 초기 페르시아어와 같은 다양한 언어로 발전하였다. 설형문자는 이집트 상형문자에도 큰 영향을 준 것으로 생각된다. 하지만 알렉산더 대왕의 정복시대(BC 334~323) 이후, 설형문자는 이집트 상형문자와 유사한 아람 알파벳 문자에게 자리를 내주었으며 19세기까지 잊혀져 있었다(22쪽 참조).

돼지	새	먹다	머리	걷다/서다	황소	항아리	손	낮	우물	물
BC 3000년경의 그림문자										
BC 2400년경의 초기 설형문자										
BC 650년경의 후기 아시리아 설형문자										

설형문자의 해독

오랜 시간 동안 비밀에 가려져 있던 설형문자는 그 동안 해독이 불가능하다고 여겨졌다. 샤 압바스 Shah Abbas 페르시아 궁전에서 스페인 사절로 있던 피게로아Garcia Silva Figgueroa는 최초로 설형문자의 해독을 시도하였다. 피게로아는 1618년 페르세폴리스 지역에서 설형문자 기록을 발견했다. 그는 처음 으로 그 유물을 보고 삼각형 보양의 피라미드나 작은 오벨리스크와 같이 생겼다고 묘사했다. 17세기 후반에 여행가 캠퍼Engelbert Kaempfer는 그 기록에 최초로 이름을 붙였다. 이 기록은 나중에 옥스퍼드 의 언어학자인 하이드Thomas Hyde에 의해 널리 알려지게 되었다. 하지만 정작 하이드는 그것이 문자가 아니라 건축 장식에 불과하다고 생각했다.

쐐기 모양에서 문자로

18세기 여행자이자 과학자인 니부르Carsten Niebuhr는 동쪽 지역을 향해 탐험을 시작하였다. 그는 덴마크에도 방문하였으며, 페르세폴리스 비문을 정확하게 필사하여 많은 학자들에게 전달했다. 그는 비문에서 세 가지 서로 다른 표기 방식이 사용되었다는 사실과 왼쪽에서 오른쪽으로 기록했다는 사실을 발견했다. 그리고 세 가지 방식으로 기록된 비문에서 다른 두 가지보다 항상 먼저 나오는 간단한 형태의 표기 방식을 하나씩 분석해 보았다.

해독의 실마리

설형문자 해독을 위한 실마리는 1802년 독일의 철학자이자 교사인 그로테펜트Georg Friedrich Grotefend(1775~1853)가 제공하였다. 그는 니부르Niebuhr가 필사해 온 두 개의 짧은 비문들을 연구하던 중, 표어문자라고 하기에는 기호의 수가 너무 적으며 음절문자라고 하기에 단어들이 너무 길다고 생각했다. 그래서 그는 이 비문이 알파벳으로 기록되어 있으며 모음과 자음으로 이루어져 있다고 결론 내렸다. 그로테펜트의 실마리는 이렇게 모습을 드러내었다.

페르세폴리스는 아케메네스 제국의 수도였기 때문에 그는 이 비문이 국가적인 사건을 기념하는 것이거나 또는 그리스 자료에도 등장하는 아케메네스 왕조의 왕 이름과 그 계보를 기록한 것이라고 추측했다. 당시 중기 페르시아, 팔라비, 팔미라 지역에서 발견된 기록들은 2개 국어를 하는 그리스인의 도움으로 해석이 끝난 상태였다. 여기에는 '이란의 왕 중의 왕… 신의 후손이자 바닥Badak 신의 손자'라고 묘사된, 페르시아 사산Sasanian 왕조의 통치자인 아르다시르Ardashir에 관한 기록도 포함되어 있었다. 그로테펜트는 그 해석

방식을 그대로 응용하여 두 개의 짧은 비문에 등장하는 첫 단어들이 통치자의 이름을 의미하고, 그 다음 단어는 '왕'을 의미한다고 생각했다. 그리고 '왕들의 왕'이라고 하는 문구를 확인하였다. '왕'을 뜻하는 단어가 계속 반복되어 등장했기 때문에 그는 많은 힌트를 얻을 수 있었다. 두 비문의 첫 단어는 서로 달랐고, 그로테펜트는 이 두 단어가 각각 다른 왕의 이름일 것이라고 추측했다. 그리고 첫 번째 비문의 첫 단어가 두 번째 비문의 셋째 줄에서 다시 등장하고, 그 다음에는 '왕'에 해당하는 단어가 있음을 확인하였다. 이를 토대로 그는 두 번째 비문의 첫 단어가 세 번째 줄에 언급된 왕의 아들을 가리키는 것이라고 추측했다. 또한 아케메네스의 크세르크세스 Xerxes 왕은 히스타스페스Hystaspes의 아들인 다리우스Darius의 아들이기 때문에 그는 두 번째 비문의 첫 단어가 크세르크세스라고 하는 페르시아 왕이라고 결론지었다. 그의 이론에 따르면, 두 번째 비문의 세 번째 줄에 등장한 왕은 크세르크세스의 아버지인 다리우스 왕이 되는 셈이다.

문자에서 음성으로

그로테펜트는 중기 페르시아어인 아베스타어Avesta에 대한 지식을 갖고 있었다. 아베스타어의 경우, 다리우스 왕의 아버지인 히스타스페스를 다양한 형태로 표기하고 있다. 그중 가장 널리 쓰이는 형태는 고쉬탑Goshtap이다. 이 점에 착안하여 그로테펜트는 중기 페르시아어에서 '왕'에 해당하는 단어를 찾아낼 수 있었다. 비문 2의 첫째 단어와 둘째 단어는 동일한 기호로 시작하고 있다. 그는 그 기호가 'kh'라는 음가를 갖고 있다고 생각했다. 또한 두 단어들의 두 번째 기호도 역시 똑같다. 마찬가지로 이것은 'sh'라는 음가라고 결론을 내렸다. 그리고 비문 1에서 다리우스를 뜻하는 단어의 세 번째 기호가 비문 2의 첫 번째 단어에서 다시 등장한다. 이를 통해, 그로테펜트는 비문 2의 첫 단어가 고대 페르시아어로 크세르크세스

라고 확신하게 된다. 그는 여기서 'r'의 음가를 나타내는 기호도 확인하였다. 이러한 일련의 과정을 통해 그는 두 비문에 나온 총 22가지 기호 중 10개를 확인하였다. 그리고 크세르크세스, 다리우스, 히스타스페스/고쉬탑, '왕', '위대한'을 의미하는 단어들도 확인하였다. 사실 이러한 접근 방식은 언어학이라기보다 암호 해독에 가깝다. 하지만 그의 발견으로 인해 당시의 학자들은 새로운 해독의 국면을 맞게 되었다. 고대 페르시아어와 유사한 산스크리트어와 아베스타어에 관한 정보도 많이 밝혀졌다. 그로테펜트는 실로 놀라운 성과를 이룩했다. 그의 업적으로 인해 이전까지 전혀 해독할 수 없었던 고대 문서의 비밀을 부분적으로나마 확인할 수 있게 되었다.

비문 1

첫 번째 줄 : Dārayavauš : xšāyaθiya : vazra
두 번째 줄 : vazraka : xšyaθiya : xša
세 번째 줄 : yaθiyānām : xšāyaθiya
네 번째 줄 : dahyūnām : Vištāapahy
다섯 번째 줄 : ā : puça : Haxāmanišiya : h
여섯 번째 줄 : ya: imam : tacaram : akunauš

그로테펜트의 해석 : **다리우스 대왕, 왕중의 왕,** 나라의 왕, **히스타스페스**의 아들, 아케메네스 사람

비문 2

첫 번째 줄 : Xšayārša : xšāyaθiya :
두 번째 줄 : ka : xšāyaθiya : xšāyaθiya
세 번째 줄 : nām : Dārayavahauš :xšāyaθ
네 번째 줄 : iyahyā : puça : Haxāmanišiya :

그로테펜트의 해석 : **크세르크세스, 대왕, 왕중의 왕, 다리우스**의 아들, 아케메네스 사람

위의 설명에서 진한 글씨로 표시한 부분은 그로테펜트가 직접적으로 파악한 단어를 의미한다.

과거의 비밀을 벗기다

17명으로 구성된, 다양한 국적을 가진 학자들의 노력으로, 1847년 마침내 고대 페르시아의 설형문자를 완전히 해독할 수 있게 되었다. 그로테펜트는 우선 그 문자들이 알파벳 체계로 이루어져 있다고 가정하였다. 그리고 실제로 총 36개의 설형문자 기호들은 자음과 모음으로 구성되어 있었다. 고대 페르시아인들은 모음에 해당하는 'a', 'i', 'u' 세 개와 'a'가 따라오는 22개의 자음, 'i'가 따라오는 네 개의 자음, 그리고 'u'가 따라오는 일곱 개의 자음으로 이루어진 음절표syllabary를 사용하였던 것으로 드러났다. 그리고 왕, 신, 국가, 땅과 같이 일반적으로 자주 사용하는 단어를 나타내는 특수 기호들도 들어 있다.

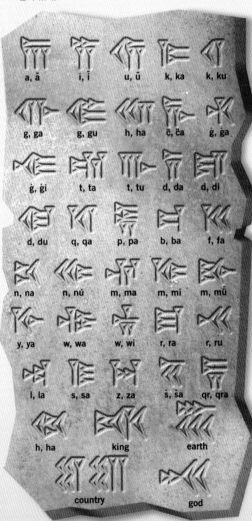

고대 페르시아 문자는 고대의 다른 문자들 중에서도 매우 독특한 형태를 띠고 있다. 그리고 문자 형성에 다리우스 왕의 기여가 큰 것으로 알려져 있다. 또한 이 문자는 아케메네스 왕들에 관한 비문을 기록하기 위해서만 제한적으로 사용된 것으로 보인다. 고대 페르시아 문자는 설형문자를 사용한 아카드어, 그리고 엘림어와도 공통점을 가지고 있다. 고대 페르시아어를 해독함으로써 아카드어의 비밀과 3,000년의 역사도 함께 밝힐 수 있게 되었다.

알파벳과 문자

자음으로만 구성된 최초 알파벳 체계는 BC 1400년경의 것으로 추정되는, 시리아 해안의 우가리트라는 도시에서 발견된 설형문자 기록에서 찾아볼 수 있다. 하지만 알파벳의 순서로 놓고 볼 때, BC 1000년경에 등장했던 후기 페니키아어와 유사한 문자로부터 영향을 받은 것으로 보인다. 페니키아어는 페니키아 상인들에 의해 지중해를 중심으로 퍼져나갔다. 그리고 그리스 사람들은 페니키아 알파벳에 모음들을 추가함으로써 알파벳을 완성하였다. 반면, 아람어 문자에 영향을 받은 인도와 동남아시아 지역에서는 음절 기호들이 높은 수준으로 발달하였으며, 완벽한 수준으로 음절을 표기하였다. 하지만 보다 간단한 표기 방법이 등장한 이후에도 아카드어의 설형문자와 이집트의 상형문자는 1,000년이 넘는 세월 동안 전통적인 표기 방식을 그대로 사용하였다.

우가트어
우가트어는 최초의 알파벳으로 알려져 있다. BC 1400년경, 우가트어는 설형문자의 형태로 기록되었다. 원래 22개의 자음으로 구성되어 있었으나 이후 30개로 늘어났다.

아브자드와 아부기다스

우가리트어는 히브리어는 물론 페니키아어, 가나안어, 아람어와도 깊은 관계를 맺고 있다. 오직 자음으로만 구성된 셈어Semitic계에 속하는 우가리트어는 알파벳 첫 세 글자인 알레프aleph, 베트beth, 김멜gimel을 따서 오늘날 '아브자드abjad'라고도 불리고 있다. 알레프는 'a' 뿐만 아니라 성문 폐쇄음(glottal stop: 성대 사이의 공간인 성문을 닫아 공기 흐름을 일시적으로 차단하며 내는 소리-역자 주) 역할도 한다. 셈어계 문자 체계 대부분은 바로 아브자드로 이루어져 있다. 남아라비아의 아브자드에서 비롯되었지만, 이와는 달리 따라오는 모음을 표시하기 위해 문자의 모양을 변형한 고대 에티오피아어와 같은 문자들은 '아부기다스(abugidas: 음절문자)'라고 한다(오른쪽 페이지의 데바나가리 참조). 인도 및 동남아시아 문자 체계는 대부분 아부기다스를 기반으로 하고 있다.
그리스인들은 페니키아어 알파벳(아래 참조)을 받아들였다. 셈어계 언어를 표기하기 위해 변형을 하였지만, 그리스어와 같이 모음이 풍부한 언어를 아브자드로 표기하기에는 많은 어려움이 있었다. 현재 그리스어에 없는, 셈어계 음성들을 표기하는 알파벳들은 모음의 역할을 했다. 그리고 점차 다양한 지역에서 이러한 알파벳을 사용하기 시작하면서 모든 음성을 표기할 수 있는 '완전한 알파벳'으로 진화하였다. 페키니아인들은 그리스 알파벳의 첫 두 글자를 알파와 베타라고 불렀고, 여기서 '알파벳'이라는 단어가 탄생하였다.

알파벳에 대한 이해

오늘날 서구 문자 체계의 기반이라고 할 수 있는 로마 알파벳은 BC 6세기의 비문에서 처음으로 등장하였다. 이는 에트루리아어로부터 발전한 것이라고 여겨지고 있다. 초기 알파벳은 21개로만 이루어져 있었다. 'V'가 'V'와 'U'의 음가를 모두 나타내었고, 'I'는 'I'와 'J'를 나타내었다. 'U'와 'V'는 10세기에 이르러서야 독립적인 문자가 되었다. 그리고 더 이후에 원래 V 두 개를 나란히 표기했던 'W'가 등장했다. 또한 'J'는 15세기에 이르러서야 나타나기 시작했다. 이탈리아어는 아직도 'C'의 경음인 'K'를 사용하지 않고 있다. 대신 이중자인 'CH'를 쓰고 있다. 그리고 터키어를 비롯한 스칸디나비아 및 일부 중부 유럽 지역에서는 특정한 음가를 표기하기 위해 특수 문자와 구별 부호diacritic를 사용하고 있다.

음절 알파벳과 음절문자표

일반적으로 음절 알파벳syllabic alphabet을 사용하는 문자 체계는 자음의 형태를 변형하거나 구별 기호를 추가하거나 또는 두 가지 모두를 사용함으로써 자음과 모음을 결합한다. 이러한 음절 알파벳은 인도 지역에서 발견된 다양하고 복잡한 자료 속에서 흔히 발견할 수 있다. 그 중 BC 300년경의 브라미Bhahmi는 세계에서 가장 오래된 문자이다. 그리고 데바나가리Devanagari(오른쪽)는 가장 널리 알려진 문자이다. 이러한 문자 체계에서는 자음과 모음을 조합함으로써 수백 가지의 문자를 만들어낼 수 있다. 이러한 경우 모음이 앞에 오거나 또는 뒤에 오는 경우에 따라 문자의 모양이 달라진다. 일본의 히라가나와 가타카나(아래), 그리고 한국의 한글이 좋은 예이다. 이누잇Inuit 족이나 북아메리카의 다양한 인디언들도 음절 알파벳 문자를 사용하였다.

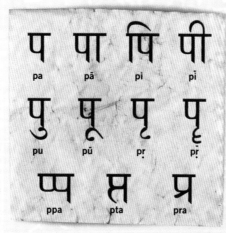

데바나가리Devanagari 문자
하나의 자음 기호가 변형되어 음가를 나타내는 아부기다abugida의 한 사례이다.

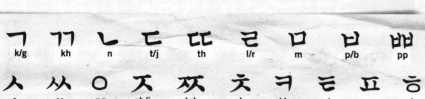

한국의 한글은 아주 세련된 음절문자이다.
자음과 모음의 음가는 각기 다른 기능을 한다. 모음은 자음의 음가를 변형시키는 역할을 맡고 있다.

로마 알파벳은 서구의 강력한 제국들과 기독교의 지속적인 선교활동으로 인해 세계적으로 널리 전파되었으며, 오늘날 가장 지배적인 문자 체계로 자리 잡았다. 동방정교는 원래 그리스어를 사용하고 있었으나 9세기경 동로마 제국의 선교사들이 라틴어와 그리스어의 특성을 조합하여 새로운 알파벳 기호를 개발하였다. 또한 성서를 고대 교회 슬라브어로 번역하기 위해 이를 변형하여 사용하였다. 동유럽과 러시아 지역에서 선교활동을 주도한 성 키릴로스와 성 메토디오가 새로운 알파벳 보급에 지대한 역할을 하였다. 이 지역을 기반으로 키릴 문자Cyrillic로 널리 알려지게 되었다(오른쪽). 33개의 알파벳은 슬라브어의 모음을 표기하기에 아주 적합하다. 오늘날 구 소련 지역의 50여 개 중앙아시아 언어들이 이 알파벳을 사용하고 있다.

중국의 문자

완성된 형태의 한자는 BC 1200년경의 갑골문자에서 처음으로 발견되었다. 한자는 기본적인 네 가지 형태를 중심으로 오랜 시간에 걸쳐 발전해 왔다. 모양을 본떠 만든 상형자, 추상적인 것을 부호로 나타내는 지사자, 두 개의 글자를 합쳐서 새로운 뜻을 나타내는 회의자, 두 개의 글자를 합쳐서 하나는 뜻을, 다른 하나는 음을 나타내는 형성자가 기본 형태를 이루고 있다. 현대 한자에서는 형성자가 90%를 차지하고 있다. 오늘날 한자는 총 6만 개 정도에 이르고 있지만, 일반적으로 4,000개 미만의 글자만을 사용하고 있다.

"한자를 사용하려면 엄청나게 많은 글자를 알고 있어야 한다."

	상형자	지사자	회의자	형성자
	말	위	마지막	버드나무
BC 1200년경 접술적인 목적		二		
BC 1500년경 종교적인 목적		二		
BC 221년 주장 또는 이름	馬	上		柳
BC 200년경 공식적인 문자 또는 기록	馬	上	莫	柳
200년경 공식적인 문자 또는 기록	馬	上	莫	柳
1400년경 일반적인 사용 목적	馬	上	莫	柳
1956년 상용 문자	马	上	莫	柳
200년경 빠르고 쉽게 쓰기 위한 약자	马	上	莫	柳

숫자의 진화

인류는 물건의 수를 세기 위해 숫자를 개발했다. 추상적인 개념을 기호로 표기한 차원에서, 일반적으로 숫자가 문자에 앞선다고 할 수 있다. 3만 년 전, 인류는 사냥한 동물의 수를 기록하기 위해 나뭇가지나 뼛조각 등을 사용하였다. 메소포타미아의 수메르 지역에서 발견된 BC 3400년경의 점토 유물을 보면 물건의 수를 세기 위해 숫자를 사용했다는 사실을 확인할 수 있다. 생산자나 상인들이 기록했을 것으로 추정되는 이 유물은 숫자 체계를 기록한 인류 최초의 자료로 남아 있다. 인류는 수를 세기 위해 우선 손가락과 발가락을 사용하였다. 이로 인해, 오늘날 대부분의 숫자 체계는 십진법을 기반으로 하고 있다. 하지만 마야, 아즈텍, 켈트 족들은 20진법을 사용하였으며, 메소포타미아 지역에서는 60진법을 사용했다. 그리스, 로마, 히브리인들은 문자를 가지고 숫자를 표기하였으며, 이후 아랍인들이 이를 받아들였다. 그들이 개발한 아라비아 숫자는 오늘날 세계적으로 널리 사용되고 있다.

이상고 지역의 뼛조각

위에 나온 10cm 가량의 뼛조각들은 콩고의 이상고Ishango 지역에서 발견된 것들이다. 최소한 BC 6500년경의 것으로 추정되고 있다. 뼈에 새겨진 여러 가지 선들은 수를 나타내는 것으로 추정되고 있지만, 아직 정확한 의미는 밝혀지지 않고 있다. 원시적인 계산기, 단지 동물의 수를 표시한 것, 아니면 날짜나 혹은 다른 의미를 나타내는 것일 수도 있다. 좀 더 오래된, 이와 비슷한 유물들이 남아프리카와 중앙유럽 지역에서도 발견되고 있다. 그리고 나미비아의 부시맨들은 아직까지 이와 유사한 방법으로 수를 표기하고 있다고 한다.

이집트와 같은 고대국가에서는 가축과 작물의 수를 세는 일이 매우 중요한 과제였다.

BC 3300년경 이집트

4digit = 1palm
palm(손목에서 손가락 끝까지의 길이)
7palms = 1cubit
100cubit = 1khet(rod)

BC 1950년경 크레타
추가 방식, 십진법, 상형문자의 형태

BC 1800년경 바빌로니아
자릿수 방식positional, 60진법,
설형문자의 형태

BC 1450년경 중국
추가 방식 및 배수 방식multiplicative,
진법이 없음

4000　　　　　3000　　　　　2000

BC 3300년경 수메르
추가 방식(additive: 숫자가 증가할수록 기호를 연속적으로 추가해서 표기하는
방식-역자 주), 60진법
1digit(손가락 하나의 폭) = 1.65cm
30digits = 1cubit(팔꿈치에서 가운뎃손가락 끝까지의 길이)

BC 1400년경 히타이트
추가 방식, 십진법, 설형문자의 형태

설형문자 속의 수학

메소포타미아 지역의 수메르인들과 바빌로니아인들은 복잡하면서도 유연한 형태의 60진법을 개발하였다. 이들은 아마도 천체를 관측하거나 역법을 계산하기 위해 60진법을 사용한 것으로 생각된다. 60이라는 숫자는 2,3,4,5,6,10으로 모두 나누어진다. 오늘날 십진법이 세계적인 표준으로 사용되고 있지만 우리 주위에서 여전히 60진법의 흔적을 찾아볼 수 있다. 가령 1시간은 60분으로, 1분은 60초로 구성되어 있다. 시계의 눈금은 360도를 60분과 60초로 나누고 있다.

1	I
2	II
3	III
4	IV
5	V
6	VI
7	VII
8	VIII
9	IX
10	X
11	XI
12	XII
13	XIII
14	XIV
15	XV
16	XVI
17	XVII
18	XVIII
19	XIX
20	XX
50	L
100	C
500	D
1000	M
5000	V
10,000	X
100,000	C
1,000,000	M

로마 숫자

오늘날에도 고대 알파벳 형태의 숫자 방식을 사용하고 있다. 특히 공식적인 문서나 역사적으로 의미가 있는 경우, 또는 저작권의 기한을 표시할 때 주로 사용한다. 총 일곱 개의 기호를 가지고, 자릿수 방식과 추가 방식을 동시에 사용하여 숫자를 표기한다. 가령 4는 5에서 1을 뺀 형태로, 9는 10에서 1을 뺀 형태로 표기한다.

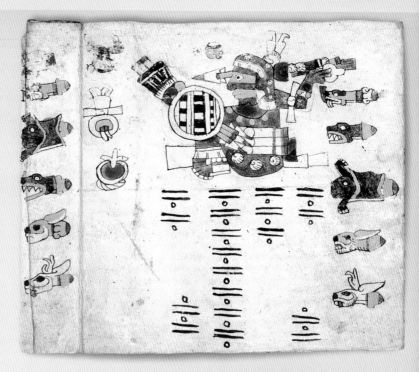

중앙아메리카 숫자

마야인들은 단순하면서도 세련된 방식으로 숫자를 표기하였다. 1에서 19까지의 숫자는 원(또는 점)과 선으로 표기하였다. 마야인들이 사용한 복잡하면서도 정교한 역법은 20진법을 기반으로 하고 있다(152쪽 참조). 1에서 4까지의 숫자는 원의 개수로 표시한다. 5는 하나의 선으로, 6은 하나의 선 위에 원을 그려 표시했다. 평행선이 두 개 있으면 10을 의미한다. 똑같은 방식으로, 세 개의 선 위에 네 개의 원을 그리면 19가 된다.

240년경 인도
자릿수 방식, 십진법, 숫자

1000년경
아랍 세계는 인도의 숫자 체계를 변형하여 사용

BC 700년경 그리스
추가 방식, 십진법, 알파벳 형태
4daktyloi(손가락의 폭) = 1palaste(엄지와 새끼손가락 사이의 넓이)
4palasti = 1foot(약 30cm)

BC 500년경 로마
추가 방식, 십진법, 알파벳 형태
4digitii = 1palm
4palms = 1pes(1foot, 약 30cm)
5pedes = 1passus(pace)
1000passus = 1mile

450년경 마야
자릿수 방식, 20진법, 상형문자의 형태

1000	BC 0 AD	1000	2000

BC 200년경 히브리
추가 방식, 10진법, 알파벳 형태

1200년경
아라비아 숫자가 유럽 지역에 전파됨

아라비아 숫자

오늘날 가장 유명하고, 가장 널리 보급된 숫자 체계이다. 하지만 엄밀히 말해서 '아라비아 숫자'는 잘못된 표현이다. 아라비아 숫자 체계는 원래 인도의 힌두 수학자들이 개발한 것이기 때문이다. 아라비아 숫자에서 처음으로 0의 개념을 도입하였다. 그리고 0에서 9까지의 십진법을 활용하여 아무리 큰 수라고 해도 쉽게 표현할 수 있다. 이러한 방식을 '자릿가 체계place-value system'라고도 한다. 그 전부터 수학적 지식에 익숙했던 아랍인들은 아라비아 숫자를 받아들였으며, 이를 서구 지역으로 전파시켰다.

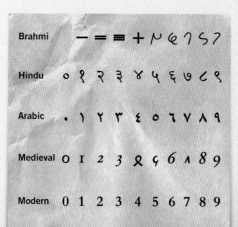

Brahmi	— = ≡ ≣ + ⋔ Ⴑ 7 Ƽ Ƽ
Hindu	0 ૧ ૨ ૩ ૪ ૫ ૬ ૭ ૮ ૯
Arabic	· ١ ٢ ٣ ٤ ٥ ٦ ٧ ٨ ٩
Medieval	0 1 2 3 8 6 1 8 9
Modern	0 1 2 3 4 5 6 7 8 9

중세시대의 숫자

이탈리아의 수학자 피보나치Leonardo Pisano Fibonacci는 북아프리카에 머무르는 동안 아라비아 숫자를 접하게 되었다. 그는 13세기경 아라비아 숫자 체계를 유럽 지역에 소개하였다. 하지만 유럽 지역에서는 그 후로 수백 년 동안 다양한 숫자 체계들을 동시에 사용했다. 그중 일부는 매우 어려운 방식이었다. 그리고 가장 일반적인 방식은 손가락 표기 체계였다(오른쪽).

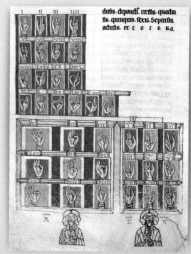

선문자 A와 선문자 B

1900년 4월 5일, 아서 에반스 경은 크레타 섬에 있는 크노소스의 미노스 궁전에서 유물 창고를 발견했다. 거기에는 점토판에 바늘 같은 것으로 새긴 기록물들이 있었다. 에반스는 그 전에도 아테네의 골동품 가게에서 이와 비슷한 상형문자 명판들을 본 적이 있었다. 그는 크레타 섬에서 그 명판에 대해 조사하기 시작했다. 크레타 섬의 여인들은 명판들을 마치 장식품처럼 사용하고 있었다. 1902년 또 다른 점토판 기록물들이 크레타 섬의 남쪽 하기아 트리아다Hagia Triada 지역에서 발견되었다. 그 유물들에 새겨진 문자는 크노소스에서 발견된 것과 비슷한 것처럼 보였지만, 실제로는 상당히 다른 체계였다. 에반스는 이를 선문자 A라고 이름 붙였고, 앞서 크노소스에서 발견된 문자를 선문자 B라고 하였다. 그는 두 문자 모두 미노스 문자라고 생각했으며, 명판에서 볼 수 있는 상형문자로부터 진화한 것이라고 추측했다.

아서 에반스 경Sir Arthur Evans (1851~1941)
크노소스의 궁전에서 미노스 문명의 화려함을 드러내는 많은 유물들을 발굴하였다.

증거 자료

선문자 A(위)와 선문자 B의 기호들은 아주 흡사해 보인다. 하지만 실제로는 많은 차이가 있다. 세부적인 표현도 다를 뿐 아니라 '전체' 혹은 '합계'에 해당하는 문자들이 서로 일치하지 않는다. 기호들의 순서에서도 큰 차이가 보인다. 이러한 점으로 미루어 볼 때, 이 두 문자는 완전히 다른 체계라고 할 수 있다.

에반스는 수많은 기호들을 분석하였으며, 그 과정에서 선문자 B가 음절문자에 속한다는 사실을 밝혀냈다. 또한 왼쪽에서 오른쪽으로 진행하는 기록 방향과 단어를 구분하는 기준, 그림문자의 사용, 십진법을 사용했다는 사실까지도 알아냈다. 그리고 선문자 B로 기록된 문서들은 주요 단어, 그림문자, 숫자로 구성된 일종의 장부였다.

에반스가 크노소스에서 해오던 연구를 중단하던 1904년, 선문자 B로 기록된 3,000개 가량의 문서들이 또다시 발굴되었다. 하지만 이 기록들의 내용은 1953년이 되어서야 출판되었다.

그리고 1939년 그리스 남부 필로스 섬에서 600여 개의 선문자 기록들이 발굴되었으며, 이는 1951년 출판되었다. 당시 편집자였던 베넷E. L. Bennett은 선문자 B를 이루고 있는 87개의 기호들의 기본 형태를 모두 정리하였다.

그리스어 이전의 문자

선문자 B 중 일곱 개 기호는 지중해의 키프로스 섬에서 사용된 음절문자와 매우 유사했다. 페니키아인의 도움을 받아 조지 스미스George Smith와 모리츠 슈미트Moritz Schmidt는 1871~1873년에 이를 연구하였으며, 선문자 B가 그리스어의 조상이라고 결론지었다. 일곱 개의 기호 중 하나는 키프로스 섬에서 사용된 음절 'se'에 해당하고, 다른 하나는 마지막에 붙는 's'를 나타내는 것으로 밝혀졌다. (그리스 명사는 일반적으로 's'로 끝난다.) 이러한 경우, 'e'는 발음되지 않는다. 선문자 B와 키프로스의 음절문자 사이에 많은 공통점이 있기는 하지만, 선문자 B에서는 단어 끝에서 이러한 기호가 발견되지 않았다. 이러한 이유 때문에 많은 학자들이 선문자 B가 그리스어의 기원이라는 사실을 받아들이지 않았다. 여기에는 또 다른 이유도 있었다. 크노소스 궁전은 BC 1400년경 파괴가 되었으며, 이에 따르면 그리스에서 최초의 비문이 나오기 800년 전에 크레타 섬에서 이미 그리스어가 사용되고 있었다는 결론에 이르게 된다. 에반스는 이러한 사실을 쉽게 인정할 수 없었다.

코버의 공헌

1945년에서 1949년 사이에 미국의 고고학자 앨리스 코버Alice Kober는 선문자 B를 위한 연구의 틀을 마련하였다. 그녀는 자주 등장하는 기호들을 하나씩 비교함으로써 선문자 B의 특정 단어들이 어미 변화를 한다는 사실을 증명하였다. 가령 다섯 개의 알파벳으로 이루어진 세 단어가 'abcde', 'abcfg', 'abchi'와 같이 있다고 할 경우, 마지막에 있는 '-de' '-fg' 'hi'들은 변화하는 어미에 해당하는 것이다. 또한 숫자 앞에 나타나는 문자는 '전체' 혹은 '총'을 뜻하며, 두 가지 형태로 나타나고 있다는 점을 보여주었다. 한 가지 형태는 여성의 물건들 및 동물들과 함께 발견되었고, 다른 형태는 남자와 함께 동물, 칼, 도구들과 함께 발견되었다. 이러한 사실을 기반으로 그녀는 선문자 B에 성별을 나타내는 기호가 있다고 주장했다. 그녀의 연구는 선문자의 해독에 큰 기여를 하였다.

선문자 B
선문자 B로 기록된 많은 문서들은 물건이나 거래 내역을 기록한 일종의 장부였다. 앞에 등장하는 기호들의 배열로 볼 때, 왼쪽에서부터 오른쪽으로 기록했다는 사실을 알 수 있다.

목록
왼쪽에 적힌 기호들은 물건을 의미한다.

기호
선문자 B는 알파벳보다 훨씬 많은 총 87개의 기호로 이루어져 있다. 이러한 사실로 미루어 볼 때, 선문자 B에는 어미 변화와 성별 구분이 있음을 추측할 수 있다.

숫자
오른쪽 기호들은 십진법 숫자를 의미한다. '합계'에 해당하는 기호를 보면, 어미 변화가 일어났음을 확인할 수 있다.

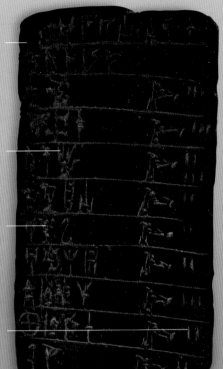

벤트리스의 기적
1952년 드디어 기적이 일어났다. 어린 시절부터 미노스 문자에 관심이 많았던 영국의 젊은 건축가 벤트리스Michael Ventris(1922~1956)는 이미 18세에 선문자 B에 관한 첫 논문을 발표하였다. 이 논문에서 그는 선문자 B가 에트루리아어Etruscan일 수도 있다고 주장했다. 전쟁에서 복귀한 뒤, 벤트리스는 다시 연구를 시작했다. 그리고 1950년, 학계의 지배적인 의견에 대해 알아보기 위해 그는 관련 분야의 학자들을 대상으로 선문자 B에 관한 설문 조사를 실시했다. 대부분의 학자들은 선문자 B가 인도-유럽어에 속하며, 히타이트어와 관련이 있다고 생각하고 있었다. 그때까지도 입증이 되지는 않았지만 벤트리스는 여전히 선문자 B가 에트루리아어와 관계 있을 것이라고 믿었다. 1951년 베넷이 필로스에서 발견된 문서들을 출간하였으며, 벤트리스는 여기서 많은 아이디어를 얻었다. 그리고 다른 많은 학자들 역시 특정한 기호가 단어의 시작과 끝에 나타나는 빈도를 분석하였으며, 그 결과 'a'에 해당하는 기호에 대해 잠정적인 결론을 내렸다. 그 이후 18개월 동안 벤트리스는 현장 연구원들과 20회에 걸쳐 작업 기록들을 주고받았다. 그 서신에는 코버의 방법으로부터 영감을 받은 네 개의 격자를 활용하는 방법도 포함되어 있었다. 그는 모든 기호들을 격자 위에 배열하여 빈도를 분석하였고 따라오는 모음에 관한 가설들을 세워 나갔다. 그리고 마침내 그는 선문자 B의 해독을 완성하기에 이른다.

세발 항아리로부터 얻은 힌트
전직 암호 해독가인 채드윅John Chadwick과 함께 일하는 동안, 벤트리스는 고대 문서에서 그리스어처럼 보이는 단어들을 많이 발견했다. 1953년 5월, 벤트리스위 사진는 필로스에서 발굴 작업을 하고 있는 연구원으로부터 편지 한 통을 받자마자 선문자 B에 대한 연구가 크게 달라질 것임을 직감하였다. 그 연구원은 편지에서 다양한 항아리들을 기록한 문서에 대해 설명하고 있었다. 그 문서는 항아리 모양에 대한 자세한 그림과 이에 대응하는 숫자로 이루어진 장부였다. 벤트리스는 지금까지 밝혀냈던 선문자 B의 음가들을 이 문서에 적용시켜 보았다. 다리가 세 개 달린 항아리 그림 앞에 있는 단어는 'ti-ri-po-de'를 나타내고 있었고, 손잡이가 네 개 달린 항아리는 'qe-to-ro-we', 손잡이가 세 개 달린 항아리는 'ti-ri-o-we', 그리고 손잡이가 없는 것은 'a-no-we'를 나타내고 있었다. 그는 한눈에 이 단어들이 'tripod', 'four-handled', 'three-handled', 'no-handled'를 의미하는 그리스어라는 사실을 확인할 수 있었다. 이 발견을 통해 벤트리스는 기존에 자신이 세웠던 가설들을 전면 수정하였다. 그리고 선문자 B는 그리스어의 한 형태이며, 그리스인들이 미노스 사람들에게 언어를 전파했다는 주장을 받아들이게 되었다. 당시 미노스 사람들은 자신들의 말을 표기하기 위해 그리스 문자를 사용했다고 생각된다. 하지만 선문자 A는 아직도 베일에 가려진 채, 미노스만의 독특한 표기 방식으로 남아 있다.
1953년 6월 24일, 벤트리스는 선문자 B 해독에 성공했다는 사실을 발표하였다. 같은 날에 힐러리가 에베레스트를 정복했다는 뉴스도 흘러 나왔다(86쪽 참조).

호머의 실마리
벤트리스는 지명을 확인하는 과정에서 중요한 힌트를 얻었다. 다른 고대 자료들의 경우, 주로 인명을 확인하는 과정에서 실마리를 발견했다(22쪽, 34쪽 참조). 하지만 선문자 B의 경우, 인명에 대한 정보가 전혀 없었다. 벤트리스는 물건들을 기재한 장부에서 기호들의 조합 몇 가지를 발견하였으며, 그는 이것이 특정 장소를 가리키는 것이라고 생각했다. 호머Homer는 크노소스 부근의 암니소스Amnisos라는 항구에 대해 언급한 적이 있었으며, 이를 음절문자로 표기하면 'a-mi-ni-so'와 같이 된다. 벤트리스는 이미 'a'에 해당하는 기호를 알고 있었기 때문에 자연스럽게 'ni'에 해당하는 기호를 추측할 수 있었다. 그리고 두 번째와 마지막 음절에 해당하는 기호들이 각각 'mi'와 'so'라는 것도 알아냈다. 또한 'a-mi-ni-si-ya'와 'a-mi-ni-si-yo'가 암니소스의 형용사 형이라는 점도 밝혀냈다.
게다가 '-so'로 끝나는, 세 개의 음절로 이루어진 단어가 'ko-no-so'라는 사실을 확인하였으며, 이는 곧 크노소스를 의미한다고 추측하였다. 벤트리스는 또 다른 중요한 사실도 발견했다. 그것은 선문자 B에서는 마지막 's'를 표기하지 않는다는 사실이었다. 이러한 이유로 그 동안 많은 학자들이 선문자 B와 그리스어의 연관성을 인정하지 않았던 것이다. 하지만 벤트리스는 선문자 B의 표기 관습까지 밝혀냈으며, 그 동안 풀지 못했던 수많은 고대 문서들의 비밀을 벗겨낼 수 있었다.

파이스토스 원반

이 원반은 1908년 크레타 섬 남부 파이스토스Phaistos 지역에 있는 미노스 궁전의 지하실에서 발굴되었다. 점토를 구워서 만든 이 원반의 제작 연도에 대해 아직 논란이 있지만, 미노스 문명의 중후반에 해당하는 BC 2000년에서 BC 1500년 사이라고 추정되고 있다. 원반의 크기는 지름 15cm, 두께는 1cm 정도이다. 원반의 양면에는 45개의 기호들로 이루어진 총 241개의 그림문자들이 새겨져 있다. 문자들은 시계방향으로 나선형을 따라 배열되어 있다. 하지만 아직까지도 이 원반의 내용은 해석되지 않은 채로 남아 있다.

나선 모양
그림문자들은 모두 나선을 따라 배열되어 있다. 그리고 세로 선들이 문자들을 나누고 있다. 이것은 '단어'나 '문장'을 구분하기 위한 것으로 생각된다.

독수리
A면에만 다섯 번 등장하고 있다.

방패
두 번째로 자주 등장하는 그림문자로 17번 나온다. 항상 깃털 달린 머리와 함께 등장한다. 이중 네 개는 단어의 맨 끝에 놓여 있다.

A면
어디가 앞면이고 어디가 뒷면인지 아직 밝혀져 있지 않기 때문에 그냥 A면, B면이라고 부르고 있다. A면에는 31개의 '단어'들이 적혀 있다. 이 그림문자들은 도장을 점토판 위에 찍어서 기록한 것으로, 아주 초기의 이동식 인쇄 방식이라고 할 수 있다.

대패
A면에만 세 번 등장한다.

파이스토스 원반 문자

오른쪽 도표는 파이스토스 원반에 나온 문자들에 대해 하나씩 이름을 붙이고, 그 문자들이 등장한 빈도를 기록한 것이다. 이 문자들이 크레타 상형문자, 이집트 상형문자, 선문자 A, 아나톨리아의 상형문자(28쪽, 32쪽, 34쪽 참조)와 비슷하다는 주장도 있지만, 아직까지 객관적인 증거는 나와 있지 않다. 이와 유사한 그림문자를 사용하는 다른 자료들이 발굴되기 전까지 이 원반의 정확한 의미를 밝히는 작업은 불가능할 것으로 보인다. 그때까지 이 원반은 수수께끼로 남아 있을 것이다.

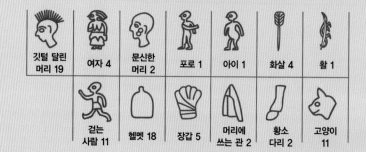

깃털 달린 머리 19	여자 4	문신한 머리 2	포로 1	아이 1	화살 4	활 1
걷는 사람 11	헬멧 18	장갑 5	머리에 쓰는 관 2	황소 다리 2	고양이 11

깃털 달린 머리
가장 자주 등장한 그림문자로서 총 19번 등장한다. 항상 단어의 맨 앞에 위치한다.

B면
B면에는 30개의 '단어'가 적혀 있다. 양면에 새겨진 그림문자들은 놀라울 만큼 선명하게 새겨져 있으며, 상징을 분명하게 나타내고 있다.

포도나무
B면에서만 네 번 등장한다.

투석기
B면에만 다섯 번 등장한다.

표시선
일부 문자에는 손으로 그은 대각선 표시가 있다. 읽는 방향에 따라 단어의 시작이나 끝을 표시하는 역할을 하는 것으로 생각된다. 일반적으로 밖에서 안으로 읽어 들어가야 한다는 의견이 지배적이다.

체(여과기)
단 한 번만 등장하는 아홉 가지 그림문자들 중 하나. 해팩스(hapaxes: 오직 한 번만 등장하는 상징이나 단어—역자 주)라고도 한다.

방패 17	막대기 6	수갑 2	곡괭이 1	톱 2	뚜껑 1	부메랑 12	대패 3	물병 2	빗 2	투석기 5	기둥 11	벌집 6	배 7	뿔 6	동물 가죽 15
숫양 1	독수리 5	비둘기 3	다랑어 6	벌 3	플라타너스 11	포도나무 4	파피루스 4	로제트 4	백합 4	황소 엉덩이 6	피리 2	강판 1	체 1	작은 도끼 1	파도 치는 띠 6

상형문자의 비밀

로마시대 이후로, 이집트에서 유럽으로 가는 길목에서 그림문자가 그려진 이집트의 공예품, 서판, 오벨리스크 등이 발굴되었다. 많은 유럽의 학자들이 이 그림문자에 대해 수백 년에 걸쳐 연구를 하였다. 하지만 이집트 사람들 역시 그 문자를 해석하지 못했고, 고대 이집트어를 아는 사람도 없었다. 고대 이집트어는 BC 305~30년, 프톨레마이오스 왕조시대를 거치면서 사라졌다. 그래서 이집트 그림문자를 해석할 수 있는 단서는 어디에서도 찾을 수 없었다. 하지만 나폴레옹 군대가 이집트와 팔레스타인 지역에서 전쟁(1798~1801)을 벌이던 중 새로운 서판 하나가 우연히 발견되었다. 그 서판은 나일 강 삼각주 지역의 로제타Rosetta라는 곳에서 요새의 성벽을 쌓는 재료 속에 들어 있었다. BC 196년에 씌어진 이 서판은 세 가지 언어로 성직자의 계율에 대해 설명하고 있었다.

초기의 해석들

오늘날 상형문자로 알려진 고대 이집트 문서들은 처음에 단지 그림문자라고 여겨졌다. 즉, 그림문자들 하나하나가 각각의 의미를 담고 있으며, 그림 맞추기나 그림으로 표현한 기록 정도라고 생각되었다. 상형문자로 이루어진 자료의 경우, 일반적으로 매나 쟁기와 같이 알아보기 쉬운 글자들을 많이 포함하고 있는데, 고대 이집트 문서에는 필기체와 비슷한, 알아보기 힘든 문자들이 많이 있었다. 이러한 문제점에도 불구하고, 많은 학자들이 상상력을 발휘하여 이 문자들을 해석하기 위해 노력하였다. 이 문자들은 정교하게 유형화된 그림들인가, 또는 단지 구두점에 불과한가, 아니면 연결 기호들인가? 문서를 분석해 봐도 구조적인 순서를 발견하기는 힘들었다. 문자들은 가로로 배열되기도 했다가 어떤 때는 세로로 줄을 맞춰 나타나기도 했다. 이러한 이유로 많은 학자들은 연구 초기에 고대 이집트의 문서들을 진정한 문자가 아니며 일정한 발음 체계도 없다고 생각했다.

상형문자는 처음에 단순히 그림기록이라고 여겨졌다.

나폴레옹 군대가 이집트 지역을 침공했을 때, 프랑스의 골동품 연구가들은 이집트의 유물들을 연구할 수 있는 절호의 기회를 얻게 되었다. 그리고 그 연구가들은 나폴레옹 군대에게 어떤 유물이 귀한 것인지를 알려주었다. 하지만 영국군이 나폴레옹 군대를 상대로 승리한 뒤, 영국으로 돌아가면서 로제타석도 함께 가지고 갔다. 이 로제타석은 골동품 연구가와 학자들 사이에 많은 관심을 불러일으켰다.

로제타석

로제타석은 세 개의 부분으로 구성된 하나의 문서이다. 학자들은 세 부분을 서로 비교하는 방식으로 해독을 위한 실마리를 얻을 수 있었다. 하지만 상당 부분이 훼손되어 비교 작업이 쉽지 않았다. 그럼에도 불구하고, 로제타석의 발견으로 인해 그리스어와 상형문자를 비교하여 해석할 수 있는 길이 열렸다. 그렇지만 고대 이집트어의 실제 모습을 추측하는 일은 여전히 불가능했다.

수수께끼 풀기

언어학자이자 다방면에 박식한 토머스 영Thomas Young은 로제타석에 대해 큰 흥미를 느꼈다. 세 가지 부분을 비교하여 살펴보다가 타원형의 고리 혹은 카르투슈(cartouche : 이집트 상형문자에서 왕, 또는 신의 이름을 기록한 타원형의 판넬—역자 주)가 여러 문자들을 둘러싸고 있다는 사실을 발견했다. 그는 이 표시가 특정 문자나 이름을 강조하는 것이라고 생각했으며, 이를 그리스 문서에 등장하는 프톨레마이오스(Ptolemy 또는 Ptolemaios)의 이름과 비교해 보았다. 이러한 작업을 통해 토머스 영은 문자들이 어떻게 발음되는지에 대해 추측할 수 있게 되었고, 정확한 알파벳을 정립하는 작업을 시작하게 되었다.

**토머스 영Thomas Young
(1773~1829)**
언어학자이자 과학자. 케임브리지에서는 'Phenomenon Young' 이라는 별명으로 불리기도 했다.

윗부분

상형문자로 이루어져 있다. 불행히도 많은 부분이 훼손되었으며 14줄만 남아 있다. 아랫부분의 마지막 28줄과 어느 정도 일치하고 있다.

중간 부분

통속문자demotic text로 기록된 32개의 줄로 구성되어 있다. 오른쪽 윗부분이 훼손되었다. 통속문자는 오른쪽에서 왼쪽 방향으로 기록한다. 그렇기 때문에 그림에서 보는 바와 같이 첫 14줄의 시작 부분이 사라지고 없다.

아랫부분

그리스 문자로 기록되어 있다. 로제타석에서 유일하게 바로 해석할 수 있는 부분이다. 하지만 26줄의 상당 부분이 사라졌다. 그러나 아랫부분을 통해 상형문자와 통속문자의 많은 비밀이 벗겨졌다.

프톨레마이오스(Ptolmis 또는 Ptolemy)

s i m l o t p

원문을 오른쪽에서 왼쪽 방향으로 읽으면 'Ptolmis'에 해당하는 글자를 확인할 수 있다. 그리스어로 Ptolemaios, 영어로는 Ptolemy라고 표기한다.

토머스 영은 또 다른 프톨레마이오스 왕조의 여왕 베레니케Berenika 또는 Berenice가 등장하는 자료들과도 비교 작업을 계속해 나갔다. 프톨레마이오스 왕조는 이집트 토착민이라기보다는 그리스인에 더욱 가까웠기 때문에 그는 문자들이 소리를 표기한 것이라고 추측했다. 또한 상형문자는 원래 그림문자의 일종이라고 믿고 있었다.

베레니케(Berenika 또는 Berenice)

b r n i k a

여성형 어미

왼쪽에서 오른쪽으로 기록하였으며 모음 'e' 가 없다. 그리고 마지막 글자들은 해석이 불가능하다. 이것은 일종의 여성형 어미라고 할 수 있다. 이 글자들은 주로 여왕이나 여신의 이름 뒤에서 발견된다.

해독을 위한 단서

로제타석에 새겨진 프톨레마이오스 5세(BC 205~180)의 카르투슈 해석에 성공한 뒤, 토머스 영은 상형문자 사전을 만드는 작업에 착수했다. 그리고 상형문자의 특성에 대해서도 연구하기 시작했다. 이러한 노력으로 테베Thebes의 카르나크Karnak 사원에서 발견된 카르투슈도 해석할 수 있었다. 그 자료에는 프톨레마이오스 왕조의 베레니케 여왕(BC 58~55)에 관한 내용들이 담겨 있다.

오른쪽에서 왼쪽으로

일반적으로 고대 이집트 문자는 오른쪽에서 왼쪽으로 쓰였다. 유럽 지역에서 발견된 문서들과는 반대방향인 셈이다. 하지만 여러 다른 지역에서도 오른쪽에서 왼쪽으로 기록된 자료들이 흔히 발견되고 있다.

예술적 관점

상형문자를 기록하고 조각한 사람들은 아마 예술적, 디자인적 관점에서 문자의 위치를 임의적으로 바꾸었을 것이다.

추가적인 글자

로제타석에 프톨레마이오스 왕조의 왕들을 의미하는 카르투슈는 총 여섯 번 등장한다. 이와 관련하여 토머스 영은 가령 프톨레마이오스 대왕Ptolemy 'the Great'과 같이 왕의 이름에 수식어를 의미하는 글자를 추가했다고 추측했다.

더 적은 모음

이집트 문자 표기에는 종종 모음이 빠져 있는 것을 볼 수 있다. 이것은 실제로 고대 이집트 사람들이 이름을 발음했던 방식을 보여주는 것이라고 할 수 있다.

상형문자의 해독

이집트 상형문자의 원리를 처음으로 밝히고 난 이후(33쪽 참조), 토머스 영은 다른 분야로 관심사를 돌렸다. 이제 박식한 프랑스 젊은이 장 프랑수아 샹폴리옹Jean-Francois Champollion(1790~1832)이 그 뒤를 이어받았다. 복사본만을 가지고 연구하던 샹폴리옹은 이집트 문자의 원리와 문법 체계를 밝혀내기 시작했다. 인생의 후반기에 접어들어서야 그는 비로소 이집트 땅을 밟을 수 있었다. 거기서 다양하고 풍부한 이집트 상형문자들을 직접 눈으로 볼 수 있었다.

샹폴리옹의 연구

샹폴리옹은 우선 프톨레마이오스 왕조의 알렉산더와 클레오파트라의 카르투슈를 집중적으로 연구하였다. 그 이후에 이집트 사람인 람세스 2세에 대해서도 연구하기 시작했다.

샹폴리옹의 업적

샹폴리옹은 토머스 영의 방법을 프톨레마이오스 시대의 여러 다른 비문에 적용시킴으로써 카르투슈 안에 있는 인물의 이름에 관한 영의 해석을 확인하였다. 이와 똑같은 방법으로, 그는 프톨레마이오스 시대가 아닌 람세스 2세에 의해 지어졌다고 알려진 아부심벨Abu Simbel 신전에서 발굴된 비문의 해석에 착수했다. 그 결과 그는 람세스 2세의 이름을 확인하고 해석하는 데 성공하였다. 비로소 처음으로 순수한 이집트 파라오의 이름이 밝혀진 것이다. 또한 샹폴리옹은 콥트어Coptic까지 공부했으며, 콥트 교회의 고유한 문자가 이집트의 상형문자로부터 형성된 것이라는 사실을 깨달았다. 이러한 발견으로 새로운 비문을 해석하는 과정에 큰 도움을 받았다. 샹폴리옹은 하나의 글자가 하나의 단어나 개념을 나타내는 표어문자 형태의 상형문자 체계와, 하나의 글자가 하나에서 세 개의 자음을 나타내는, 그리고 동음이의어를 구분하는 데 사용된 한정사determinative의 역할을 하는 표음문자의 체계로 이루어져 있다는 사실을 깨달았다. 1822년 9월, 샹폴리옹은 자신의 발견을 「비문과 순문학 학회Academie des Inscriptions et BellesLettre」에 게재하였다. 이 기사는 비상한 관심을 불러일으켰고 고대 이집트 연구에 혁신을 가져왔다.

알렉산더Alexander (the Great)

클레오파트라 Cleopatra

람세스Rameses

샹폴리옹의 결심

어느 날 샹폴리옹은 고대 이집트 문자를 최초 해독하겠다는 결심을 하였다. 토머스 영이 개발한 방법을 클레오파트라, 알렉산더 대왕, 람세스 2세의 카르투슈에 그대로 적용함으로써 마침내 그의 해석을 확인할 수 있게 되었다. 이러한 과정에서 샹폴리옹은 일부 글자의 음가를 확인하였고 일부 글자에 해당하는 알파벳을 밝혀낼 수 있었다. 이러한 발견을 기반으로 그는 다시 로제타석으로 돌아가 카르투슈 이외의 문자들을 연구하였다.

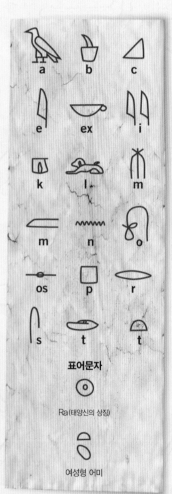

표어문자

Ra(태양신의 상징)

여성형 어미

이집트인이 등장하는 그림에는 그림문자와 상형문자도 함께 나온다. 이 그림의 주인공은 람세스 3세와 이시스라는 여신이다. 그들을 상징하는 카르투슈를 확인할 수 있다.

샹폴리옹의 최초 알파벳

카르투슈에 대한 해석과 토머스 영의 방법을 활용하여 샹폴리옹은 이집트 상형문자를 위한 알파벳 체계를 정립하였다. 이후, 성별을 나타내는 기호, 그리고 태양신을 의미하는 Ra를 나타내는 표어문자는 정확한 것으로 밝혀졌다. 하지만 비문에 대한 해석이 점차 진행될수록 일부 알파벳은 수정되었다.

이집트 상형문자의 활용

이집트 상형문자 체계는 총 2,000여 개의 글자로 구성되어 있다. 이 글자들은 일상적인 물건, 동물, 고대 이집트 사람들의 생활로부터 나온 것들이다. 각 글자는 알파벳 기호, 발음, 성별, 숫자, 개념을 나타내거나 다른 단어와 함께 사용되면서 발음이 나지 않는 한정사determinative의 기능을 하기도 한다.

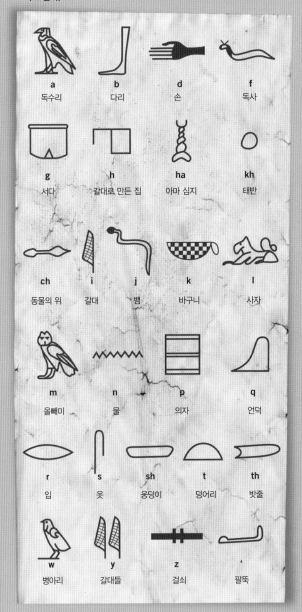

a 독수리	**b** 다리	**d** 손	**f** 독사
g 서다	**h** 갈대로 만든 집	**ha** 아마 심지	**kh** 태반
ch 동물의 위	**i** 갈대	**j** 뱀	**k** 바구니	**l** 사자
m 올빼미	**n** 물	**p** 의자	**q** 언덕
r 입	**s** 옷	**sh** 웅덩이	**t** 덩어리	**th** 밧줄
w 병아리	**y** 갈대들	**z** 걸쇠	**팔뚝**

이집트 상형문자의 알파벳

이집트 상형문자에는 모음이 없기 때문에 정확하게 어떻게 발음을 하는지 알 수 있는 방법이 없다. '상형문자 알파벳'이라고 하는 외래 용어를 표기하는 글자는 모두 자음을 의미한다. 하지만 그중 일부는 그리스어의 모음을 표기하기 위해 임의적으로 사용되었다.

한정사

그림문자들은 대부분 일반 문장들과는 달리 앞에 오는 단어의 의미를 보충 설명하기 위한 것이라고 할 수 있다. 이들 그림문자들은 아주 다양한 기능을 한다.

형용사, 부사의 역할

일반적으로 흔히 사용되는 일련의 그림문자들은 다양한 상황을 설명하기 위해 사용된다.

하찮은   냄새

설명의 역할

몇몇 단어들을 표기하는 자음들이 비슷하거나 혼동을 주는 경우, 그림문자가 이를 보충해서 설명한다. 예를 들어, 'duck'과 'deck'에 해당하는 상형문자가 있다고 가정해 보자. 이집트어에서 이 두 단어 모두 'd'와 'k'로만 표기될 수 있다. 이러한 경우, duck에 해당하는 상형문자 뒤에는 오리를 의미하는 그림문자가, 그리고 'deck'의 뒤에는 배를 의미하는 그림문자가 따라오게 된다. 이를 표기했던 고대 이집트인은 두 단어의 의미를 정확하게 구분하기 위해 그림문자를 추가하였을 것이다. 또한 'fish'와 'to cry'에 해당하는 이집트 단어는 똑같이 'rem'이다. 역시 고대 이집트에서는 'r'과 'm'으로만 표기되었을 것이다. 이와 같은 동음이의어의 경우에도 한정사를 삽입하여 보충 설명을 했을 것이다.

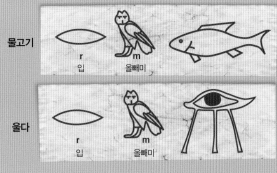

물고기   r 입   m 올빼미

울다   r 입   m 올빼미

숫자 체계

고대 이집트의 숫자 체계는 기본적으로 동일한 기호를 추가하는 방식이며, 또한 다양한 기호들을 사용하고 있다. 소수의 경우, 일반적으로 입을 의미하는 기호 주변에 표기하였다.

│	1-9	수평 혹은 수직 작대기
∩	10-90	소를 묶는 멍에
℮	100-900	올가미
⚘	1,000-9,000	연꽃
☝	10,000	세운 손가락
↪	100,000	올챙이
⚚	1,000,000	하늘을 떠받치고 있는 신

추상적 개념

행동 또는 현상에 관련된 상징들은 아래처럼 설명이 힘든 개념들을 설명하고 있다.

날, 천체 관측과 관련이 있는

달, 위와 같은

존경, 신체로 표현하는 언어

고대 이집트인들은 그림문자를 가지고 글로 설명하기 힘든 개념을 표현할 수 있었다. 그림문자는 보통 상형문자들 사이에 삽입되는 형태로 나타난다. 위 그림은 엘리시트el-Lisht 지역의 12대 왕조 세누세르트Senwosret 1세의 장례 신전에서 발굴된 유물이다. 이 양각 작품에는 왼쪽에 세트Seth 신과 우측에 호루스Horus 신이 조화를 의미하는 상형문자를 중심으로 함께 연결되어 있다. 이러한 상징을 통해 상이집트와 하이집트의 상징적인 통일을 나타내고 있다. 두 신의 정체는 위에 적혀 있는 상형문자를 통해 확인할 수 있으며 모두 통일을 위한 결의를 나타내고 있다.

마야 문명의 수수께끼

1519년 스페인 정복자들이 유카탄Yucatan 해안의 마을을 침략했을 때, 그들은 마야 원주민들이 사는 집에서 책들을 발견하였다. 이를 처음으로 기록한 피터 마터Peter Martyr는 스페인 박람회를 위해 보냈던 몇 가지 복사본에 대해 이렇게 설명하고 있다. "그들의 글자는 우리와는 무척 다르다. 주사위, 갈고리, 올가미, 조각, 숫자 등을 한 줄 위에 그려놓고 있다. 이집트의 문자와 매우 비슷한 것 같다." 당시 대부분의 사람들은 마야인들이 단지 그림을 그려놓은 것이라고 생각했다. 그러나 일부 학자들은 이에 동의하지 않았고, 결국 문자 체계라는 것을 증명하였다. 마야의 문자는 일부분이나마 해석이 된 유일한 중부아메리카 언어이다.

돌에 새겨진 상형문자

마야 문명의 책들은 상당 부분 유실되었으나 기념비, 현판, 도자기, 동굴 등에 새겨진 자료들은 아직까지 많이 남아 있다. 이 유물들은 200년경으로부터 스페인 침략 시기에 이르기까지 만들어진 것이다. 스페인의 수도사인 디에고 데 란다Diego de Landa는 마야인들의 숫자 체계(26쪽, 153쪽 참조)와 마찬가지로 마야 문명의 역법 역시 쉽고 빠르게 이해할 수 있는 것이라고 설명하였다. 당시 대부분의 고고학자들은 마야 문명의 기록들은 대부분 역법에 관련된 것이며 읽을 수 있는 일반적인 문자 체계로 이루어진 것은 아니라고 생각했다. 그들은 단지 소리를 기록한 그림 정도의 수준이라고 여겼다.

그림 같은 문자

1973년 많은 학자들은 팔렝게Palenque(아래)와 같은 주요한 지역에서 발견된 기념비의 기록들을 해석하는 방법과 마야의 지배층이 주도했던 여러 가지 의식에 대해 밝혀냈다.

사라진 마야 문명의 서적들

마야인들은 나무껍질을 하얗게 만들어 그 위에 글을 기록했다. 그들은 이 문서들을 병풍과 비슷한 방식으로 접고 나무로 표지를 만들어 보관하였다. 일부 불교 문서들이 이러한 방식으로 보관되어 있다. 하지만 오늘날 마야 문명의 이러한 책들은 오직 네 권만 남아 있다. 애석하게도 유카탄 지역의 프란체스코회 주교를 맡고 있던 디에고 데 란다가 1562년 자신이 소장하고 있던 모든 마야 문명의 책들을 우상숭배라는 이유로 불살라버렸다. 그러나 아이러니하게도 마야의 문자 체계의 핵심적인 실마리를 제공한 사람 역시 데 란다 주교였다. 그는 마야인의 이름과 260일로 이루어진 '짧은 역법' 체계에서 20일의 의미를 밝혀냈다. 그는 이러한 말도 덧붙였다. "마야인들 역시 과거의 사건들이나 과학적인 발견을 기록하기 위해 문자를 사용하였으며, 그림이나 기호를 통해 기록들을 읽고, 또한 글자를 가르치기도 하였다."

알파벳 연구

이론적으로 보자면, 마야 문명의 기록들은 보다 쉽게 해석이 가능했다. 오늘날까지도 중부아메리카 지역에서는 마야 언어와 유사한 30개가 넘는 방언들이 그대로 사용되고 있기 때문이다. 그렇기 때문에 마야 언어의 체계는 비교적 잘 알려져 있었다. 스페인의 초기 침략자들은 마야인들의 책에 대하여 객관적인 많은 설명들을 남겼다. 그들은 마야인들의 문자들이 진정한 문자 체계를 갖추고 있었다고 생각했다. 그리고 데 란다 주교는 마야인들이 월과 일을 표기하기 위해 문자를 사용했다는 사실과 그 원리까지 밝혀냈다. 또한 마야 문자의 '알파벳'까지 정립하였다. 하지만 스페인 알파벳을 가지고 음가를 표기하는 방식에 머물렀다. 마야 문자는 물론 알파벳을 기반으로 한 체계가 아니었다. 가령 마야인들이 'AH'라고 발음한 것을 데 란다는 'a'라고 표기하였으며, 마찬가지로 'ba'라는 발음을 'b'라고 표기한 것이다. 데 란다는 마야인들의 발음을 통해 알파벳을 기록하였지만, 실제로 마야인들의 문자는 일종의 음절문자였다. 이 사실이 마야 문명의 문자를 해석하는 핵심 열쇠이다.

커다란 발전

러시아 언어학자 유리 크노로소프Yuri Knorosov는 데 란다 주교의 알파벳 연구를 기반으로 1952년에 마야 문자의 해석에 성공했다. 그는 무척 간단한 가정을 연구의 출발점으로 삼았다. 즉, 그는 마야 문자는 읽을 수 있도록 만든 문자 체계라고 생각했다. 크노로소프의 가정에 따르면, 마야 문자 체계는 음절문자이거나 아니면 데 란다의 이론이 틀린 것이 되어버린다. 크노로소프는 이집트의 상형문자와 아카드어의 연구로부터 이 두 가지의 문자 체계는 개념을 나타내는 표어문자와 소리를 표기하는 음절문자를 동시에 사용하고 있고, 또한 동음이의어를 구별하기 위해 한정사를 사용하고 있다는 사실을 알고 있었다. 그는 마야의 문자 체계도 이와 같다고 생각했다. 그는 이 발견을 바탕으로 계속적으로 연구를 발전시켜 나갔다.

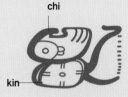

chikin(서쪽)

cutz(칠면조)

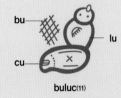

buluc(11)

cutch(짐)

1 '서쪽'을 의미하는 혼합 기호와 발음 chikin은 이미 밝혀졌다. 이 단어는 두 개의 글자로 구성되어 있다. 즉, 떠오르는 태양을 의미하는 'kin' 위에 '쥐고 있는 손'이 놓여 있다. 여기서 '쥐고 있는 손'은 'chi'라는 소리를 나타낸다.

2 데 란다 주교의 알파벳을 보면 'ku'에 해당하는 기호를 확인할 수 있다. 크노로소프는 이 기호가 마드리드 사본 Madrid Codex에 나와 있는 독수리 신의 그림 위에도 나와 있음을 확인하였다. 'chi'에 해당하는 글자 위에 'ku'에 해당하는 기호가 놓여 있었기 때문에 그는 이 문자를 'ku-chi'라고 기록하였다. 유카텍Yucatec어로 '독수리'는 'kuch'이다. 또한 데 란다는 음절문자의 경우 일반적으로 마지막 자음이 발음되지 않는다는 사실도 우연히 발견하게 되었다.

3 위와 같은 방법으로 크노로소프는 란다가 발견한 'cu'에 해당하는 기호를 칠면조 그림 위에 그려진 알려지지 않은 기호와 함께 확인할 수 있었다. 유카텍어로 '칠면조'는 'cutz'였기 때문에 그는 그 기호의 음가가 'tz(u)'라는 사실을 밝혀냈다. 또한 크노로소프는 '짐', '11', '개', '케트살quetzal', '마코앵무macaw'를 의미하는 기호들도 확인하였다.

4 여기서 분명한 사실은 마야 문자들이 두 가지를 나타내고 있다는 점이었다. 마야의 음절문자는 '물고기 지느러미'를 의미하는 'ka'와 같은 표의문자로부터 형성된 것이다. 이러한 의미에서 음절보다는 사물이나 개념을 나타내는 진정한 표의문자라고도 볼 수 있다. 이처럼 음절과 개념을 동시에 나타냄으로써 특별한 단어나 문장을 나타내기 위해 다양한 표기 방법을 사용할 수 있다.

5 얼마 지나지 않아 마야 문자도 이집트 문자처럼 유연한 체계로 이루어져 있다는 사실이 밝혀졌다. 왼쪽에서 오른쪽으로, 그리고 기둥의 형태로 표기되는 마야 문자는 일반적으로 엄격한 문법 체계를 갖추고 있지 않았다. 이 사실은 마야 문자를 해석하기 위한 핵심이 되었다. 그 이후 40여 년에 걸쳐 많은 학자들이 마야 문자에 대한 세부적인 사항들을 밝혀냈다. 하지만 여전히 숙제가 남아 있다.

'산'에 해당하는 마야의 단어는 'witz'라고 발음된다. 이 단어는 세 가지 방식으로 표기할 수 있다. 첫째, 표의문자만을 사용하여, 둘째 산을 뜻하는 표의문자 앞에 접두사 wi에 해당하는 글자를 덧붙여서, 그리고 마지막으로 wi와 tz(i)의 음가에 해당하는 음절문자를 합성하여 표기할 수 있다.

witz   wi-witz   wi-tzi

고유한 전통

지금까지 수많은 문명들이 사라졌다. 그중 일부는 고도로 번성을 누리다가 풍부한 전통과 의식, 신화, 그리고 그 문명을 상징하는 다양한 유산들과 함께 역사 속으로 사라져버렸다. 아메리카, 아프리카, 호주 지역에서 입으로 전해져 내려오던 많은 전통들은 세계화의 물결 속에 상당 부분 파괴되어 버렸다. 하지만 아직 남아 있는 조각난 유물들을 통해 마야의 상형문자(36쪽 참조)와 같이 전성기를 누리다가 사라져간 과거의 문명들을 다시 그려볼 수 있다.

토템의 상

하이다Haida 족, 틀링깃Tlingit 족, 콰키우틀Kwakiutl 족, 그리고 북서아메리카 해안 지역에서 나타난 초기 국가들은 저마다 다양한 조각 양식을 가지고 있다. 또한 집 앞 기둥, 병풍, 보관함, 배, 문신과 같은 모든 작품에서 독특한 장식과 도해법을 발견할 수 있다. 이들의 상징 체계는 매우 일관적이다. 예를 들어, 집은 우주를 상징한다. 그리고 다음과 같이 집의 구성요소는 인체를 상징하기도 한다.

앞쪽 기둥	팔뼈
뒤쪽 기둥	다리뼈
세로 방향의 대들보	등뼈
서까래	갈비뼈
집을 감싸는 재료	피부
장식	문신

그 집에 사는 사람은 집과 조상들의 영혼을 나타낸다.

잃어버린 유산

토템 기둥은 북서태평양 지역 원주민들을 대표하는 상징이다. 토템 기둥들은 남부 알래스카 지역으로부터 북부 워싱턴 주에 이르기까지 나타나고 있다. '토템'이라고 하는 단어는 아메리칸 인디언 부족인 오지브와Ojibwa 족의 언어 또는 이와 관련된 언어로부터 비롯된 말로, '혈족 관계'를 의미한다. 토템 기둥의 주요 역할은 가족이나 부족, 전설, 혈통 또는 주요한 사건들을 기록하는 것이었다. 토템 기둥이 세워질 당시 가족 및 부족에 속한 구성원들이 그 정확한 의미를 알고 있었을 것이다. 하지만 세월이 흘러 토템 기둥이 스러져가면서 그 의미도 사라졌을 것이다. 토템 기둥은 개인이나 가족의 업적, 중요한 잔치나 의식의 기념, 전설과 역사적인 사건들에 관한 메시지를 담고 있다. 또한 이와는 반대로 '불명예shame'를 나타내는 기둥도 있었다. 예를 들어, 빚을 갚지 못하거나 다툼, 살인 및 부끄러운 일을 저지른 것을 공개적으로 알리고 논의하기 위해 기둥을 세우기도 했다. 최근 알래스카의 코르도바 지역에도 이와 같은 기둥이 세워졌다. 그 기둥에는 엑슨Exxon의 전 CEO 리 레이몬드Lee Raymond의 얼굴이 거꾸로 그려져 있다고 한다.

토템 기둥에는 사람의 머리, 부족의 관심사, 독수리나 까마귀 형상을 한 반인반수, 또는 부족의 혈통을 상징하는 조각을 볼 수 있다. 가령 북미 인디언인 하이다Haida 족은 머리를 새긴 70개 정도의 토템 기둥을 세웠다. 그중 20개만이 일상적으로 사용되는 것이다. 다음의 동물들은 독수리나 까마귀 형상의 반인반수와 더불어 주로 등장하는 소재이다.

독수리
물고기
개구리 등 양서류
비버(당시 양서류로 여겨졌다.)

까마귀
홍어
바다 포유류
육지 포유류(비버는 제외)

부족들마다 각각 고유한 방식으로 토템 기둥을 조각하였다. 물론 이 사진에서처럼 기둥 위에 앉아 있는 천둥새와 같이 지역에 걸쳐 공통적으로 나타나는 소재도 있다.

일반적으로 붉은 삼나무로 만든 토템 기둥은 비가 많은 삼림 지역에서는 백 년 이상을 버티지 못했다. 이 기둥들이 썩어감에 따라 그 메시지도 점차 사라져갔다.

아딘크라

아프리카 가나의 아칸Akan 족은 아딘크라adrikra라고 하는 매우 정교한 상징 체계를 개발하였다. 아딘크라는 부족의 속담, 노래, 이야기 등과 밀접한 관계가 있으며, 사회적인 정체성과 정치적인 견해를 드러내는 역할도 하고 있다. 아칸 족은 대부분 아딘크라의 의미를 잘 알고 있고 이 전통은 수백 년에 걸쳐 이어져 내려오고 있다. 하지만 이방인의 눈에는 단순한 장식으로밖에 보이지 않는다. 그 문양들은 글을 읽지 못하는 사람들도 이해할 수 있을 정도로 강렬한 개인적 표현을 담고 있다. 나무나 금속을 이용하기도 하지만 직물 문화로 유명한 아칸 족은 주로 옷감을 통해 아딘크라를 표현하고 있다. 예를 들어, 손으로 짠 켄트kente 천이나, 블록도장block-printed으로 만든 아딘크라, 또는 '속담'을 상징하는 옷감 등이 있다. 오늘날 이들의 700개가 넘는 상징들은 그 의미에 따라 분류되어 있다. 일부 아딘크라는 미와 여성성을 나타내는 나무 빗과 같이 매우 전통적인 특성을 가지고 있다. 이와는 반대로 오늘날 BMW와 고급 텔레비전처럼 부를 상징하는 현대적인 것들도 있다. 가령 19세기에 등장한 코코아나무나 가나 지역의 주요 상업적 작물을 나타내는 상징은 식물이나 초콜릿을 표현할 뿐만 아니라 사회적 효과와 속담의 의미를 나타내고 있다. 'kookoo see abusua, paepae mogya mu(코코아나무는 가족과 혈연 사이에서 분쟁을 일으킨다).' 또한 유럽인들이 단지 데이지, 기타 다양한 꽃, 또는 태양이라고 인식하는 상징이 아칸 족에게는 불평등한 기회를 의미한다. 이러한 상징은 '같은 나무에 열린 고추들이라고 해서 모두 똑같이 익는 것은 아니다' 라는 속담을 나타낸다.

adinkrehene
최고의 아딘크라
상징 : 위대함, 지도력

Denkyem
악어 : 적응 능력

Duafe
나무 빗 : 미, 여성성, 위생

Dwennimmen
숫양의 뿔 : 힘, 겸손

Ese Ne Tekrema
이와 혀 : 우정

Funtunfunefu Denkyemfunefu
악어들 : 민주주의, 보편성

Hwemudua
측정용 막대기 : 조사, 품질 관리

Mpatapo
화해의 결합 : 평화 유지

Owo Foro Adobe
라피야 야자나무를 기어 올라가는 뱀 :
부지런함, 절약

Owuo Atwedee
죽음의 사다리 : 죽음이라는 운명

Woforo Dua Pa A
좋은 나무에 오르기 : 협동과 지원

아무런 목적이 없는 문

무언가를 기념하기 위한 건축물들은 상징적인 기능과 더불어 종교적, 의식적, 제례적인 차원에서 특별한 목적의 기능을 담고 있다. 하지만 한 가지 예외로, 나무로 만들어진 양식화된 일본의 오토리 문O-torii portal(아래)을 들 수 있다. 신사나 묘지로 들어가는 길목에서 종종 발견할 수 있다. 이것은 현세와 신성한 세계를 구분하는 역할을 한다고 알려져 있다. 하지만 일반적으로 주위에 아무것도 없이 홀로 서 있는 경우가 많다. 일본 고유 신앙인 신도의 이미지와 잘 어울린다고 하겠다. 묘지로 가는 길을 따라 나열되어 있는 경우도 있다.

하지만 아직 그 기원에 대해서는 알려져 있지 않다. 아마 '새들이 않는 장소'일 수도 있을 것이다. 토리 문들은 일반적으로 세 부분으로 구성되어 있다. 여기서 3이라는 숫자는 신성함을 나타낸다. 이 문을 통과하기 전에 거기에 있는 세숫물로 씻어서 몸을 정화한 뒤에 절을 하고 박수를 세 번 치는 전통을 따라야 한다. 그러고 나서 신성한 곳으로 들어가도 되는지 허락을 받아야 한다. 걸어가는 도중에 길의 중심을 밟지 않도록 조심해야 한다. 일반적으로 길의 중앙은 영혼들이 지나가는 길로 알려져 있기 때문이다. "수수께끼와 같은 토리문들은 일정한 주기를 두고 다시 지어졌다. 하지만 그 기원에 대해서는 알려진 바는 거의 없다."

종파, 상징, 그리고 비밀 조직

정치적, 종교적 지배 권력이 발달함에 따라 사회적으로 자신들의 존재를 숨기고 믿음과 행동을 비밀스럽게 공유하는 조직들이 나타나기 시작했다.

대표적으로 이단으로 몰려 박해를 받았던 종교 단체를 들 수 있다. 또한 이러한 조직들은 종종 비밀스럽고 이해하기 어려운 관습들을 지닌 과학적인 연구와도 밀접한 관련을 맺고 있었다. 연금술사나 점쟁이와 같은 사람들은 창조와 존재의 비밀에 도전함으로써 기존 사회의 질서를 크게 어지럽히곤 했다. 그들의 시도는 다양한 비밀 조직들을 통해 아직도 우리 사회에 영향을 미치고 있다.

초기 기독교

초기 기독교는 말 그대로 지하 종교였다. 로마의 지배 아래, 기독교인들은 공개적으로 자신들의 세력을 드러낼 수 없었다. 그래서 신도들은 로마의 박해를 피하고 자신의 믿음을 나타내기 위해 비밀스러운 상징 체계를 사용하였다. 이렇게 암호화된 상징들은 로마 및 다양한 지역의 지하 묘지나 기독교인들이 당시 만나서 예배를 올리던 장소에서 특히 많이 발굴되고 있다. 당시 신도들의 무덤에서는 그들의 가족이나 친구들이 함께 박해를 받지 않도록 비밀스러운 방식으로 그들이 기독교도였음을 나타내는 상징이 발견되고 있다. 오늘날 기독교를 상징하고 있는 십자가도 그것을 상징하는 비밀스러운 방식이 개발되기 전까지 거의 사용되지 않았다. 십자가를 지닌다는 것은 곧 로마의 무자비한 학대를 받는 위험을 의미하는 것이었다. 로마 제국의 감시 아래에서 초기 기독교인들은 자신들을 서로 확인하기 위해 이교도적인 전통과 관련된 많은 비밀 기호 및 상징들을 만들었다. 이러한 암호 체계를 통해 초기 기독교인들은 수백 년 동안 종교적인 공동체를 유지할 수 있었다.

십자가

십자가에 못 박힌 예수의 모습이 처음으로 등장한 것은 아마도 〈알렉사메노스Alexamenos의 벽화〉일 것이다. 이 벽화는 로마의 팔라틴 언덕에 위치한 기숙학교의 유물 속에서 발견되었다. 이 그림에서 예수는 당나귀의 얼굴을 한 채 십자가에 매달려 있고, 그 앞에는 젊은 기독교인이 기도하고 있다. 그리고 그리스어로 이렇게 새겨져 있다. "알렉사메노스는 자신의 신을 숭배하고 있다." 이 벽화는 1~3세기경에 만들어진 것으로 추정된다. 이 그림을 통해 이 시대에 십자가가 기독교를 상징하고 있다는 사실을 알 수 있다. 하지만 5세기에 들어서야 십자가가 비로소 기독교의 중심적인 상징으로 자리 잡게 된다.

위장된 십자가

안전 또는 폭풍 뒤의 고요를 상징하는 닻을 통해 십자가를 나타내기도 하였다. 또는 가끔씩 삼지창을 가지고 나타내기도 하였다. 검이 십자가의 상징으로 활용된 것은 한참 후인 십자군 원정 때였다.

빵과 포도주

곡식과 포도는 로마 사람들에게 풍요와 기쁨을 의미한다. 그들은 농업의 신인 데메테르와 술의 신인 디오니소스에게 수확한 것들을 바쳤다. 하지만 기독교인들은 이것들을 새로운 상징으로 변화시켰다. 기독교인들에게 빵은 그리스도의 몸을, 포도주는 그리스도의 피를 의미한다. 즉, 그들에게 빵과 포도주는 성체 의식을 나타낸다.

1세기

2세기

익투스

물고기는 가장 오래된 상징들 중 하나이다. 고대시대에서 물고기는 풍요, 인생, 영속성을 나타냈다. 삼지창을 지키고 있는 물고기 두 마리 상징도 종종 볼 수 있다. 물고기와 어부는 복음서에 자주 등장하며, 영원의 삶에 대한 상징으로서 성체 의식과 깊은 관련이 있다. 그리스어로 물고기를 의미하는 'ichthus'란 단어는 다음 단어들과 함께 아크로스틱acrostic(각 행의 머리글자나 끝 글자를 이으면 말이 되는 유희시-역자 주)으로도 사용되었다.

Iesous	Jesus, 예수
CHristos	Christ, 그리스도
THeou	God's, 신의
Uios	Son, 아들
Soter	the Savior, 구세주

물고기 윤곽선은 자신의 신앙을 몰래 나타내기 위해 주로 모래나 엎지른 와인 위에 종종 그려졌다.

다섯 글자로 이루어진 라틴어 단어들
수직, 수평에 따라 순서대로 읽으면 '쟁기로 일한 자가 씨도 뿌린다' 라는 의미가 된다.

로마 정사각형

이 정방형의 유물은 로마에 있는 어떤 집의 벽에서 발견되었다. 글자들이 대칭적으로 배열된 것으로 볼 때, 초기 기독교인들이 서로의 신분을 확인하기 위해 만든 독창적인 문서였을 것이라고 생각된다. 속담을 적은 것처럼 보이지만 독특한 방식으로 글자를 배치함으로써 기독교적인 의미를 나타내고 있다. 'pater noster'라는 글자는 라틴어로 '우리의 아버지'라는 뜻이다. 하지만 기독교적 의미를 담은 '알파'(시작), '오메가'(마지막)와 함께 십자가 형태로 글자를 배치함으로써 강력한 기독교적 이미지를 상징하고 있다.

비둘기와 공작새

비둘기와 공작새의 상징은 오랜 전통에서 찾을 수 있다. 비기독교인들은 비둘기를 아프로디테 여신과 연관지어 생각하였다. 하지만 기독교인들에게 비둘기는 성스러운 영혼, 부부의 사랑을 의미한다. 때로는 샘물에서 솟아나는 생명수를 의미하기도 했다. 비둘기가 올리브 가지를 잡고 있는 것은 평화와 화해를 의미하는 초기 상징이기도 하다. 비기독교인들은 공작의 살은 절대 썩지 않는다고 믿었다. 그리고 기독교인들은 공작을 영원과 부활을 상징한다고 생각하였다.

크리스몬

십자가는 그리스도를 의미하는 그리스어인 chi와 rho를 결합하여 만든 크리스몬chrismon으로 나타내기도 한다. 312년 10월 27일, 크리스몬은 로마를 완전히 바꾸어놓았다. 당시 로마 제국의 두 경쟁자인 콘스탄틴과 막센티우스는 밀비안 다리에서 전쟁을 벌이기 위해 준비를 하고 있었다. 하루 전날 밤, 콘스탄틴은 꿈에 chi와 rho라는 글자를 보고, "in hoc signo vinces(이 표시로 너는 승리할 것이다)"라는 목소리를 듣는다. 군대 내 기독교인들은 콘스탄틴에게 그 표시는 그리스도의 상징이며 죽음을 초월하는 승리의 삶을 나타낸다고 알려주었다. 그들의 말을 듣고 콘스탄틴은 chi와 rho를 나타내는 글자를 자신의 투구와 병사들의 방패, 그리고 깃발에 그려 넣었다. 물론 기독교를 믿지 않는 군사들은 그것이 무슨 의미인지 전혀 알지 못했을 것이다. 콘스탄틴은 마침내 승리를 거두었고, 이때부터 비로소 로마는 기독교를 받아들이게 된다. 일반적으로 야자나무나 월계수의 잎으로 chi와 rho 글자를 둘러싸서 로마의 승리를 나타내는 왕관을 만들었다. 하지만 기독교인들에게 이것은 고난과 순교를 의미한다.

3세기	4세기	5세기

착한 양치기

양치기가 어깨에 양을 메고 있는 이 그림은 3세기경 발굴되었다. 이 그림은 백성을 지키고 보호하는 예수의 이미지를 나타낸다. 양과 양치기는 매우 고전적인 소재에 속한다. 양은 예수와 그의 희생을 상징한다. 기독교인들은 모두 이와 같은 방식으로 양과 양치기의 상징을 이해하고 있었다.

두 팔을 벌려 기도하는 모습Orans

하늘을 향해 손을 들어 기도하는 모습은 신의 자비 속에 자신을 바치는 행위를 의미한다. 이 상징은 기독교뿐만이 아니라 보편적으로 사용되었다.

살아 있는 십자가

완전한 형태의 십자가가 나타난 것은 420년경 북부 이탈리아 지역에서였다. 초기의 유물들은 인간으로서 그리스도를 나타내기 위해 허리에만 옷을 걸친 서구의 전통을 따르고 있으며, 산타 사비나Santa Sabina 문에서와 같이 십자가에 매달린 그리스도는 살아 있고 승리의 기쁨을 나타내고 있다. 동쪽 지역의 경우, 그리스도는 고대 로마인들의 가운을 입은 채로 자신의 권능을 나타내고 있다.

펜타그램

서아시아로부터 전해진, 마법과 관련된 은밀한 수많은 상징들 중에서 오늘날 펜타그램pentagram(오각형 별 모양)이 아마 제일 비중 있는 자리를 차지하고 있을 것이다. 피타고라스 시대로부터 펜타그램은 마술적인 의미를 담고 있는 문양으로 여겨졌다. 아직까지 다양한 뉴에이지 집단들이 이를 중요시하고 있으며, 모르몬교도들은 교회를 지을 때 펜타그램을 크게 활용하고 있다. 모로코와 에티오피아는 이를 국기에까지 그려 넣었다.

기하학

아주 오래전부터 많은 학자들이 펜타그램의 기하학적 특성에 관심을 기울여 왔다. 피타고라스 학파는 펜타그램에서 주요한 수학 원리를 발견했다. 펜타그램은 길이가 같은 다섯 개의 선분으로 이루어져 있다. 그리고 다섯 개의 꼭지점이 대칭적으로 나타나고, 이등변 삼각형 여덟 개와 오각형 한 개를 그릴 수 있다. 다섯 개의 꼭짓점을 모두 연결하는 원을 그릴 수 있으며, 이 꼭짓점을 모두 연결하면 이등변 삼각형 10개를 더 그릴 수 있다. 펜타그램을 거꾸로 뒤집어 놓는 경우, 그 의미는 크게 달라진다.

바빌로니아 천문학

고대 바빌로니아 사람들은 펜타그램을 목성, 수성, 화성, 토성, 금성을 나타내는 상징이라고 생각하였다. 그리고 그중 금성을 가장 중요하게 여겼다. 고대 천문학자들은 금성이 궤도상에서 다섯 번의 일식inferior conjunction을 완성하였으며, 하늘에서 완벽한 펜타그램을 그리는 데에는 8년이 걸린다는 사실을 발견했다. 로마인들은 지식을 가져다준다는 의미에서 금성을 샛별Lucifer이라고도 불렀다.

히브리 문자

신비로운 여러 가지 상징들과 함께 레비는 히브리 문자와 비슷한 문자들도 그려 놓았다.

황금비율은 피타고라스 학파가 처음으로 정의하였다(154쪽 참조). 오른쪽 색깔 칠해진 부분에서 보여주듯, 그들은 펜타그램을 비율에 관한 특성을 직관적으로 보여주는 도형이라고 생각했다.

황금 그노몬

이 그림에서 색깔이 칠해진 이등변 삼각형을 황금 그노몬golden gnomon이라고 부른다.

비율

색칠된 선분 A, B, C, D는 서로 황금비율을 이룬다.

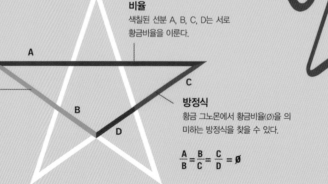

방정식

황금 그노몬에서 황금비율(∅)을 의미하는 방정식을 찾을 수 있다.

$$\frac{A}{B} = \frac{B}{C} = \frac{C}{D} = \emptyset$$

$$D + C = B \text{ and } C + B = A$$

존 디의 영향

레비는 문양을 디자인하는 과정에서 존 디John Dee의 마법 상징 체계(57쪽 참조)를 통합적으로 도입하였다.

19세기 신비주의자 엘리파스 레비Eliphas Lévi (1810~1875)는 이 펜타그램을 통해 '소우주', 즉 인간을 나타내고 있다. 레비는 비밀스러운 전통 양식으로부터 나온 수많은 상징과 기호를 통합적으로 활용하여 많은 작품을 남겼다. 또한 염소 머리의 인장Sigil of Baphomet(오른쪽)도 그렸다.

펜타그램과 종교

펜타그램에 관한 다섯 가지 특성은 다양한 기독교적 신앙을 나타내기도 하였다. 즉, 다섯 가지 감각, 예수의 몸에 난 다섯 개의 상처, 예수와 성모 마리아의 다섯 가지 기념일(성모 마리아에게 예수의 잉태를 알린 날, 예수 탄생일, 예수의 부활, 예수 승천, 성모 승천)을 상징하였다. 육각형 별 대신 펜타그램이 유대교를 상징하던 시기도 있었다.

그리스와 로마

그리스와 로마 시대의 펜타그램은 흙, 불, 물, 공기, 에테르라고 하는 다섯 가지 구성요소, 그리고 그때까지 발견된 다섯 행성들을 상징하였다. 펜타그램의 형태에서 신비로운 특성을 발견했던 중세시대의 연금술사와 마법사들 역시 그리스, 로마인들의 전통을 이어받았다. 그리스, 로마인들은 펜타그램이 다섯 가지 요소들을 지배하는 영혼을 상징한다고 생각했다. 하지만 이를 거꾸로 뒤집으면 악마의 상징이 된다고 믿었다.

점술가, 마법사, 악마숭배자

이들은 이 그림과 같이 두 개의 원 내부에 거꾸로 된 펜타그램을 그려서 주로 의식적인 행사에 사용하였다. 영국의 극작가인 말로Marlowe의 연극 《닥터 파우스트Doctor Faustus》를 보면 메피스토펠레스가 바로 이러한 문양에 갇히는 장면이 나온다. 리바이어던 Leviathan을 나타내는 다섯 개의 히브리 문자와 더불어 펜타그램 속에 새겨진 염소의 머리는 타락한 천사가 들어가는 지옥을 의미하는 바포메트의 문양Sigil of Baphomet으로도 알려져 있다. 거꾸로 된 펜타그램에서 아래로 향하는 세 개의 뿔은 삼위일체를 상징한다고 알려져 있다.

인체의 상징

펜타그램의 다섯 뿔은 인간의 머리, 팔, 다리를 상징한다고도 볼 수 있다. 레오나르도 다 빈치의 '비트루비안 맨' (194쪽 참조)을 보면 이를 확인할 수 있다.

켈트 족의 전통

펜타그램은 다양한 형태로 나타나고 있는 펜타클(pentacle : 펜타그램의 주위에 원을 두른 모양)과 종종 혼동되어 사용되었다. 신이교주의자neopaganist나 마술 숭배자Wicca들은 펜타클을 종교적, 의식적인 상징으로 생각하였다. 그들에게 펜타클은 완전함을 의미한다. 그리고 다섯 개의 뿔은 고대시대와 마찬가지로 다섯 개의 요소를 나타낸다.

바하이교

이란인 바하알라Bahá'u'lláh(1817□1892)는 바하이교Bahaʾ를 창시하였다. 그는 펜타그램 또는 하이칼haykal의 형태로 많은 경전을 썼다. 바하이교에서 펜타그램은 신을 상징한다. 바하이교는 또한 유대교의 육각형 별과 만자 십자상(卍)과 같은 다른 종교의 상징들도 사용하고 있다. 그리고 바하이교의 사원에서는 이러한 상징을 쉽게 찾아볼 수 있다.

점술

중세시대에 유럽 지역에서 나타난 여러 가지 신비한 관습들은 고대 중동 지역의 전통들과 밀접한 관련을 맺고 있다. 이러한 관습들은 이후에도 계속적으로 소개하겠지만, 은밀하고 신비스런 법칙, 의식, 기록, 연금술, 마법, 카발리즘Kabbalism과도 관련이 있다. 점술은 이러한 모든 것들을 기반으로 하고 있다. 아주 오래전부터 다양한 문화권의 사람들은 상징을 해석하여 미래를 예측하는 능력을 특별한 재능이라고 여겼다. 그리고 신비스런 현상 뒤에 숨어 있는 이러한 재능을 감추기 위해 노력하였다. 그 기원은 분명하지 않으나 상징주의를 기반으로 오늘날까지 이어져 내려오고 있는 관습으로 점성술과 타로 점을 들 수 있다.

동물의 간
고대시대에서는 동물을 희생양으로 바치고 그 간을 꺼내 점을 쳤다. 그리고 그 결과를 돌에 새겼다.

점술의 종류
점술에는 다양한 방식이 있다. 상징을 해석하는 방법에 따라 네 가지 종류로 나눌 수 있다.

조짐을 통한 예언
천문학적 또는 기상학적 변화를 역사적인 사건을 바탕으로 관찰하고 기록하고 해석하는 점술의 방식이 있다. 가령 보름달이 뜬 다음날 벌어진 전투에서 대승을 거두었다면 앞으로 보름날은 커다란 성공을 알리는 예언으로 받아들여진다. 이러한 형태에 속하는 대표적인 사례로 점성술을 들 수 있다.

모양 점, 제비뽑기
막대, 돌, 뼈와 같은 물건을 던져 그 흩어진 모양을 보고 점을 치는 방식이 있다. 오늘날 잘 알려진 것으로 타로 점을 들 수 있다. 야자잎이나 찻잎을 펼쳐서 읽는 점도 있다(181쪽 I Ching 참조).

복점
새가 나는 모습과 같이 자연적인 현상을 통해 점을 치는 방식이 있다. 그리스나 로마, 중부 아메리카에서는 제사에 바친 동물의 간이나 창자를 꺼내어 점을 쳤다고 한다.

신령 점
무의식적 상태에서 사건을 예언하는 점술의 형태. 여기서는 점술가의 영적 능력이 제일 중요하다.

점성술
인간은 태곳적부터 하늘, 태양과 달의 움직임, 행성, 밝은 별들을 관찰했다. 행성과 별의 움직임을 과학적으로 관찰하는 천문학과 관찰을 바탕으로 예언을 하는 점성술에 대한 구분은 고대 바빌로니아와 이집트 시대부터 나타났다. 하지만 아직까지도 천문학과 점성술은 많은 공통점을 갖고 있다.
고대 그리스인들은 알렉산더 대왕이 알렉산드리아를 정복한 뒤, 칼데아인들의 지혜인 점성술을 익혔다. 그리고 이를 로마인들에게 전달하였다. 힌두인들의 점성술 역시 서구 국가들과 매우 유사하다. 중국에서는 전혀 다른 형태의 점성술이 발달하였다. 오늘날 현대 서구인들은 점성술이라고 하면 탄생 별자리를 연상한다.

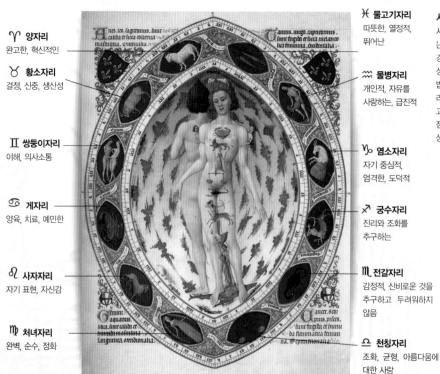

♈ **양자리**
완고한, 혁신적인

♉ **황소자리**
결정, 신중, 생산성

♊ **쌍둥이자리**
이해, 의사소통

♋ **게자리**
양육, 치료, 예민한

♌ **사자자리**
자기 표현, 자신감

♍ **처녀자리**
완벽, 순수, 정화

♓ **물고기자리**
따뜻한, 열정적, 뛰어난

♒ **물병자리**
개인적, 자유를 사랑하는, 급진적

♑ **염소자리**
자기 중심적, 엄격한, 도덕적

♐ **궁수자리**
진리와 조화를 추구하는

♏ **전갈자리**
감정적, 신비로운 것을 추구하고 두려워하지 않음

♎ **천칭자리**
조화, 균형, 아름다움에 대한 사랑

서구의 점성술
서양의 점성술사들은 12궁도에 해당하는 각각의 별자리는 사람의 성격과 배경을 의미한다고 생각했다. 이러한 점성술은 태양과 달의 움직임에 관한 역법에 따라, 하나의 별자리가 다른 별자리에 영향을 주는 방식을 기반으로 하고 있다. 중세 서구 기독교 사회에서 점성술은 주술사를 나타내는 대표적인 상징이었다.

악마

마법사

태양

카드의 종류

인쇄술의 발달로 유럽 지역에서는 카드가 대량으로 생산되었다. 가장 유명한 것으로 마르세유 카드를 들 수 있다. 다른 카드와는 달리, 마르세유 카드에서 광대Le Mat 카드의 숫자는 0이 아니라 21이다. 그리고 세계Le Monde 카드가 22로 되어 있다.

타로 카드

아직까지 타로 카드의 정확한 기원은 밝혀져 있지 않다. 11세기경 이집트 지역의 맘루크Mamluk 족이 사용했으며, 이것이 15세기경 유럽으로 전달되었다고 알려져 있다. 유럽 지역에서 가장 오래된 카드로 비스콘티-스포르자Visconti-Sforza를 들 수 있다. 일반적으로 타로 카드 한 벌은 1~10으로 번호가 적힌 카드 네 벌, 그림 카드(마이너 아르카나) 네 장, 트럼프 카드(메이저 아르카나) 22장으로 구성되어 있다. 메이저 아르카나는 신비로움을 가져다주는 히브리 알파벳과 연관이 있다. 게임을 위한 여러 형태의 타로 카드들은 주로 지중해 지역을 중심으로 널리 퍼져 있었다. 반면, 점술을 위한 타로 카드는 북유럽 지역에서 사용되었다. 타로 카드는 다양한 디자인을 바탕으로 만들어졌지만 여기에도 주요한 세 가지 형태가 있다. 첫째, 15세기경의 마르세유 덱deck. 둘째, 황금 여명회Hermetic Order of the Golden Dawn의 회원인 웨이트가 19세기경 제작하고 북아메리카 지방에서 널리 사용되었다고 하는 라이더-웨이트-스미스Rider-Waite-Smith 덱(254쪽 참조). 셋째, 마법의 원리를 연구했던 알리스터 크로울리Aleister Crowley의 토트 타로Thoth Tarot 덱을 들 수 있다.

슈트

라이더-웨이트-스미스 덱에서 네 개의 슈트suit는 기본 구성요소들과 관계가 있다.

지팡이 불

검 공기

컵 물

펜타클(또는 금화) 흙

타로 카드

0 광대 숫자는 0

1 마법사 지성, 재치, 능력/ 속임수, 혼란, 모순

2 여사제 인내, 직권, 지식/ 칩거, 경직, 게으름

3 여왕 풍요, 감정, 보상/ 의존, 불모, 희생

4 황제 안정, 강건, 권력/ 폭정, 자만

5 교황 정의, 믿음, 결합/ 속 좁음, 경외, 허영

6 연인 욕망, 화합, 선택/ 애수, 다툼, 유혹

7 전차 희생, 결단, 정복/ 냉정, 맹목적

8 정의(11인 경우도 있다) 공정, 단결, 결단/ 독단, 냉정

9 은둔자 지혜, 절제, 희생/ 칩거, 애매모호

10 운명의 바퀴 변화, 목표, 발전/ 불안정, 예측 불가

11 힘(8인 경우도 있다) 의지, 지배, 억압, 제한

12 매달린 남자 무한한 자신감/ 운명, 무능

13 죽음 일반적인 개념을 넘어서는 상태, 초자연적 변화, 정화/ 손실, 환멸

14 절제 균형, 협력/ 불균형, 위태

15 악마 금전적 욕망, 소유, 물질적 이익/ 탐욕, 극단적인 야망

16 탑 혁신, 변화, 자유/ 구속, 부정

17 별 희망, 새로움, 정신적 사랑/ 자기 불신, 완고

18 달 상상, 영적 능력/ 은둔, 자기 기만

19 태양 만족, 건강, 행복/ 실패, 자만, 불화

20 심판 결정, 변화, 개선/ 정체, 연기, 죽음에 대한 공포

21 세계 수행, 성취, 업적, 완성/ 혼란, 불가능

종파와 이단

종교에 대한 믿음과 교리는 지리적으로 넓게 퍼져 나가는 동안 다른 문화 및 종교와 부딪히게 된다. 이러한 과정에서 종교적인 수정과 변형이 발생하고 정교에 의해 승인을 받지 못하는 이단으로 발전하기도 한다. 힌두교나 불교의 경우, 이러한 과정에서 거의 문제가 발생하지 않았다. 오히려 종교의 형태가 더욱 다양해지고 풍부하게 발전하였다. 하지만 기독교나 이슬람교의 경우, 이단으로 지목된 세력들은 엄청난 박해를 받고 사라지거나 크게 위축되었다.

기독교 상징

민간 상징

마술적, 고전적 상징

종교의 교류
이탈리아 남부 아풀리아에 있는 전통 가옥들의 신비로운 장식들을 보면 기독교가 다른 종교들과 서로 교류했다는 사실을 확인할 수 있다.

아트배시 암호

아트배시 암호Atbash cipher는 종교적인 비밀과 신비주의와 관련된 문서를 기록하기 위한 초기 암호 체계들 중 하나이다. 주로 히브리 학자들이 비밀 문서를 작성하고 해석하기 위해, 그리고 모세 5경에 대한 공식으로써 활용하였다. 아트배시는 단순히 알파벳을 치환하는 방식의 암호 체계이다. 오직 한 글자 단위로 치환을 하며, 레일펜스Rail Fence 암호 방식과도 비슷하다.

많은 비밀 조직들이 아트배시 암호를 사용했다. 하지만 알파벳 단위로 치환을 하기 때문에 아주 안전한 방식이라고 할 수는 없다. 카마수트라 또는 시저 암호 체계의 단일문자 치환 기법(67쪽, 103쪽 참조)에서 나타나는 융통성은 없다. 아트배시 암호법으로 기록된 히브리 문서를 통해 카발리즘을 믿는 사람들이나 성경에 관련된 암호에 관심이 있던 사람들의 활동을 짐작해 볼 수 있다(60쪽, 256쪽 참조).

아트배시 암호의 원리는 간단하다. 알파벳을 기준으로 처음 글자를 마지막 글자와 바꾸고, 두 번째 글자를 뒤에서 두 번째 글자와 바꾸는 식으로 중간에 있는 문자까지 계속해 나가는 것이다. 히브리어의 경우, 첫 글자인 'aleph'와 마지막 문자 'tav'를 바꾸고, 두 번째 글자 'beth'와 뒤에서 두 번째 글자 'shin'을 바꾸게 된다.

로마 알파벳의 경우는 다음과 같다.

원래 문자

a b c d e f g h i j k l m n o p q r s t u v w x y z

암호 문자

z y x w v u t s r q p o m i k j i h g f e d c b a

아래와 같이 두 줄로 정리하여 실제로 활용할 수 있다. 윗줄의 글자는 아랫줄에 해당하는 글자로, 반대로 아랫줄의 글자는 윗줄에 해당하는 글자로 바꾸어서 읽으면 된다.

a b c d e f g h i j k l m
z y x w v u t s r q p o n

원래 문자 the enemy at the gates
암호 문자 gsv vmvnb zg gsv tzgvh

그노시스 파

로마와 비잔틴 왕국의 보호 아래 기독교가 아시아 지역으로 점차 퍼져나가면서, 페르시아의 조로아스터교와 만나게 되었다. 조로아스터교는 기본적으로 세상을 빛과 어둠, 또는 선과 악이라고 하는 세력 간의 끝나지 않는 싸움으로 보았다. 이는 신과 타락한 천사 또는 악마의 기독교적 대결 구도와 아주 비슷하다. 그러나 조로아스터에서는 그 세력의 힘이 평형을 이루고 있지만, 기독교에서는 신과 선의 힘이 더 크다는 점에서 중요한 차이점이 있다. 바로 이 차이가 이단의 쟁점이 되었다. 조로아스터교에 영향을 받은 기독교인들은 최고의 신과 조물주에 해당하는 데미우르고스가 힘의 균형을 이루고 있다고 생각하였다.

또한 '지식'이라는 개념에도 이단의 쟁점이 있다. 지혜를 가진 뱀은 에덴 동산에 살던 이브를 유혹하여 타락시켰다. 이 이야기에 대한 다양한 해석에 따라, 그노시스라는 명목하에서 수많은 기독교 종파들이 생겨났다. 그리스어로 지식, 지혜를 의미하는 그노시스는 피타고라스 학파와 같이 기독교가 나타나기 이전의 신비주의 종파들과도 깊은 관련을 맺고 있다. 다양한 그노시스 종파들은 십자군 원정 시대에 유럽 전역으로 퍼져나갔다. 특히 불가리아와 발칸 반도의 보고밀Bogomils 파, 프랑스 남부의 카타르Cathars 파와 알비Albigensians 파를 들 수 있다. 하지만 소박하고 평화를 사랑하고 영적인 그노시스 종파들은 교황의 권력에 대한 도전으로 여겨졌고, 결국 이단으로 몰려 사라지고 만다.

보고밀의 비석
그노시스 십자가(위) 상징은 보고밀의 비석에서 자주 등장한다. 또한 달, 별, 초승달도 등장한다. 이는 이슬람과의 관계를 설명해 준다.

"모두 죽여라. 하느님은 당신의 백성을 알아보실 것이다."

– 카타르 파와 기독교인들이 함께 살고 있던 마을을 수색하기 전에 내려진 명령

그노시스 파의 상징

마니교와 파울리키우 파와 같이 그노시스 파는 다양한 형태로 발전하였다. 하지만 가톨릭 교회는 이들 모두를 이단으로 몰아세웠다. 이러한 상황에서 다양한 암호 체계가 등장하였다. 그러나 아직까지도 많은 부분이 풀리지 않고 있다.

그노시스 십자가

그노시스 십자가는 고대 이집트인들이 오그도아드Ogdoad 신을 나타내던 상징으로부터 나왔다. 그노시스 십자가는 여덟 번째 메시아인 에온Aeon을 상징한다. 가톨릭 상징주의에도 이 상징이 세례 십자가baptismal cross로 등장하고 있다. 여덟 개의 가지는 예수가 예루살렘에 도착해서 부활하기까지의 8일간을 의미한다.

메시아 문양

이 문양은 1세기경 예수를 따르던 사람들이 사용했을 것이라고 추측된다. 촛대 밑에 유대인의 별이 있고, 거기에 기독교의 물고기 상징이 걸려 있다. 초기 기독교 시대에 기독교로 개종한 유대인이나 또는 다른 사람에게 기독교를 전도하고자 하는 유대인의 노력을 엿볼 수 있다.

라오 사바오스

라오 사바오스 Iao Sabaoth는 구약성서에 나오는 '만군의 주, 하느님'을 뜻하는 그리스어로부터 나온 것이다. 그노시스 파에서 이 상징은 아브락사스, 태양신, 일곱 명의 집정관, 또는 조물주의 영적 대리인인 데미우르고스를 상징한다.

우로보로스

우로보로스Ouroboros는 그리스어로 '꼬리를 무는 자'라는 뜻이다. 고대 이집트인들은 우로보로스를 태양의 상징으로 여겼다. 그노시스 파에서 우로보로스는 영원, 그리고 태양신 아브락사스를 의미한다. 뱀은 허물을 벗고 새로 태어나기 때문에 자가 탄생이라는 상징을 가지고 있으며, 이런 점에서 신과도 관계가 있다. 또한 에덴 동산에서처럼 뱀은 지혜를 전달하는 이를 상징하기도 한다.

뱀 바퀴

이 상징은 그노시스의 십자가와 단순화된 뱀 모양을 조합한 것이다. 여덟 개의 에온이 자가 탄생을 상징하는 뱀과 결합해 있다. 이 상징은 그노시스의 메시아를 의미한다.

십자가와 뱀

이 상징은 모세가 놋쇠로 만든 뱀을 마술적인 도구로 사용한 데에서 유래되었다. 그노시스 파의 경우, 이 상징은 기독교의 핵심 상징인 십자가와 지혜의 전달자인 뱀을 함께 의미한다. 이후 연금술사들이 수성의 묘약을 나타내기 위해 이 상징을 사용하였다. 오늘날 의학 분야를 나타내는 상징이기도 하다.

아브락사스

아브락사스는 그노시스의 태양신으로, 일반적으로 뱀으로 된 다리를 가진 전사의 모습으로 등장한다. 아브락사스는 보통 네 마리 말이 끄는 전차를 타고 나타나는데 이것은 사계절을 상징한다.

십자군 기사단

11세기 이후 십자군 원정 기간 동안 나타난 기사단과 관련하여 역사적으로 수많은 추측들이 난무했다. 그중에서도 템플 기사단에 대한 이야기가 가장 많다. 종교계가 점차적으로 폐쇄적으로 변하고 세속적으로 타락하다가 14세기경 정치적, 도덕적, 경제적으로 교황 중심의 질서가 급격하게 불안해지자 로마 교회에 반대하는 세력들이 등장하기 시작했다. 포르투갈 토마르 지역(위)의 화려한 템플 교회에서 볼 수 있듯이, 이러한 반대 세력은 엄청난 부를 축적하여 주위의 주목과 부러움을 샀으며, 독자적인 노선을 걸었다. 템플 기사단의 그림에 아브락사스가 등장하는 점으로 미루어 볼 때, 그노시스 파와 관계를 맺기는 하였지만 이단이나 신비주의, 또는 프리메이슨이라는 사실을 입증할 만한 증거는 나오지 않았다. 하지만 1307년 10월 13일의 금요일에 프랑스의 템플 기사단들은 대부분 체포되었으며 재산은 모두 몰수되었다. 그들은 이단이라는 죄명으로 고문을 받은 뒤, 화형에 처해졌다. 이러한 박해는 계속되었다. 이러한 기사단들이 하루아침에 사라지고 숨겨진 보물이 있다는 소문이 나돌면서 음모에 관한 수많은 이야기들이 나타났다.

로슬린 성당

로슬린 성당은 〈다빈치 코드〉에 의해 세계적으로 알려졌다. 독특한 양식의 이 성당은 섬세한 조각 작품들로 장식되어 있다. 그리고 고대 스칸디나비아 및 켈트 족의 전통, 각 지역의 신화나 이야기, 격언으로부터 프리메이슨의 도상법처럼 보이는 장식에 이르기까지, 종교적이면서도 개성이 강한 수많은 상징주의 작품들을 한꺼번에 보여주고 있다.

단단한 돌로 만들어진 아치형 지붕에는 정사각형, 별 모양, 둥근 꽃송이, 장미, 올리브 가지를 잡고 있는 비둘기 등 수많은 화려한 상징들이 새겨져 있다. 또한 중간 복도를 띠고 있는 원통형 지붕에는 수많은 장식적 문양들이 주제에 따라 배열되어 있다. 펜타그램처럼 그 의미가 애매한 장식들도 볼 수 있다. 똑바로 서 있는 펜타그램은 열정과 지혜, 깨달음을 나타내지만 거꾸로 있을 경우 악마와 마법을 상징한다.

프리메이슨과의 연관성

로슬린 성당을 짓기 위해서 분명 수많은 석공mason들이 함께 참여하였을 것이다. 또한 석공들은 성당이나 교회에 자신들을 나타내는 고유한 상징을 새기기도 했다. 하지만 로슬린 성당이 프리메이슨이나 템플 기사단과 연관을 가지고 있다는 직접적인 증거는 거의 없다. 흥미로운 것은 로슬린 성당을 세운 생클레어의 후손들이 프리메이슨의 스코틀랜드 총본부의 수장을 맡았음에도 불구하고 생클레어 가문은 1309년 템플 기사단에 대한 불리한 증언을 했다고 한다.

로슬린 성당은 많은 암시를 담고 있다. 이 곡예사는 기회나 운명을 나타내고 있다. 왕관을 쓴 죽음과 그의 피할 수 없는 세상의 희생자 사이에서 중간자로서 행동하고 있다.

도제 기둥Apprentice Pillar

원래 도제 기둥의 조각을 맡은 석공은 이 기둥의 디자인을 찾기 위해 로마로 떠났다. 하지만 그가 다시 돌아왔을 때, 그 기둥은 이미 완성이 된 상태였다. 화가 난 석공은 마침내 그의 제자가 그 기둥을 자신의 허락도 없이 조각했다는 사실을 알아냈고, 그를 때려서 죽였다. 도제 기둥은 여덟 마리의 용이 떠받치고 있고 용들의 입에서는 포도나무가 나와서 기둥을 에워싸고 있다. 괴물과 포도나무는 고대 스칸디나비아 지역의 신화에 자주 등장한다. 그 신화에서는 지혜의 나무인 위드그라실이 우주를 떠받치고 있다. 여기 등장하는 용들은 그 나무의 뿌리를 갉아 먹고 있다. 켈트 족의 그린맨 상 또한 여러 조각 작품들에서 등장하고 있다.

입방체

도제 기둥에 이어져 있는 아치에서 입방체가 튀어 나와 있는 모습을 볼 수 있다. 이러한 입방체는 원형의 골조(위)에도 달려 있다.

기둥과 아치에 달려 있는 입방체는 총 213개로 이루어져 있으며, 기하학적인 다양한 문양이 새겨져 있다. 기하학적 문양에는 여러 가지 해석이 있지만, 그중 한 가지는 213개의 입방체가 하나의 악보를 의미하고 있다는 것이다. 이 문양들은 고대 음악 체계인 '사이매틱cymatic'과 특정한 음조에서 음파를 생성하는 '클라드니Chladni 도형'을 바탕으로 만들어졌다고 한다.

연금술

철을 금으로 바꾸는 연금술의 기원에 대해서는 아직까지 확실하게 알려져 있지 않다. 연금술은 또한 인간의 영혼을 바꾸기 위한 신비스런 기술과도 관련이 있다. 연금술사들은 난해한 화학 공식을 통해 철을 금으로 바꾸어주는 '현자의 돌'이라고 하는 신비의 물질을 찾기 위해 노력하였다. 연금술은 화학이라는 학문의 출발점이었을 뿐만 아니라, 현대적인 과학적 개념을 발견하기 위한 중요한 촉매제로서 역할을 하였다. 비합리성의 결정체로 종종 묘사되기도 하지만 보일, 라이프니츠, 뉴턴, 그리고 스위스 심리학자인 구스타프 융과 같은 유명한 자연 철학자와 과학자들이 연금술에 모두 큰 관심을 가졌다. 특히 융은 심리학적인 관점에서 연금술에 관한 상징들을 해석하기도 하였다. 2,000년이 넘는 시간 동안 연금술은 수많은 사람들의 욕망이자 두려움의 대상이 되었다. 그리고 예술가, 과학자, 철학자 및 수많은 비밀 조직들의 신비주의에 대한 열정을 불러일으키는 역할도 하였다.

연금술의 기원

연금술은 BC 3세기경 헬레니즘 성격이 강한 이집트의 문화적 용광로에서 탄생하였다. 아리스토텔레스의 물질 이론, 그노시즘, 고대 야금술 및 마법에 관한 다양한 기술과 지식들이 한데 모여 연금술의 형태로 나타났다. 신으로 추앙받는 전설적인 성자인 헤르메스 트리스메기스토스Hermes Trismegistus는 연금술, 마법, 점성술 및 철학에 관한 책을 처음으로 쓴 사람이라고 알려져 있다. 그의 이름을 따서 '헤르메스주의hermeticism'라는 단어가 나왔다. 최초의 연금술 저자로 알려진 조시모 폰 파나폴리스Zosimus von Panopolis는 300년경 알렉산드리아에 살면서 신비주의 이론과 실험적인 연금술에 관한 책을 썼다. 유럽의 연금술사들은 주로 금을 만들고, 만병통치약과 불로장생 묘약을 개발하고, 영혼의 지혜를 얻기 위해 많은 노력을 기울였다. 또한 플라톤의 『향연』에서 논의하고 있듯이, 여성과 남성을 결합하여 인류가 타락하기 전의 모습으로 되돌리려고 하는 궁극적인 목표도 추구했다.

타불라 스마라그디나

타불라 스마라그디나Tabula Smaragdina는 헤르메스 트리스메기스토스가 연금술의 비법에 관해 에메랄드 비석에 새긴 것이다. 에메랄드 타블릿Emerald Tablet(1614)이라고도 하는 고대 비문의 복사본은 짧지만 권위 있는 책으로 널리 알려져 있다. 이 책에는 연금술의 기본 원리를 다음과 같이 표현하고 있다. "아래에 있는 것은 위에 있는 것과 같고, 위에 있는 것은 아래에 있는 것과 같다."

발전

중세시대에 들어서자 아랍 지역을 중심으로 연금술이 발달하기 시작했다. 가장 유명한 아랍 연금술사인 자비르 이븐 하얀Jabir ibn Hayyan(721~815)은 수비학, 점성술, 부적 및 영혼을 불러내는 주문에 관한 책들을 썼다. 이 책에는 그의 이름에서 유래한 지버리시gibberish로 이루어진 이해할 수 없는 글들이 많이 있다. 12세기가 시작되면서 아랍 연금술사들의 책은 번역이 되어 유럽 지역으로 퍼져나갔다. 특히 중세 사상가인 로저 베이컨Roger Bacon(1220~1292)과 알베르투스 마그누스Albertus Magnus(1200~1280)가 연금술에 큰 관심을 보였으며, 이후 연금술은 왕과 귀족들의 후원을 받으면서 발전하기 시작했다. 16~17세기에 이르면, 연금술이 과학의 전신으로서 고유한 위치를 차지하게 되고, 객관적인 세계를 합리적으로 연구하는 학문으로 발전하게 된다.

연금술을 나타내는 상징

우화에 등장하는 왕과 왕비의 '화학적 결혼chymical wedding'과 같이, 연금술의 상징은 주로 서로 상반된 것이 결합하는 형태로 나타난다. 루터교인인 물리학자 미하엘 마이어Michael Maier(1568~1622)가 쓴 『아탈란타 푸가Atalanta Fugiens』(1617)라는 책에는 30번째 상징으로 해와 달의 결혼이 등장한다. 그는 연금술의 기법과 심상에 관한 광범위한 연구를 하였다. 또한 그는 이렇게 표현하고 있다. "암탉이 수탉에게 반드시 필요한 존재인 것처럼 달의 신은 해의 신에게 없어서는 안 될 존재이다."

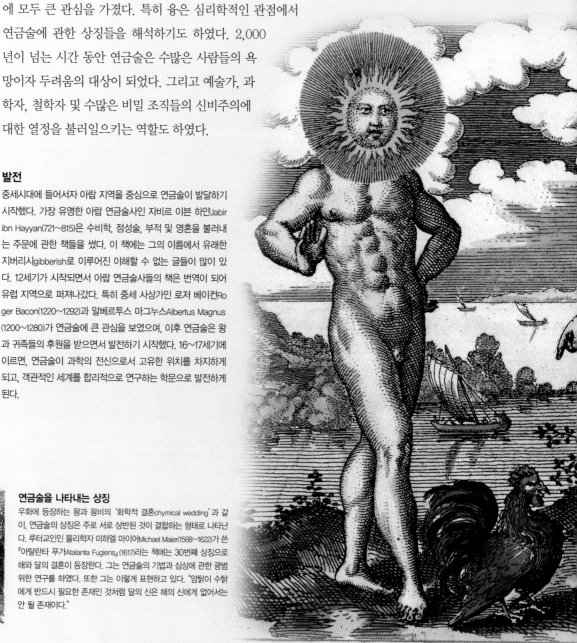

상징적인 코드

연금술사들은 실험실에서 신의 창조 행위를 재현하기 위해 노력하였다. 그들은 창조주를 원조 연금술사로 생각했다. 연금술사들은 현실의 다양한 현상들을 유사성 또는 암호적 상징을 통해 표현하였다. 그들은 금을 만들기 위한 실험의 세부적인 단계를 면밀히 관찰하였으며, 그러한 관찰을 색깔의 변화와 동물들의 '싸움'으로 묘사했다. 가령 실험실에서 황산철의 녹색 결정을 추출해서 황산이나 황산염을 만드는 과정은 사자가 다른 동물과 치열하게 싸우는 그림으로 묘사하곤 했다. 연금술사들은 자신들의 실험을 숨기기 위해, 그리고 자신만의 기술을 지키기 위해 신비스러운 기호들을 사용하였다. 자연현상과 물질에 대해 그들이 붙인 기호들은 이후에 화학의 발전에 큰 기여를 하였다. 또한 그들은 행성에 대해서도 특별한 관심을 기울였다.

하인리히 코르넬리우스 아그리파

아그리파Heinrich Cornelius Agrippa는 『오컬트 철학에 관한 세 가지 책Three Books of Occult Philosophy』(1531~1533, 57쪽 참조)에서 연금술사의 알파벳을 보여주고 있다.

행성	물질	상징	의미
화성	철	황색 철	황색 황화물
수성	수은	붉은 철	진사
목성	주석	까마귀	검은 황화물
토성	납	불도마뱀	불 속에서 산다고 믿어졌던 동물의 왕. 연금술과 관련하여 금의 정제 작업을 상징한다.
태양	금		
달	은		
금성	구리		

파라셀수스

원조 프랑켄슈타인 박사라고 할 수 있는 파라셀수스Paracelsus(1493~1541)는 신비주의에 대한 깊은 연구를 통해 미량 화학, 방부법, 유사 의술, 외과 수술에 관한 큰 업적을 남겼다. 소요학파이자 악명 높은 우상 파괴자인 그는 수많은 실험을 통해 주위의 논란을 불러일으켰다. 심지어 흙, 피, 정액을 가지고 인조인간을 만드는 시도도 하였다고 한다. 또한 파라셀수스는 히브리어와 유사한 '마법사의 알파벳'을 개발하였다. 그는 마술적, 치료적 목적으로 이 알파벳을 사용하여 천사의 이름을 적은 부적을 만들었다.

과학자인가 마법사인가?

영국의 물리학자, 천문학자이자 자연 철학자인 뉴턴은 1678년 비밀리에 암수한몸, 연금술에 관한 신비한 화학 약품, '녹색 철'과 같은 암호화된 참고 자료, 그리고 '더러운 창녀의 피'에 관한 글을 쓰고 있었다. 뉴턴(1643~1727)이 의회의 특별위원으로 재직할 당시, 그리고 이후 영국 학술원의 원장을 맡고 있을 때, 그는 동시에 신비주의 마법사와 연금술사로서 연구를 하고 있었다. 그는 자연과 우주의 뒤에 숨겨져 있는 진실을 찾아내기 위해, 그리고 암호화된 연금술의 비법을 밝혀내기 위해 오랫동안 고대 그리스 신화와 성경에 관련된 자료들을 찾는 일에 몰두하였다.

아이러니하게도 뉴턴이 1705년 기사 작위를 수여받은 것은 학계를 흔들어놓은 과학적, 수학적 업적 때문이 아니라 1699년부터 영국 조폐국의 국장을 맡으면서 순금을 화폐로 만든 그의 역할 때문이었다.

뉴턴은 연금술에 큰 관심을 갖고 있었고, 그가 썼던 노트에는 연금술에 관한 수백만 개의 단어들이 적혀 있다. 하지만 이후에 과학적 가치는 없는 것으로 밝혀졌다. 뉴턴이 사망한 후, 그의 몸은 연금술에 관한 주요 물질인 수은에 과다 노출되었던 것으로 드러났다.

마법사의 알파벳

c	i, j, y	th	h	z	u, v	e
d	g	b	a	t	s	r	k, q
ts	f, p, ph	o	x	n	m	l

카발리즘

카발라의 기원

원래 '카발라'라고 하는 단어는 '받다'라는 의미이다. 카발리즘은 12세기 프랑스의 프로방스 지역에서 나타나기 시작했다. 카발라의 가장 유명한 경전으로 『세페르 하 조하르Sefer ha-Zohar』 또는 『광명의 책Book of Splendor』(1300)을 들수 있다. 여기에는 신비롭고 신성한 계시들을 담고 있다. 카발라는 하나로 구성된 단일 체계가 아니라 여러 가지 체계가 아주 복잡하게 합쳐진 형태를 하고 있다. 이 체계는 크게 두 가지 범주로 나눌수 있다. 첫째, 생명나무에 대한 시각적인 관조를 중요시하는 신지적인 카발라가 있다. 둘째, 모세 5경에 숨겨진 신성한 이름들을 암송하는 카발라가 있다. 모세 5경을 암송함으로써 신비로운 의식을 체험하는 황홀경의 상태로 나아갈 수 있다.

카발라Kabbalah는 신과 우주 창조에 관한 신비주의적인 유대 사상 체계를 말한다. 카발라는 신성한 과학으로 여겨졌으며, 신이 생명나무를 통해 우주의 모든 존재를 지배하는 법칙을 깨닫는 것을 추구하였다. 여기서 신은 열 가지 신성한 속성을 통해 물질세계로 내려오고, 인간의 영혼은 신으로 되돌아가야 하는 여행을 한다. 카발라에 있어 성경은 우주의 비법을 담은 책이다.

성경의 모든 문자는 우주의 구성요소들의 주기적 표인 태초의 핵심 존재를 나타낸다. 모세 시대 이후로, 모든 구성요소들은 입으로 전해져서 비밀스런 문자로 기록되었다. 전반적인 차원에서 카발라는 유사 과학이라고 할 수 있다. 카발라에서 성경이란 엄격하고 무한한, 그리고 암호화된 메시지들의 결합체이다. 그렇기 때문에 암호를 해석하는 방식에 따라 그 의미가 달라질 수 있다. 어쨌든 카발라는 부적, 마도서Grimoires, 숫자 신비주의와 함께 역사적으로 성경 연구에 큰 영향을 미쳤다.

장서표
'빛의 현관Portae Lucis, Portal of Light'(1516)이라고 하는 장서표에는 세피로트의 생명나무에 대한 묘사가 처음으로 등장하고 있다. 이 그림에는 열 개의 추상적인 형태와 함께 신성한 세계를 의미하는 카발라의 생명나무가 그려져 있다.

카발라의 예술

카발라에는 두 가지 신이 존재한다. 창조의 과정에서 모습을 드러낸 신과 히브리어로 엔소프En Sof라고 하는, 인간의 이해와 지식을 넘어선 신이다. 엔소프는 열 개의 신적 형태인 세피로트Sefirot를 통해 생명나무(오른쪽)를 타고 발산함으로써 물질세계를 창조한다. 세피로트는 신의 열 가지 신성한 형태로서, 이를 통해 모든 창조가 시작된다. 카발라에서는 열 가지 세피로트를 통해 신이 자신의 모습을 드러낸다. 세피로트는 우주를 통해 내려와 인간의 영혼에까지 이르게 된다. 인간의 자비로운 행동은 이러한 세피로트의 흐름에 긍정적인 영향을 주어 신의 은총이 창조를 향해 자유롭게 나아가도록 도움을 준다. 그러나 악한 행동은 조화를 파괴하여 세피로트의 흐름을 방해한다. 무로서의 신을 의미하는 엔소프와 열 개로 이루어진 세피로트 사이에는 인간의 원형인 아담 카드몬adam Kadmon이 있다. 아담 카드몬은 인간이 이해할 수 있는 가장 현실적인 신의 모습이다. 또한 신의 육화된 형태라고도 할 수 있다.

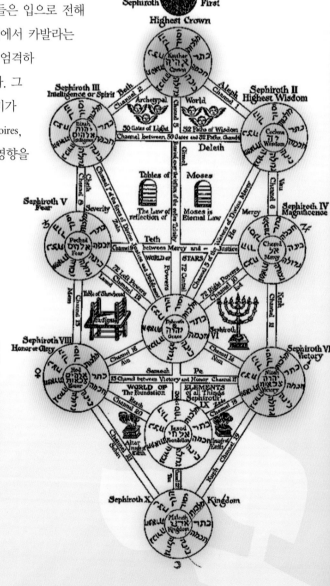

생명나무의 세피로트
세피로트는 결코 정적이고 초월적인 존재가 아니다. 그것은 역동적인 신성한 힘이라고 할 수 있다. 세피로트는 언제나 유동적인 상태로 흘러가고 있으며 인간의 행위에 의해 영향을 받는다.

카발라와 기독교

15세기경 유럽 지역에 흩어져 있던 유대인 집단 사이에서 신비주의 철학의 인기와 더불어 카발라에 대한 관심이 높아졌다. 연금술사이자 점술가인 아그리파Heinrich Cornelius Agrippa는 그의 저서 『오컬트 철학에 관한 세 가지 책』(1531, 57쪽 참조)에서 게마트리아 표를 소개하고 있다. 이 책을 통해 기독교적 카발라라고 하는 혼합주의적 사상이 탄생하게 되었다. 이러한 혼합 사상의 대표 학자로 이탈리아 학자인 피코 델라 미란돌라Giovanni Pico della Mirandola(1463~1494)와 독일의 인문주의자인 요하네스 로이힐린Johannes Reuchlin(1455~1522)을 들 수 있다. 그들의 연구는 카발라 수도사인 프란체스코 조르지오Francesco Giorgio(1466~1540)에게 깊은 영감을 주었다. 조르지오의 조화 이론, 수비학, 신성 기하학은 프리메이슨의 건축에 큰 영향을 미쳤다.

아그리파

독일 학자인 아그리파Heinrich Cornelius Agrippa는 카발라의 개념에 대해 소개하였다. 특히 신비주의 관습을 연구하는 과정에서 게마트리아에 대한 많은 지식을 보여주고 있다.

새로운 메시아

유대교의 지도자였던 샤베타이 즈비(Shabbetai Zevi(1626~1676)의 추종자들은 그를 메시아라고 믿었다고 한다. 또한 사베타이 즈비는 말을 타고 예루살렘에 입성하여 스스로를 메시아라고 선언했다.

교회로부터 제명을 당하고 감옥에 갇히고, 결국에는 이슬람교로 개종하기 이전에(오른쪽), 샤베타이 즈비는 메시아의 강림을 선언한 유럽 지역에 뿌려졌던 인쇄물을 통해, 흩어져 있던 유대인 집단 사이에서 계시에 관한 열정을 불러일으켰다.

마돈나

미국의 가수, 배우이자 세계적인 슈퍼스타인 마돈나는 카발라의 신비스런 교리를 따르는 수많은 연예인들 중 한 명이다. 한때 미국의 어느 중학교에서 카발라를 가르쳤다는 소문이 퍼지면서 격렬한 사회적 논쟁이 벌어지기도 했다.

태초에 말씀이 계시니라…

카발라의 신지적인 특성은 히브리 알파벳과 숫자의 조합에서 잘 나타나 있다. 우주적이고 신성한 언어라고 여겨지는 히브리어는 모든 언어의 모태라고도 한다. 히브리어의 체계에서 22개의 알파벳은 우주를 이루는 구성요소를 상징한다. 각 알파벳은 숨겨진 의미를 상징하며, 더 이상 나눌 수 없는 원자 단위를 나타낸다. 이러한 알파벳을 통해 모든 개념을 자유롭게 나타낼 수 있다. 성경에 숨겨진 메시지를 드러내기 위해 히브리 문자들은 해체되었다가 다시 합쳐지게 된다.

게마트리아

이러한 숨겨진 메시지들을 풀 수 있는 유일한 열쇠는 바로 게마트리아Gematria이다. 게마트리아 체계에서는 각 글자 또는 글자의 조합에 따라 특정한 숫자가 배정된다. 이를 통해 각각의 글자, 단어, 문장은 숫자의 형태로, 또는 기하학적인 형태로 바뀌게 된다. 숫자와 기하학의 형태는 신비적인 특성을 드러낸다. 예를 들어, 히브리어로 '사랑'은 Ahebah(הבהא): (aleph-he-beth-he)이며, 이를 숫자로 환산하면 13이 된다. 또한 '통일'은 Achad(דחא): (aleph-cheth-daleth)이며, 마찬가지로 13을 나타낸다. 여기서 사랑과 통일이라는 단어에는 직접적인 연관성이 있다고 할 수 있다.

신비한 숫자

22개의 히브리 알파벳에다가 'sotif'를 더하거나 마지막 글자를 교체함으로써 1에서 27까지 이를 수 있다. 이 숫자는 1부터 999까지의 모든 숫자를 표현하기 위해 필요한 숫자들의 개수를 의미한다.

신비한 모양

신지적인 특성의 하나로, 일반적인 다각형으로 구성된 22의 완전한 기하학적 모형을 들 수 있다. 이 모형은 다섯 개의 플라토닉 입체, 네 개의 케플러-포인샷 입체Kepler-Poinsot, 그리고 13개의 아르키메데스 입체로 이루어져 있다.

문자	값	마지막	값	이름
א	1			aleph
ב	2			beth
ג	3			gimel
ד	4			daleth
ה	5			he
ו	6			vau
ז	7			zayin
ח	8			cheth
ט	9			teth
י	10			yod
כ	20	ך	500	kaph
ל	30			lamed
מ	40	ם	600	mem
נ	50	ן	700	nun
ס	60			samekh
ע	70			ayin
פ	80	ף	800	pe
צ	90	ץ	900	tzaddi
ק	100			qoph
ר	200			resh
ש	300			shin
ת	400			tau

강령술

강령술이라 함은 미래를 예측하고 문제를 해결하기 위해 죽은 사람과 소통을 하는 행위를 말한다. 강령술은 원래 고대 이집트와 바빌로니아에서 시작되어 이스라엘과 중국 지역으로까지 퍼져 나갔으며, 그리스와 로마 세계에도 영향을 미쳤다. 기독교적인 관점에서 본다면 강령술이란 타락한 영혼, 나쁜 일을 꾸미려는 영혼, 그리고 추방당한 영혼을 몰래 불러내는 금지된 행위이다. 그러나 중세시대 성직자들 사이에서도 지하세계의 영혼과 천사를 불러내는 강령술의 인기는 매우 높았다. 또한 기하학이나 마법과 같은 다양한 고대의 '과학'들도 큰 인기를 얻고 있었다. 연금술사 및 성직자들은 마법의 원리에 대한 연구를 통해 특수하게 암호화된 알파벳과 여러 가지 상징 도구를 만들어냄으로써 '다른 세계'와 소통을 할 수 있다고 점차 확신하게 되었다.

성경에 나타난 마법
기독교는 마법을 항상 비난해 왔다. 하지만 구약성서에 보면 이스라엘의 왕 사울이 엔돌에 사는 신접한 여인을 찾아가 블레셋 사람들의 위협에 대해 자문을 구하기 위해 사무엘의 영혼을 불러달라고 요청하는 이야기가 나온다. 5세기 이후로 기독교 교리는 점차 엄격해졌지만, 영혼과 소통을 하는 마법적인 의식들의 인기는 식을 줄 몰랐다.

『솔로몬의 열쇠』
가장 유명한 중세의 마법 안내서로『솔로몬의 열쇠Key of Solomon』를 들 수 있다. 이 책에는 마법의 원(위)에 관한 내용이 담겨 있다. 그리고 강령술, 주문, 악마를 불러내거나 복종시키는 방법에 대해서도 다루고 있다.

강령술의 기원
고대 아라비아, 북동아프리카, 동남아시아 등의 지역에서는 영혼을 불러내거나 귀신을 쫓는 의식이 일반적으로 행해지고 있었다. BC 1000년 이전에 이집트에서는 죽은 왕에게 자문을 구하는 의식이 공공의 이익 차원에서 이루어졌다. 일반적으로 죽은 자의 영혼을 불러내는 의식은 신비의 약을 강령자의 얼굴, 또는 불러올 영혼의 입상에 바르는 것으로 이루어졌다. 고대 터키에서는 구덩이를 파서 땅속의 영혼들이 지상으로 올라올 수 있도록 했다고 한다. 이러한 고대의 다양한 의식적인 전통들과 더불어, 12~13세기 동안 아랍의 마법 관련 서적들의 번역물이 쏟아지면서, 당시 지식층에 속해 있던 유럽의 성직자들은 열정적으로 강령술을 연구했다. 그들은 지하세계의 마법과 귀신을 쫓는 방법에 관해 기독교와 유대교의 교리가 섞여 있는 많은 책들을 탐독했다. 이들의 노력에 의해 과거 원시적인 마법으로서의 강령술은 주문을 통해 죽은 자의 영혼을 불러내는 형식적인 체계를 갖추게 된다.

거래의 기술

중세 강령술에는 마법의 원, 영혼 소환, 희생양, 검, 주문 등 다양한 방법들이 있었다. 마법의 알파벳도 아주 중요한 역할을 했다. 기독교와 오컬트 개념이 혼합된 마법의 원은 주로 다양한 상징들과 함께 바닥에 그려졌다. 천상의 존재들과 화해를 하기 위해 특정한 시기와 장소에서 동물들을 희생양으로 바치기도 했다. 요하네스 트리테미우스Johannes Trithemius(1462~1516, 73쪽 참조)와 그의 제자인 아그리파는 중세시대 오컬트에 관한 중요한 책들을 저술했다. 특히 아그리파는 『오컬트 철학에 관한 세 가지 책』(1531~1533)에서 연금술, 카발라, 그리고 영혼의 세계와 교류하기 위한 테반Theban 알파벳(오른쪽)에 관해 설명하고 있다.

크리스토퍼 말로의 연극 〈닥터 파우스트〉(1589)에서 아그리파는 악마에게 영혼을 파는 성직자이자 마법사의 모델로 묘사되고 있다.

존 디

당대 가장 유명했던 마법사, 점성술사, 연금술사, 강령술사이자 암호 해독가였던 존 디(John Dee(1527~1608)는 유럽 전역에 걸쳐 위대한 학자로 존경을 받았다. 그는 영국 퀸 엘리자베스 1세의 전속 점성술사를 맡기도 하였다. 또한 셰익스피어의 작품 〈템페스트The Tempest〉에 등장하는 프로스페로의 모델이기도 하다. 그는 협잡꾼인 에드워드 켈리Edward Kelley(1555~1597)와 함께 종교와 오컬트에 관한 기금을 모으기 위해 유럽의 많은 왕실을 방문했다. 하지만 왕실을 중심으로 존 디를 시기하는 적들이 많이 나타났다. 그들은 마법과 관련된 죄를 존 디에게 뒤집어씌웠으며, 결국 그는 명예와 학식에도 불구하고 쫓겨나는 신세가 된다. 오컬트에 대한 지나친 열정으로 비참한 말년을 보내다가 1608년 주위의 비난과 동정 속에 생을 마감하였다.

테반 알파벳

A	B	C	D	E
F	G	H	I/J	K
L	M	N	O	P
Q	R	S	T	U/V
W	X	Y	Z	

존 디의 방정식

존 디는 다양한 마법을 통해 하나의 상징적인 방정식을 완성하였다. 이는 아인슈타인의 $E=mc^2$에 필적할 만한 오컬트의 방정식이라고 할 수 있다. 그의 저서 『모나스 히에로글리피카Monas Hieroglyphica』를 보면 그와 에드워드 켈리가 만든 에노키안Enochian 알파벳이 나와 있다. 이 알파벳을 통해 영적 세계와 교류할 수 있다고 한다.

존 디의 방정식

에노키안 알파벳

Pa b	Veh c, k	Ged g, j	Gal d	Or f
Un a	Graph e	Tal m	Gon i	Gon with point w/y
Na h	Ur l	Mals p	Ger q	Drux n
Pal x	Med o	Don r	Ceph z	Van u/v
Fam s	Gisg t			

검
마법사들이 사용하는 지팡이의 기원

마법의 원
신비스런 알파벳 상징들이 적혀 있다. 마법의 원은 마법사를 보호하는 신성한 공간을 의미한다.

악마로부터 자신을 보호하는 마법사
그림에서 마법의 원을 통해 마법사는 주문에서 풀려난 악마로부터 자신을 보호하고 있다. 중간에 있는 사람은 검을 이용하여 메시지를 전달하고 있다.

장미십자회

가톨릭 교회의 반종교개혁 운동이 일어나던 16세기경, 연금술, 카발라, 강령술과 같은 중세시대에 유행했던 다양한 신비주의 사상들을 결합한 장미십자회Rosicrucians라고 하는 신비 종교 단체가 등장했다. 장미십자회는 여러 종교의 경계를 허물었으며, 그 이후 4세기 동안에 걸쳐 나타난 신비주의 사상에 큰 영향을 미쳤다. 그리고 오늘날에 이르기까지 장미십자회는 신비와 마법을 상징하는 원천으로 자리 잡고 있다. 장미십자회는 수많은 사상, 상징, 이미지를 근본적인 차원에서 흡수하였으며, 이를 재료로 하여 일관적인 마법적, 종교적 체계를 만들어나갔다. 이성의 시대가 열리면서 경험적 회의주의가 점차 힘을 얻어가는 과정에서도 장미십자회는 음모 이론에 관한 풍부한 소재를 제공하였다.

장미와 십자가
1517년 마틴 루터가 비텐베르그 성당의 정문에 95개조의 반박문을 붙임으로써, 로마 가톨릭과 프로테스탄트로의 분리와 싸움이 시작되었다. 루터는 바티칸의 엄격한 교리를 벗어나, 종교에 대한 또 다른 해석을 할 수 있는 권리를 주장했다. 루터의 인장(위)을 보면, 장미와 십자가가 함께 있다. 여기서 십자가는 기독교의 상징이며, 장미는 동정녀 마리아와 마리아 막달레나와 관련이 있다.

황금 장미십자회
18세기 초반 프라하에서 조직된 황금 장미십자회Gold und Rosenkreuzer를 통해 중세시대의 신비주의와 르네상스 초기의 다양한 사상들이 19세기로 이어질 수 있었다. 이 과정에서 비기독교적인 심령술도 다시 주목을 받게 되었다(254쪽 참조). 오늘날에 이르기까지 장미십자회는 특히 북아메리카 지역에서 신비적인 종교로 발전해 오고 있다.

장미십자회의 기원
17세기 초반, 장미십자회의 기반을 형성한 「형제애에 대하여Fama Fraternitatis」(1615), 「신앙공동체Confessio Fraternitatis」(1615), 그리고 「화학적 결혼the Chymical Wedding of Christian Rosenkreuz」(1616)이라고 하는 세 개의 문서들이 익명으로 출판되었다. 그중 「화학적 결혼」은 14세기경 중동 지역의 독일 순례자들에 관한 이야기를 다루고 있다. 그들은 근동 지방의 오컬티즘의 영향을 받은 기독교인들이라고 할 수 있다. 세 가지 문서와 더불어 장미십자회는 다양한 소재를 바탕으로 우화들을 만들었고, 또한 숫자에 관한 피타고라스의 개념도 도입했다. 그리고 타로나 점술에서 등장하는 다양한 이미지들을 조합하여 장미십자회를 나타내는 상징들을 만들었디.

MONS PHILOSOPHORUM.

성지 순례자의 상징
장미십자회의 핵심 사상을 나타내는 지혜의 산에서 '물질적 세계와 영적 세계에 대한 통찰력'을 갈망하고 있는 순례자의 모습

장미-펜타그램
신비한 문자와 전도사의 상징들이 그려져 있는 기하학적인 장미 펜타그램

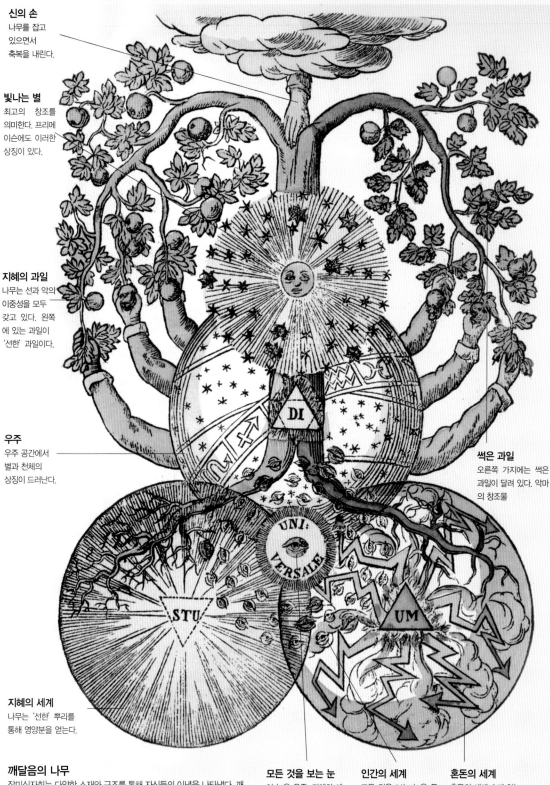

신의 손
나무를 잡고 있으면서 축복을 내린다.

빛나는 별
최고의 창조를 의미한다. 프리메이슨에도 이러한 상징이 있다.

지혜의 과일
나무는 선과 악의 이중성을 모두 갖고 있다. 왼쪽에 있는 과일이 '선한' 과일이다.

우주
우주 공간에서 별과 천체의 상징이 드러난다.

지혜의 세계
나무는 '선한' 뿌리를 통해 영양분을 얻는다.

썩은 과일
오른쪽 가지에는 썩은 과일이 달려 있다. 악마의 창조물

깨달음의 나무

장미십자회는 다양한 소재와 구조를 통해 자신들의 이념을 나타냈다. 깨달음의 나무는 가장 대표적인 상징이라고 하겠다. 이 나무의 기원은 에덴 동산으로부터 온 것이다. 여기에는 장미십자회의 핵심적인 교의가 담겨 있다. 그것은 이브가 사과를 먹고 에덴 동산에서 쫓겨남으로써 모든 인류가 신과의 약속을 다시 지키기 위해, 지혜를 향해 영원히 노력해야만 하는 숙제를 떠안게 되었다는 점이다. 1785년에 제작된 이 상징은 영적인 세계의 범우주적 속성에 대해 설명하고 있다.

모든 것을 보는 눈
이 눈은 우주, 지혜의 세계, 혼돈의 세계의 중간에 있다. 프리메이슨에도 이러한 상징이 있다.

인간의 세계
모든 것을 보는 눈을 둘러싼 궤도는 '지혜'에 접근하는 인간을 의미한다.

혼돈의 세계
혼돈의 세계 속에 있는 뿌리는 시들어간다.

광명회

똑똑하고 재능 있는 학자, 과학자, 예술가들을 비밀리에 조직하여 세상을 조종하려는 '신세계질서New World Order, NWO에 관한 소문이 오랫동안 떠돌고 있다. 프리메이슨이 이러한 역할을 맡아온 것처럼 장미십자회에 관련된 다양한 조직들도 이러한 목표를 세우고 실천했던 것으로 보인다. 물론 얼마나 강력하게 세상에 영향을 미쳤는지 정확하게 판단할 수는 없지만, 분명 이러한 단체들은 계속적으로 존재해 왔다. 예수회의 교육을 받은 아담 웨이샤우프트Adam Weishaupt(1830년 사망) 변호사는 1776년 5월 1일에 '광명회Bavarian Illuminati'를 건립하였다. 그는 계몽 운동을 위해 많은 노력을 하였다. 바바리안 일루미나티 The Bavarian Illuminati는 음모를 꾸몄던 단체라기보다 다소 느슨하게 조직된 자유로운 사상가들의 조합이었다. 전 유럽에 걸쳐 2,000명 정도의 회원들이 있었다고 전해지나 후계자 논쟁으로 인해 분열되었다고 한다. 다른 한편으로, 장미십자회, 마틴주의자, 프리메이슨과 같은 조직들은 모두 계몽과 비밀스런 형제애를 중요시했다. 그리고 사상, 상징(아래), 또는 교리에 있어서 상당히 많은 부분을 공유하고 있다.

프리메이슨

프리메이슨Freemason은 아주 오래되고 세계적인 규모를 지닌 단체로서, 형제애를 중심으로 현재 5백만 명 이상의 회원들이 연결되어 있다. 하지만 아직까지 그 기원은 정확하게 밝혀져 있지 않다. 템플기사단, 또는 솔로몬 성전을 세운 사람들에 의해 시작되었다는 주장도 있고, 고대 이집트 신비주의에서 비롯되었다는 설도 있다. 그리고 신비주의 철학 및 르네상스 신비주의 의식과 함께 중세시대 석공조합에서 유래했다고 주장하는 학자들도 있다. 어쨌든 아직까지도 많은 사람들은 프리메이슨이라는 조직에 대해 세계를 지배하기 위해 부와 권력을 가진 엘리트들이 만든 집단이라고 생각하고 있다. 또한 프리메이슨의 철저한 비밀 정책 때문에 수많은 음모 이론 및 비난의 목소리가 터져 나왔다. 또한 프리메이슨은 16번 이상 종교 재판에 회부되었고, 이 재판들은 모두 이들을 타락한 종교 집단이라고 판결내렸다. 여러 국가에서 위법 판결을 받으면서도 프리메이슨의 세력은 전 세계로 급속하게 퍼져나갔다. 게다가 모차르트, 볼테르, 프레드릭 대왕, 벤자민 프랭클린, 조지 워싱턴, 윈스턴 처칠과 같이 역사적으로 유명한 인물들도 프리메이슨의 회원이었던 것으로 밝혀지고 있다.

프리메이슨 암호

단일문자 치환 암호는 다양한 방식으로 수백 년에 걸쳐 사용된 암호 체계이다. 심지어 오늘날에는 어린이들도 이를 쓰고 있다. 프리메이슨도 18세기에 이 암호 체계를 사용하였다. 이 암호의 원리는 매우 간단한다. 각 알파벳은 모두 각각의 상징으로 표현할 수 있다. 아래 그림을 보면 격자와 그 위치를 통해 모든 알파벳을 나타낼 수 있다.

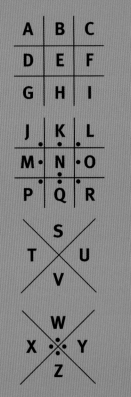

예를 들어, 'The Temple of Solomon'은 아래와 같이 표현할 수 있다.

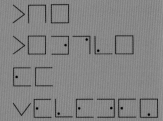

기원과 의식

프리메이슨은 800년이 넘는 역사를 가지고 있다. 프리메이슨은 그들만의 의식과 관련된 일련의 이야기들을 통해 교리를 가르치고 전승한다. 그 이야기들은 비유적인 형식을 바탕으로 구성원들에게 행동과 관련된 원칙들을 제시하고 있다. 암호 및 비밀번호를 사용하는 관습은 중세시대에 유럽의 거대한 성당과 성을 지었던 석공 조합으로부터 형성된 것이다. 다른 장인들과 마찬가지로 석공들 역시 조합이나 길드를 형성하여 자신들만의 기술과 지식을 지켜왔다. '프리메이슨'이라는 용어는 마음대로 돌을 조각할 수 있는 기술을 갖춘 장인이라는 의미의 'freestone mason'의 약자로서, 14세기 후반 영국에서 처음으로 사용되었다. 1717년 런던에 있던 네 개의 프리메이슨 조직들이 결합하여 중앙 기구Grand Lodge를 조직하였으며, 이 이후로 프리메이슨은 현대적인 조직의 형태를 갖추어나갔다. 17세기 중반에 이르면 석공 조합과는 무관한 프리메이슨 조직들이 나타나기 시작한다. 이들은 프리메이슨의 기원과 전설 및 신비주의에 초점을 맞추고, 보다 사색적인 측면에 치중했다. 여러 세대에 걸쳐 프리메이슨은 솔로몬 성전을 건축한 사람들이 관습과 체계를 이룩했다는 사실을 그 구성원들에게 주지시켰다. 솔로몬 성전은 2,500년 전 바빌로니아인들에 의해 이미 파괴되었지만 아직까지도 프리메이슨의 핵심적인 상징으로 역할을 하고 있다.

입회 의식
가슴을 보이게 하고, 눈을 가리고, 신발 끈을 풀고, 오른쪽 무릎을 드러낸 채 신입 회원이 들어가고 있다. 맨 뒤에 본부장이 앉아 있고, 주위로 회원들이 모여 있다.

바닥에 깔린 융단
융단 위에는 프리메이슨 의식이 나타나 있다. 도제apprentice, 숙련공fellowcraft, 장인master mason의 세 가지 계급에 따라 각기 다른 솔로몬 기사단 상징이 그려져 있다.

프리메이슨 빈 지부의 모임에 참석한 모차르트
이 그림에는 다양한 프리메이슨 의식이 등장하고 있다. 오른쪽 제일 끝에 앉아 있는 사람이 바로 모차르트이다.

상징주의와 교리

헌신과 자비를 강조하는 측면 때문에 프리메이슨은 종종 도덕적인 단체로 묘사되곤 한다. 또한 우화나 상징에 의해 가려진 비밀 단체로 생각되기도 한다. 사실 프리메이슨은 인종, 종교, 성별에 따라 제한을 두고 있다. 그리고 형제애, 구원, 진리라고 하는 세 가지 원칙을 중심으로 조직되어 있다. 프리메이슨 신화나 교리는 중세시대로부터 내려온 기하학과 헤르메스 트리스메기스토스로부터 시작된 신지학의 결합을 기반으로 하고 있다. 초기 프리메이슨은 헤르메스 트리스메기스토스를 숭배했다. 그는 석공들의 기술과 지식을 보전하고 이를 널리 전승하였으며 수많은 지적인 업적을 이루었다고 전해지고 있다.

조지 워싱턴
조지 워싱턴은 미국 국회의사당의 기반을 마련한 인물이다. 프리메이슨은 수많은 사원 및 건물을 헌납하였다. 1793년 9월 18일, 조지 워싱턴은 특별한 의식을 통해 미국 국회의사당 건물을 국가에 헌정했다. 이 의식을 묘사한 그림에서 그는 프리메이슨 앞치마를 두르고 은으로 된 삽을 손에 들고 있다.

빛나는 별
프리메이슨 조직을 나타내는 주요 상징이다. 또한 베들레헴의 별, 금성, 또는 태양을 의미하기도 한다.

G
기하학geometry을 의미한다. 프리메이슨은 기하학은 자신들만의 고유한 학문이라고 여기고 있다. 그리고 솔로몬의 성전을 지은 히람 아비프Hiram Abiff가 신으로부터 직접 전수받은 것이라고 믿고 있다.

앞치마
이 앞치마는 프리메이슨의 중요 예복으로서 아주 화려하게 장식이 되어 있다.

야긴과 보아스
야긴Jachin과 보아스Boaz라고 하는 두 개의 기둥은 프리메이슨의 대표적인 상징이다. 솔로몬 성전 입구에 서 있는 두 개의 기둥과 똑같다.

솔로몬 성전
프리메이슨의 주요 상징 중의 하나이다. 프리메이슨의 역사에서 변화의 기원, 잃어버린 것들, 그리고 되찾을 수 있는 것들을 나타내고 있다.

컴퍼스
컴퍼스는 발전, 진리, 신비주의의 핵심인 기하학을 나타낸다. 프리메이슨은 기하학을 신이 계획한 청사진을 실현할 수 있는 신성한 힘의 원천이라고 믿고 있다.

프리메이슨과 미국

미국의 건국 역사를 살펴보면, 프리메이슨과의 밀접한 관계를 파악할 수 있다. 미국의 역대 대통령들 중 3분의 1 정도가 프리메이슨의 회원이었다고 한다. 그리고 그들은 보스턴 차사건the Boston Tea Party이나 독립선언과 같이 미국의 역사에서 중요한 사건들을 이끌었다. 미국에서 빠르게 성장하고 있는 모르몬교의 성경 및 의식에서도 프리메이슨의 상징이나 사상을 찾아볼 수 있다. 오늘날 모르몬교는 점차 미국을 나타내는 상징적인 이미지로 자리 잡고 있다. 1달러짜리 지폐나 미국의 인장, 그리고 자유의 여신상에서 이를 확인할 수 있다.

미국의 인장
1달러짜리 미국 지폐 뒷면을 보면 13층으로 이루어진 피라미드를 볼 수 있다. 그 위에는 '모든 것을 보는 눈'이 그려져 있다. 그리고 '신세계질서'의 도래를 의미하는 문구가 피라미드를 둘러싸고 있다.

비밀을 위한 코드

오늘날 암호에 관한 기술의 발전으로, 오래전의 비밀 문서나 암호 체계를 금방 풀어낼 수 있다. 하지만 이러한 암호 체계를 계속적으로 수정하여 사용한 것으로 보아, 치환 방식의 암호 체계는 천 년이 넘는 세월 동안 충분히 비밀 코드로서 역할을 해왔다고 할 수 있다.

그러나 빈도 분석과 같이 수학적, 언어학적 기반을 바탕으로 새로운 암호 기술이 개발되면서, 기존 암호 체계의 안전성이 크게 위협 받게 되었다. 이로 인해, 보다 새롭고 독창적인 암호 체계가 발명되었으며 이러한 과정에서 컴퓨터 기반의 현대적인 암호 체계의 원리가 개발되었다.

은폐의 기술

아주 오래전부터, 특히 전쟁이나 국가 안보에 위기가 닥쳤을 때, 메시지를 위장해서 전달하는 다양한 방법들이 등장했다. 알파벳과 숫자를 사용한 암호 체계가 개발되기 이전에도 독특한 방식의 암호 기술이 등장했으며, 그중 일부는 오늘날에도 사용되고 있다. 이러한 암호 방식들은 적군의 진지를 뚫고 군사적인 메시지를 비밀리에 전달하기 위해 아주 중요한 것이었다. 완벽한 암호 체계는 아니었지만 독특한 방식을 통해 비밀스럽게 메시지를 전달하려고 했던 과거의 암호 기술 역시 오늘날 스테가노그래피(staganography : 전달하려는 기밀 정보를 이미지 파일이나 MP3 파일 등의 형태로 변환하는 첨단 암호 기술-역자 주)와 똑같은 목적을 가지고 있었다.

투명 글씨

1세기경 로마인들은 티티말루스 Thithymalus와 같은 식물의 수액을 사용하여 비밀 문서를 기록했다. 이러한 문서는 보통 때는 아무것도 보이지 않지만 불을 쬐면 갈색의 글자가 나타난다. 레몬즙이나 소변과 같은 다른 재료도 사용하였다. 16세기 과학자인 지오반니 바티스타Giovanni Battista della Porta는 백반을 식초에다 풀어서, 이것으로 삶은 달걀 위에 글씨를 쓰는 방법을 개발했다. 계란 껍데기 위에는 아무것도 보이지 않지만 껍데기를 까면 그 내용을 확인할 수 있다.

왁스 기법

BC 480년경, 그리스 망명자인 데마라투스는 페르시아에 머무르고 있었다. 어느 날 그는 페르시아가 갑자기 군대의 규모를 확충하는 것을 보게 되었다. 그는 이 소식을 비밀리에 그리스에 알려주어야겠다고 생각하게 된다. 그는 두 개의 나무 서판을 만들어 그 위에다 왁스 칠을 하였다. 그리고 왁스를 긁어내어 메시지를 기록한 뒤, 다시 왁스 칠을 하여 글자들이 보이지 않게 만들었다. 이 서판을 전달받은 그리스 사람은 고민 끝에 마지막 왁스 층 밑에 메시지가 숨겨져 있다는 사실을 발견하였다. 결국 데마라투스의 암호를 통해 그리스는 페르시아의 침략에 대비할 수 있었다.

삭발 기법

시간적으로 여유가 있다면 히스티아에우스가 썼던 방법도 생각해 볼 수 있다. 그는 비밀리에 메시지를 전달하기 위해 노예의 머리를 깎고 그 위에 분신을 새겼다. 그리고 노예의 머리가 충분히 자랄 때까지 기다렸다가 목적지를 향해 출발시켰다. 물론 그 노예는 그게 어떤 내용인지 전혀 알지 못했다. 노예는 목적지에 도착하자마자 다시 삭발을 하였다.

구호 요청서

구호 요청서blood chit는 전쟁이 벌어지고 있는 지역의 언어로 은신처나 음식, 또는 약품을 지원해 달라고 기록한 일종의 증서이다. 부상을 당한 군인은 해당 지역의 주민들에게 이 증서를 보여줌으로써 도움을 받을 수 있다.

비단을 이용한 방법

중국인들은 비단을 압축하는 기술을 통해 비밀 문서를 제작했다. 그들은 비단 위에 내용을 기록하고 이것을 매우 작은 공 모양으로 압축한 뒤, 왁스로 코팅하였다. 문서를 전달하는 사람은 이것을 삼켰다가 목적지에 도착해서 배설하는 방식으로 전달을 하였다. 제2차 세계대전 중, 지도가 인쇄된 비단을 전투기 조종사의 신발 굽으로 만든 사례도 있었다. 비행기가 격추당하여 탈출한 경우, 조종사는 그 지도를 보고 안전한 지대로 대피할 수 있었다.

테세우스와 미노타우르

테세우스와 미노타우르에 관한 그리스 신화에서도 비밀 문서 이야기를 찾아볼 수 있다. 반은 사람이고 반은 황소인 미노타우르는 미노스 왕의 후손이지만 라비린스라고 하는 미로 속에 감금되어 있었다. 펠로폰네소스 사람들은 매년 미노타우르에게 처녀를 바쳐야만 했다. 19세기 초 크노소스 궁전이 발굴되었을 때, 미로로 만들어진 동굴에 대한 고고학적인 증거가 드러났다. 한편, 미노타우르를 죽이기 위해 일부러 잡혀갔던 테세우스는 암호를 해독하고 '길잡이 실clew'의 도움을 받아, 그를 죽인 뒤 미로를 무사히 빠져나올 수 있었다. 여기에서 도움과 단서를 제공한다는 의미의 'clue'라는 단어가 나왔다.

테세우스와 미노타우르의 그림
미로 속의 테세우스와 미노타우르는 고전주의 모자이크 작품이나 벽화의 소재로 널리 사용되었다.

미로
프랑스 아미앵 성당에 가면 바닥에 정교하게 그려진 미로를 발견할 수 있다.

그림문자

특정 단어나 개념 대신에 그림을 그려넣는 재미있는 암호화 방식도 있다. 동화책들을 보면 아직까지도 이러한 방법을 발견할 수 있다. 글자를 다른 기호로 대체한다는 점에서 일종의 치환 암호 방식이라고 할 수 있다. 초기 기독교인들은 메시지를 비밀리에 작성하고 전달하기 위해, 그리고 서로간에 믿음을 확인하기 위해 이 방법을 자주 사용하였다고 한다(42쪽 참조). 이집트를 연구하던 학자들은 처음에 상형문자 역시 이러한 방식의 하나라고 착각하였다(228쪽 참조). 환상적인 꿈과 같은 책인 『히프네로토마키아 폴리필리 Hypnerotomachia Poliphili』(1499)에도 '상형문자'로 쓴 비밀 문서가 등장한다. 그리고 오직 영웅만이 그 문자를 해석할 수 있다. 그림문자는 18~19세기경 서신을 주고받던 통신원들 사이에서 널리 사용되었다.

히프네로토마키아
여기에 등장한 영웅은 이집트 비밀 문서를 "군인들의 분별력과 군사 훈련은 제국을 지키는 가장 강력한 무기이다" 라고 해석하였다.

그림 이야기

19세기경, 어린이들을 위한 그림 이야기 책. 어린이들의 읽기 능력을 향상시키기 위해 만들어 사용되었다.

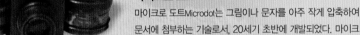

마이크로 도트 카메라
더 크게 숨겨진 메시지를 볼 수 있다.

마이크로 도트

마이크로 도트Microdot는 그림이나 문자를 아주 작게 압축하여 문서에 첨부하는 기술로서, 20세기 초반에 개발되었다. 마이크로 도트는 일반적으로 구두점이나 광고 그림을 활용하여 그림이나 메시지를 보이지 않게 숨겼다. 하지만 반사되는 부분이 생긴다는 단점이 있다.

미로 찾기

그리스와 로마의 많은 작가들이 미로 형태로 설계된 정원에 대한 기록을 남겼다. 미로 형태의 설계는 중국이나 남아시아와 같은 지역에서도 발견된다. 여기서 기하학적인 기술의 놀라움을 발견할 수 있다. 미로 조각이나 모자이크 또는 타일 패턴들은 중세시대 기독교와 이슬람 세계의 건축물에서도 발견된다. 대부분 오직 하나의 통로만 가지고 있는, 기하학적인 방식으로 설계되었다. 인생의 복잡함을 상징하는 미로도 있다. 르네상스 시대 이후로, 사람들은 점차 미로의 형태로 정원을 설계하고 가꾸기 시작했다. 여기에 들어선 사람들은 막다른 골목에 들어서면 당황하게 되고 고도로 설계된 속임수에 놀라게 된다.

당신만 알아볼 수 있도록

다른 사람들이 알아보지 못하도록 암호를 사용한 역사는 무려 2,000년 전으로 거슬러 올라갈 수 있다. 우리는 이러한 암호 체계들을 두 가지 유형으로 구분할 수 있다. 즉, 단순히 글자의 순서를 서로 바꾸는 자리 변환 방식과 특정 글자를 특정 기호와 치환하는 방식이 있다. 자리 교환 유형으로는 기계적인 방식으로 이루어지는 스파르타의 스키테일scytale(102쪽 참조) 암호를 들 수 있다. 그리고 치환 방식 중 가장 오래되었으면서도 가장 유명한 시저 암호(Caesar Shift, 103쪽 참조)를 들 수 있다. 그 원리를 알지 못하면 이러한 암호 체계들 역시 해석하기가 매우 어렵다. 하지만 빈도 분석과 같은 첨단 기법을 사용하면 비교적 쉽게 풀리기도 한다(68쪽 참조). 어쨌든 이러한 체계들 역시 750년이 넘는 세월 동안 독창적이면서도 다양한 변형을 통해 비밀 문서와 메시지들을 성공적으로 기록하고 전달해 왔다.

글자 교환 방식

가장 단순한 형태의 암호 방식은 글자의 순서를 서로 바꾸는 것이다. 이러한 방식을 '글자 교환anagram'이라고 한다. 오늘날까지 많은 사람들이 이러한 방식을 바탕으로 암호 퍼즐들을 만들어내고 있다. 하지만 그 기원은 2,000년 전으로 거슬러 올라갈 수 있다. 글자 교환 방식은 기본적으로 글자의 수에 제한을 받는다. 'dog'처럼 세 글자로 이루어진 단어는 다음과 같이 다섯 가지로 재배열할 수 있다.

ogd/ odg/ gdo/ god/ dgo

물론 더욱 긴 단어나 문장으로 수백만 개 이상의 조합을 만들 수 있다. 그리고 한 번이 아니라 여러 번 순서를 바꾸어 더욱 복잡한 암호문을 만들 수 있다. 30개의 글자로 이루어진 문장의 경우, 500억 개의 십억 배의 십억 배만큼 많은 조합을 구성할 수 있다. 'mind what you say'와 같은 간단한 문장도 350개 이상의 조합을 만들어낼 수 있다.

하지만 로만 방각(Roman square, 42쪽 참조)과 같이 암호문 자체가 해독의 실마리를 제공하는 경우도 있다.

가령 다음과 같은 암호문을 생각해 보자.

'marred dour film'

'marred'를 보면, 이 문장을 새롭게 배열해야 한다는 사실을 알 수 있고 그 배열 방식은 'film'을 통해 알 수 있다. 이러한 힌트를 바탕으로 재배열을 하다 보면, 다음과 같이 원래 문장을 찾아낼 수 있다.

'dial m for murder.'

자리 교환 방식

자리 바꿈 방식의 초기 형태는 매우 간단한 원리로 이루어졌다. 즉, 매우 단순한 수학적 원리를 바탕으로 아주 쉽게 글자들의 순서를 바꾸었다. 오늘날까지 아이들이 즐겨 사용하고 있는 방식으로 레일펜스Rail Fence 암호를 들 수 있다. 이 방법을 사용해서 재미있는 퍼즐 맞추기 게임을 만들 수 있다. 일단 그 원리를 이해하면 쉽게 풀어낼 수 있다.

레일펜스 방법을 사용하여 다음 문장을 암호화해 보자.
CAREFUL YOU ARE BEING FOLLOWED
우선 아래 그림과 같이 원래 문장의 각 글자들을 차례대로 두 줄로 나누어보자.

CAREFULYOUAREBEINGFOLLOWED

CRFLOAEENFLOE
AEUYURBIGOLWD

CRFLOAEENFLOEAEUYURBIGOLWD

그 다음 맨 아랫줄과 같이, 나누어진 문장을 하나의 문장으로 다시 합치면 레일펜스 암호가 완성된다. 이 방식을 이해하는 사람이라면 누구나 쉽게 암호 문장을 원래 문장으로 바꿀 수 있다.

레일펜스 방식을 좀 더 복잡한 형태로 적용할 수 있다. 가령 두 줄 대신 세 줄로 원래 문장을 분리한 뒤 다시 합치는 방법도 가능하다. 또한 이미 완성된 암호 문장에서 글자들의 순서를 바꿀 수 있다. 가령 암호 문장의 첫 번째와 두 번째 글자를 바꾸고 세 번째와 네 번째 글자를 바꾸는 식으로 한번 더 암호화할 수 있다.

단일문자 치환 방식

단일문자 치환 방식은 자리 바꿈 방식보다 한 단계 더 발전된 암호 체계이다. 가장 간단한 단일문자 치환 방식은 각 글자들을 다른 글자나 숫자, 혹은 상징으로 교체하는 것이다. 이 세 가지 방법이 동시에 사용되는 경우도 있다. 단일문자 치환 방식의 사례로서, 알파벳을 각각의 알파벳에 배정해 놓은 기호들로 단순히 바꾸기만 하는 시저 암호를 들 수 있다. 또한 시작 방식은 좀 다르지만(102쪽 참조), 카마수트라(다음 쪽 참조)와 바빙턴Babington(74쪽 참조) 암호를 들 수 있다.

알고리즘

단일문자 치환 방식은 원래 문장, 암호 열쇠, 그리고 알고리즘이라고 하는 일반적인 원리로 구성되어 있다.

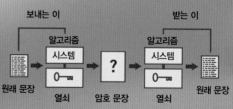

오직 보내는 사람과 받는 사람만이 암호 열쇠를 가지고 있어야 그 비밀을 지킬 수 있다.

카마수트라 암호

『카마수트라』는 4세기경 브라만 학자인 바츠야야나Vatsyayana가 지은 책으로서, 옷, 음식, 다양한 놀이 및 공예, 그리고 가장 유명한 성적인 기교 등 64개의 다양한 주제를 다루고 있다. 『카마수트라』에는 연인들이 남들 몰래 만나기 위한 암호 기록 방법도 나와 있다. 이 암호 체계는 임의적인 치환 알파벳표를 작성하여 암호를 기록하고 해석하는 방식으로 이루어져 있으며, 시저 암호의 논리적인 교환 방식과는 다르다.

원래의 알파벳

A B C D E F G H I J K L M N O P Q R S T U V W X Y Z
R M E S Z W N A L Y B T F I Q X J U D V K H G O P C

암호화된 알파벳

UNDER
THE
BANYAN
TREE
TONIGHT

KISZU
VAZ
MRIPRI
VUZZ
VQILNAV

치환 방식

특수한 치환 방식을 사용하면 왼쪽 문서에 있는 원래 문장을 오른쪽의 암호 문장으로 바꿀 수 있다. 이러한 치환 방식을 사용할 경우, 무려 400,000,000,000,000,000,000,000,000개에 달하는 암호 열쇠를 만들 수 있다. 이 말은 치환 방식으로 암호화된 문장을 해독하는 것은 거의 불가능하다는 의미이다.

간단한 방법

시저 암호의 해독 열쇠를 기억하는 것은 그리 어렵지 않다. 하지만 카마수트라 암호의 경우, 매우 어렵다. 해독 열쇠를 보다 기억하기 쉽게 만들려면 아래의 암호화된 알파벳과 같이 쉽게 기억할 수 있는 문장을 사용하면 된다. 가령 HELLO MY FRIEND와 같은 문장을 반복이나 빈칸을 제외하고 나열한 뒤, 원래의 알파벳을 계속해서 나열하면 된다. 물론 반복되는 알파벳을 제외해야 한다.

원래의 알파벳

A B C D E F G H I J K L M N O P Q R S T U V W X Y Z
H E L O M Y F R I N D A B C G J K P Q S T U V W X Z

암호화된 알파벳

ARE YOU DOING WELL?
HPM XGT OGICF VMAA?

이러한 암호 열쇠를 사용하면 위의 문장을 아래 문장으로 암호화할 수 있다. HELLO MY FRIEND보다 더 긴 문장을 해독 열쇠로 사용한다면 더욱 풀기 힘든 암호 체계를 만들 수 있다.

특수문자

일부 단일문자 치환 방식은 알파벳 외에 특수문자를 사용하기도 했다. 특수문자를 사용하면 더욱 해독하기가 힘들어진다. 물론 그 원리는 동일하지만, 암호를 작성한 사람과 이를 전달받은 사람들 역시 한층 더 어려움을 겪게 된다. 특수문자를 활용하는 방법 중 간단한 사례로, 각 알파벳을 여섯 글자만큼 앞으로 당기는 시저 암호 방식과 각 모음을 특수문자들로 치환하는 방식을 동시에 사용하는 방법을 들 수 있다.

원래의 알파벳

A B C D E F G H I J K L M
N O P Q R S T U V W X Y Z

암호화된 알파벳

✪ G H I ✿ K L M ➠ O P Q R
S ♣ U V W X Y ♥ A B C D E

이러한 방법을 통해, 다음과 같이 암호화할 수 있다.

HOW WAS IT AT THE ZOO?
M♣B B✪X ➠Y ✪Y YM✿ E♣♣

일반적으로 암호 문장에서는 구두점, 특히 '?' 기호를 사용하지 않는다. 이러한 기호들은 다른 사람들에게 암호 해독을 위한 중요한 실마리를 제공할 수 있기 때문이다.

M♣BB✪X➠Y✪YYM✿E♣♣

위의 암호화된 문장에서 띄어쓰기마저 생략할 수 있다.

M♣B+B✪X+➠Y+✪Y+YM✿+E♣♣

또는 생략된 띄어쓰기를 나타내기 위해 +와 같은 기호들을 사용할 수도 있다. 이러한 기호들을 추가하면 암호 문장을 보다 복잡한 형태로 보이게 만들 수 있다. 하지만 실제로 띄어쓰기를 위한 기호를 자주 사용하지는 않았다. 똑같은 기호가 계속해서 자주 등장한다면 띄어쓰기를 의미하는 것이라고 쉽게 눈치 챌 수 있기 때문이다.

M♣B3✪X ➠Y ✪Y3M✿ E♣3

위와 같이 똑같은 글자가 연이어 나타나는 경우에 숫자 3으로 표기함으로써 한층 더 복잡한 암호 문장을 만들 수 있다.

빈도 분석

알 킨디

알 킨디Al-Kindi(801~873)는 아랍의 수학자, 과학자, 철학자이자 기상학자였다. 그는 그리스 철학을 아랍 세계에 소개한 인물로 유명하며, 바그다드에서 일하던 시절에 수많은 고전 작품들을 아라비아어로 번역하기도 하였다. 제약, 물리학, 음악 이론 분야의 발전을 기반으로 그는 『암호 해독에 관한 안내서Manuscript on Deciphering Cryptographic Messages』에서 빈도 분석 이론을 최초로 소개하고 있다. 이 문서는 1987년 이스탄불의 오트만 보관소에서 다시 발굴되었다. 하지만 알 킨디가 소개한 이론은 이미 9세기경 아랍 지역에서 널리 알려져 있었다고 한다. 그러므로 알 킨디가 빈도 분석을 직접 개발했을 수도 있고, 당시에 일반적으로 알려져 있던 내용을 정리한 것일 수도 있다.

빈도 분석frequency analysis은 치환 방식으로 만들어진 암호문을 해석하는 방법 중의 하나이다. 빈도 분석을 사용하려면 우선 원래 문장이 어떠한 언어로 만들어졌는지 알고 있어야 한다. 빈도 분석법은 언어의 종류와 특정 알파벳이 등장하는 빈도수, 그리고 자주 나타나는 문자의 조합을 바탕으로 하여 이루어진다. 언어별로 특정 알파벳이나 조합이 등장하는 빈도수는 다르다. 예를 들어, 독일어에서는 'e'의 빈도수가 20%에 이른다. 이탈리아어의 경우, 빈도수가 10% 이상인 알파벳이 세 개나 있으며, 9개의 알파벳은 1% 미만이다. 빈도 분석은 치환 방식으로 암호화된 텍스트에만 적용할 수 있다. 그리고 해독 또한 결코 쉽지 않다. 하지만 빈도 분석의 특성상, 암호문이 길면 길수록 더욱더 쉽게 해독할 수 있다. 글자 수가 더 많을수록 빈도 분석의 수학적 확률이 더 높아지기 때문이다.

영어의 경우

경우에 따라 차이가 있기는 하지만 일반적으로 영어에서 가장 많이 등장하는 알파벳은 e, t, a, o, i이다. 그리고 e가 가장 많이 나타난다. 그 다음으로 n, s, h, r, d 등이 자주 등장한다. 오른쪽의 도표는 빈도수를 기준으로 알파벳을 정렬한 것이다.

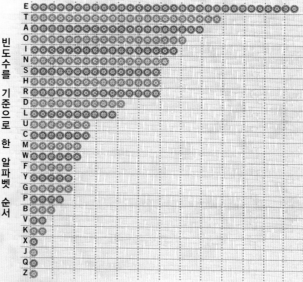

빈도수 비율

빈도수를 기준으로 한 알파벳 순서

체스

체스 또한 아랍인들의 발명품이다. 체스 게임을 하기 위해서는 말을 움직이는 규칙을 잘 알고 있어야 한다. 하지만 말의 움직임에 관한 규칙을 안다고 해서 상대방의 세부적인 전략까지 모두 알 수는 없다. 자신의 전략은 오직 자신만이 알고 있는 것이다.

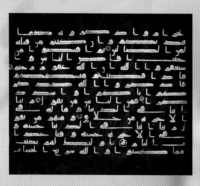

빈도 분석은 아랍인들이 처음으로 개발하였다. 아라비아어의 알파벳은 28개로 이루어져 있으며, 각 알파벳은 어말, 어중, 어두, 독립형의 네 가지 형태로 나뉜다. 이로 인해 빈도 분석을 적용하기가 더욱 힘들다.

DIWHU OXQFK, WKHLU ZDON WRRN WKHP GRZQ IURP WKH
LQQ WR WKH ORFDO PDUNHWV. WKHB PDUYHOHG DW WKH
VHOHFWLRQ RI JRRGV RQ RIIHU, HLJKW RU QLQH VWDOOV MXVW
VHOOLQJ IUXLW, WKH VDPH IRU YHJHWDEOHV, ILVK, DQG PHDW.

빈도 분석의 실제

어떤 암호 해독가가 위의 암호문을 해석한다고 가정해 보자. 우선 그는 오른쪽 도표와 같이 각 알파벳의 빈도수를 분석해서 앞 페이지에 나와 있는 일반 도표와 비교할 것이다.

두 도표를 비교한 뒤, 그는 암호문에서 가장 자주 나오는 글자인 H를 e라고 생각하게 될 것이다. 그리고 그 다음으로 자주 나오는 W를 t라고 결론지을 수 있을 것이다. 이 암호문에는 시저 암호 방법이 사용되었으며, 이를 알아차린 해독가는 암호 해독에 한발 더 다가설 수 있다. 하지만 보다 복잡한 방법이 사용되었을 경우, 쉽게 풀리지 않을 것이다. 이제 해독가는 암호화의 과정을 거꾸로 밟아 올라간다. 즉, 각 알파벳을 이리저리 배치해 보는 시도를 하게 된다.

그리고 이제는 알파벳 한 글자가 아니라 두 글자 및 세 글자 단위로 분석을 해볼 것이다. 이 암호문의 경우, 가장 많이 등장하는 세 글자 조합은 WHK이며, 이는 일반적으로 영어에서 가장 많이 등장하는 the를 의미한다고 추측할 수 있다. 이러한 아이디어를 통해 그는 K가 h라는 사실을 알게 된다.

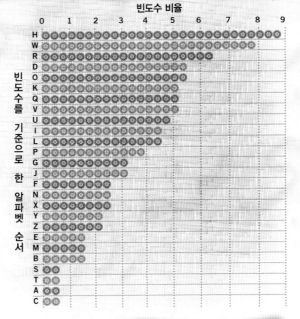

빈도수 비율

	0	1	2	3	4	5	6	7	8	9
H										
W										
R										
D										
O										
K										
Q										
V										
U										
I										
L										
P										
G										
J										
F										
N										
X										
Y										
Z										
E										
M										
B										
S										
T										
A										
C										

빈도수를 기준으로 한 알파벳 순서

'After lunch, their walk took them down from the inn to the local markets. They marveled at the selection of goods on offer, eight or nine stalls just selling fruit, the same for vegetables, fish, and meat.'

빈도 분석의 정확성

아래 문장을 보면 빈도 분석이 항상 정확하지만은 않다는 사실을 알 수 있다. 문장이 더 길수록 빈도 분석의 확률이 높아지기는 하지만, 그래도 문장의 특성에 따라 달라질 수 있다. 오른쪽에 나와 있는 빈도 분석표는 일반적인 빈도 분석표와 상당히 다르다는 사실을 보여주고 있다.

'Sixty-six ex-zookeepers from Zimbabwe and Zambia met in Zanzibar, Tanzania, to discuss the Zulus' attitude to zebras.'

이처럼 특이한 문장의 경우에도 e, t, a, s는 비교적 많이 등장하고 있다. 하지만 z와 i가 일반적인 문장에 비해 빈도수가 아주 높게 나타나고 있기 때문에 빈도 분석을 실시할 경우, 상당히 왜곡된 결과가 나타날 수 있다.

빈도수 비율

	0	1	2	3	4	5	6	7	8	9
I										
A										
E										
Z										
S										
T										
O										
B										
M										
N										
R										
U										
X										
V										
D										
F										
H										
K										
L										
P										
W										
C										
G										
J										
Q										

빈도수를 기준으로 한 알파벳 순서

알파벳 조합

일반적으로 알파벳 한 글자를 기준으로 빈도 분석을 실시하게 되지만 두 글자, 또는 세 글자의 조합을 바탕으로 실시할 수도 있다. 두 글자, 혹은 세 글자 조합은 단어의 일부를 이루거나 또는 하나의 단어를 의미할 수도 있다.

영어의 경우, 일반적으로 가장 많이 등장하는 세 글자 조합은 'the'이다. 한 글자 분석을 통해 e를 이미 확인하였다면, 그리고 e에 해당하는 암호 글자가 세 글자 조합의 맨 끝에 자주 등장한다면, 자연스럽게 t와 h를 추측할 수 있다. 'the'에 이어 다음으로 많이 등장하는 세 글자 조합은 'and'이며, a에 해당하는 암호 글자가 세 글자의 처음에 자주 등장한다면 여기서 n과 d를 알아낼 수 있다. 그 다음으로 자주 등장하는 세 글자 조합으로 'est', 'for', 'his', 'ent', 'tha'를 들 수 있다.

한 단계 더 나아가, 두 글자 조합에 대해서 생각해 볼 수 있다. 영어에서 가장 많이 나타나는 두 글자 조합으로 'th', 'ea', 'of', 'to', 'in', 'it', 'is'를 들 수 있다. 이중 일부는 독립적인 단어로 사용된다. 또한 반복적으로 연달아 등장하는 글자의 조합도 조사해 볼 필요가 있다. 이러한 조합으로 'ss', 'ee', 'tt', 'ff', 'ii', 'mm', 'oo' 등을 들 수 있다.

물론, 빈도 분석을 통해 암호문을 해석하기 위해서는 아주 많은 시간을 투자해야 한다. 하지만 알파벳을 알파벳이 아닌 특수문자나 숫자로 치환하여 암호문을 만들었다고 하더라도 빈도 분석 방법을 충분한 시간과 인내심을 가지고 실시하다 보면 대부분의 치환 암호문을 풀어낼 수 있다.

암호문을 한번 더 암호화하기

빈도 분석의 위험으로부터 비밀을 지키기 위해 여러 가지 다양한 방법들이 개발되었다. 다중 알파벳 암호 방식이 개발되기 전에(72쪽, 104쪽 참조), 가장 일반적인 방법은 대치 암호homophone를 사용하는 방식이었다. 이 방식을 통해, 원래 문장을 구성하는 알파벳은 대치 암호, 숫자, 또는 상징들로 치환되었다. 이러한 방식은 다양한 형태로, 때로는 아주 복잡한 형태로 19세기 후반까지 사용되었다. 암호화된 문장을 더 안전하게 위장하기 위해 자리 바꿈 방식이나 치환 방식을 여러 번 적용하는 경우도 있었다.

해독 단서들을 없애기

암호문에서 빈칸이나 구두점을 없애버림으로써 한 줄로 죽 이어진 암호문을 만들 수 있다. 빈칸이나 구두점을 완전히 빼버린다면 해독자는 더욱 혼란에 빠지게 될 것이다. 그리고 알파벳 대신 숫자를 가지고 자리 바꿈 방식을 적용하면 더더욱 해독이 어려워진다. 중세시대부터 암호문을 다섯이나 여섯 글자 단위로 묶어서 더욱 혼란스럽게 하는 방법도 나타났다(19세기 전보를 이용한 통신이 등장하면서 비트는 널리 사용되었다. 정확하게 메시지를 전달하는 전신 서비스를 위해 암호를 비트로 묶는 작업이 반드시 필요했다).

예를 들어, 시저 암호-12를 적용하면 알파벳이 다음과 같이 암호화된다.

원래 알파벳	A B C D E F G H I J K L M N O P Q R S T U V W X Y Z	
암호화된 알파벳	L M N O P Q R S T U V W X Y Z A B C D E F G H I J K	
암호화된 숫자	12 13 14 15 16 17 18 19 20 21 22 23 24 25 26 1 2 3 4 5 6 7 8 9 10 11	

원래 문장	t h e l a n d o f d r a g o n s
암호화된 숫자	5 19 16 23 12 25 15 26 17 15 3 12 18 26 25 4
5비트 암호문	51916 23122 51526 17153 12182 6254x

시저 암호-12를 적용하여 원래 문장을 암호화하면 이렇게 된다.

영

5비트 암호문에서 맨 마지막에 있는 X의 값은 0이다. X는 5비트 암호문의 형태를 완성하기 위하여 마지막 빈칸을 메우기 위한 글자이다.

2차 암호 : 빈도수를 위장하기

암호문을 한번 더 위장하기 위해 다양한 방식으로 2차 암호를 활용할 수 있다. 빈도수가 높은 알파벳들에게 많은 수의 2차 암호를 할당함으로써 빈도수를 낮출 수 있다. 이러한 방식으로 2차 암호들의 빈도수는 평준화된다. 2차 암호가 알파벳 26개보다 더 많이 필요하다면 2차 암호에 문자나 숫자들을 더 추가해야 할 것이다. 가령 다양한 색깔과 디자인을 가진 상징들을 더 만들 수 있을 것이다. 또는 기존의 알파벳 크기를 더 키우거나 아니면 줄임으로써 보충할 수도 있을 것이다.

이러한 2차 암호 방식은 빈도 분석의 위험을 원천적으로 봉쇄할 수 있다. 예를 들어, 다양한 2차 암호를 사용하여 작성된 루이 14세의 '대암호Great Cipher'(106쪽 참조)는 거의 완벽에 가까울 만큼 안전하다고 증명되었다.

원래 알파벳	A B C D E F G H I J K L M N O P Q R S T U V W X Y Z
시저 암호-12로 암호화된 알파벳	L M N O P Q R S T U V W X Y Z A B C D E - F G H I J K
자주 등장하는 알파벳을 나타내는 2차 암호	3 1 5 6 4 2 9 7 11 12 10 8 15 13 17 17 16 14

위 도표는 시저 암호-12, 그리고 가장 많이 등장하는 알파벳etaoin에 세 가지 숫자 및 문자를 할당한 2차 암호를 나타내고 있다.

원래 문장	every man must be seen to have done his duty
2차 암호로 암호화된 문장	PG1CJ XLY XFDE M7 D13P6 2Z S3G1 O4127 STD OF8J

원래 문장에서 t가 한 번 등장한다. 하지만 여기서는 2차 암호를 사용하지 않고 그냥 시저 암호-12에 해당하는 T로 표기하였다. 가장 잘 나오는 알파벳 e는 원래 문장에서 일곱 번 등장하고 있다. 이 경우에는, P, 1, 7, 13, P, 1, 7의 순서대로 시저 암호-12와 2차 암호를 전 문장에 걸쳐 골고루 사용하였다.

양발을 걸친 체크보드 암호

이 방식을 통해서도 원래 문장을 숫자로 바꾸면서 2차 암호를 활용하여 빈도수를 평준화할 수 있다. 암호화의 각 단계를 자세히 살펴보도록 하자.

1 우선 4x11의 도표를 만든다. 첫 번째 가로줄에서 첫 칸을 비워두고 0부터 9까지 숫자를 적어넣자.

2 두 번째 가로줄 역시 첫 칸을 비워두고 빈도수가 높은 8개의 알파벳(e,t,a,o,i,n,s,r)을 무작위로 적어넣자. 그러면 빈칸이 두 개 생기게 된다.

3 나머지 알파벳은 무작위로 세 번째와 네 번째 가로줄에 적어넣자. 그러면 세 번째와 네 번째 가로줄에도 두 개의 빈칸이 생길 것이다.

4 왼쪽 세로줄에 두 번째 가로줄의 빈칸 위에 있는 숫자(3,6)를 집어넣자. 단, 보내는 이와 받는 이는 두 숫자들을 집어넣는 칸에 대해 미리 합의를 해야 한다.

5 이제 'ATTACK ENEMY' 라고 하는 원래 문장이 '40043 1371913968' 로 암호화되었다. 여기서 넷째 줄처럼 '3455' 라고 하는 열쇠를 한번 더 활용하여 암호화를 한 단계 더 거칠 수도 있다. 세 번째 줄 밑에 3455를 반복적으로 기록하고 이를 더한 숫자를 그 밑에 기록하면 새로운 암호문을 얻을 수 있다.

6 이렇게 얻어진 새로운 암호문을 다시 한 번 도표를 사용하여 알파벳으로 변환할 수 있다. 3과 6은 다음의 숫자와 연결하여 생각해야 한다.

이러한 여섯 단계의 암호화를 거치면 빈도수가 높은 알파벳이나 단어(e,a,and 같은)들을 확실하게 숨길 수 있다. 1와 같이 원래 문장에서 중복되어 나타난 형태도 없어졌다.

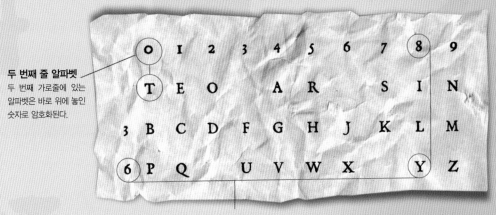

두 번째 줄 알파벳
두 번째 가로줄에 있는 알파벳은 바로 위에 놓인 숫자로 암호화된다.

두 자리 숫자
세 번째와 네 번째 가로줄의 알파벳은 두 자리 숫자로 암호화된다. 가로에 해당하는 숫자(3,6)가 십의 자리, 그리고 세로에 해당하는 숫자(0~9)가 일의 자리가 된다.

원래 알파벳	A	T	T	A	C	K	E	N	E	M	Y
암호화된 알파벳	4	0	0	4	31	37	1	9	1	39	68

암호 문자	4	0	0	4	3	1	3	7	1	9	1	3	9	6	8
+ 열쇠	3	4	5	5	3	4	5	5	3	4	5	5	3	4	5
새로운 암호 문자	7	4	5	9	6	5	8	2	4	3	6	8	2	0	3

재배열된 새로운 암호 문자: 7 4 5 9 65 8 2 4 36 8 2 0 3(0)
문자로 변환된 암호 문자: S A R N W I O A J I O T B

암호 해독
여섯 단계들을 하나하나 거꾸로 거슬러 올라가면 원래 문장에 도달할 수 있다.

중세시대의 암호 체계

중세시대 유럽 세계에서는 신흥 국가들의 성장, 십자군 전쟁, 기독교 국가들 간의 잦은 분쟁으로 인해, 지속적으로 혼란이 가중되어 갔다. 반면, 인문주의와 계몽주의에 대한 관심도 자라나고 있었다. 아랍 세계와 접촉함으로써 무력 충돌도 발생하였지만, 아랍 세계가 간직하고 있던 많은 장서와 발명품들이 유럽 세계로 유입되는 발판이 마련되었다. 이는 당시 유럽 지역에서 싹트고 있던 계몽주의에 대한 관심을 더욱 증폭시켰다. 그리고 많은 아랍 학자들도 당시 유럽 세계의 문화와 지식을 인식하고 받아들이게 되었다.

로저 베이컨

영국 프란체스코 수도회의 수도사이자 자연 철학자인 로저 베이컨Roger Bacon(1214~1294)은 당시 경험적인 과학과 신학 교육의 전반적인 기반을 조화롭게 만드는 방법에 대해 교황 클레멘트 4세에게 조언을 주었다. 이로 인해, 후에 이단이라고 고발을 당하게 된다. 또한 비밀 기록에 관한 수학적 가치에 대해 연구한 서구의 선도적인 학자이기도 하다. 그는 『비밀스런 예술 작품과 마법의 부용성에 관한 글Epistle on the Secret Works of Art and the Nullity of Magic』에서 개인적인 서신 교환에서 암호가 보편적으로 사용되고 있지 않고 있다는 것은 이상한 일이라고 얘기했다.

그리고 유명한 저서인 『대서Opus Majus』와 『소서Opus Minus』를 통해, 그는 암호 체계와 관련된 폭넓은 연구를 소개하고 있다. 이로 인해, 그가 보이니치 문서Voynich Manuscript(168쪽 참조)의 저자가 아닌가 하는 추측이 나오고 있다. 보이니치 문서는 암호화된 글과 삽화들로 이루어진 뛰어난 연구서이지만 아직까지 해독이 되지 않고 있다.

"수학은 과학의 세계로 들어가기 위한 열쇠이다."

– 로저 베이컨, 『대서Opus Majus』(1266)

알베르티와 다중문자 치환 방식

이탈리아 르네상스의 인문주의자이자 철학자, 그리고 건축가인 레온 바티스타 알베르티Leon Battista Alberti(1404~1472)는 『암호학De Cifris』(1466)에서 암호의 열쇠를 계속 바꾸어서 사용할 수 있는 수학적 원리에 대해 소개하고 있다. 그는 여기서 한 가지 도구를 소개하고 있다. 그 도구는 이탈리아 알파벳 대문자와 1부터 4까지의 숫자들이 적힌 외부 원반, 그리고 알파벳 소문자를 무작위로 나열한 내부 원반으로 구성되어 있다. 또한 특정한 숫자 값을 가진 300개 이상의 구phrase를 담은 암호첩을 고안하였다. 아래에 나온 예들은 지시 글자와 지시 글자를 변환하는 글자들만 가지고 있으면 된다.

암호

각 원반은 색인의 역할을 한다. 이 원반은 두 가지 방법으로 사용할 수 있다.

1 방법 1

맨 처음 글자는 합의가 된 문자이다. 그리고 두 번째 이후의 글자들은 지수를 따라 변화한다. 첫 지시 글자가 g라고 할 때, 안쪽 원반 g 위에 외부 원반의 A가 놓여 있는 것을 확인할 수 있다. 트리거 글자들은 각 텍스트에서 적혀 있을 것이다. 다중 단일문자 치환 방식으로 암호화를 하는 것은 바로 이 트리거 문자이다.

2 이제 암호화가 시작된다. 원래 문장의 트리거 문자 중 하나에 이를 때까지(이 사례에서는 T이다), 안쪽 원반의 g가 외부 원반의 T와 일치할 때까지 바깥에서 안쪽으로 읽어 들어간다. 그리고 다음 트리거 문자에 이를 때까지 새로운 암호 알파벳을 사용하여 암호화는 계속된다. 이러한 식으로 계속 반복 진행하게 된다.

트리거 문자

원래 문장에서 T가 나타나면 안쪽 원반을 회전해야 한다.

방법 2

외부 원반을 색인 글자로 사용하면 더욱 간단하다. 마찬가지로 색인 글자는 먼저 합의가 되어야 한다. 여기서는 다시 g라고 하자. 이것은 외부 원반의 A와 일치해 있다. 이제 미리 합의된 트리거 문자들은 필요하지 않다. 이제 원래 문장에 있는 글자들이 외부 원반 위에 네 자리 중 하나와 일치할 때까지 암호화는 계속된다. 이 사례에서는 b와 1이 같이 나타나는 경우, 외부 원반의 A와 일치할 때까지 회전한다. 그리고 새로운 암호 알파벳을 사용하여 암호화를 계속한다. 그리고 원래 문장의 글자가 숫자와 동시에 나타날 때까지 암호화는 계속 진행된다.

암호 해독

이렇게 암호화된 문장을 해독하기 위해서는 위에서 설명한 단계들을 거꾸로 실행하면 된다.

재배열

안쪽 원반을 회전시켜 색인 글자 g가 T와 일치하도록 만든다.

트리거 문자

b, a, c, e가 원래 문장에서 등장하면 A와 일치할 때까지 내부 원반을 회전한다.

A B	a b c d e f g h i l m
	n o p q r s t u x y z
C D	a b c d e f g h i l m
	t u x y z n o p q r s
E F	a b c d e f g h i l m
	s t u x y z n o p q r
G H	a b c d e f g h i l m
	r s t u x y z n o p q
I L	a b c d e f g h i l m
	z n o p q r s t u x y
M N	a b c d e f g h i l m
	r s t u x y z n o p q
O P	a b c d e f g h i l m
	x y z n o p q r s t u
Q R	a b c d e f g h i l m
	q r s t u x y z n o p
S T	a b c d e f g h i l m
	s t u x y z n o p q r
V X	a b c d e f g h i l m
	u x y z n o p q r s t
Y Z	a b c d e f g h i l m
	o p q r s t u x y z n

이탈리아 연결

국가와 귀족들 간의 경쟁, 그리고 플로렌스, 베니스, 제노바와 같은 국제적인 무역 및 금융 도시들의 성장으로 인해 15세기경 이탈리아에서 암호에 대한 관심이 매우 크게 증가하였다. 이러한 사회적 분위기 속에 알베르티(1505~1580, 72쪽 참조)는 암호에 관한 소책자를 세 권 발표하였다. 여기서 그는 다양한 다중 단일문자 치환 암호 방식에 대해 다루고 있다. 우선 첫 번째 책에서 그는 '알파벳 격자 테이블tabula recta'을 처음으로 소개하고 있으며, 암호의 열쇠에 관한 개념도 다루었다. 그는 당시 이탈리아어의 22개 알파벳을 가지고 a부터 m까지 먼저 순서대로 나열한 뒤, 나머지 알파벳들을 그 아래에 무작위로 배열하였다(왼쪽). 이러한 방법으로 11개의 행렬을 만든 뒤, 각각의 행렬 옆에 서로 이웃한 알파벳 두 글자를 색인 문자로 배정해 놓았다. 암호 열쇠와 색인 문자를 가지고 어떤 행렬을 읽어야 하는지 알 수 있다.

왼쪽 도표와 열쇠를 이용하여 'engage enemy at first light'라는 원래 문장을 암호화하면 'et in arcadia ego'와 같이 된다.

수학과 신비주의

오스왈드 크롤Oswald Kroll의 『왕의 화학Basilica Chymica』(위)과 같은 책들은 암호의 수학적 측면과 실용적 측면, 그리고 신비적인 측면을 모두 다루고 있다. 그리고 비제네르가 다중 단일문자 치환표를 발표하기 50년 전에, 트리테미우스의 제자인 아그리파Cornelius Agrippa는 그의 '의사소통을 위한 표'를 위해 시저 암호와 유사한 암호표를 만들었다. 그는 이를 통해, 천사와 악마를 부르고 대화를 나눌 수 있는 공식을 증명하고자 하였다. 또한 피타고라스 학파처럼(154쪽 참조) 연금술사, 강령술사, 카발리스트들 역시 숫자가 지닌 마법적인 힘에 대해 많은 관심을 가지고 있었다(52~56쪽 참조).

암호 열쇠	e	t	i	n	a	r	c	a	d	i	a	e	g	o	e	t	i	n	a	r	c	a	d

원래 문장 | e n g a g e e n e m y a t f i r s t l i g h t

암호화된 문장 | q l r r t u z a z x l z b p u c h c y n o u a

귀족이자 예술 애호가인 지암바티스타 델라 포르타Giambattista della Porta(1535~1615)는 「숫자 암호에 관한 논문De Furtivis Literarum Notis」(1536)에서 알베르티의 이론을 보다 탁월한 방식으로 설명하고 있다. 오늘날 그는 다중 단일문자 치환 도표를 최초로 발명한 사람으로 여겨지고 있다.

요하네스 트리테미우스

그는 알베르티와는 독자적으로, 다중 단일 치환 방식을 개발했다고 여겨지고 있다. 하지만 그의 문장 스타일은 당시 성직자들 사이에서 유행하던 신비주의를 따르고 있다. 또한 연금술 및 강령술에도 많은 관심을 갖고 있었으며, 이로 인해 교회로부터 이단으로 고발을 당하기도 했다.

스테가노그래피

스폰하임의 베네딕트 수도원장 요하네스 트리테미우스Johannes Trithemius(1462~1516)는 1499년경 스테가노그래피Steganographia에 관한 책을 세 권 저술하였다. 하지만 1606년 출판되자마자 가톨릭 금서 목록으로 분류되었다. 당시 가톨릭 교회는 이 책이 멀리 있는 지역까지 메시지를 전달하기 위해 천사와 귀신의 힘을 이용하는 강령술에 관한 책으로 보았기 때문이다. 그러나 이 책은 단지 암호에 관한 복잡한 이론과 다양한 암호 체계만을 다루고 있다. 물론 당시 많은 성직자들과 마찬가지로 트리테미우스 역시 신비주의에 많은 관심을 가지고 있었지만, 천사나 영혼에 관한 그의 언급들은 분명히 암호의 원리에 관한 것이었다. 그는 치환 및 자리 바꿈 방식에 관한 공식들만을 다루었음에도 불구하고, '알파벳 격자 테이블'을 독자적으로 개발했다고 여겨지고 있다. 하지만 이것은 이후 알베르티가 처음으로 소개하였으며, 비제네르에 의해 유명해진 것이다. 트리테미우스의 암호 체계는 비교적 단순하다. 그는 시저 암호와 암호 열쇠를 동시에 사용한다. 즉, 원래 문장의 첫 번째 알파벳은 알파벳 도표에서 한 칸 왼쪽으로 이동한 문자로 암호화된다. 가령 a는 B로 표기된다. 그리고 두 번째 알파벳은 두 칸 이동한 문자로 암호화된다. 즉, a는 C로 표기된다. 이러한 방식으로 뒤에 나온 알파벳들도 암호화된다. 이후 1518년 출판된 『폴리그래피아Polygraphiae』에서 그는 이에 관한 주제를 다루고 있다.

『폴리그래피아Polygraphiae』
유럽에서 처음으로 출판된 암호 관련 책

바빙턴의 계획

프로테스탄트를 지지한 영국의 퀸 엘리자베스 1세는 무려 29년 동안이나 영국을 통치했다. 1587년 그녀는 자신의 사촌이자 스코틀랜드의 여왕인 메리에게 사형 선고를 내리고 만다. 당시 영국은 가톨릭 교회와 이를 지지하는 스페인 및 프랑스의 위협을 받고 있었다. 그렇기 때문에 엘리자베스 여왕은 영국 땅에서 독실한 가톨릭 신자인 메리를 처형함으로써 가톨릭 세력들과의 문제를 일으키고 싶지는 않았다. 하지만 엘리자베스의 밀사인 프란시스 월싱엄Francis Walsingham이 제출한 증거는 너무나 충격적인 것이었다. 메리가 쓴 편지는 암호문으로 되어 있었으나 월싱엄은 이를 해독하여 당시 영국의 감옥에 갇혀 있던 메리가 엘리자베스를 몰아낼 계획을 세우고 있었음을 밝혀내었다.

종교적 박해

1547년 헨리 8세가 사망한 뒤, 그의 아들 에드워드 6세가 즉위하지만 얼마 지나지 않아 죽고, 다시 독실한 가톨릭 옹호자인 메리(1553~1558)가 즉위한다. 그녀는 반대자 300명을 화형에 처한 것을 포함해서, 성공회와 프로테스탄트 지지자들을 무참하게 처단하였다. 하지만 메리 여왕이 죽고 엘리자베스 1세가 즉위하자 정반대의 상황이 전개되었다. 그녀는 공식적으로 가톨릭을 탄압했으며, 대부분의 가톨릭 신자들은 자신들의 신앙을 몰래 드러내야만 했다. 일부 사람들은 옷에다가 글귀를 쓰기도 하였으며, 어떤 이는 집을 이용하여 이러한 표식을 나타내기도 하였다. 열렬한 가톨릭 신자인 토머스 트레샴Thomas Tresham은 1593년 노샘프턴셔 러시턴 지역에 독특한 모양의 삼각형 집(위)을 지었다. 이 건물에서 삼각형은 삼위일체를 상징한다. 집 구석구석에서 삼각형 모양들을 쉽게 발견할 수 있다. 또한 이 집은 3층으로 지어졌으며, 벽에는 세 개씩 창문이 나 있고 정면에서 바라보면 세 개의 삼각형 지붕이 보인다. 외벽에는 다양한 문양, 성경 구절, 신앙고백에 관한 상징들이 새겨져 있다. 만약 누군가가 이 건축물의 문제점을 지적했다고 하더라도 트레샴은 건축적인 장식에 불과하다고 항변할 수 있었을 것이다.

스코틀랜드의 메리 여왕(1542~1587)
독실한 가톨릭 신자였던 메리 여왕은 엘리자베스에게 위협적인 인물이었다.

엘리자베스 1세(1533~1603)
1558년 즉위 이후, 엘리자베스 1세는 성공회를 영국의 국교로 삼았다. 그리고 독실한 가톨릭 신자인 사촌 메리를 반역죄로 처형했다.

메리의 밀사

메리가 갇혀 있던 감옥의 교도관들은 그녀의 서신들을 검열하였다. 하지만 가톨릭 신자이자 세력가였던 앤소니 바빙턴Anthony Babington과 토머스 기포드Thomas Gifford는 유럽 대륙에 있던 그녀의 지지자들의 편지를 직접 그녀에게 전달해 줄 수 있었다. 가톨릭 성직자였던 기포드는 메리의 밀사로서 활동을 하였을 뿐만 아니라 런던에 있던 프랑스 대사관 및 영국 가톨릭 지부들로부터까지 신임을 받고 있었다. 하지만 사실 기포드는 이중첩자 노릇을 하였다.

월싱엄의 등장

월싱엄Francis Walsingham은 엘리자베스의 최측근이자 경호를 책임지고 있었다. 그는 유럽 전 지역에 걸쳐 비밀 첩보망을 관리하고 있었으며 유능하면서도 잔인한 인물이었다. 1585년 월싱엄은 로마로부터 돌아온 기포드를 고용하였다. 한편, 바빙턴은 엘리자베스 제거와 군사적인 공격의 세부사항과 메리의 즉위에 관한 세부사항을 담은 편지를 메리에게 전달하였고, 기포드는 이를 빼내어 월싱엄에게 전달했다. 그 편지는 간단한 방식이 아닌, 암호와 지시 기호signifier(75쪽 참조)를 가지고 알파벳을 조합한 문서였다. 그러나 월싱엄 역시 암호의 중요성에 대해 이미 잘 알고 있었으며, 또한 암호 해독자인 토머스 펠리프Thomas Phelippes를 고용하였다.

프란시스 월싱엄
엘리자베스의 첩자인 프란시스 월싱엄(1532~1590)은 메리가 상자 속에 넣어 보관했던 편지를 가로채고, 이를 위조하도록 시킨다.

"메리 여왕이 모든 것을 체념한 채 근엄한 표정으로 처형장에 들어서고 있다(오른쪽)."

펠리프의 암호 해독

펠리프Phelippes(1556~1625)는 당시 빈도 분석의 대가였다. 빈도 분석은 그의 첫 번째 무기였다. 그는 자주 등장하는 상징들을 분석하고, 아무런 의미가 없는 기호들을 가려내고, 문맥의 추측을 통해 차차 해석에 접근해 나갔다.

메리가 받은 서신

펠리프는 이 서신을 해독하고 위조한다. 이로 인해 메리는 몰락의 길을 걷게 된다.

월싱엄은 바빙턴의 계획이 담긴 서신을 해석한 뒤, 적당한 시기를 기다렸다. 바빙턴과 메리의 관련 여부를 더욱 정확하게 밝히기 위해, 그리고 공모에 가담한 추가적인 인물들을 확인하기 위해 월싱엄은 메리가 바빙턴에게 답장을 보내기를 기다리고 있었다. 이 과정에서도 기포드는 밀사로서 역할을 하였고, 위조 전문가인 펠리프는 메리가 쓴 답신 밑에 공모에 가담한 여섯 명의 이름을 추가하였다. 그들의 계획은 성공적이었다. 메리와 바빙턴의 계획이 실패로 돌아간 가장 중요한 이유는 자신들이 사용하는 암호가 안전하다고 믿었기 때문이다. 암호에 대한 지나친 믿음으로 인해 그들은 허점을 노출하고 말았던 것이다.

연극의 끝

바빙턴은 계획을 마무리 짓기 위해 영국을 떠나는 과정에서 추적을 당하고, 며칠 뒤 잡히고 만다. 바빙턴을 비롯한 모든 공모자들은 처형을 당하게 된다. 1586년 10월, 엘리자베스 여왕은 메리의 반역죄에 대한 재판을 승인했다. 재판 과정에서 메리는 완강하게 혐의를 부인했다. 이러한 점을 들어, 이 사건은 전적으로 월싱엄의 음모였다고 하는 주장들도 나왔다. 하지만 결국 유죄로 확정되었고, 1587년 2월 메리는 노샘프턴셔 포더링헤이 성에서 참수형에 처해졌다.

바빙턴 코드

바빙턴은 23개 알파벳을 나타내는 상징으로 암호첩을 만들었다(당시 j, v, w는 일반적으로 포함되지 않았다). 그리고 단어나 짧은 구를 나타내는 35개 상징들을 추가적으로 만들었다. 또한 해독을 방해하기 위한, 아무런 의미가 없는 글자도 네 개 포함되어 있으며, 중복 표기를 나타내는 지시 글자도 들어 있다.

암호첩
알파벳, 단어 및 자주 사용되는 짧은 구를 나타내는 상징들로 이루어져 있다.

a	b	c	d	e	f	g
h	i	k	l	m	n	o
p	q	r	s	t	u	x
y	z	nulls	nulls	nulls	nulls	dowbleth
and	for	with	that	if	but	where
as	of	the	from	by	so	not
when	there	this	in	which	is	what
say	me	my	with	send	ire	receive
bearer	I	pray	you	meet	your name	mine

다빈치 코드?

이탈리아의 르네상스 시대를 대표하는 예술가이자 과학자인 레오나르도 다빈치 Leonardo da Vinci(1452~1519)의 기록물들은 오늘날 세계적으로 흩어져 보관되어 있다. 특히 기록에 담긴 그 주제와 암호로 기록된 설명과 주석들은 세계적으로 엄청난 관심을 불러일으켰다. 다빈치의 기록들은 일상적인 스케치로부터 해부학적 그림, 끔찍한 무기, 낙서, 그리고 의뢰받은 예술 작품에 대한 세부적인 묘사도 담고 있다.

비밀스러운 기록들

다빈치의 기록들 중 거의 모든 페이지에서 이상한 문장들을 볼 수 있다. 하지만 자세히 보면 좌우가 바뀐 '거울문자mirror writing' 들이다. 다빈치가 일부러 알아보기 힘들게 하기 위해 이렇게 쓴 것인지, 아니면 단지 완손잡이여서 이러한 형태가 더욱 편했던 것인지에 대한 의문은 아직 밝혀지지 않고 있다. 하지만 분명한 사실은 다빈치가 어떤 이유에서건 그의 기록이 공개되어 다른 사람들이 쉽게 알게 되는 것을 결코 원치 않았다는 사실이다.

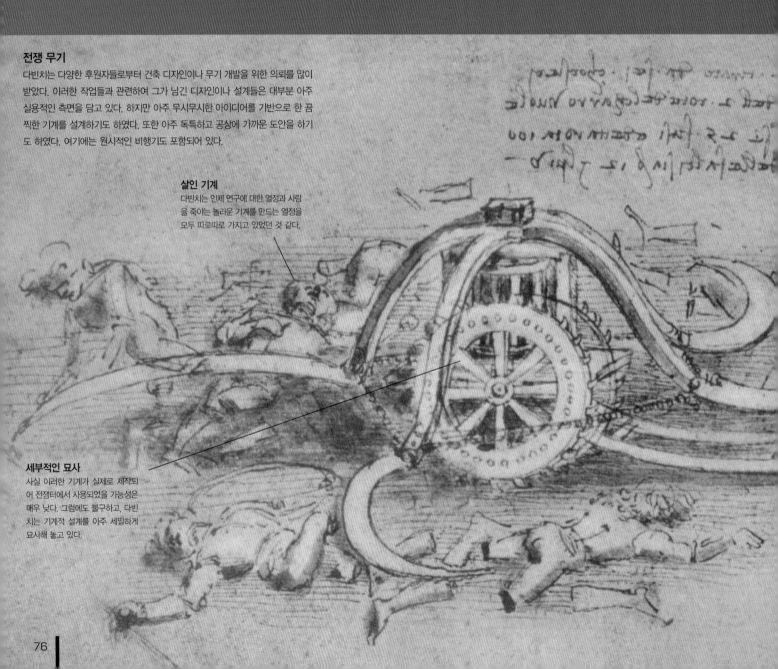

전쟁 무기

다빈치는 다양한 후원자들로부터 건축 디자인이나 무기 개발을 위한 의뢰를 많이 받았다. 이러한 작업들과 관련하여 그가 남긴 디자인이나 설계들은 대부분 아주 실용적인 측면을 담고 있다. 하지만 아주 무시무시한 아이디어를 기반으로 한 끔찍한 기계를 설계하기도 하였다. 또한 아주 독특하고 공상에 가까운 도안을 하기도 하였다. 여기에는 원시적인 비행기도 포함되어 있다.

살인 기계

다빈치는 인체 연구에 대한 열정과 사람을 죽이는 놀라운 기계를 만드는 열정을 모두 따로따로 가지고 있었던 것 같다.

세부적인 묘사

사실 이러한 기계가 실제로 제작되어 전쟁터에서 사용되었을 가능성은 매우 낮다. 그럼에도 불구하고, 다빈치는 기계적 설계를 아주 세밀하게 묘사해 놓고 있다.

죽음과 삶

다빈치는 지궁 속 태아의 모습을 아름답게 그려놓았다. 이것으로 보아, 다빈치가 해부 작업을 했었다는 사실을 확인할 수 있다. 다빈치는 모든 세부사항을 관찰하고 묘사했다.

인체 해부

다빈치는 분명히 직접적으로 시체를 해부하여 인체에 대한 연구를 진행했을 것이다. 그리고 당시 교회는 그의 연구를 매우 못마땅하게 여겼을 것이다. 하지만 오늘날 사람들은 그의 업적에 대해 잘 알고 있고, 그가 보여준 창조성에 대해 높이 평가하고 있다. 또한 그의 성과를 경험적인 과학적 실험에 의한 결과라고 여기고 있다.

생물의 기관

다빈치는 수정란에서 태아에 이르기까지 생식과 탄생에 관한 자세한 설명을 하고 있으며, 다양한 스케치를 통해 이를 보여주고 있다.

어떻게 작용하는 것일까?

다빈치는 기계가 작동하는 방식과 그 원리에 대해 세부적인 설명을 하고 있다.

마력

다빈치는 기계와 그 원동력에 대해 많은 관심을 보였다. 그리고 말의 힘을 기계를 작동하는 원동력으로 생각했다.

거울문자

다빈치는 좌우가 바뀐 형태로 글을 썼다(왼쪽). 오래된 아탈리아어가 거꾸로 쓰여 있음에도 불구하고, 다빈치의 정확하고도 자연스런 필적을 확인할 수 있다. 이 때문에 그가 비밀 조직의 회원이었다고 하는 수많이 소문들이 터져 나왔다. 하지만 다빈치는 분명 현실 세계의 실용적인 측면에 초점을 맞추어 연구를 하였다.

암호문과 열쇠

16세기경 다양한 암호 체계들이 등장했다. 그중에는 고대 그리스로부터 이어져 내려온 것도 있었다. 당시 암호 체계들은 사용하기가 매우 쉬웠으나, 그 이후 400년 동안 점점 복잡해져 갔다. 그리고 제1차 세계대전 기간 동안, 군용 목적으로 많은 암호들이 개발되고 있었다. 이처럼 오랜 기간 동안 암호 체계가 발달하고 다양해졌음에도 불구하고, 공통된 문제점을 가지고 있었다. 그것은 암호의 열쇠를 어떻게 숨기느냐에 관한 문제였다.

폴리비우스 행렬

폴리비우스 행렬Polybius sqaure은 BC 2세기경 그리스 수학자 폴리비우스가 발명하였다. 그는 5×5 행렬을 사용하여 특정 알파벳에 해당하는 행과 열의 숫자를 표기함으로써 글자를 두 자리 숫자로 나타낼 수 있었다. 또한 이러한 방식을 활용하여 등대의 불을 점등함으로써 메시지를 전달할 수 있다는 사실도 깨달았다. 이러한 그의 아이디어는 수기 신호와 모스 부호를 2,000년 이상 앞지른 것이다.

	1	2	3	4	5
1	A	B	C	D	E
2	F	G	H	I/J	K
3	L	M	N	O	P
4	Q	R	S	T	U
5	V	W	X	Y	Z

폴리비우스 행렬을 사용하면 'code'라는 단어를 13 34 14 15로 나타낼 수 있다.

이 방식은 과거에 감옥에서 많이 사용되었다. 특히 제정 러시아 시대에 감옥에 갇힌 무정부주의자들, 그리고 베트남 전쟁 당시 미군 포로들이 자주 사용하였다. 그들은 이 암호 방식을 벽을 두드려 사용했기 때문에 탭 암호 혹은 노크 암호라고 불리기도 했다. 이 암호 체계는 일반적인 용도로 개발되었지만, 주로 죄수들에 의해 활용되었다.

알파벳 행렬tabula recta의 발전

역사적으로 수많은 암호 학자들이 사용하기 쉬우면서도 비제네르(105쪽 참조)의 암호보다 해독하기 어려운 체계를 개발하기 위해 노력하였다. 그들은 폴리비우스Polybius 행렬, 복잡한 그릴grille(80쪽 참조)로 만든 순열들, 그리고 플레이페어 암호Playfair cipher(109쪽 참조)에 대한 연구를 통해 보다 세련된 암호 체계를 탄생시켰다. 제1차 세계대전 중 루덴도르프Ludendorff가 이끄는 독일 군대가 마

지막으로 집중적인 공격을 계획하고 있을 때, 특히 안전한 통신망 구축이 중요한 화제로 떠올랐다. 당시 그릴을 사용한 방식은 사용이 모두 금지되었고, 보다 복잡한 ADFGX 암호 체계가 등장하였다.

2열 암호

1901년 델라스텔Felix Delastelle이 개발한 2열 암호the bifid cipher 체계는 폴리비우스 암호, 자리 바꿈 방식, 그리고 구분이라고 하는 세 가지 개념을 담고 있다. 이를 통해 암호화된 문장은 숫자로 표현된다.

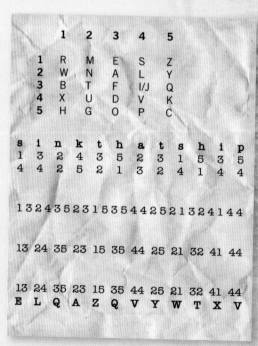

1 알파벳을 무작위로 배열하여 폴리비우스 행렬을 만든다. 여기서 I와 J는 하나로 취급된다.

2 원래 문장의 알파벳의 행과 열에 해당하는 숫자를 그 아래에 세로로 적는다.

3 두 줄의 숫자들을 하나의 줄로 만든다.

4 숫자들을 두 개씩 구분하여 묶는다.

5 폴리비우스 행렬을 통해, 구분된 숫자들을 다시 알파벳으로 표기한다.

6 위 과정을 거꾸로 하면 쉽게 해독이 된다. 물론 무작위로 나열된 똑같은 폴리비우스 행렬을 보내는 이와 받는 이가 갖고 있어야만 한다.

	1	2	3	4	5
1	R	M	E	S	Z
2	W	N	A	L	Y
3	B	T	F	I/J	Q
4	X	U	D	V	K
5	H	G	O	P	C

```
s i n k   t h a t   s h i p
1 3 2 4   3 5 2 3   1 5 3 5
4 4 2 4   2 1 3 3   4 2 1 4
```

1 3 2 4 3 5 2 3 1 5 3 5 4 4 2 5 2 1 3 2 4 1 4 4

13 24 35 23 15 35 44 25 21 32 41 44

13 24 35 23 15 35 44 25 21 32 41 44
E L Q A Z Q V Y W T X V

ADFGX 암호

독일 군대가 개발한 ADFGX 암호 체계는 알파벳의 무작위 배열, 자리 바꿈, 열쇠 단어 및 폴리비우스 행렬의 개념을 모두 포함하고 있다.

1 아래 그림과 같이 가로와 세로가 ADFGX로 된 행렬에 알파벳 글자들을 무작위로 배열하여 행렬을 만든다. 그러면 이 행렬을 통해 모든 알파벳을 두 자리 문자로 표기할 수 있다. 특히 모스 부호로 메시지를 전달할 때, 이 체계를 가장 많이 활용한다.

	a	d	f	g	x
a	R	M	E	S	Z
d	W	N	A	L	Y
f	B	T	U	I/J	Q
g	X	U	D	V	K
x	H	G	O	P	C

s	i	n	k	t	h	a	t	s	h	i	p
AG	FG	DD	GX	FD	XA	DF	FD	AG	XA	FG	XG

2 이 행렬을 통해 원래 문장은 구분된 문자의 쌍으로 변환된다.

3 그리고 다시 이 글자들은 아래 그림과 같이 또 다른 형태의 행렬로 배열한다. 이 과정에서 암호 열쇠가 필요하며, 이 열쇠는 열의 길이를 정한다. 여기서 열쇠는 HEAD 이다.

4 열쇠의 알파벳 순서에 따라 행렬의 열을 재배치한다.

H	E	A	D
A	G	F	G
D	D	G	X
F	D	X	A
D	F	F	D
A	G	X	A
F	G	X	G

A	D	E	H
F	G	G	A
G	X	D	D
X	A	D	F
F	D	F	D
X	A	G	A
X	G	G	F

FGXFXX GXADAG
GDDFGG ADFDAF

5 이렇게 만들어진 행렬을 열의 순서대로 다시 배열한다. 일반적으로 암호문은 이 사례보다 훨씬 길다. 그리고 열쇠 역시 24자리까지 길어지기도 하며 매일 바뀐다. 폴리비우스 행렬 역시 매일 변하게 된다.

ADFGVX 암호

1918년 봄, 독일군이 서부 전선으로 마지막 공격을 감행하기 바로 직전에, 그들은 글자 'V'를 하나 더 추가한 ADFGVX 암호 체계를 개발했다. 6×6 행렬을 통해 알파벳 26자를 모두 활용하면서, 여기에 숫자를 추가하여 활용하였다. 1에서 10까지의 숫자만을 사용함으로써 암호문을 보다 짧게 만들 수 있었다.

프랑스의 암호 학자인 조르주 팽뱅Georges Painvin은 루덴도르프의 공격이 시작되었을 때, 새로운 암호의 해독 방법을 알아냈다. 일반적으로 메시지의 초반부에 자주 등장하는 단어나 구를 집중적으로 분석함으로써, 그리고 이들을 열의 맨 앞 글자들과 비교함으로써 마침내 해독에 성공할 수 있었다.

'책 암호book cipher'의 열쇠와 관련하여 가장 큰 문제는 기준으로 삼을 수 있는 책을 찾기가 어렵다는 것이었다. 그중에서 가장 일반적으로 사용된 책은 성경이었다.

극단적인 열쇠

암호를 제대로 전달하고 받기 위해서는 보내는 이와 받는 이가 반드시 동일한 열쇠를 가지고 있어야 한다. 또한 다른 사람들로부터 열쇠를 지키는 일과 열쇠를 받는 이에게 전달하는 과제도 중요한 일이다. 현대의 디지털 암호 방식 역시 똑같은 과제를 안고 있다.

첫 번째 해결책으로 '러닝 키running key'를 들 수 있다. 오늘날 일반적으로 사용되는 방식으로, 무작위 숫자들이나 엄청나게 큰 소수를 생성함으로써 열쇠를 알려준다(또는 대량의 프라임 숫자들, 274쪽 참조). 두 번째 방법으로는 '코드북code book'을 공유하는 방식을 들 수 있다. 하지만 코드북 자체를 도둑맞을 위험이 있다. 세 번째로는 '일회용 암호표one-time pad'가 있다. 이 경우, 제삼자는 해독이 거의 불가능하다. 하지만 매번 서로 다른 열쇠를 만들고 공유해야만 한다(83쪽 참조). 마지막으로 서로 똑같은 판본의 책을 정해서 활용하는 방법이 있다. 이렇게 하면 코드북을 따로 만들지 않고서도 열쇠에 언제든지 쉽게 접근할 수 있다.

'책 암호' 방식은 예전에 자주 사용되었다. 특히 성경이나 사전에서 일부분을 정하여 이를 열쇠로 사용하는 방식이 널리 사용되었다. 책 암호 방식을 사용하면 받는 이는 더욱 쉽게 열쇠에 접근할 수 있다. 또한 비제네르나 다양한 테이블럭스tableaux(105쪽 참조)를 활용할 수 있다. 하지만 책 암호와 같이 방대한 길이의 문장을 열쇠로 활용하는 경우, 받는 이는 더욱 오랜 시간에 걸쳐 해독을 해야만 한다. 암호문에 담긴 글자 하나 하나를 각각의 열쇠를 통해 풀어야만 하기 때문이다.

그릴 방식

이탈리아 수학자인 지롤라모 카르타노Girolamo Cardano(1501~1576)는 다양한 암호 체계를 바탕으로 독특한 방식을 개발했다. 그는 그릴Grill이라고 하는 구멍이 뚫린 정방형 판을 사용하였다. 이를 위해, 보내는 이와 받는 이는 모두 똑같은 그릴을 가지고 있어야 한다. 이 그릴은 아주 간단하게 생겼지만 그 암호 체계는 아주 세련된 방식이라고 할 수 있으며, 주로 군인들이나 첩자들에 의해 다양한 형태로 활용되었다.

기롤라모 카르다노

르네상스 시대에는 수많은 이탈리아인들이 비밀 기록에 대해 관심을 갖고 있었다. 의사이자 발명가, 그리고 수학자인 카르다노Girolamo Cardano(1501~1576)는 그중 유일하게 암호에 관한 연구를 책으로 출판한 인물이었다. 그의 저서 『아르스 마그나Ars Magna』(1545)에서 그는 이에 관한 다양한 수학적 증명을 제시하고 있다. 또한 그는 항상 돈 문제에 시달리던 상습적인 도박꾼이기도 하면서 체스 선수이기도 했다. 이러한 경력으로 그는 속임수의 방법과 기술에 대한 책을 쓰기도 했다. 어쨌든 카르다노의 연구로 인해 암호의 체계는 더욱더 복잡한 형태로 발전하게 되었다.

카르다노의 그릴

카르나노 그릴로 만들어진 암호문은 아무런 의미 없는 알파벳의 나열로 보이지만, 그 안에 교묘하게 메시지를 담고 있다. 그 위에 그릴을 얹어보면 숨겨진 메시지를 쉽게 확인할 수 있다. 이에 앞서, 받는 이는 아무런 의미 없는 알파벳을 삭제한다. 그리고 그릴을 통해 알파벳 또는 단어를 읽어나간다. 하지만 이 방식 역시 완벽하게 안전하지는 않다. 그릴을 잃어버리거나 도난당할 위험에 여전히 노출되어 있기 때문이다. 그리고 보내는 이가 메시지의 핵심적인 단어들만 간추려서 짧은 문장으로 기록해야 하기 때문이다.

그릴 사용법

그릴은 종종 '체스판'이라고 하기도 한다. 이 방식은 또한 자리 바꿈 기술도 동시에 사용해야 한다. 예를 들어, 'I will be at the opera tonight, but will meet you for dinner later, if you later, if you like'라는 원문을 그릴 방식을 통해 암호화 해보자. 8×8 행렬의 빈칸을 모두 채워야 하기 때문에 마지막 부분에 아무런 의미 없는 글자 X를 세 번 사용해야 한다. 원문의 글자가 64개보다 많다면 행렬판을 뒤집어 기록하면 된다. 그릴 방식 역시 암호화 단계를 거꾸로 거슬러 올라감으로써 해독이 가능하다. 하지만 원문의 길이가 64 또는 128자 이상 길어야만 한다는 단점이 있다. 그리고 빈칸을 채우기 위해 의미 없는 문자들을 사용해야만 한다.

I will be at the opera tonight, but will meet you for dinner later, if you like

I will be at the opera tonight, but will meet you for dinner later, if you like

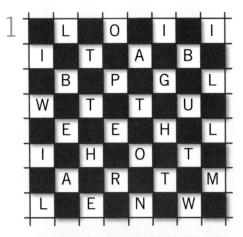

1

그릴의 구멍에 해당하는 흰 칸에 메시지를 적어 나간다. 여기서는 왼쪽 위에서부터 세로로 시작하였다.

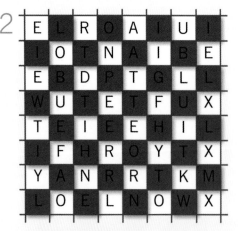

2

32개의 빈칸에 글자를 다 채워 넣었다면 그릴을 90도 돌려 다시 새로운 빈칸에 같은 방식으로 적어나간다. 맨 오른쪽 세 칸이 비었기 때문에 아무런 의미 없는 글자인 X를 세 개 추가하였다.

3

E	L	R	O	A	I	U	I
I	O	T	N	A	I	B	E
E	B	D	P	T	G	L	L
W	U	T	E	T	F	U	X
T	E	I	E	E	H	I	L
I	F	H	R	O	Y	T	X
Y	A	N	R	R	T	K	M
L	O	E	L	N	O	W	X

이제 그릴을 떼어내고 기록한 글자들을 맨 위의 행으로부터 시작하여 한 줄로 적으면 다음과 같이 된다.
ELROAIUIIOTNAIBEEBDPTGLLWUTETFUXTEIEEHILIFHROY
TXYANRRTKMLOELNOWX

회전 그릴

1880년 오스트리아 기병대의 퇴역 장교인 플라이스너Edouard Fleissner von Wostrowitz는 카르디노의 그릴을 보다 정교한 형태로 변형한 '회전 그릴Turning grille' 방식을 개발하였다. 카르디노는 우선 8×8 행렬을 네 영역으로 구분하였다. 그리고 그릴에는 각 영역당 네 개씩 총 16개의 칸에 구멍을 내었다. 구멍을 뚫을 때는 그릴이 네 번 회전하는 동안 행렬의 모든 칸이 한 번씩 구멍에 노출되도록 해야 한다. 그리고 원문의 글자가 64자보다 짧은 경우, 마찬가지로 의미 없는 글자를 사용하여 빈칸을 채워야 한다. 또한 보내는 이와 받는 이는 똑같은 그릴을 가지고 있어야 하고, 시작 형태와 회전 방향을 미리 합의해 놓아야 한다.

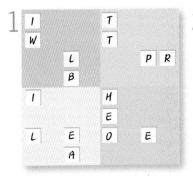

1 왼쪽 페이지의 것과 똑같은 원문 첫 열여섯 글자를 그릴을 사용하여 쓴다.

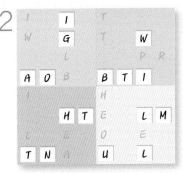

2 그 다음 그릴을 반시계방향으로 90도 돌리고, 원문을 계속 써나간다.

3 계속 그릴을 회전시켜 같은 작업을 반복한다.

4 마지막으로, 그릴을 회전하여 원문을 마무리하고 빈칸 세 개를 X로 채우면, 5번의 그림과 같이 암호문이 완성된다. 이것을 다시 가로 혹은 세로의 순서로 한 줄로 나열하면 된다.

5

I T I Y T R E X
W E G Y T D W N
A E L O U L P R
A O B U B T I E
I R F O H I X X
E T H T E N L M
L I E F O I E R
T N A O U K L L

독일군

제1차 세계대전 중 독일군은 플라이스너의 그릴 방식을 단순한 형태로 암호화 및 해독 작업에 활용하였다. 이렇게 암호화된 메시지는 전신 또는 야전전화를 통해 전송되었다.

다양한 사용 방식

플라이스너는 매우 다양한 형태로 그릴을 사용하였다. 5×5나 6×6과 같이 다양한 크기의 행렬을 사용하였으며 그릴의 구멍도 아주 다양한 모양으로 뚫었다. 그리고 시작 위치와 회전 방향도 서로 다른 방식으로 시도해 보았다. 1916년 독일 군대는 플라이스너의 암호 체계를 도입하였다. 그들은 다양한 형태의 그릴과 행렬을 사용하였으며, 그 형태마다 서로 다른 이름을 가지고 있었다. 하지만 몇 달 동안 사용한 뒤, 이 암호 체계의 취약점이 발견되었으며, 곧 사용이 중단되었다.

스파이와 정보기관

오늘날 정보의 수집과 전송, 암호를 해석하는 정보기관은 매우 중요한 국가적 업무를 맡고 있다. 일반적으로 정보기관은 스파이와 암호 전달망을 갖추고 있다. 과거의 스파이들은 구약성서를 통해 암호를 전달했고, 로마 사령관이었던 시저는 갈리아 지방을 정벌하는 동안 복잡한 암호 체계를 직접 개발했다. 그러나 유럽 지역에서 본격적으로 암호 개발 경쟁이 시작된 것은 르네상스 시대부터였다. 최초의 국가 정보기관은 1590년 헨리 4세에 의해 탄생되었다.

베이컨 암호

16세기에 들어서면서 국가 또는 개인들을 중심으로 암호가 보다 폭넓게 사용되기 시작하였다. 영국 정부에서 요직을 역임했던 프란시스 베이컨Francis Bacon(1561~1626)은 단순한 암호 체계를 개발하여 암호문을 작성하였다. 그의 암호는 알파벳 두 글자를 다섯 자리로 기록하는 방식을 기반으로 하고 있다. 물론 보내는 이와 받는 이는 모두 동일한 암호첩을 가지고 있어야만 한다.

A	aaaaa	N	abbaa
B	aaaab	O	abbab
C	aaaba	P	abbba
D	aaabb	Q	abbbb
E	aabaa	R	baaaa
F	aabab	S	baaab
G	aabba	T	baaba
H	aabbb	U/V	baabb
I/J	abaaa	W	babaa
K	abaab	X	babab
L	ababa	Y	babba
M	ababb	Z	babbb

우선 위의 암호표에 따라 원문의 알파벳을 아래와 같이 다섯 자리로 변환한다.

B	aaaab
E	aabaa
W	babaa
A	aaaaa
R	baaaa
E	aabaa

그 다음으로 암호화된 문장과 길이가 동일한 의미 없는 문장을 하나 선택한다. 베이컨은 대문자와 소문자를 사용하여 a와 b를 표기하는 방식을 제시하고 있다. 하지만 이러한 방식은 결코 안전하지 않다. 조금만 연구해 보면 금방 그 원리를 이해할 수 있다. 보다 나은 방식으로, A에서 M까지의 알파벳은 a를 의미하고, 나머지 N~Z는 b를 의미하는 방식을 들 수 있다. 이러한 방식을 활용하면 'Did my father break Jade's magic doll'과 같이 30글자로 이루어진 메시지도 완전하게 암호화할 수 있다. 받는 이는 암호문을 a와 b로 바꾼 뒤, 암호첩에 따라 해독하면 된다.

르네상스 시대의 이탈리아

15세기 초, 이탈리아 지역은 무역의 중심지로 강력한 도시국가들이 탄생했다. 금융으로 유명한 플로렌스, 제노바, 베니스가 바로 그 주역들이었다. 이 도시국가들의 활동 범위는 지중해를 넘어섰다. 특히 베니스는 서유럽과 동유럽을 연결하는 지리적인 이점을 발휘하여 상업적으로 큰 성공을 거두었다. 이러한 도시국가들은 무역에 관련된 정보를 얻고 거래를 활성화하기 위해 다양한 지역으로 많은 특사를 파견하였으며, 마르코 폴로도 이중 한 명이었다. 베니스의 외교관들은 그들이 머무르던 왕실의 주요 정보를 매일 본국으로 전송하였다. 아직도 바티칸 서고에는 오랜 시간에 걸쳐 수집한 엄청나게 방대한 암호 문서들이 보관되어 있다. 당시 대부분의 암호 체계는 암호첩을 사용하는 단일문자 치환 방식을 기반으로 하고 있다(70쪽 참조).

정보기관

17세기경 유럽 국가들 대부분은 암호 관련 업무를 전담하는 부서를 따로 마련해 놓고 있었다. 당시 이러한 정보기관들은 'cabinets noirs', 또는 'black chambers'라고 알려져 있었다. 그중 가장 악명 높은 정보기관으로 비엔나의 Geheime Kabinets-Kanzlei(비밀 정보기구)를 들 수 있다. 이들은 치밀한 작전을 통해 매일 약 100여 통의 외국 대사관 서신들을 검열하였다. 또한 이러한 서신들을 몰래 열어보고 복사하고 그리고 필요한 작업이 끝나면 이를 우체국으로 다시 돌려보냈다. 그들은 이러한 작업을 매일 세 번씩이나 진행하였고, 해외 서신은 물론 국내 편지까지 모두 검열을 했다고 한다. 이렇게 얻은 사본들은 암호 전담 부서로 넘겼으며, 당시 이러한 작업을 통해 엄청난 양의 자료를 빼내었다고 한다. 베니스와 바티칸의 정보기관과는 달리, 그들은 이들 자료들을 해외로 팔아넘겼다고 한다. 이를 통해 합스부르크 가는 엄청난 수익을 올렸다.

"신사는 다른 사람의 편지를 읽지 않는다."

−1929년 미 국방장관 헨리 스팀슨Henry L. Stimson이 MI-8
사업을 위한 기금을 모으는 과정에서 한 말

베니스 정부는 새로운 암호를 개발하기 위해 1542년 세 명의 암호 전문가를 고용하였다. 이 전문가들은 베니스에서 아주 높은 지위를 누리고 있었다. 그러나 암호를 누설하는 경우, 사형에 처해졌다.

비밀 정보기구들

당시 많은 왕실들이 존 디John Dee나 펠리프Thomas Phelippes와 같은 암호 전문가들을 필요로 하고 있었다. 두 사람은 돈을 많이 주는 고용주를 찾아 다양한 지역을 돌아다니며 실력을 발휘했다. 19세기 말, 암호 해독 기술이 크게 발달함에 따라 암호 체계는 점차 복잡해졌다. 이로 인해 정부와 군사적인 업무를 담당하던 정보기관의 규모는 더욱 커졌다.

영국

1914년 영국의 해군 본부는 'Room40'이라고 하는 해군 정보부를 창설했다. 이 정보기관은 1919년 폐지될 때까지 독일군의 메시지들을 무려 15,000건이나 빼냈다고 한다. 그 이후 Room40은 정보암호학교 Government Code and Cypher School, GCCS 창설을 위해 영국 군사 정보부British Army Intelligence, MI1b로 통합되었다. 이 학교는 제2차 세계대전 중 런던에서 이후 블레츨리 파크 지역으로 옮겨졌다(118~121쪽 참조). 1946년 정보통신본부Government Communications Headquarters, GCHQ로 바뀌었으며, 현재 첼튼엄에 있다.

미국

제1차 세계대전이 끝나갈 무렵, 허버트 야들리Herbert O. Yardley는 흔히 아메리칸 블랙 체임버American Black Chamber라고 알려진 미 암호국US Cipher Bureau, MI-8을 뉴욕에 세웠다. 그들은 비즈니스 관련 암호를 개발하는 일반 기업처럼 활동하면서, 사실은 외교적인 사안을 집중적으로 다루었다. 특히 일본과 관련된 자료에 신경을 썼다. 1929년 마련된 주 정부의 자금 지원과 프리드먼William Friedman의 노력을 바탕으로, 1931년 군사 암호정보국Army Signals Intelligence Service이 설립되었다. 이 기관은 이후 SIGINT로 불리게 된다. 군사 암호정보국은 적으로 변할 수 있는 국가들의 통신을 감시하고 암호를 해독하는 역할을 수행했다. 특히 제2차 세계대전 초반에 일본군의 퍼플 암호를 해독하는 성과를 올렸다. 그리고 1952년 마침내 미국 국가안전보장국 National Security Agency, NSA이 탄생했다. 이와는 별도로, FBI와 CIA 역시 내부적으로 암호 전담반을 계속 가동하고 있다.

일회용 열쇠

일회용 암호 방식은 제1차 세계대전 이후에 개발되었다. 이후 스파이 활동에서 실제로 활용되면서 그 안전성이 입증되었으며, 첩보기관들에 의해 널리 사용되기 시작했다. 일회용 열쇠의 원리는 아주 간단하다. 각각의 암호문에 대해 고유한 암호 열쇠를 제공하면 된다. 이 방식은 미군의 암호 연구 부서를 지휘하고 있던 조셉 마보안Joseph Mauborgne에 의해 개발되었다. 그는 글자를 무작위로 배열하여 암호 열쇠를 만들었으며, 하나의 열쇠는 하나의 비제네르 암호를 위해서만 사용되었다(105쪽 참조). 열쇠를 도둑맞거나 잘못 사용하거나 또는 열쇠를 한 번 이상 사용하지 않는 한 이 방식에는 아무런 문제가 없었다. 하지만 열쇠를 한 번 쓰고 폐기하지 않고 여러 번 사용하는 경우, 제삼자가 암호문을 비교하여 이를 해독할 가능성이 높아진다. 이와 관련된 대표적인 실수 사례로, 제2차 세계대전 중 벌어졌던 베노나 프로젝트Venona project를 들 수 있다(124쪽 참조).

기계장비

비제네르 암호(104쪽 참조)의 등장 이후, 수많은 계몽주의 수학자들이 메시지만 가지고서도 암호를 풀 수 있는 기계장치를 개발하기 위해 노력하였다. 컴퓨터의 아버지라고 불리는 배비지Babbage의 분석 기계는 그가 살아 있을 당시에는 사회적인 주목을 받지 못하였지만, 산업혁명 중에 급격하게 성장한 기계 분야의 기술 발전을 통해 20세기의 혁신을 위한 기반이 마련되었다. 전화기, 키보드, 계산기와 같이 오늘날 우리가 일상생활에서 사용하는 발명들이 그 과정에서 나타났다.

계산기

미적분학의 아버지라고 불리는 라이프니츠Gottfried Leibniz(1646~1716)는 1700년경 기본적인 형태의 차분 기관Difference Engine; Logick Mill을 만들었다. 라이프니츠 역시 그의 위대한 라이벌 뉴턴과 마찬가지로, 여러 왕실에 고용되어 연구를 하였기 때문에 수학을 기반으로 암호를 생성하고 해독할 수 있는 기계에 많은 관심을 가지고 있었다. 하지만 이러한 아이디어는 19세기에 찰스 배비지Charles Babage가 정확한 수학적 계산 기능을 수행하는 기계를 개발하고 나서야 현실화되기 시작하였다(268쪽 참조).

암호 원반

미국의 남북전쟁 당시(1861~1865), 알베르티 방식의 암호 원반이 대량으로 생산되었다. 간단한 방식으로 만들어졌기 때문에 글을 읽지 못하는 사람들도 사용할 수 있었으며, 일회용 열쇠, 다중 단일문자 치환 암호 방식과도 함께 사용할 수 있었다. 또한 이를 가지고 전방이나 지휘 본부로부터 받은 정보를 재빨리 암호화할 수 있었다. 이러한 방식으로 만들어진 암호문은 새로 발명된 텔레그래프를 통해 모스 부호의 형태로, 또는 수기 신호나 햇빛 반사 신호기를 통해서 전달이 가능했다. 북부 연합은 남부 연합이 사용한 대부분의 암호를 해독하였다고 생각된다. 하지만 남부 연합이 북부 연합의 암호를 해독했다는 증거는 거의 나와 있지 않다.

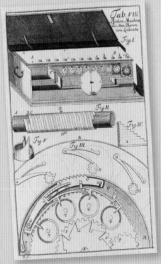

라이프니츠는 최초의 컴퓨터라고 할 수 있는 '로직밀Logick Mill'을 위한 세부적인 계획들을 마련해 놓았다.

남부 연합은 알베르티 원반(72쪽 참조을 거의 변형하지 않고 사용하였다. 이 기계장치는 글자나 숫자가 적힌 회전형 원통, 그리고 암호 체계를 바꾸기 위한 기록용 막대기를 포함하고 있다.

북부 연합은 알베르티 암호 원반을 보다 다양한 방식으로 변형하여 다중 단일문자 치환 형태로 활용하였다. 이 기계장치에는 숫자뿐만 아니라 구두점까지 포함되어 있다.

타자기의 탄생

타자기는 통신의 역사에 크나큰 기여를 하였다. 맨 처음 상업적으로 사용된 모델은 '데니시 한센 라이팅 볼the Danish Hansen Writing Ball(1870, 왼쪽)이었다. 1870년대 말, 레밍턴Remington과 언더우드Underwood가 현대적인 모델과 흡사한 타자기를 개발하였다. 하지만 당시의 타자기들의 자판은 알파벳 순서대로 배열되어 있었다. 1874년 지금의 QWERTY 키보드 자판이 등장했으며, 이로 인해 1분에 평균 100개의 글자를 쓸 수 있을 만큼 속도가 빨라지게 되었다. 또한 이러한 자판 배열을 통해 컴퓨터 및 암호 기계를 위한 키보드도 탄생하였다. 알파벳 배열은 언어들마다 약간의 차이가 있다. 독일어의 경우 QWERTZ, 프랑스는 AZERTY, 이탈리아는 QZERTY 방식을 사용하고 있다. 현대적인 타자기의 개발로 수많은 기업과 관공서의 업무 형태가 변화하였으며, 수백만 명의 타이피스트들을 양산했다.

버로스의 계산기

배비지의 차분기계Different Engine와 같이 19세기에 개발된 계산기들은 톱니바퀴 방식을 사용하였다. 그러나 1888년, 상업용 또는 개인용 계산기의 선구자인 윌리엄 버로스William S. Burroughs는 통합된 키보드를 채택한 덧셈 기계를 개발하였다. 그는 처음에 상점에서 구매한 물건의 금액을 모두 더하는 기계를 제작하였다. 이후, 받은 돈과 구매 금액을 입력하면 거스름돈을 계산해 주는 실무적인 계산기를 개발하였다. 20세기 중반에 들어서면 영수증도 출력해 주는 계산기가 등장하고, 오늘날에는 바코드를 이용하여 재고를 관리하고 상품의 종류와 금액을 계산하는 시스템으로 발전하였다.

전보에서 전화로

전기적 방식의 전신 시스템이 개발되고 모스 암호(94~97쪽 참조)가 등장함에 따라 암호와 관련된 새롭고 다양한 기회들이 나타나기 시작했다. 그리고 비교적 크기가 작은 상업적인 전신 시스템도 등장하기 시작했다(204쪽 참조). 하지만 19세기 말 일대일 방식의 유선전화 시스템이 등장하자 통신에 있어 완전히 새로운 국면이 시작되었다. 당시 전화 교환소들은 단 하나의 연결선만이 설치되어 있었으며, 하나의 선을 가지고 어떻게 여러 대의 전화기를 연결할 수 있을까 하는 문제가 등장했다. 그 해답은 바로 '단계적stepping' 시스템에 있었다. 초기에 나온 전화들은 모두 회전식 다이얼 방식을 채택하였다. 전화를 거는 사람은 다이얼을 돌림으로써 전화기의 톱니바퀴를 돌리게 되고, 이는 특정 숫자를 만들어내어 받는 이의 전화기로 신호를 보내는 방식이다. 이 시스템은 다중신호 방식layered codes(109쪽 참조)의 원리를 바탕으로 개발되었으며, 20세기 후반에 이르기까지 사용되었다.

전화 걸기

초기의 전화 모델들은 회전식 다이얼 방식을 채택하였다. 0~9의 단계적인 회전을 통해 그 숫자에 해당되는 전기적 에너지가 발생하여 받는 이의 전화기로 연결된다. 일반적으로 이러한 방식은 지역 교환소에서 사용되었다.

남북전쟁

전신과 철도 기술의 측면에서 남북전쟁을 '현대적인' 전쟁으로 분류할 수 있다. 당시 사령 본부가 들어서는 곳이면 항상 전신 시스템이 설치되었다. 일반적으로 전신 줄은 철도를 따라 놓였다.

톱니바퀴 방식

기계를 통해 바로 암호를 입력할 수 있는 기계를 만들기 위해 키보드와 전기적 장치를 연결하려는 시도가 있었다. 가장 대표적인 사례로, 19세기부터 이어져 내려온 암호화 기계Enigma machine(116쪽 참조)를 들 수 있다. 허번의 회전장치Hebern rotor engine(위)는 톱니바퀴 기술을 전기적 장치와 결합을 시도하였으며, 그 결과는 매우 성공적이었다. 미 해군은 전쟁 중에 이 장치를 사용하였다.

그들만의 뉴스

암호의 실마리

1920년대에 일간 신문에서 단어 맞추기 퍼즐의 인기는 매우 높았다. 이 퍼즐들은 크게 세 가지 형태로 구분할 수 있다. 첫째, 상식을 통해 풀 수 있는 문제. 가령, Q: 프랑스의 수도는? A: 파리. 둘째, 철자 바꾸기 및 동음이의어에 관련된 간단한 문제. 가령, Q: 세계대전에서 도살당한 개의 종류는? A: 앨세이션(원래 명칭은 저먼 세퍼드로 제1차 세계대전에서는 독일군이, 그리고 제2차 세계대전에서는 연합군이 군용견으로 사용했음—역자 주). 셋째, 「더 타임즈」나 「데일리 텔레그래프」에서처럼, 고난도 암호 문제들. 암호 형태의 퍼즐, 여러 문제들, 그리고 퍼즐의 답을 통해 비밀 메시지를 해외의 비밀 요원들에게 전달한다고 하는 소문이 널리 퍼지기도 하였다.

18세기 후반, 최초의 대중매체라고 할 수 있는 신문이 발달하면서 이를 활용한 새로운 암호 방식이 등장했다. 일반적인 기사처럼 위장된 암호문들은 신문을 타고 아주 먼 지역까지 전달될 수 있었다. 그리고 신문의 '개인 광고란'은 연인들이 비밀리에 사랑을 고백하는 수단으로 활용되었다. 또한 스파이나 해외에서 활동하는 비밀 요원들, 또는 익명의 독자에게 신문을 통해 비밀스럽게 메시지를 전달하는 방식은 점차 일반화되었다.

> "눈이 내리는 상황이 좋지 않다. 전방 베이스를 포기했다. 상황이 좋아지기를 기다리고 있다."
>
> – 제임스 모리스James Morris, 1953년 「더 타임즈」에 에베레스트 정복을 알리는 메시지

ACROSS

1 A stage company (6)
4 The direct route preferred by the Roundheads (two words–5,3)
9 One of the evergreens (6)
10 Scented (8)
12 Course with an apt finish (6)
13 Much that could be got from a timber merchant (two words–5,4)

15 We have nothing and are in debt (3)
16 Pretend (5)
17 Is this town ready for a flood? (6)
22 The little fellow has some beer: it makes me lose colour, I say (6)
24 Fashion of a famous French family (5)
27 Tree (3)

28 One might of course use this tool to core an apple (9)
31 Once used for unofficial currency (5)
32 Those well brought up help these over stiles (two words–4,4)
33 A sport in a hurry (6)
34 Is the workshop that turns out this part of a motor a hush-hush affair? (8)

35 An illumination functioning (6)

DOWN

1 Official instruction not to forget the servants (8)
2 Said to be a remedy for a burn (two words –5,3)
3 King of alias (9)
5 A disagreeable company (5)
6 Debtors may have to this money for their debts unless of course their creditors do it to the debts (5)
7 Boat that should be able to suit anyone (6)
8 Gear (6)
11 Business with the end in sight (6)
14 The right sort of woman to start a dame school (3)
18 ''The War'' (anag) (6)
19 When hammering take care to hit this (two words)–5,4)
20 Making sound as a bell (8)
21 Half a fortnight of old (8)
23 Bird, dish of coin (3)
25 This sign of the Zodiac has no connection with the Fishes (6)
26 A preservative of teeth (6)
29 Famous sculptor (5)
30 This part of the locomotive engine would sound familiar to the golfer (5)

데일리 텔레그래프

「데일리 텔레그래프The Daily Telegraph」지는 전시에 활약할 정보 요원을 선발하기 위해, 자유로운 사고 능력을 평가할 수 있는 단어 맞추기 퍼즐을 활용하였다. 1940년에 그들은 신문 지면상으로 글자 맞추기 대회를 열었고, 성적이 우수한 지원자들을 대상으로 결승전을 열었다. 그들은 이러한 방식으로 정보 요원을 선발하였고 가장 성공적인 채용 방식으로 평가받고 있다(118쪽 참조).

뉴스를 통한 메시지 전달

제1차 세계대전 당시, 영국과 프랑스는 암호화된 메시지를 전달하기 위해 신문을 적극적으로 활용하였다. 그들은 비밀 메시지나 암호 열쇠를 전달하기 위해 기사란 및 개인 광고란을 주로 활용하였다. 그중 가장 특이한 방식으로 패션에 관련된 그림을 게재한 사례를 들 수 있다. 이 그림에서 드레스의 작은 점들은 적군의 위치를 나타내고 있다. 그리고 Mary Helen Shaw라고 쓴 서명은 자신들의 위치를 의미한다.

세상의 정상에 서다

당시 공공 전신망을 통해 정보를 신문사로 즉각 전달하는 것은 매우 어려운 과제였다. 1953년 「더 타임즈」는 에베레스트 정복 기사를 가장 먼저 보도하기 위해 제임스 모리스 James Morris 기자를 원정대로 파견하였다. 그 전에 그들은 미리 암호를 만들었다. 이는 모리스가 전송하는 기사를 다른 신문사에서 가로채는 것을 막기 위한 보안 장치였다. 그 암호 체계는 두 개의 암호 열쇠, 그리고 정상에 오른 사람의 이름을 의미하는 다양한 표현들로 이루어져 있었다.

암호 메시지	의미
눈이 내린 상황이 좋지 않다	에베레스트 정복에 성공
바람이 계속 심하게 분다	정복 실패
사우스콜을 지키기 힘들다	원정대
로체 페이스가 불가능함	부르디옹
산등성이 캠프를 지키기 어렵다	에반스
서쪽 분지로 퇴각	그레고리
선두 베이스를 포기	힐러리
캠프 5를 포기	헌트
캠프 6을 포기	로
캠프 7을 포기	노이스
상황이 좋아지길 기다림	텐징
뉴스가 더 있음	워드

성공 메시지

모리스는 「더 타임즈」에 '선두 베이스를 포기Advanced base abandoned', 그리고 '상황이 좋아지길 기다림Awaiting improvement'이라는 메시지를 보냈다. 이 말은 힐러리와 셰르파인 텐징이 5월 29일 세계에서 가장 높은 봉우리에 올랐음을 알리는 소식이었다. 이 뉴스는 퀸 엘리자베스 2세의 대관식 날인 1953년 6월 2일에 보도되었다.

외로운 마음

오늘날 신문의 '개인 광고란'에는 수많은 암호화된 메시지가 올라온다. 상대방은 신문에 실린 암호를 통해 보낸 이의 메시지를 확인할 수 있다. 특히 '외로운 마음Lonely Hearts'이라는 란에는 일반적으로 잘 알려진 다음과 같은 약어들이 많이 사용되고 있다. 사람들이 외로운 마음을 많이 활용하는 이유에는 이러한 형태의 게재가 돈이 훨씬 더 적게 들기 때문이라는 점도 있다.

A	Asia
B	Black
BI	Bisexual
C	Christian
D	Divorced
DDF	Disease/drug free
F	Female
FTA	Fun/travel/adventure
G	Gay
GSOH	Good sense of humor
H	Hispanic
HWP	Height/weight proportional
ISO	In search of
J	Jewish
LD	Light drinker
LDS	Latter Day Saints
LS	Light smoker
LTR	Long-term relationship
M	Male
MM	Marriage-minded
NA	Native American
NBM	Never been married
ND	Non-drinker
NS	Non-smoker
P	Professional
S	Single
SD	Social drinker
SI	Similar interests
SOH	Sense of humor
TLC	Tender loving care
W	White
W/	With
WI	Widowed
WLTM	Would like to meet
W/O	Without
YO	Years old

원거리 의사소통

인간들은 오랜 시간 동안 목소리가 도달하지 않는 먼 거리에서도 의사소통을 하기 위해 노력해 왔다. 이러한 의사소통을 위해 인류는 청각적, 혹은 시각적으로 언어를 신호화해야만 했다.

산업혁명을 통해 수많은 기술들이 등장했다. 그중 가장 중요한 것으로 전자통신을 들 수 있다. 전자통신의 발전으로, 예전에는 상상도 할 수 없었던 넓은 범위와 빠른 속도로 메시지를 전송할 수 있게 되었다. 제2차 산업혁명이라고도 하는 전자통신의 발전으로 오늘날 세계는 아주 가까워졌다. 디지털과 전자 기술로 연결된 오늘날의 세계는 이제 새로운 신호 체계를 필요로 하고 있다.

원거리 신호

메시지를 먼 지역으로까지 보내기 위해 신호를 사용하는 기술은 초기 부족 사회로부터 나타났다. 그들은 일반적으로 위협이나 경고를 알리기 위해 신호를 사용하였다. 또한 독창적이고도 다양한 신호 형태가 등장했다. 가령 낮에는 연기를 피우고 밤에는 봉화를 올리고 북을 두드리거나 햇빛을 반사하는 방법 등을 들 수 있다.

아메리카 인디언들은 연기를 사용하여 경고 신호를 전달하였다.

연기 신호

일반적으로 연기 신호는 북아메리카 인디언들이 사용하였다고 알려져 있지만, 사실은 보다 넓은 지역에서 보편적으로 사용된 신호 방식이다. 아마 고대 중국인들도 비슷한 방식을 사용하였을 것이다. 인디언들은 메시지를 전달하기 위해 담요 같은 것을 사용하여 불의 크기를 조절하였다. 물론 연기 신호는 바람과 같은 기후 조건에 의해 큰 제한을 받는다. 그래도 기본적인 메시지는 16km 정도까지 전달할 수 있었다고 한다. 아메리카 인디언들은 매우 복잡한 신호 체계를 사용했다. 그리고 적군에게까지 메시지가 전달되지 않도록 신경을 썼으며, 미리 신호에 담긴 구체적인 의미를 정해 두었다. 보이 스카우트 신호와도 비슷하게, 한 줄기 연기는 일반적인 주의를 의미하고, 두 줄기 연기는 좋은 상황을, 세 줄기는 잘못된 일이 벌어졌다는 신호이다. 호루라기나 총성을 사용한 신호 체계도 마찬가지이다.

북 신호

큰 소리를 내기 위해 옛날에는 북을 사용하다가 점차 종소리, 다양한 트럼펫 소리로 발전하였다. 이러한 소리 신호는 기후 조건, 또는 낮과 밤에 상관없이 효과적으로 사용할 수 있었다. 다양한 문화권마다 북을 치는 행위는 의식과도 밀접한 관계가 있다. 특히 아프리카나 북아메리카 지역에서는 부족들마다 다양한 신호가 발달했다. 즉, 북을 통한 신호에는 일반적인 체계가 없다고 할 수 있다. 오래전 전투에서는 적을 위협하거나 메시지를 전달하기 위해 일반적으로 북을 사용하였다고 한다.

봉화, 교회 종소리는 모두 서로 약속한 신호를 한 지점에서 다른 지점으로 빨리 전송하기 위한 효과적인 수단이었다.

봉화 신호

등대를 이용한 방식(166쪽 참조)은 2,000년 전부터 사용되었다고 한다. 높은 탑에서 불을 피움으로써 서로 약속한 신호를 아주 빠르게 전달할 수 있었다. 예를 들어, 스페인 무적함대가 영국으로 진격해 올 때 영국군은 이러한 방법을 사용하였다. 한 교구에서 다른 교구로 메시지를 전달하기 위해 교회는 종을 사용하였다. 이러한 방식은 1,000년이 넘는 오랜 시간 동안 기독교 세계에서 지속적으로 사용되어 왔다.

햇빛 반사 신호

아주 오래전부터 사람들은 햇빛을 반사하여 메시지를 전달하기 위해 거울, 금속, 또는 돌멩이 등을 사용해 왔다. 하지만 이러한 방법 역시 기후 조건에 큰 제한을 받았으며 신호에 대한 특정한 의미를 미리 약속해 놓아야만 했다. 햇빛 반사 방식을 사용하면 특정 방향으로 아주 멀리까지 메시지를 정확하게 전달할 수 있다. 가용 범위는 80km 정도에 이른다. 19세기에 들어서자 보다 높은 수준의 햇빛 반사 기계가 개발되었다. 휴대용 삼각대 위에 거울을 두 개 세워놓고 반사를 차단하는 셔터 시스템을 설치하여 모스 부호를 바탕으로 메시지를 정확하게 보낼 수 있었다. 특히 보어 전쟁, 미국 서남부 지역의 인디언을 상대로 벌인 전쟁에 활용되었다. 20세기 후반에 이르기까지 많은 군대들이 신호 장비의 한 부분으로 이를 활용하였다.

햇빛 반사 기계는 식민지 지역에 파병된 군대에서 모스 부호를 통해 메시지를 전달하기 위해 사용되었다.

깃발 신호

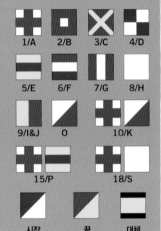

1/A	2/B	3/C	4/D
5/E	6/F	7/G	8/H
9/I&J	O	10/K	
15/P	18/S		
시작	끝	대체	

깃발을 이용하여 신호를 주고받은 것은 약 2,000년 전 중국 한나라 시대로 거슬러 올라갈 수 있다. 전쟁시 한나라에서는 각 부대를 구분하기 위해 깃발을 사용하였다. 이와 비슷한 시기에 로마 기병대 역시 백실룸vexillum이라는 깃발을 지니고 다녔다고 한다. '기학vexillology'이라는 용어도 여기서 비롯된 것이다. 중세시대에 들어서면 왕이나 영주의 세력을 상징하는 문양을 깃발에 사용하게 된다. 이러한 문양들은 아직까지도 깃발에 사용되고 있다. 또한 중세시대에는 해상에서 신호를 전달하기 위해, 그리고 배의 국적과 용도를 알리기 위해 깃발을 사용하였다. 그러나 해안에서 배로, 또는 배끼리 메시지를 주고받기 시작한 것은 나폴레옹 전쟁(1799~1815) 당시 영국군에 의해서이다. 오늘날 국제 해양 깃발 신호는 1932년 완성된 것이다.

최초 해양 신호

1800년 포팸Home Popham 해군 소장이 개발한 '해양 용어 전신 기호Telegraphic Signals of Marine Vocabulary'라는 깃발 신호 체계는 1790년 하우Lord Howe 장군이 만든 체계를 바탕으로 하였다. 포팸의 신호 체계는 기본적으로 열 개의 숫자 깃발을 활용한다. 숫자 깃발은 알파벳으로 사용할 수도 있다. 숫자 깃발을 조합하면, k와 그 이후에 나오는 알파벳을 모두 나타낼 수 있다. 또한 이 밖에 대체, 시작, 끝을 나타내는 세 개의 깃발이 더 추가된다. 위 깃발들은 수정된 해군용 신호 책자와 함께 사용되기도 하였다. 만약 적들에게 잡히거나 배가 침몰되는 위험을 맞는 경우, 적들의 손에 신호 책자가 넘어가지 않게 하기 위해 책자에 추를 달아 물에 가라앉도록 만들었다. 신호 책자에는 여러 가지 단어 및 어구를 의미하는 다양한 깃발들 조합이 기록되어 있었다.

해군 깃발 암호

해군 깃발 신호 중 가장 대표적인 것으로 넬슨Horatio Nelson 장군이 1805년 트라팔가 전투를 앞두고 그의 함대에게 메시지를 전달하기 위해 사용한 신호를 들 수 있다. 또한 6,000개가 넘는 단어 및 상용구를 깃발의 조합으로 기록한 포팜 장군의 신호책을 꼽을 수도 있다. 여러 개의 깃발을 조합할 경우, 위에서 아래로 읽게 되며 일반적으로 이러한 깃발들은 뒤쪽 돛대 위에 게양한다. 넬슨은 깃발 신호로 'confides'라는 단어를 표현하고자 하였지만 포팜의 신호 체계로는 이것이 불가능하였다. 그래서 그는 세 개의 깃발 신호를 사용하였다. 'expects'라는 단어도 마찬가지다. 넬슨의 유명한 기호의 마지막 글자만이 글자 하나하나씩 쓰여져야만 했다. 대체 깃발은 'do'를 나타내는 기호에서 2를 나타내었다. 그리고 duty에서 u는 20이 아니라 21을 의미한다. 19세기 영어에서는 v가 u 앞에 왔기 때문이다.

"영국은 모든 사람이 자신의 의무를 다하길 바란다."

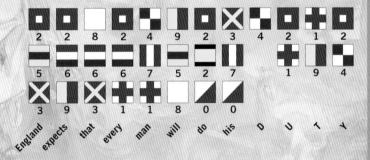

가까운 액션

넬슨 장군은 심각한 부상을 입기 바로 전, 메시지를 보냈다. "적들에게 더욱더 다가가라." 그는 표준 해군 신호에서 1과 6을 나타내는 두 가지 깃발로 이 메시지를 나타냈다.

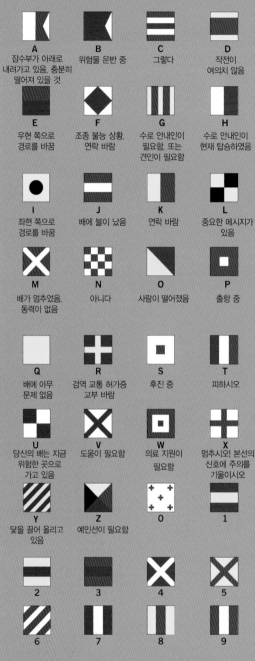

국제 해양 신호

1857년에 완성된 상업 신호서Commercial Code of Signals는 총 18개의 깃발로 이루어져 있다. 이후 이는 국제 신호서International Code of Signals로 변경된다. 해양 암호 체계와는 달리 해양 신호는 쉽게 인식할 수 있도록 만들어졌다. 그리고 별도의 책자가 없어도 충분히 이해할 수 있다. 각 깃발은 글자 또는 숫자를 의미한다. 그러나 깃발 하나를 따로 들어 올리는 경우, 특별한 의미를 나타내게 된다. 일반적으로 경고 메시지가 많이 있다. 국제 신호서는 약간의 수정만을 거쳐 오늘날까지도 사용되고 있다. 가령 국적을 표시하기 위해 세 개의 깃발을 사용한다.

수기 신호와 전신 시스템

18세기 수많은 과학자 및 기술자들은 아주 먼 거리까지 메시지를 전송하기 위한 노력을 계속하였다. 그리고 그 가능성을 보여주는 여러 가지 시도들이 발표되었다. 하지만 본격적으로 신호화된 메시지를 먼 거리까지 빠르게 전송한 최초의 성공 사례는 19세기로 넘어갈 무렵 등장한, 수기 신호semaphore라 불린 프랑스의 기계 시스템이라고 할 수 있다.

A/1	B/2	C/3
D/4	E/5	F/6
G/7	H/8	I/9
J	K/0	L
M	N	O
P	Q	R
S	T	U
V	W	X
Y	Z	취소
오류		

기계적 수기 신호

산업혁명 이후 프랑스에서는 빠르고 효율적인 통신 수단에 대한 관심이 증가하였다. 1790년 샤프Chappe 형제는 풍차와 비슷하게 생긴 타워 시스템을 만들었다. 타워의 날개 또는 셔터를 놓는 방법을 조절함으로써 다양한 메시지를 전송할 수 있다. 여러 번에 걸친 실험 끝에, 파리에서 230km 떨어진 릴Lille까지 15개의 타워들을 경유하여 32분에 걸쳐 메시지를 전송하는 데 성공했다. 하지만 타워 시스템은 결코 경제적인 방법이 아니었다. 타워를 건설하는 과정에 엄청난 돈이 필요했다. 그 이후 전기를 이용한 전신 시스템이 등장했다. 그러나 샤프 형제는 타워 시스템이 프랑스 주식 시장에서 갖고 있는 상업적인 가치에 대해 잘 알고 있었다. 그들의 시스템은 주요한 정보 수단으로서, 급속도로 퍼져나갔다. 영국은 화이트홀에 위치한 해군 본부와 국경 주위의 해군 기지들을 이 방식으로 연결하였다. 그리고 스웨덴, 프러시아, 일본도 이 시스템을 모방하여 설치하였다. 스웨덴은 1880년대까지 이를 해상 방어 시스템으로 활용하였으며 일본의 경우는 보다 긴 일본어 음절문자를 사용할 수 있도록 새롭게 변형한 형태로 활용하였다.

프랑스의 기계적 수기 신호 타워는 오늘날 거의 남아 있지 않다. 지형이 적당하고 날씨가 좋은 경우, 16km 정도까지 전송이 가능하다. 각 타워들은 알파벳들을 하나씩 전송해야만 했다.

수기 신호 사용법

깃발을 가지고 메시지를 전달하는 수기 신호는 19세기 초에 등장하였다. 수기 신호는 비교적 짧은 거리에서 메시지를 신속하게 전달하기 위한 기계적인 방식이다. 이 방식은 육지는 물론 해상에서도 사용되었다. 여기서 중요한 것은 깃발 자체가 아니라 깃발을 가지고 특정한 형태를 취하는 자세이다.

도와줘요! 또 다른 비틀즈 신화

프리먼Robert Freeman이라는 사진작가는 비틀즈의 〈HELP!〉 앨범의 표지 사진이 수기 신호를 나타내는 것이라고 생각했다. 하지만 이 사진이 특별한 의미를 나타내는 것이라는 증거를 밝혀내지는 못했다. 이 사진을 거꾸로 놓고 보더라도 별다른 의미를 발견할 수는 없다. 미국판 앨범의 디자인은 영국판보다 좀 복잡한 형태로 되어 있다.

전신 시스템

수기 신호 시스템이 등장한 지 얼마 지나지 않아 전기를 사용하는 전신 시스템이 개발되었다. 18세기에 이미 전기적인 신호를 먼 거리까지 보내는 실험이 이루어졌으나 곧바로 본격적인 전신 시스템이 개발되지는 못했다. 당시에는 전기 에너지를 유지하고 적절하게 통제할 수 있는 기술이 없었기 때문이다. 하지만 볼타 전지가 등장하면서, 과학자이자 발명가인 죔머링Samuel Thomas von Sömmering은 1811년 바바리아Bavaria에서 전기화학적인 방식의 전신 시스템을 개발하였다. 이후, 1832년 러시아 출신인 실링Baron Schilling은 독일에서 전자 마그네틱 방식의 전신 시스템을 개발하였다. 그는 이 장치를 키보드처럼 활용하여 개별 신호를 전송하였다. 수신자는 여러 개의 바늘과 깃발 포인터를 보고 그 신호를 파악할 수 있었다. 그리고 1833년 가우스Carl Friedrich Gauss와 베버Wilhelm Weber가 이 기술을 활용하여 상용화된 전신 시스템을 구축했다. 그 이후 10년 동안 바늘 방식의 전신 시스템이 유럽 지역을 통해 퍼져나갔으며, 미국의 경우 1845년 펜실베이니아 지역에서 랭커스터와 해리스버그를 잇는 철도를 따라 첫 번째 상업적 전신 시스템이 등장하였다.

"자네도 한번 글을 써보지 그래?"

– 1846년 1월 8일, 미국의 전신 시스템으로 수신된 최초의 메시지

바늘이 달린 당시의 수신기는 마치 오늘날 자동차 속 도계와 비슷하게 생겼다. 일반적으로 모스 부호의 형태로 전기적인 신호가 수신기에 전달되면 바늘이 그 신호가 의미하는 '알파벳'을 가리키게 된다. 그렇기 때문에 한 번의 신호에 하나의 알파벳밖에 전송할 수 없다.

전신 시스템과 기차

19세기에 이르러 전신 시스템은 철도 산업에 혁신을 가져다주었다. 1830년대 철도망이 복잡해지기 시작하자 기차 간의 충돌을 방지하기 위해, 그리고 열차 시각을 알려주기 위해 기차역 간에 신호를 주고받는 일이 매우 중요한 과제가 되었다. 최초의 상업적 전신 시스템은 영국의 쿡William Fothergill Cooke 경에 의해 완성되었다. 이 전신 시스템의 라인은 런던의 패팅턴 역과 웨스트 드레이튼 역 사이의 21km 거리를 철로를 따라 연결하였다.

또한 기차 운전사에게도 이러한 신호를 전달하기 위해 전기적인 전신 시스템과 기계적인 수기 신호 시스템을 동시에 활용하는 방법을 사용하였다.

기차의 수기 신호 시스템

다음의 세 가지 요소를 기반으로 하고 있다. 첫째, 열차가 교차점, 또는 특정 지점을 지나갈 때 자동적으로 신호를 보내는 전신 시스템. 둘째, 이러한 신호를 수신하는 신호탑. 마지막으로, 열차의 운전사에게 정보를 전달하는 기계적인 방식의 수기 신호.

모스 부호

19세기에 초기 산업사회와 왕정 국가들은 육지 및 해상에서 쉽고 빠르게 장거리 통신을 가능하게 하는 방법을 찾기 위해 노력하고 있었다. 당시 영국에서 인도로 편지 한 통을 보내기 위해서는 8주 이상의 시간이 필요했다. 즉, 편지를 보내고 답변을 받기까지는 최소한 넉 달의 시간을 기다려야만 했다. 이러한 상황에서 미국의 예술가이자 발명가인 모스Samuel F. B. Morse는 점과 선만으로 글자와 숫자를 표시하는 새로운 체계를 개발했다. 모스는 당시 각광받던 기술인 전신 시스템을 위해 이 체계를 개발했지만 햇빛 반사, 선박의 경적, 섬광등과 같이 다양한 전송 시스템에서도 사용되었다.

새로운 신호 체계

모스(1791~1872)는 메사추세츠의 찰스타운에서 태어났다. 그는 예일 시절부터 전기에 대해 많은 관심을 갖고 있었다. 프랑스 물리학자 앙페르André-Marie Ampère에 영향을 받은 모스는 새로운 전신 시스템을 개발하기 위해 1832년에서 1844년 사이에 레오나르드 게일Leonard Gale, 알프레드 베일Alfred Vail, 조셉 헨리Joseph Henry와 함께 작업을 하였다. 전송 장비를 개발함과 동시에, 그는 전기 신호를 이용하여 문자와 숫자를 전송하는 신호 체계를 개발하였다. 물론 모스가 완전히 새로운 전신 장비 및 기호 체계를 만든 것은 아니었으며, 이후 그는 특허권에 관한 법정 분쟁에 휘말리기도 하였다. 하지만 의회의 지원을 받아 그의 발명은 아주 빠른 속도로 세계적인 인정을 받기 시작하였다. 모스 부호는 21세기까지도 표준 신호 체계로 사용되었다. 2008년에 들어와서야 모스 부호는 공식 전송 시스템에서 제외되었다.

초기의 전신 수신기
녹이 스는 것을 방지하기 위해 주로 황동 재질로 만들어졌다.

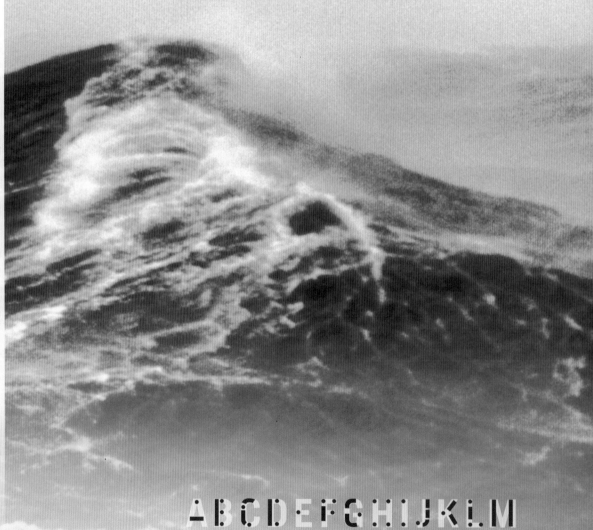

모스 부호 기억하기
이 알파벳 도표를 가지고 모스 부호를 쉽게 기억할 수 있다.

ABCDEFGHIJKLM NOPQRSTUVWXYZ

SOS

SOS 신호는 국제적으로 사용되는 조난 신호이다. 이 신호는 원래 가장 기억하기 쉬운 모스 부호로 이루어져 있었다. Save Our Souls의 약자인 SOS는 나중에 나온 것이다. 'Mayday' 역시 국제 무선 조난 신호이다. 이는 도와달라는 의미의 프랑스어 메데m'aider에서 나온 것이다.

모스 부호의 활용

모스 부호는 크림전쟁(1853~1856) 중에 처음으로 사용되었다. 「더 타임즈」 특파원인 러셀William Russell이 종군기자로서 전쟁 기사들을 정리해 두었다. 그 이후, 모스 부호는 미국의 남북전쟁(1860~1865)에서도 작전 수행에 중대한 역할을 하였다. 또한 모스 부호와 관련된 얘기가 두 가지 더 있다.

크리픈 사건

아내를 살해한 악명 높은 미국인 의사로 알려진 크리픈Crippen이라는 인물을 체포하는 과정에서 모스 부호가 결정적인 역할을 하였다. 그는 1910년 자신의 아내를 독살하고 지하실에 묻은 뒤, 정부와 함께 영국에서 퀘벡으로 가는 정기선인 몬트로스Montrose라는 배를 탔다. 당시 그의 집에서 아내의 시체를 발견한 런던 경찰국은 크리픈에 대한 지명수배를 내린 상황이었다. 그리고 지명수배 소식을 알고 있었던 그 배의 선장은 런던 경찰국에 무선으로 다음과 같은 내용의 모스 신호를 보냈다. "크리픈으로 의심되는 사람이 동반인과 함께 객실에 있음." 이에 경찰은 쾌속선을 타고 추격하였으며 몬트로스가 항구에 도착하기 전에 크리픈을 체포할 수 있었다. 그는 즉각 재판에 넘겨졌으며 교수형을 받았다.

타이타닉호의 침몰

타이타닉호가 침몰할 당시 16km 근방에 있던 배의 무선 기사가 밤에 잠들지만 않았더라도 그렇게 많은 인명피해는 발생하지 않았을 것이다. 사고 당시 최첨단 시설을 자랑하던 타이타닉호에는 최신 무선 장치가 설치되어 있었다. 또한 타이타닉호의 선장은 빙산의 위험에 대해 이미 알고 있었지만 대서양 횡단 신기록을 세우기에 급급한 나머지 경고를 무시하고 말았다. 빙산과 충돌한 뒤, 타이타닉호는 무선으로 SOS 신호를 보냈으나 가까이 있던 배의 무선 기사는 잠들어 있었고 다음날이 되어서야 구조선이 도착했다. 총 2,200명의 승객 중 구조된 승객은 700명에 불과했다.

모스 부호 사용법

모스 부호는 점과 선이라는 이진법으로 이루어져 있다. 점은 빛이나 소리 등의 신호를 짧게 보내는 것을 의미한다. 선은 점의 세 배 정도 길이에 해당한다. 각 알파벳들은 선의 길이에 해당하는 시간을 두어 구분한다. 그리고 단어나 구 사이에는 선의 두 배 길이를 두어 구분을 한다.

모스 부호와 알파벳

국제 모스 부호 시스템은 다음과 같다. 미국 시스템에는 약간의 차이가 있다. 맨 아래 도표 참조(국제 모스 부호).

A	·—	N	—·	1	·————
B	—···	O	———	2	··———
C	—·—·	P	·——·	3	···——
D	—··	Q	——·—	4	····—
E	·	R	·—·	5	·····
F	··—·	S	···	6	—····
G	——·	T	—	7	——···
H	····	U	··—	8	———··
I	··	V	···—	9	————·
J	·———	W	·——	0	—————
K	—·—	X	—··—		
L	·—··	Y	—·——		
M	——	Z	——··		

미국 시스템의 차이는 아래와 같다(미국 모스 부호).

C	·· ·	1	·——·
F	·—·	2	··—··
J	—·—·	3	···—
L	——	4	····—
O	· ·	5	———
P	·····	6	······
Q	··—·	7	——··
R	· ··	8	—····
X	·—··	9	—··—
Y	·· ··	0	⸺
Z	··· ·		

가까워진 지구

전화기(85쪽 참조)의 발명은 장거리 의사소통의 모습을 완전히 바꾸어 놓았다. 그리고 전 세계의 사람들을 하나로 연결하는 인터넷 세상으로의 토대를 마련하였다. 지난 20년 동안 정보기술과 통신, 그리고 소형화된 고성능 컴퓨터 칩 기술 분야에서 엄청난 발전이 이루어졌으며 기존의 다양한 신호 체계들은 점차 통합되어 갔다. 오늘날 같은 사무실에서 근무하는 사람의 자리로 걸어가 직접 말을 하는 것보다 메일을 보내는 것이 더욱 빠르고 쉬운 방법이 되었다. 또한 지구 반대편에 사는 사람에게도 곧바로 이메일을 전송할 수 있다.

모바일 혁명

켄터키 지방에서 멜론 농장을 운영하던 스터블필드Nathan B. Stubblefield(1860~1928)는 무선으로 목소리를 전송하는 무전 기술을 발명하였으며, 이를 통해 1908년 특허권을 인정받게 된다. 이러한 성과로 그는 휴대전화의 선구자로서 아직까지 자주 입에 오르내리고 있다. 하지만 불행하게도 그의 아이디어를 현실화하기 위해서는 70년이란 시간이 더 필요했다.

1970년대에 첫선을 보인 휴대전화는 오늘날 지구상에서 가장 일반적인 전자제품이 되었다. 현재 무려 30억 명이 넘는 사람들이 휴대전화를 사용하고 있다고 한다. '블랙베리'라고 하는 휴대전화는 기존 모바일 시장을 대폭 확장하였다. 마이크로소프트 오피스와 같은 컴퓨터용 프로그램들도 블랙베리의 키보드와 화면을 통해 충분히 사용할 수 있다. 그리고 지금까지 개발된 다양한 기술들을 집약하여 애플 사는 아이폰을 출시하였다. 아주 얇은 두께에도 불구하고 아이폰 사용자는 휴대전화, 인터넷, 이메일, 음악, 카메라, TV, 비디오 등의 다양한 기능들을 모두 즐길 수 있다. 인터넷, 비디오, TV 기능을 최대한 활용하기 위해 아이폰은 키보드 대신 터치스크린 방식을 채택하고 있다. 또한 아이튠Tune과 같은 음악 다운로드 프로그램이나 구글어스 GoogleEarh와 같은 지역 정보 프로그램 등 다양한 소프트웨어를 구동시킬 수 있는 호환성을 가지고 있다.

전화번호부

일반적으로 전화번호는 다양한 전화 서비스 기업들이 무작위로 만들기 때문에 아주 복잡한 형태를 띠게 된다. 우리는 상대방에게 전화를 걸기 위해 그 사람의 정확한 전화번호를 알아야만 한다. 옛날에는 해당 지역의 전화 교환소가 이러한 작업을 대신 맡아주었다. 전화 교환소의 서비스 덕택에 당시 사람들은 알파벳과 숫자가 혼합된 전화번호를 사용하였다. 특히 런던이나 뉴욕과 같은 대도시에서는 이러한 방식이 아주 보편적으로 사용되었다. 예를 들어, 'KEN162'라는 전화번호는 런던의 켄싱턴Kensington 지역을 의미한다. 오늘날에는 지역 번호에 국가 번호까지 추가되었다. 글렌 밀러Glenn Miller의 유명한 노래 〈PEnnsylvania 65000〉은 오늘날 펜실베이니아 호텔에서 사용되고 있는 전화번호이다. 여기서 PE는 73을 의미하고, 오늘날의 전화번호 형태와 같이 국가 및 지역번호까지 추가하면 이 번호는 001-212-736-50000이 된다.

2007년에 출시된 애플의 아이폰은 모바일 장비의 새로운 표준을 제시했다.

화면

이메일과 인터넷 서핑 기능을 제대로 즐기기 위해 터치스크린 방식을 채택하여 화면의 크기를 최대화하였다.

슬림 바디

아주 얇은 두께에도 불구하고, 아이폰은 다양한 기능을 지원하고 있다.

인터넷

인터넷의 기원은 1960년대 '미국 국방 고등연구기획청United States Defense Advanced Research Projects Agency, DARPA'의 데이터 전송 실험으로 거슬러 올라갈 수 있다. 그들의 목표는 '패킷 교환packet switching'이라고 하는 새로운 전자 전송 방식을 개발하는 것이었다. 기존의 원거리 통신은 과거의 전화 시스템 방식과 유사한 '회선 교환circuit switching' 방식을 활용하고 있었다. 정보를 작은 '패킷'들로 분해한 뒤, 이를 나중에 다시 조립하는 방식인 패킷 교환 방식을 활용하면 네트워크상에서 패킷의 루트를 지정할 수 있을 뿐만 아니라 두 개 이상의 시스템에서 이를 공유할 수 있다. 가령 두 명 이상의 사람에게 편지를 부치기 위해 하나의 우편함을 사용하는 것이다. 이러한 형태의 최초의 네트워크 방식은 아르파네트ARPANET라고 알려져 있다.

오늘날 우리가 일반적으로 사용하는 인터넷은 1990년대부터 보급되었다. 그 이전에는 비용 문제로 인해 주로 대학이나 관공서에만 사용되고 있었다. 1990년대 초 이메일 서비스와 웹브라우저가 등장하면서 인터넷은 본격적으로 확대되기 시작했다. 일대

혁명이 일어난 것이다. 오늘날 인터넷이라는 용어는 일반 명사가 되었다. 하지만 인터넷이 대중적으로 보급되기 위해서는 우선 정보를 주고받는 '프로토콜'이라고 하는 공통적인 '언어'를 개발해야만 했다. 그리고 나누어진 데이터를 패킷으로 만드는 인터넷 프로토콜과 더불어, 인터넷으로 연결된 모든 장치에 고유한 '주소'(오른쪽)를 할당하는 기능도 구축해야만 했다. 인터넷이 급속하게 보급되면서, 그리고 데이터 전송량, 또는 초당 전송 가능한 패킷의 수가 점점 증가하면서 네트워크를 통해 구동할 수 있는 소프트웨어의 수도 크게 늘어났다.

인터넷은 본질적으로 자유로운 공공의 네트워크 공간이다. 하지만 이를 관리하는 기관이 존재하고 있다. '국제인터넷주소관리기구Internet Corporation for Assigned Names and Numbers, ICANN'는 인터넷 주소를 쉽게 기억하도록 하는 도메인을 관리하고 있다. 그리고 'W3CWorld Wide Web Consortium'는 웹에 대한 표준 및 기술 개발 등을 총괄하고 있다.

URL 그리고 인터넷 전화번호부

인터넷 공간에 저장된 수많은 디지털 자원들은 URLUniform Resource Locator을 기준으로 네트워크상에 자리 잡고 있다. 그렇다면 URL이란 무엇을 말하는 것인가? 간단하게 표현하자면 URL은 인터넷 공간에서 특정 자원이 위치한 주소를 의미한다. 즉, 웹사이트 주소, 컴퓨터에 저장된 이미지, 웹서버 등을 의미한다. 그중에서 우리가 흔히 URL이라고 하면 다음과 같은 웹사이트 주소를 떠올리게 된다.

http://www.google.com

구글의 웹사이트 URL이다. 앞부분 http는 하이퍼텍스트Hypertext 프로토콜 방식으로 전송한다는 의미이다. 다시 말해, HTML 웹사이트(272쪽 참조)임을 나타낸다.

file://c:/notes.txt

앞부분의 file은 특정 파일인 'notes.txt'가 로컬 컴퓨터에 저장되어 있음을 의미한다.

ftp://name:password@www.download.com

이 URL은 다소 복잡한 형태로 이루어져 있다. 이 URL은 FTPFile Transfer Protocol 방식을 통해 'www.download.com'이라는 웹사이트에 접속한다는 것을 의미한다. FTP는 인터넷을 통해 파일을 전송하는 가장 보편적인 방식이다. 또한 URL은 구체적인 사용자 이름과 암호를 나타내고 있다.

일반적으로 URL은 www.something.com처럼 웹사이트 주소를 포함하고 있다. 그렇다면 URL만으로 어떻게 정확한 웹사이트를 찾아가는 것일까? 그것은 우리가 www.google.com과 같은 인터넷 사이트의 주소를 주소창에 입력하는 순간, 웹브라우저는 이것을 DNS(Domain Name System, 도메인 이름 서비스) 서버로 전송을 한다. 여기서 DNS는 인터넷상에서 전화번호부와 같은 역할을 한다. DNS를 통해 웹사이트 주소는 숫자로 전환된다. 이 숫자들은 일반적으로 206.34.2.100과 같이 1~3자리로 된 네 개의 수로 구성되며, 각 숫자들은 점을 찍어 구분한다. 이러한 체계를 사용하면 4,294,967,296개의 서로 다른 주소를 만들 수 있다. 예를 들어, www.google.com을 주소창에 입력하면 DNS 서버는 이를 '74.125.45.99'로 전환한다. 즉, 이 숫자는 바로 구글 웹사이트의 '전화번호'인 것이다. 구글의 주소 대신, 주소창에 http://74.125.45.99라고 입력해도 구글 사이트에 접속할 수 있다.

전쟁 코드

보안, 정보 수집, 안전한 통신망 구축에 대한 중요성은 특히 전시에 더욱 높아진다. 첩보 활동은 심지어 헤로도토스나 투키디데스와 같은 고대 작가들의 작품 및 구약성경에서도 찾아볼 수 있다.

현대사회로 들어서면서 보안과 정보의 중요성은 더욱더 높아졌다. 제2차 세계대전 중 무선 암호 통신이 아주 중요한 역할을 한 것을 보아도 이를 확인할 수 있다. 오늘날 각국의 정부들이 앞다투어 군비를 증강하면서, 최근 암호와 해독 기술에 대한 엄청난 투자가 이루어지고 있다. 하지만 이와 관련하여 여전히 남아 있는 문제점은 그 기술을 어떻게 적군이 모르게 사용할 수 있는가 하는 것이다.

고대의 전쟁 코드

인류는 전쟁과 외교를 통해 다양한 암호와 기호들을 개발하고 사용하였다. 비밀을 지키기 위해 개발했던 수많은 독창적인 암호들 중 일부는 아직까지 해독이 되지 않고 있다. 암호의 역사는 그리스 시대에서부터 시작되었다. 그리스의 문학과 수학의 성과를 볼 때, 암호의 개발을 그리 놀라운 일이 아니었다고 할 수 있다. 암호에 대한 그리스인들의 업적은 아랍 세계를 통해 중세시대의 많은 학자들에게 영향을 주었다. 그리고 카이사르가 개발한 암호의 원리는 그 이후 2,000년의 시간 동안 암호 발전의 기본적인 토대를 마련하였다.

스파르타 전사들

고대 그리스 시대 스파르타인들은 그 용맹함으로 이름을 떨쳤다. 그들은 어린 시절부터 전쟁터에 나갈 때까지 극단적인 고통을 견뎌낼 수 있도록 훈련을 받았다. 그리고 어떤 여건에서도 살아남을 수 있는 생존 기술을 배웠다. 스파르타인들의 갑옷과 무기는 당시 청동기시대의 기술보다 상당히 많이 앞섰다고 한다. 이러한 측면에서 스파르타인들이 세계 최초로 스키테일을 사용하여 암호를 개발한 것은 어쩌면 당연한 일이라고 할 수 있겠다.

스파르타의 스키테일

지금까지 알려진 가장 오래된 암호는 BC 7세기경에 스파르타인들이 사용한 것이다. 그들의 암호는 단순한 형태의 일종의 전치 암호 transposition cipher 방식을 활용한 것이다. 또한 그들은 스키테일이라는 각진 나무 막대기를 양피지나 가죽 끈으로 감은 뒤, 그 위에 메시지를 기록하였다. 이 줄을 다시 풀면 암호화된 문장만이 남게 된다. 가죽 끈에 기록한 경우, 이를 전하는 메신저는 허리띠처럼 이것을 착용하여 몰래 전달하였다. 받는 이는 이것을 다시 크기와 모양이 동일한 스키테일에 감아 원문을 확인할 수 있었다.

암호를 만드는 방법

아래 그림과 같이 보내는 이는 스키테일 위에 끈을 감고 각 줄마다 다섯 글자를 기록하였다. 'Under siege send forces'를 기록하는 경우, 이와 같이 쓸 수 있다.

스키테일 위에 적힌 원문

암호를 해독하는 방법

받은 끈을 동일한 모양과 크기의 스키테일에 다시 감기만 하면 원문을 바로 확인할 수 있다.

카이사르

로마의 유명한 장군이자 정치가였던 카이사르Caius Julius Caesar(BC 100~44)는 수많은 글들을 남겼다. 그는 라틴어와 그리스어로 된 역사에 관한 기록은 물론 많은 서신들을 주고받았다. 또한 그는 암호 기록을 즐겨 사용하였으며, 1세기경 로마의 문법학자 프로부스Marcus Valerius Probus는 카이사르의 암호 기술에 대해 많은 저술을 하였다. 그러나 불행하게도 남아 있는 것은 하나도 없다. 카이사르는 또한 치밀한 모사꾼이기도 하였다. 그는 갈리아 정복 시절 엄청난 규모의 정보망을 조직하기도 하였다. 그가 지은 『갈리아 전기』에는 그의 동료 키케로가 적들의 포위망에 갇혔을 때, 군사 지원을 하겠다는 메시지를 보내는 과정에 대해 자세하게 설명하고 있다. 그리고 "이 편지가 적들의 손에 들어갈 경우, 우리의 계획은 들통날 것이다"라는 말도 그리스어로 기록해 놓았다. 카이사르는 그 메시지를 붙인 창을 키케로의 진지에 던짐으로써 비밀리에 전달하였다. 하지만 키케로는 이것을 이틀 동안 발견하지 못하였다고 한다.

카이사르 암호

세계 최초의 치환 암호는 카이사르가 동료들에게 보낸 개인적인 서신에서 찾아볼 수 있다. 당시 카이사르는 갈리아 지역에서 전쟁을 이끌고 있었으며 전쟁이 끝난 뒤, 로마로 돌아올 때를 대비하여 정치적인 계획을 그의 동료들에게 비밀리에 알리고자 했던 것이다. 그 후 150년이 지나 수에토니우스는 그의 저서 『12인의 로마 황제』에서 카이사르 암호에 대해 기록하였다. 카이사르 암호의 알고리즘은 알파벳의 순서를 단순히 '이동'하는 방식을 쓰고 있다. 예를 들어, 알파벳 순서를 네 칸 이동하여 암호문을 만들었다면, A는 E로 표기되고, M은 Q가 된다. 그렇기 때문에 카이사르 암호는 이동 위치에 따라 총 25가지가 된다. 하지만 이러한 방식은 결코 안전하지 않다. 이동식 치환 방식을 아는 사람은 카이사르 암호 방식을 금방 눈치 챌 수 있으며, 25가지 방식으로 암호문을 이동해 봄으로써 금방 원문을 밝혀낼 수 있다.

REINFORCEMENTS ON THE WAY

원래 문장

VIMRJSVGIQIRXW SR XLI AEC

네 칸을 이동한 암호 문장

치환 암호 방식은 여기에 여러 가지 다른 기술을 동시에 사용함으로써 더욱더 안전한 암호를 만들 수 있다. 가령 빈칸을 없애버리거나 특정 알파벳을 다른 기호나 숫자로 치환하는 방법 등을 들 수 있다. 이러한 혼합 방식은 여러 지역에서 나타나고 있다(66쪽 참조).

카이사르 암호 네 글자 이동

원래 알파벳	암호 알파벳
A	E
B	F
C	G
D	H
E	I
F	J
G	K
H	L
I	M
J	N
K	O
L	P
M	Q
N	R
O	S
P	T
Q	U
R	V
S	W
T	X
U	Y
V	Z
W	A
X	B
Y	C
Z	D

해독이 불가능한 암호

수많은 다중 단일문자 치환 암호들, 특히 이탈리아 르네상스 시대의 천재인 알베르티Alberti(72쪽 참조)의 암호 체계에도 불구하고 카이사르 암호를 기반으로 알파벳 행렬tabular recta을 활용하여 수학적인 암호 체계를 정립한 것은 1553년 이탈리아인 벨라소Giovan Battista Bellaso에 의해서였다. 하지만 그의 업적은 프랑스인 비제네르에 의해 널리 알려지게 되었다. 이 암호 체계의 발명은 암호학의 전환점을 마련하였을 뿐만 아니라 매우 복잡하기는 하지만 아주 안전한 암호 체계를 제시하였다. 특히 전쟁 시기를 중심으로 19세기 말까지 사용되었다. 이 암호 체계는 '해독이 불가능한le chiffre indéchiffrable' 암호라고 불렸다.

비제네르

프랑스 외교관 비제네르Blaise de Vigenere(1523~1596)는 로마에서 근무할 당시, 암호에 대한 관심을 가지게 되었다. 당시 이탈리아는 유럽에서 암호 기술의 중심지였다. 외교관 자리에서 퇴임한 이후, 비제네르는 다양한 주제들을 바탕으로 활발하게 책을 썼으며 『Traicté des Chiffres ou Secrètes Manières d'Escrire』(1586)도 집필하였다. 그는 이 책에서 다양한 기호 및 암호 체계를 제시하고 있으며, 벨라소의 알파벳 행렬에 대해서도 다루었다. 이로 인해 벨라소의 행렬은 비제네르가 개발한 것이라고 잘못 알려지게 되었다. 그 이후에도 그는 벨라소의 아이디어를 바탕으로 많은 연구를 하였으며, 행렬의 규모를 26×26까지 확장하였다. 그리고 자동 열쇠 암호 시스템(105쪽 참조)까지 개발하였다. 그럼에도 불구하고 18세기에 이르기까지 비제네르 암호는 많이 활용되지 않았다.

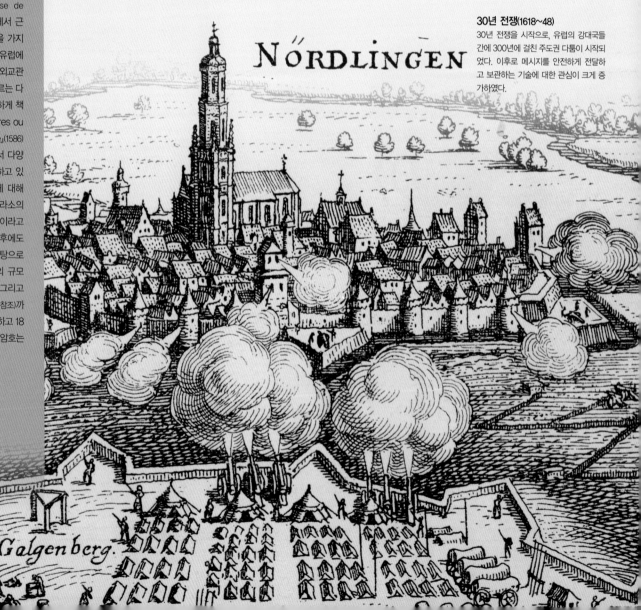

30년 전쟁(1618~48)
30년 전쟁을 시작으로, 유럽의 강대국들 간에 300년에 걸친 주도권 다툼이 시작되었다. 이후로 메시지를 안전하게 전달하고 보관하는 기술에 대한 관심이 크게 증가하였다.

NÖRDLINGEN

Galgenberg.

비제네르 암호

비제네르 암호의 기본 원리는 매우 간단하다. 하지만 사용하기는 매우 복잡하다.

1 26×26 알파벳 행렬을 그리고, 그 위에 알파벳을 순서대로 쓴다. 그리고 처음 행부터 카이사르 암호와 같이 한 자리씩 이동한 알파벳을 적어나간다.

2 알파벳을 한 번만 이동하는 카이사르 암호와는 달리, 이 행렬은 26개의 암호 열쇠를 만들어낼 수 있다. 즉, 행이 바뀔 때마다 알파벳이 한 칸씩 이동하는 다중 단일문자 치환 시스템이라고 할 수 있다. 가령 암호 열쇠가 5번 행을 가리킨다면 'a'는 F가 되고, 22행을 선택하였다면 a는 W가 된다.

3 다음으로 암호의 열쇠를 만든다. 열쇠의 각 알파벳은 적용해야 할 행을 가리킨다. 열쇠는 하나의 단어, 혹은 구나 문장의 형태로 만들 수 있으며 숫자를 사용할 수도 있다.

4 예를 들어, 'wait for men'이라는 원문을 'ENEMY'와 같이 짧은 열쇠를 가지고 암호화해 보자. 우선 아래 그림과 같이 원문 밑에 열쇠를 반복적으로 적는다. 여기서 열쇠의 글자는 알파벳 순서로 행을 가리킨다. 즉, E는 다섯 번째 알파벳이기 때문에 5행을 가리킨다.

비제네르 행렬

한 자리 이동한 카이사르 암호부터 행을 따라 차례대로 적어 내려간다.

열쇠 문자가 E일 경우, f는 K가 된다.

열쇠 문자가 M일 경우, f는 S가 된다.

열쇠 문자가 N일 경우, f는 T가 된다.

열쇠 문자가 Y일 경우, f는 E가 된다.

	a	b	c	d	e	f	g	h	i	j	k	l	m	n	o	p	q	r	s	t	u	v	w	x	y	z
1	B	C	D	E	F	G	H	I	J	K	L	M	N	O	P	Q	R	S	T	U	V	W	X	Y	Z	A
2	C	D	E	F	G	H	I	J	K	L	M	N	O	P	Q	R	S	T	U	V	W	X	Y	Z	A	B
3	D	E	F	G	H	I	J	K	L	M	N	O	P	Q	R	S	T	U	V	W	X	Y	Z	A	B	C
4	E	F	G	H	I	J	K	L	M	N	O	P	Q	R	S	T	U	V	W	X	Y	Z	A	B	C	D
5	F	G	H	I	J	K	L	M	N	O	P	Q	R	S	T	U	V	W	X	Y	Z	A	B	C	D	E
6	G	H	I	J	K	L	M	N	O	P	Q	R	S	T	U	V	W	X	Y	Z	A	B	C	D	E	F
7	H	I	J	K	L	M	N	O	P	Q	R	S	T	U	V	W	X	Y	Z	A	B	C	D	E	F	G
8	I	J	K	L	M	N	O	P	Q	R	S	T	U	V	W	X	Y	Z	A	B	C	D	E	F	G	H
9	J	K	L	M	N	O	P	Q	R	S	T	U	V	W	X	Y	Z	A	B	C	D	E	F	G	H	I
10	K	L	M	N	O	P	Q	R	S	T	U	V	W	X	Y	Z	A	B	C	D	E	F	G	H	I	J
11	L	M	N	O	P	Q	R	S	T	U	V	W	X	Y	Z	A	B	C	D	E	F	G	H	I	J	K
12	M	N	O	P	Q	R	S	T	U	V	W	X	Y	Z	A	B	C	D	E	F	G	H	I	J	K	L
13	N	O	P	Q	R	S	T	U	V	W	X	Y	Z	A	B	C	D	E	F	G	H	I	J	K	L	M
14	O	P	Q	R	S	T	U	V	W	X	Y	Z	A	B	C	D	E	F	G	H	I	J	K	L	M	N
15	P	Q	R	S	T	U	V	W	X	Y	Z	A	B	C	D	E	F	G	H	I	J	K	L	M	N	O
16	Q	R	S	T	U	V	W	X	Y	Z	A	B	C	D	E	F	G	H	I	J	K	L	M	N	O	P
17	R	S	T	U	V	W	X	Y	Z	A	B	C	D	E	F	G	H	I	J	K	L	M	N	O	P	Q
18	S	T	U	V	W	X	Y	Z	A	B	C	D	E	F	G	H	I	J	K	L	M	N	O	P	Q	R
19	T	U	V	W	X	Y	Z	A	B	C	D	E	F	G	H	I	J	K	L	M	N	O	P	Q	R	S
20	U	V	W	X	Y	Z	A	B	C	D	E	F	G	H	I	J	K	L	M	N	O	P	Q	R	S	T
21	V	W	X	Y	Z	A	B	C	D	E	F	G	H	I	J	K	L	M	N	O	P	Q	R	S	T	U
22	W	X	Y	Z	A	B	C	D	E	F	G	H	I	J	K	L	M	N	O	P	Q	R	S	T	U	V
23	X	Y	Z	A	B	C	D	E	F	G	H	I	J	K	L	M	N	O	P	Q	R	S	T	U	V	W
24	Y	Z	A	B	C	D	E	F	G	H	I	J	K	L	M	N	O	P	Q	R	S	T	U	V	W	X
25	Z	A	B	C	D	E	F	G	H	I	J	K	L	M	N	O	P	Q	R	S	T	U	V	W	X	Y
26	A	B	C	D	E	F	G	H	I	J	K	L	M	N	O	P	Q	R	S	T	U	V	W	X	Y	Z

5 이제 행과 열에 따라 열쇠 밑에 암호문을 하나씩 적어나가면 된다. 완성된 모양은 다음과 같다.

원문	w a i t f o r m e n
열쇠	E N E M Y E N E M Y
완성된 암호문	B O N G E T F R R M

6 암호를 해독하려면 위의 단계를 거꾸로 거슬러 올라가면 된다. 즉, 5행에서 암호 글자 B를 찾으면 원문 w를 발견할 수 있다.

비제네르 암호의 응용

비제네르 암호를 더욱 복잡하게 만드는 두 가지 방법이 있다. 첫째, 행렬을 더욱 복잡하게 만드는 것이다. 둘째, 열쇠를 더욱 복잡하게 만드는 것이다. 가령 숫자와 문자를 조합하여 열쇠를 만들 수 있다. 자동 열쇠를 사용할 수도 있다. 가령 원문의 맨 앞부분을 지정하여 열쇠로 활용할 수 있다. 즉, 원문 자체가 열쇠가 되는 것이다. 이런 방법으로 열쇠를 반복적으로 사용해야만 하는 위험을 줄일 수 있다. 또한 원문만큼 긴 열쇠를 쓰는 것도 가능하다. 가령 책 암호(79쪽 참조)를 들 수 있다.

컴퓨팅 파워

1863년 카지스키(Friedrich Kasiski)가 최초로 비제네르 암호를 해독하는 공식을 개발했다는 주장도 있지만, 사실 컴퓨터의 아버지라고 불리는 배비지 Charles Babbage(109쪽 참조)가 이보다 10년 먼저 성공했다고 보는 것이 맞을 것이다. 이것은 비제네르가 암호 체계를 개발한 지 300년 정도가 지나서야 비로소 그 비밀이 풀렸다는 뜻이다. 배비지는 여러 암호 체계의 기반이 된 수학에 매료되었고, 새로운 암호 체계를 개발했다고 주장한 한 영국 치과의사로부터 자극을 받아 비제네르 암호문에서 발견되는 순환에 대해 연구하기 시작했다.

언제나 그런 것처럼, 배비지 역시 열쇠에서 단서를 포착했다. 배비지는 기본적으로 암호문에서 순환 구간을 분석함으로써 열쇠의 길이를 알 수 있었다. 물론 이러한 분석은 암호문이 30글자나 그 이상 길어야만 가능하다. 그는 우선 여러 가지 형태의 순환 사례를 분석함으로써 열쇠 단어의 길이를 알아내는 데 성공하였다. 가령 the와 같이 자주 쓰이는 단어가 동일한 열쇠를 통해 암호화된 부분을 집중적으로 분석하였다. 다음으로 그는 h, he, an, in, er, es와 같이 두 글자가 하나의 소리를 내는 이중음자(digraph)를 조사했다. 그는 이러한 분석을 통해 열쇠 문자의 패턴을 이해할 수 있었다.

배비지가 마침내 비제네르 암호의 비밀을 밝혀냈음에도 불구하고 그는 특히 긴 암호문의 경우, 충분한 분석을 하기 위해 차분기관(Difference Engine)(268쪽 참조)과 같은 기계가 필요하다고 생각했다.

위대한 암호

루이 14세(1638~1715)는 1661년 왕좌에 올라 50년 동안 프랑스를 통치하였다. 그는 자신이 유럽에서 가장 강력한 사람이라는 자부심을 가지고 있었다. 그리고 베르사유 궁전을 지어 '태양왕'으로서 자신의 권력을 과시하였다. 당시 주도권을 둘러싸고 여러 유럽 국가들이 다시 한 번 경쟁을 벌이기 시작하였다. 평화적인 외교 뒷면에는 강한 음모의 기운이 도사리고 있었다. 이러한 상황에서 루이 14세는 강력한 왕실과 군대를 만들기 위해 노력하는 것은 물론, 가장 복잡한 암호 체계 개발에도 큰 관심을 쏟았다. 프랑스를 비롯한 많은 유럽 국가들 또한 강력한 암호를 개발하기 위해 박차를 가하고 있었다.

루이 14세의 전쟁

루이 14세는 스스로를 전쟁 영웅으로 칭하기를 좋아했다. 또한 그는 유럽 정복이라는 군사적 야심을 품고 있었다고 한다. 하지만 그가 벌인 전쟁 대부분은 사실 프랑스 북동 지역의 경계를 강화하기 위한 것이었다. 그리고 최근 연구에 따르면, 국가적 화합을 위해 많은 노력을 기울였다고 한다. 그는 사회적, 군사적 보안을 강화하기 위해 강력한 중앙집권적 국가 조직을 만들었다. 여기서 '위대한 암호the Great Cipher'는 큰 역할을 하였다. 그리고 루이 14세는 자신의 정치적인 신념들을 베르사유 궁전과 정원(오른쪽과 아래 사진)의 화려한 장식과 거울로 표현하였다.

로시뇰 가문

루이 14세 시대에 로시뇰Antoine Rossignol(1600~1682)이라는 인물이 최고의 암호 연구가로서 활약하였다. 그리고 그의 아들 보나벤투라와 손자 앙투안 보나벤투라까지 그의 놀라운 성과를 발전시켰다. 로시뇰은 이미 태양왕의 아버지, 루이 13세에 의해 1626년 발탁되었다. 당시 로시뇰은 프랑스 군대가 공격하고 있던 레알몽의 도시가 함락 직전에 있다는 암호문을 해독하였으며, 이로 인해 프랑스는 무혈 승리를 거둘 수 있었다. 이 사건을 계기로 루이 13세와 리셜리Cardinal Richelieu 고문은 암호 해독의 중요성을 깨닫게 되었고, 로시뇰이 암호 연구를 계속할 수 있도록 적극적으로 지원을 하였다. 로시뇰의 연구는 아주 성공적이었고, 그 암호로 기록된 건축에 관련된 문서들 및 수많은 서신들의 비밀은 19세기까지 풀리지 않았다. 로시뇰 가문은 암호에 대한 연구와 그 업적으로 아주 높은 대우를 받았다. 그리고 그들의 이름은 프랑스어로 '자물쇠 열기lock-pick'를 뜻하는 속어가 되었다고 한다.

위대한 암호의 원리

1890년대에 역사학자 빅토르 장드롱Victor Gendron이 발견한 루이 14세의 문서에 담긴 암호를 최초로 푼 사람은 에니엔느 바제리Étienne Bazeries(1846~1931)였다.

퍼즐 맞추기

발견된 문서는 수천 개에 달했지만 바제리는 587개의 문서만을 가지고 암호를 해독하였다. 그는 앞이 보이지 않는 암호의 동굴을 한걸음 한걸음 천천히 걸어나갔다. 우선 그는 로시뇰이 다양한 동음이의어(70쪽 참조)를 가지고 치환 암호의 방식을 활용하였을 것이라고 가정하였다. 그리고 문서들에서 여러 다른 숫자들이 실제로는 똑같은 알파벳을 의미하고 있다고 생각하였다. 하지만 이러한 가정을 바탕으로 진행한 수개월 동안의 연구에는 아무런 성과가 없었다. 그 다음으로, 그는 숫자들이 이중음자digraph 또는 글자들의 조합을 나타내는 것이라고 가정하였다. 이를 확인하기 위해 그는 빈도 분석의 방법으로 암호문에서 자주 등장하는 숫자들을 조사하였다. 그 숫자들은 22, 42, 124, 125, 341이었고, 그는 이 숫자들을 프랑스어에서 가장 많이 등장하는 이중음자인 es, en, ou, de, nt와 대조하였다. 하지만 연구는 다시 제자리에 머무르고 있었다. 마지막으로 그는 두 번째 가정을 변형하여 숫자들이 이중음자가 아니라 음절을 나타내는 것이라고 생각해 보았다. 다양한 치환 작업을 통해 그는 자주 나오는 숫자들인 124, 22, 125, 46, 345를 다시 한 번 분류해 보았다. 그리고 이를 문맥과 대조한 결과, 'les ennemis'라는 문구가 반복적으로 나오고 있다는 사실을 발견하였다.

바제리의 도표

바제리는 단어들을 음절 단위로 구분하고 이를 그가 알아낸 것과 비교하기 위해 도표를 만들었다.

les	en	ne	mi	s
124	22	125	46	345

바제리는 마지막 가정을 다른 암호문에도 적용해 보았다. 그러자 단어의 일부, 때로는 단어 전체들이 모습을 드러내기 시작했다. 이러한 과정을 통해 바제리는 다른 숫자들이 의미하는 음절들을 점차 확인해 나갈 수 있었다. 그리고 암호문 가운데 수많은 함정들이 있음을 확인하였다. 가령 앞에 있는 숫자를 지우는 역할을 하는 숫자들도 들어 있었다. 하지만 바제리는 3년 동안의 연구 끝에 이러한 함정들도 모두 밝혀내었고, 마침내 로시뇰의 암호를 완전히 해독할 수 있었다.

바제리의 기록

그의 메모장들을 보면 로시뇰의 암호화된 숫자를 어떻게 음절과 비교하였는지를 확인할 수 있다.

비밀과의 전쟁

19세기에 이르기까지 루이 14세의 위대한 암호는 비밀로 남아 있었다. 그 동안 더욱 안전한 암호를 개발하기 위한 연구는 계속되었다. 비제네르 암호는 여전히 강력한 암호 체계라고 여겨지고 있었지만, 사용하기가 힘들다는 단점이 있었다. 특히 빠른 시간 안에 암호를 만들고 또한 해독을 해야 하는 경우에는 사용이 불가능하였다. 여기서 고대 그리스 시대에 나온 폴리비우스 행렬(78쪽 참조)이 하나의 대안으로 부각되었다. 폴리비우스 암호는 이후 플레이페어 암호(109쪽 참조)의 등장에도 큰 영향을 주었다.

19세기의 혁신

기술 혁신

수기 신호, 전신 시스템, 모스 부호(94쪽, 96쪽 참조)의 등장으로 메시지 전송에 관한 실질적인 문제점들을 기술적으로 해결할 수 있게 되었다. 그리고 이러한 발전으로 인해 기존 암호 체계가 사라지기도 하고 새로운 발전의 기회가 나타나기도 했다. 특히 점과 선이라는 이진법에 기반을 둔 모스 부호의 탄생으로 암호 방식에 대한 새로운 시대가 열리게 되었다. 다른 한편으로, 다중 단일문자 암호 방식을 기반으로 한, 간단하지만 대량생산된 암호 디스크(84쪽 참조) 역시 남북전쟁 이후 계속적으로 사용되었다.

17세기에서 19세기에 이르기까지 200년 동안 아주 복잡한 암호 체계들이 사용되었다. 특히 비제네르 암호나 루이 14세의 위대한 암호에 기반을 둔 다중 단일문자 치환 암호는 받는 이가 열쇠를 가지고 해독을 하는 데에도 많은 시간이 걸렸다. 이는 곧 당시의 암호 체계가 아주 안전한 방식으로 사용되었음을 말하는 것이다. 그러나 과학적, 수학적, 기술적 발전과 더불어 산업혁명을 탄생시킨 계몽주의의 영향으로 암호 및 암호학의 지평도 크게 변화하기 시작했다. 그리고 암호의 안전성은 높이면서 해독 시간을 줄이는 새로운 방법에 대한 관심이 높아졌다.

플레이페어 암호

영국의 전신 개발자인 휘트스턴Charles Wheatstone과 정치가인 플레이페어Bron Lyon Playfair는 알파벳 쌍을 활용한 암호를 개발하였다. 이 암호 체계는 알파벳 쌍을 치환하는 방식을 기반으로 하고 있다.

1 우선 보내는 이와 받는 이는 똑같은 암호 열쇠를 갖고 있어야 한다. 가령 PLAYFAIR라는 단어를 열쇠로 정했다고 해보자. 보내는 이는 5×5 행렬을 만들고 그 위에 열쇠 단어를 순서대로 적어나간다. 열쇠 단어 중 반복되는 A와 같이 반복되는 알파벳은 제외한다. 그 다음 나머지 알파벳을 순서대로 적는다. 단, I와 J는 하나의 문자로 본다.

2 원래 문장에서 알파벳 두 개를 쌍으로 묶는다. 여기서 알파벳 쌍은 각각 다른 글자로 이루어져야 한다. 만약 똑같은 알파벳으로 이루어지는 쌍이 생긴다면 중복 글자 중간에 x를 집어넣어라. 맨 마지막 글자가 하나만 남았다면 거기에도 x를 붙여 쌍을 완성한다. 예를 들어, help I really need somebody라는 원문이 있다고 해보자. 우선, he lp ir ea lx ly ne ed so me bo dy 이러한 식으로 알파벳 쌍을 만든다. 이제 이 알파벳 쌍들을 세 가지 유형에 따라 치환하면 된다.

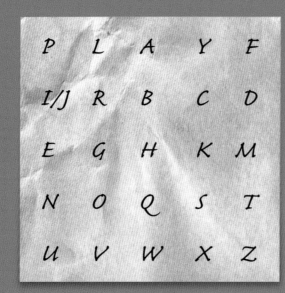

P	L	A	Y	F
I/J	R	B	C	D
E	G	H	K	M
N	O	Q	S	T
U	V	W	X	Z

3 첫째, 알파벳 쌍의 두 글자가 행렬에서 같은 행에 위치해 있는 경우, 바로 오른쪽에 있는 글자로 치환한다. 가령 ly는 AF로 치환된다. 맨 오른쪽에 위치한 경우, 맨 앞의 글자로 치환한다. 가령 me는 EG가 된다.

4 둘째, 같은 열에 위치한 경우, 바로 아래에 있는 글자로 치환한다. 즉, ne는 UN이 된다. 맨 아래에 위치한 경우, 맨 위의 글자로 치환한다.

5 셋째, 같은 행도, 같은 열도 아닌 경우. 첫 번째 글자의 행에서, 두 번째 글자의 열에 해당하는 문자를 찾아서 치환한다. 그리고 두 번째 글자의 행에서 첫 번째 글자의 열에 해당하는 글자를 찾아 치환한다. 가령 bo는 RQ가 된다.

6 이러한 단계를 밟아 원문을 암호화하면 다음과 같다.

알파벳 쌍으로 묶은 원문
he lp ir ea lx ly ne ed so me bo dy

암호문
KG AL RB HP YV AF UN MI TQ EG RQ CF

7 받는 이는 위 단계들을 거꾸로 해서 암호를 해독할 수 있다. 물론 열쇠 단어를 알고 있어야 한다. 배비지의 방식처럼 영어에서 빈도 분석은 th, he, an, in, er, re, es와 같이 자주 등장하는 알파벳 쌍들을 중심으로 암호를 분석하기 때문에 알파벳 쌍 자체를 치환해 버린 이 방식은 매우 안전하다고 할 수 있다.

배비지의 연결

컴퓨터의 아버지(268쪽 참조)라고 불리는 발명가 배비지는 비제네르 암호의 비밀(104쪽 참조)도 풀었다고 여겨지고 있다. 하지만 그는 비제네르 암호를 해독한 사실을 공개적으로 발표하지는 않았다. 아마도 모종의 압력을 받은 것으로 보인다. 야심찬 프로젝트를 위한 기금을 마련하는 일을 맡고 있던 영국의 고위 관료들이 그가 암호를 풀었을 때 아마도 그 사실을 덮어두라고 지시했던 것으로 보인다. 배비지의 방법은 엄청나게 오랜 시간 동안 비교 작업을 해야만 하고, 그가 발명한 차분기관은 아주 기초적인 형태에 불과하였다. 하지만 그의 기계적인 발명은 비제네르 암호를 풀기 위한 것으로 보인다. 19세기 후반, 크림 반도에서 티베트에 이르는 지역을 두고 러시아와 벌인 '그레이트 게임'과 더불어 비스마르크가 이끄는 프로이센의 군국주의에 대한 불안함으로 인해 당시의 영국 비밀정보국British Secret Service은 자신들의 암호 체계가 밝혀지는 것을 가장 위험한 요소로 생각했던 것이다.

오늘날 컴퓨터 프로그래밍에서 사용하는 '레이어 코드 layered codes'라는 용어는 19세기 상업용 전신 시스템(204쪽 참조)에서의 의미와는 거의 같은 개념이다. 레이어 코드란 일반적으로 여러 가지 암호 체계를 기계적으로 통합하는 것을 말한다. 이러한 경우, 해독은 더욱더 어려워진다. 국제전신위원회International Telegraph Convention는 '코드 전보code telegram'를 '의미가 없는 단어와 문장으로 이루어진 메시지'라고 분류하고 있으며, 또한 '암호 전보cipher telegrams'를 '비밀스러운 내용을 포함한 일련의 그림이나 글자의 조합, 또는 일반 사전에 나와 있지 않은 단어들을 포함한 메시지'라고 정의하고 있다.

원문	LOADING SHIP TODAY NOON
열쇠	NQCFKPI UJKR VQFCA PQQP
완성된 암호문	NQCFK PIUJK RVQFC APQQP
모스 부호	-.-. .-.. -..-. .-.-. --.- .--. .--. .-.. --.- -..-. .-.-.

예를 들어, 네 개의 레이어로 구성된 모스 부호를 살펴보자. 원문은 두 글자 이동 카이사르 암호로 변환되었다. 그 다음, 5비트 단위로 구분되었으며, 마지막으로 전신 시스템에서 사용하기 위해 모스 부호로 전환되었다.

물론, 암호 열쇠를 레이어로 추가하여 더욱더 복잡한 암호를 만들 수도 있다. 전쟁 및 비즈니스 경쟁이 가속화되면서 이처럼 더욱더 복잡한 암호 체계를 만들기 위한 투자가 이루어지고 있다. 이로 인해, 암호를 해독하는 과정에도 더 많은 시간과 비용이 낭비되고 있다.

군사 지도에 사용된 기호들

고대시대의 왕들 역시 명령 체계, 통치 방식, 군사력 강화의 중요성에 대해 잘 알고 있었다. 당시의 로마 및 중국 군인들은 제복을 입었고 사단, 보병대, 연대 등 독립적인 조직으로 구분되어 있었다. 각각의 군 조직들은 보병, 기병, 기술병 등 다양한 역할을 맡고 있었으며 각 사령관들의 지휘를 받고 있었다. 그리고 이러한 각 군 조직들은 고유한 상징을 담은 깃발을 가지고 다녔다. 중세시대의 군대 조직은 봉건적인 방식으로 이루어졌으며 제복은 자취를 감추었다. 그러나 전쟁터에서 아군을 구별하기 위한 깃발과 색깔 있는 복장들은 보편적으로 사용되었다. 16세기 강력한 국가들이 등장하면서 상비군 제도가 나타났고, 이때부터 현대적인 군사적 기호들이 사용되기 시작하였다.

군사 훈련 그림책

제이콥 드 게인Jacob de Gheyn은 『군사 훈련Exercise of Arms』(1607)이라는 책에서 무기 사용 방법을 그림으로 설명하고 있다. 이 책을 만든 목적은 군대 전체의 훈련을 통해 질서정연하고 효율적으로 사병들을 관리하기 위한 것이었다. 이 책에는 창과 화기를 다루는 방법이 단계별로 그려져 있다. 그림으로만 설명되어 있기 때문에 글을 읽지 못하거나 다른 언어를 쓰는 군인들도 쉽게 알아볼 수 있었다.

힘을 보여주기

군대의 종류와 규모, 군사 작전 및 배치, 요새 및 참호 시설, 그리고 전쟁의 규모가 점점 복잡해지고 커지기 시작하면서 군사적 기호의 중요성도 크게 증가하였다. 또한 색깔을 통해 군대를 구별하는 작업도 중요해졌다.

군대의 규모

xxxxx 이름/숫자	xxxx 이름/숫자	xxx 이름/숫자	xx 유형	x 유형	III 유형	II 유형
군대 전체 (칸 오른쪽에 사령관 이름 표기)	**육군/해군/공군** (칸 오른쪽에 사령관 이름 표기)	**군단** (로마 숫자로 표기/ 칸 오른쪽에 사령관 이름 표기)	**사단** (국적/ 칸 외부에 아랍 숫자로 표기)	**여단** (국적/ 칸 외부에 아라비아 숫자로 표기)	**연대**	**대대**

군사 조직의 유형

보병	기병	포병	장갑포대	기갑부대	공수부대	공군	해군

군사 지도

18세기에 전쟁터에서 군사력 및 배치 현황을 확인하기 위한 국제적인 시스템이 개발되었다. 전투의 범위가 더욱 넓어지고 기동력이 증가하고 군대의 규모와 배치가 확대되면서 전략 지도를 빠르고 정확하게 만드는 능력과 작전 계획을 하부로 전달하는 기능이 매우 중요해졌다. 또한 글을 못 읽는 군인과 국적이 다른 연합군에게도 정확하게 작전을 이해시키는 일이 필요해졌다. 1815년 영국, 프러시아, 네덜란드 군대가 연합하여 나폴레옹의 군대와 싸운 워털루 전쟁에서도 연합군 간의 정확한 의사소통과 분명한 조직 체계의 구축이 매우 중요한 역할을 하였다. 여기 지도를 보면 나폴레옹의 군대들은 파란색으로, 연합군 진영은 빨간색으로 표시되어 있다.

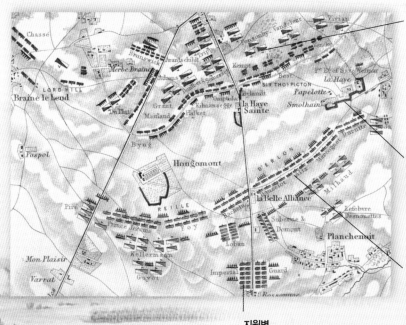

기병대
연합군 진영에서는 보병대가 가장 전방에 배치되어 있으며, 그 뒤에 기병대가 포진을 하고 있다. 그들은 보병이 작전을 개시하는 순간, 곧바로 출동할 준비를 갖추고 있다. 오늘날 기병대의 상징과는 대각선 방향이 반대로 되어 있다.

방어 진지
연합군이 위고몽, 라 예 생뜨, 파피요트 지역을 둘러싸고 있다. 이들 지역이 이 전쟁의 중심지임을 나타내고 있다.

프랑스 진영
이 지도를 보면 엄청난 규모의 프랑스 보병대가 진격 준비를 하고 있는 모습을 확인할 수 있다. 그 뒤에는 기병 연대가 지원을 위해 대기하고 있다.

지원병
이들은 프랑스 왕실 근위대 보병들이다. 기병대의 이동 방향의 측면에 위치하고 있다. 이 보병대는 이 날의 전쟁에 가장 늦게 합류하였다.

군사 조직의 실례

몽고메리 사령관의 제 8부대

xxx | AFRIKA | ROMMEL

롬멜 사령관의 아프리카 장갑포대

프랑스 포병연대

xx | 3 mar

제3 해군사단

이동 및 위치와 관련된 기호

이동/전진	공격을 받고 있는 진지
사전 이동/전진	부대 간의 경계. 부대의 규모를 나타내는 기호와 함께 사용됨
철수/퇴각	성채, 요새
군대진지	요새 지역
사전 군대진지	연료 공급선
보루, 참호	지뢰 지역
점령하지 않은 보루	착륙 지역
철저하게 방어하고 있는 진지	해군 캠프
점령하지 못한 방어진지	

전쟁 기호

19세기 중반 이후, 철도와 전신 시스템과 같은 새로운 기술의 발달로, 전쟁에서 기동력이 더욱 중요해졌다. 그리고 단거리 및 장거리 통신을 위한 폭넓은 제반 조건들이 갖추어지게 되었다. 특히 긴급상황에서 메시지를 빠르고 안전하게 전송하는 새로운 시스템에 대한 필요성이 증가하였다. 제1차 세계대전 동안, 전화 통신, 공군력, 무선 라디오 통신 기술들이 새롭게 등장하였으며 정보를 빠르고 효율적으로 주고받는 기술이 전술적으로, 그리고 전략적으로 크게 중요해졌다.

독일 침공

1914년 독일군은 북해 연안의 낮은 지대를 거쳐 프랑스 북부 지역을 통해 파리로 진격하였다. 퇴각하던 프랑스군은 그들이 사용하던 전신 시스템, 철도, 전화 케이블 등의 통신 시설을 모두 파괴한 뒤 물러났다. 이로 인해 독일군은 서부 전선을 따라 참호를 건설하는 동안 수기 신호나 햇빛 반사기(아래 그림과 사진)와 같은 기본적인 전송 방식에 의지할 수밖에 없었다. 그 결과, 독일군의 메시지들은 대부분 프랑스와 그 연합군에 의해 노출되었다.

북과 나팔

북과 나팔은 아주 예전부터 전쟁터에서 흔히 사용되었다. 적을 위협하는 목적도 있었지만, 주로 통신을 위해 사용하였다. 여러 대의 북을 동시에 울리는 것은 부대의 진군이나 전체 이동을 의미한다. 나팔 혹은 트럼펫은 전쟁터에 산재한 여러 부대들에게 특정 메시지를 전달하기 위해 사용되었다.

"국가를 위해 긴장을 늦추지 말라."

– 미군 통신부대의 표어

수기 신호Wig Wag Code

최초의 전문적인 통신부대는 1860년 미군에서 등장했다. 미군 장교 앨버트 마이어Albert J. Myer는 남북전쟁이 발발한 직후, 곧바로 통신부대를 조직하였다. 남부 연합은 통신부대 체계를 갖추게 되었다. 물론 당시에도 전신 시스템을 사용하고 있었으나 전시에 활용하기에는 매우 힘들었다. 마이어는 수기 신호 체계를 횃불이나 불빛 신호에도 확장하여 적용하였다. 이러한 방식은 모스 부호(96쪽 참조)를 그대로 활용하였다.

사실 남북전쟁 당시 수기 신호와 모스 부호는 남부 및 북부 진영 모두 사용하였다. 또한 오늘날까지도 계속 사용되고 있다. 당시 깃발의 크기는 상당히 컸다. 정방형의 모양으로, 그 길이가 0.6~1.8m 정도였다. 1.2m 길이의 정방형 깃발에 3.6m 높이의 깃대가 가장 대표적인 형태였다. 그리고 일반적으로 기의 모양은 흰색 바탕에 검은 정사각형이 들어 있었다. 단, 해상에서는 흰색 바탕에 빨간 정사각형이 사용되었다.

통신부대의 표준 수기 신호

 1   2   3   4   5

깃발을 머리 위로 올려 왼쪽에서 오른쪽으로 계속 흔드는 것은 전송이 시작될 것임을 미리 알려주는 것이다. 위의 번호를 전송할 때, 보내는 이는 반드시 깃발을 수직 상태에서 시작하여 수직 상태로 끝마쳐야 한다.

알파벳				번호		특별한 의미를 나타내는 숫자
A	11	O	14	1	14223	**5** 단어의 끝
B	1423	P	2343	2	23114	**55** 문장의 끝
C	234	Q	2342	3	11431	**555** 메시지의 끝
D	111	R	142	4	11143	**11, 11, 11, 5** 이해하였음
E	23	S	143	5	11114	**11, 11, 11, 555** 전송 중지
F	1114	T	1	6	23111	**234, 234, 234, 5** 반복
G	1142	U	223	7	22311	**143434,5** 오류
H	231	V	2311	8	22223	
I	2	W	2234	9	22342	
J	2231	X	1431	0	11111	
K	1434	Y	222			
L	114	Z	1111			
M	2314					
N	22					

제1차 세계대전이 끝나고 나서 영국군은 통신부대의 중요성에 대해 깨닫게 되었다. 그리하여 마침내 독립적인 조직으로서 영국통신부대Royal Corps of Signals가 창설되었다. 그 당시까지 영국군의 각 연대들은 나팔수, 악단은 물론, 통신병까지도 각자 관리를 하고 있었다. 하지만 제1차 세계대전을 겪으면서 영국군들은 모스 부호, 수기 신호, 햇빛 반사기, 무선 통신, 무선 전신, 전화 등 모든 수단을 통해 메시지를 주고받아야 하며 만약 이러한 시스템이 모두 불가능한 경우, 진지 사이를 직접 발로 뛰어다녀야만 한다는 사실을 깨닫게 되었던 것이다.

'로저, 오버, 아웃'

배와 비행기에서 장거리 통신을 하는 경우, 기후 상황에 따라 장애를 받는 경우가 빈번했다. 이로 인해, 메시지 전송을 한번 더 확인하는 절차가 필요하게 되었다. 이러한 절차를 통해 구체적인 지시나 세부사항이 제대로 전달되었는지 점검할 수 있었다. 오늘날 널리 사용되고 있는 확인 수단은 영국에서 개발되었다. 민간 항공의 경우, 아직까지 세계 표준으로 사용되고 있다. 주로 금방 기억할 수 있는 두 음절 정도의 단어들이 활용되었다.

A	Alpha	J	Juliet	S	Sierra
B	Bravo	K	Kilo	T	Tango
C	Charlie	L	Lima	U	Uniform
D	Delta	M	Mike	V	Victory
E	Echo	N	November	W	Whisky
F	Foxtrot	O	Oscar	X	X-ray
G	Golf	P	Papa	Y	Yankee
H	Hotel	Q	Quebec	Z	Zebra
I	India	R	Romeo		

메시지의 수신 상황을 알리는 신호도 있다.

로저Roger 메시지를 받았음

카피Copy 이해하였음

윌코Wilco 그렇게 하겠음. Will comply의 약자

오버Over 내 말이 끝났음. 당신의 말을 기다리고 있음

아웃, 또는 클리어 Out or Clear 내 말이 끝났음.
답변은 필요 없음

영화를 볼 때, '로저, 오버, 아웃'이라는 신호를 사용하는 장면을 종종 보게 된다. 하지만 이러한 표현은 존재하지 않는다.

치머만의 전보

제1차 세계대전이 한창이던 1917년 초, 독일군은 영국과 프랑스의 항복을 받아내기 위해 연합군 함대에 대한 유보트U-boat 작전을 다시 감행하기로 결정했다. 하지만 한편으로 독일 측에서는 이 작전으로 인해 미국이 연합군 진영에 합세하게 될지도 모른다는 우려의 목소리가 나왔다. 이를 저지하기 위해 당시 독일 외무장관을 맡고 있던 치머만Authur Zimmermann은 워싱턴의 독일 대사관을 거쳐 멕시코 대통령 카란사Venustiano Carranza에게 암호로 된 전보를 보냈다. 치머만은 미국의 관심을 다른 곳으로 돌리기 위해 카란사에게 미국을 공격하라는 대담한 제안을 하였다. 하지만 영국은 이 전보를 중간에서 가로채고 그 암호를 해독함으로써 제1차 세계대전에 엄청난 영향을 미쳤다. 이로 인해 그 동안 중립을 고수하고 있던 미국이 독일에 대해 선전포고를 하게 되었기 때문이다.

거대한 음모

독일 외무장관 치머만의 목적은 멕시코가 19세기에 빼앗긴 미국의 남서부 지방을 되찾도록 지원함으로써 미국의 주의를 딴 곳으로 돌리기 위한 것이었다. 또한 당시 멕시코는 그 전쟁에 일본을 동참시키려는 계획도 가지고 있었다.

유보트 작전

1915년 유보트 공격으로 미국의 여객선 루시타니아 호가 침몰하자 독일은 미국과 외교적인 마찰을 빚게 되었고, 이로 인해 유보트 작전은 잠시 중단되었다.

모든 실마리의 활용

치머만의 전보는 불행을 자초했다. 그가 전보를 보내기 위해 사용한 대서양 횡단 케이블은 다름 아닌 영국이 설치한 것이기 때문이었다. 치머만의 전보는 스웨덴과 영국을 거쳐서 워싱턴으로 보내졌던 것이다. 영국에 의해 입수된 치머만의 전보는 윌리엄 레지널드 홀William Reginald Hall이 이끄는 영국의 암호 연구소 '룸Room 40'으로 넘겨졌고, 여기서 윌리엄 몽고메리William Montgomery와 니젤 드 그레이Nigel de Grey가 처음으로 해독 작업에 착수했다. 그 전보에 사용된 암호는 0075라고 하는 독일의 숫자 암호였으며, 1916년 7월 처음으로 사용되었다. 룸 40은 0075를 해독하기 위해 암호를 입수하여 약 6개월에 걸쳐 연구를 해왔다. 그러나 부분적인 단서들만 포착하였다.

바스무스

빌헬름 바스무스Wilhelm Wassmuss는 영국 소설가 존 버컨 John Buchan의 첩보 소설 『그린맨틀Greenmantle』(1916)에 등장하는 독일 첩보 요원의 모델이기도 하다.

당시 연합군의 일원인 러시아는 제1차 세계대전 초기에 독일의 경순양함 마그데부르크 호를 발트 해에 침몰시켰으며, 이때 독일군의 코드북을 입수하였다. 그리고 그 내용을 연합군들과 공유하였다. 또한 영국은 페르시아의 터키 부족들을 중심으로 반영국 움직임을 선동하려던 독일 요원 바스무스Wilhelm Wassmuss를 1915년 이란의 베바한Behbahan 지역에서 체포하였으며 그의 소지품들을 압수하였다. 이러한 일련의 노력을 통해 룸 40은 마그데부르크 군사용 코드북, 바스무스의 외교용 코드북을 확보하였다. 이 코드북들은 치머만이 전보에서 사용한 0075의 초기 형태인 13040으로 이루어져 있었다. 하지만 아직 암호 해독을 위한 결정적인 단서는 확보하지 못한 상태였다.

치머만의 전보를 해독하다

치머만의 전보에 사용된 암호는 표준적인 군사용 숫자 암호였다. 이를 해독하기 위해서는 매일 바뀌는 코드북을 가지고 있어야만 했다. 룸 40은 그 전에 입수한 두 개의 코드북과 더불어 모든 실마리들을 한꺼번에 짜맞추어야만 했다.

홀이 이끄는 룸 40은 치머만의 전보에 적힌 숫자 배열을 집중적으로 분석했다(오른쪽).

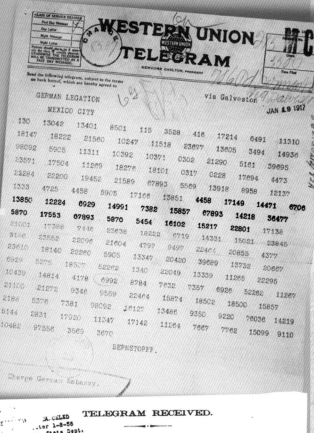

전보의 내용

룸 40은 전보 해독에 성공한 뒤, 딜레마에 빠지게 되었다. 그들은 자신들이 해독했다는 사실을 독일이 눈치채지 못한 상태에서 미국에 이를 알리고 싶었다. 룸 40을 지휘하고 있던 홀은 워싱턴에 있는 독일 대사관이 공공 전신 시스템을 통해 멕시코로 전보를 보냈을 것이라고 생각했다. 그래서 그 전보를 가로채기 위해 영국 첩보원을 멕시코 시티에 파견하였다. 다행히도 그 메시지는 새로운 암호인 0075가 아니라 13040으로 되어 있었다. 독일은 아마도 영국이 훔친 전보와 기존의 코드북을 통해 자신들의 계획을 알아냈을 것이라고 생각했을 것이다. 그제서야 영국은 비밀을 지킨 채 전보의 전문을 미국으로 보낼 수 있었다. 윌슨 대통령은 2월 25일 전보의 내용을 알게 되었다. 이 내용은 3월 1일 언론을 통해 보도되었고, 미국은 1917년 4월 6일에 드디어 선전포고를 하였다.

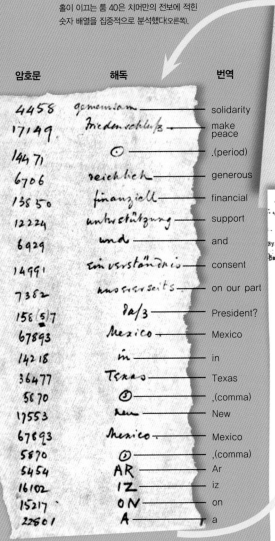

암호문	해독	번역
4458	gemeinsam	solidarity
17149	Friedenschluß	make peace
14471	⊙	.(period)
6706	reichlich	generous
13850	finanziell	financial
12224	unterstützung	support
6929	und	and
14991	einverständnis	consent
7382	unsererseits	on our part
158(5)7	8a/3	President?
67893	Mexico	Mexico
14218	in	in
36477	Texas	Texas
5870	⊙	,(comma)
17553	neu	New
67893	Mexico	Mexico
5870	⊙	,(comma)
5454	AR	Ar
16102	IZ	iz
15217	ON	on
22801	A	a

메모 기록

드 그레이와 몽고메리가 작성한 이 기록을 보면 그들이 마그데부르크와 바스무스 코드북을 부분적으로 활용하고 있다는 사실을 알 수 있다. 하지만 사실 그들의 시도는 객관적인 암호 분석이라기보다 추측과 추론에 가까웠다. 그럼에도 불구하고, 그들은 이 전보가 엄청나게 중요한 내용을 담고 있다고 확신했다.

룸 40은 일련의 숫자들을 집중적으로 분석함으로써 해독에 필요한 충분한 단서를 발견하였다. 마침내 그들은 치머만의 음모를 구체적으로 확인할 수 있었다. 독일은 이로 인해 미국의 역공을 당하게 되었다.

영국의 풍자지 「펀치Punch」

윌슨 대통령과 존 불John Bull이 악수를 나누고 있다. "브라보! 우리 편이 되어주셔서 감사합니다."

에니그마: 절대 풀 수 없는 암호

제1차 세계대전 당시 영국이 독일군의 암호를 해독했다는 사실이 1923년 밝혀지면서 독일은 암호 체계의 보안에 대해 더 많은 노력을 기울이기 시작했다. 그 결과 독일에서 30,000개가 넘는 새로운 암호 기계들이 등장하였다. 이러한 기계들은 상업용보다 훨씬 복잡한 구조로 개발되었다. 제2차 세계대전에서는 독일의 육군, 해군, 공군이 모두 서로 다른 코드북을 사용하였다. 독일군이 개발한 암호 기계인 에니그마는 신속하게 암호문을 작성하고 해독할 수 있으며, 또한 사용자의 실수를 최대한 줄여줄 수 있다는 장점을 가지고 있었다. 단지 에니그마를 통해 원문을 입력하기만 하면 자동적으로 암호문이 만들어졌다. 그리고 수신자는 그 암호문을 그대로 에니그마에 입력을 하기만 하면 원문을 바로 확인할 수 있었다. 암호 열쇠를 사용할 필요가 없으면서도 안전성은 더욱 높아졌다.

에니그마의 발명
에니그마 기계를 처음으로 발명한 사람은 독일의 전기공학자 셰르비우스 Arthur Scherbius(1878~1929)였다. 그는 상업적인 용도로 1918년 특허를 받았다. 그러나 곧 독일군이 이 기계에 큰 관심을 드러냈다. 에니그마의 발명으로 10년 동안 암호 체계는 지속적으로 발전하게 되었다.

휴대성
에니그마는 휴대가 용이하다는 장점을 가지고 있었다. 독일군 장교 구데리안Heinz Guderian의 군용 차량에서 사용되고 있는 모습

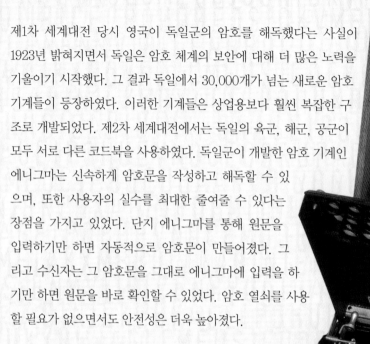

반사기
반사기는 회전하지 않게 고정되어 있다. 반사기에 입력된 신호는 자동적으로 변환 디스크를 통해 되돌아간다. 사용자는 입력을 하는 순간, 암호화된 혹은 해독된 글자를 바로 확인할 수 있다.

변환 디스크
각 변환 디스크에는 알파벳 26 글자가 모두 적혀 있다. 코드북에 따라 A부터 Z까지 모든 알파벳을 시작점으로 설정할 수 있도록 되어 있다. 각 디스크들은 서로 맞물려 회전하도록 설계되어 있다. 1938년부터는 변환 디스크가 다섯 개씩 사용되었다.

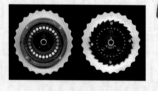

각 디스크 면 위에는 접촉점이 26개 있다. 모든 접촉점은 각 알파벳 글자들과 대응된다. 또한 반대면에 있는 26개의 접촉점과 선으로 연결되어 있다. 디스크마다 접촉점 간의 연결방식은 서로 다르게 되어 있다.

플러그 보드
기존의 에니그마에서는 플러그 보드상에서 여섯 글자만 교체할 수 있었다. 그러나 1939년 이후 열 개까지 확장되었다.

램프 보드
각 글자가 암호 및 해독되는 작업 과정을 표시해 준다.

키보드
사용자는 키보드를 통해 원문이나 암호문을 입력할 수 있다.

코드북

독일군은 매월 새로운 코드북을 제작했다. 에니그마를 사용하기 위해서는 이 코드북을 보고 매일 설정을 새로 한다. 이렇게 해야만 사용자 모두에게 보내는 첫 번째 메시지를 확인할 수 있다.

변환 디스크

사용자는 매일 아침 코드북에 따라 변환 디스크들을 조정해야 한다. 각 디스크마다 설정해야 할 알파벳을 시작 지점에 맞추어야 한다. 이러한 설정 방식을 통해 총 10,000,000,000,000,000 가지의 암호 방법을 활용할 수 있다.

디스크의 재설정

제2차 세계대전 중, 독일군은 보안 수준을 더욱 강화하기 위해 매일 아침 코드북에 따라 모든 사용자들에게 메시지를 전송하였다. 그렇기 때문에 모든 사용자들은 지속적으로 에니그마의 설정을 변환해야만 했다. 코드북에 해당하는 그날의 열쇠가 B–M–Q인 경우, 최초 메시지를 보내는 발신자는 우선 B–M–Q로 디스크들을 설정한 뒤, 자신이 정한 임의의 조합, 가령 S–T–P를 전송한다. 그러면 원래 B–M–Q로 설정해 두었던 수신자는 다시 디스크를 S–T–P로 재설정한 뒤, 암호문을 전송받는다.

에니그마의 원리

원문을 입력하기만 하면 자동적으로 암호문이 만들어졌다. 그리고 수신자는 그 암호문을 그대로 에니그마에 입력하기만 하면 원문을 바로 확인할 수 있었다.

암호

다음의 단계들은 U라는 글자가 S라는 글자로 암호화되는 과정을 자세히 설명하고 있다. 좀 더 분명하게 설명하기 위해서 네 개의 플러그만을 사용하였다.

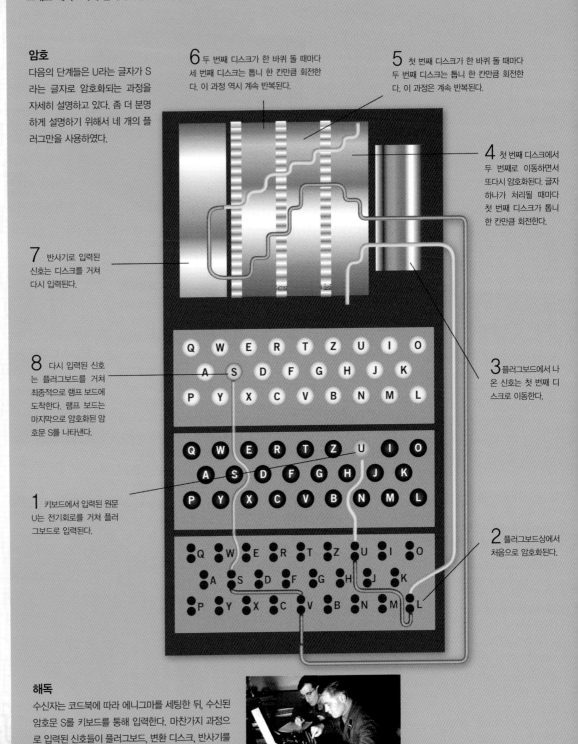

6 두 번째 디스크가 한 바퀴 돌 때마다 세 번째 디스크는 톱니 한 칸만큼 회전한다. 이 과정 역시 계속 반복된다.

5 첫 번째 디스크가 한 바퀴 돌 때마다 두 번째 디스크는 톱니 한 칸만큼 회전한다. 이 과정은 계속 반복된다.

4 첫 번째 디스크에서 두 번째로 이동하면서 또다시 암호화된다. 글자 하나가 처리될 때마다 첫 번째 디스크가 톱니 한 칸만큼 회전한다.

7 반사기로 입력된 신호는 디스크를 거쳐 다시 입력된다.

8 다시 입력된 신호는 플러그보드를 거쳐 최종적으로 램프 보드에 도착한다. 램프 보드는 마지막으로 암호화된 암호문 S를 나타낸다.

3 플러그보드에서 나온 신호는 첫 번째 디스크로 이동한다.

1 키보드에서 입력된 원문 U는 전기회로를 거쳐 플러그보드로 입력된다.

2 플러그보드상에서 처음으로 암호화된다.

해독

수신자는 코드북에 따라 에니그마를 세팅한 뒤, 수신된 암호문 S를 키보드를 통해 입력한다. 마찬가지 과정으로 입력된 신호들이 플러그보드, 변환 디스크, 반사기를 거쳐 램프보드에 도착하면 원문 U를 확인하게 된다.

에니그마 암호의 해독

독일군이 에니그마(116쪽 참조)를 개발한 이후로 사람들은 이를 결코 풀 수 없을 것이라고 생각했다. 독일의 적국을 통해 상업용 암호 기계를 입수하기는 하였지만 에니그마의 작동법과 코드북에 대한 정보는 전혀 알려져 있지 않았다. 그러던 중 1931년 프랑스의 정보기관은 독일인 한스 틸로-슈미트 Hans-Thilo Schmidt로부터 에니그마와 관련된 정보를 팔겠다는 제안을 받았다. 당시 한스 틸로-슈미트 는 에니그마와 관련된 자료를 폐기 처분하는 일을 맡고 있었다. 하지만 정작 프랑스 정보기관은 이를 통해 별다른 단서를 찾아내지 못했다. 반면, 그 비밀은 폴란드에서 밝혀지게 되었다.

독일의 도전

제2차 세계대전이 발발하자 연합군 측의 암호 기술자들은 아주 어려운 문제에 직면했다. 그것은 독일군이 에니그마(116쪽 참조)를 계속적으로 개선하였다는 사실이었다. 원래의 에니그마 역시 아주 복잡한 기계였지만 독일군은 1938년 변환 디스크 두 개를 시스템에 더 추가했으며, 플러그보드 역시 더욱더 복잡하게 만들었다. 또한 독일 아프리카 군단 Afrika Corps과 해군 Kriegsmarine은 자신들만의 독특한 암호 체계를 사용하고 있었다. 이 체계는 에니그마 이후에 등장한 로렌츠 암호 the Lorenz cipher였다. 블레츨리 파크 Bletchley Park는 이 가장 난해한 암호를 반드시 해독해야만 하는 과제를 떠안게 되었다. 당시 독일군의 유보트 작전으로 인해 북아메리카로부터 북대서양 지역으로의 연합군 보급로가 위험에 처해 있었기 때문이었다.

마리안 레예프스키
(1950~1980)
에니그마 암호를 최초로 해독한 수학자

폴란드의 반격

1930년대에 이르러 폴란드는 자신들의 영토를 침공하려는 독일의 야욕에 대해 깨닫게 되었다. 그래서 폴란드의 암호국 뷰로 시프로프 Biuro Szyfrów는 독일의 에니그마 암호를 해독하는 작업을 가장 우선 과제로 삼고 있었다. 그러던 중 프랑스의 도움으로 에니그마와 관련된 많은 자료와 기술들을 입수하게 되었으며, 이를 바탕으로 에니그마를 복제하기에 이르렀다. 폴란드의 기술자들은 에니그마의 전반적인 시스템이 언어적인 기술보다 수학적인 기술에 더 많이 의지하고 있다는 사실을 발견했고, 이를 통해 복제가 가능해졌다. 최근의 폴란드 역사 자료를 보면 독일이 점령했던 폴란드 지역에서 수많은 수학자들이 배출되었다는 사실을 알 수 있다. 그들은 암호 체계에 대한 많은 지식을 가지고 있었다. 그중 한 사람이 바로 에니그마를 해독한 마리안 레예프스키 Marian Rejewski였다.

첫 번째 글자   네 번째 글자

1 암호 관계표

레예프스키는 에니그마 암호문의 처음 세 글자를 집중적으로 분석하였다. 당시 독일군은 이를 매번 두 번에 걸쳐 전송하였다. 그는 변환 디스크가 세 개라는 사실과 네 번째 글자부터는 다른 암호 열쇠를 사용한다는 점을 통해 에니그마라는 갑옷의 구멍을 발견하게 된다. 하지만 레예프스키 역시 코드북을 가지고 있지는 않았다. 대신 그는 치환의 연결 형태에 대해 연구하기 시작했다. 당시 그는 연구에 필요한 에니그마 암호문을 충분히 확보할 수 있었다. 연구를 거듭하던 중, 레예프스키는 첫 번째 글자와 네 번째, 두 번째와 다섯 번째, 그리고 세 번째와 여섯 번째 글자들을 가지고 왼쪽 그림과 같이 관계표를 작성하였다.

2 연결

이 표를 분석함으로써 레예프스키는 암호 열쇠에 대한 힌트를 얻었다. 이 과정에서 그는 첫 번째 글자가 다시 나타날 때까지 어떠한 과정이 벌어졌는지를 확인할 수 있었다. 왼쪽의 관계표를 보면 A-U, U-S, S-A의 세 가지 연결을 볼 수 있다. 레예프스키는 만약 플러그보드의 설정을 확인할 수 있다면 이 관계표를 통해 변환 디스크의 설정을 알아낼 수 있다는 사실을 깨달았다. 이후, 레예프스키는 동료들과 함께 세 개의 변환 디스크를 가지고 설정을 할 수 있는 모든 경우의 수인 105,456개의 관계표를 모두 작성하였다. 하지만 이후 독일군은 통신 규약을 전면 수정하였으며, 이로 인해 관계표는 더욱더 방대해졌다. 이에 레예프스키는 관계표를 한꺼번에 만들어낼 수 있는 '봄베 bombes'라는 일종의 전자계산기를 개발했다.

3 플러그보드

봄베를 통해 디스크의 설정은 모두 파악할 수 있었다. 하지만 플러그보드의 설정은 아직 밝혀내는 방법을 찾지 못하고 있었다. 그럼에도 불구하고, 디스크 설정만으로도 에니그마 암호문을 일부분 해독할 수 있었다. 가령 플러그보드 설정에 관한 정보를 전혀 모른 채 다음과 같이 암호문을 해독할 수 있었다.

SONVOYC ON SOURCE

여기서 S와 C의 자리가 바뀌었다고 생각할 수 있다. 이것은 바로 플러그보드의 작용에 의해 바뀐 것이다. 이 문장에서 S와 C의 자리를 바꾸면 이렇게 된다.

CONVOYS ON COURSE

에니그마의 해독

레예프스키의 발견으로 1930년대 폴란드는 에니그마 암호문의 대부분을 해독할 수 있게 되었다. 하지만 1938년 독일은 에니그마에 디스크를 두 개 더 추가하고 플러그보드도 더욱 복잡하게 만들었다. 1939년 9월, 독일이 폴란드를 침공하기 한 달 전, 폴란드는 복제하여 만든 에니그마 두 대와 봄베, 그리고 레예프스키의 연구 성과를 영국에 전달하였다.

독일이 에니그마에 변환 디스크 두 개를 더 추가함으로써 1939년 독일의 폴란드 침공은 예상이 불가능했다.

블레츨리 파크의 알란 튜링

블레츨리 파크(118쪽 참조)에 있는 영국 암호연구소는 케임브리지 대학의 뛰어난 젊은 수학자인 알란 튜링Alan Turing을 영입하였다. 그는 이진법 수학과 컴퓨터 프로그램 분야의 전문가였다. 그는 블레츨리로 와서 폴란드가 영국에게 제공한 자료(120쪽 참조)들을 연구하기 시작했다. 그는 새롭게 개선된 에니그마를 위한 새로운 '봄베bombes'를 개발하기 위해 노력하였다. 당시 독일군은 매일밤 에니그마의 설정을 바꾸었기 때문에 그는 아주 빠른 속도로 분석 작업을 해야만 했다. 1939년 튜링이 블레츨리에 오기 전, 새로운 에니그마의 일부분이 밝혀지기는 하였지만 엄청난 경우의 수로 인해 다른 실마리가 없이는 진전이 불가능한 상황을 맞게 되었다.

알란 튜링(1912~1954)
그는 '튜링 기계'를 발명하여 에니그마 연구에 큰 기여를 하였다.

'실리즈Cillies' 실리즈란 독일군들이 에니그마를 보다 손쉽게 설정하는 방식을 말한다. 그들은 바쁜 업무환경 또는 실수로 인해 설정을 매번 바꾸지 않고 반복적으로 사용하였다. 이렇게 만들어진 암호문을 통해 유용한 단서를 찾을 수 있었다. 또한 실리즈를 자주 사용하는 독일군 사용자들을 집중 감시하였다.

변환 디스크 설정 독일군은 보안을 위해 에니그마의 디스크 설정을 매일 바꾸었다. 하지만 여기에 허점이 있었다. 이로 인해 일단 하나 혹은 두 개의 디스크 설정을 확인하고 나면 나머지 디스크의 설정을 추측하기가 더 쉬워졌다. 같은 방식으로, 그 다음날 조합 역시 추측할 수 있었다.

'크립Cribs' 크립이란 예측이 가능하고 공식적으로 등장하는 일부 단어들을 의미한다. 이미 밝혀진 단어들과 함께 이러한 크립들을 찾아냄으로써 해독에 더욱 가까워질 수 있었다. 예를 들면, 독일군 기상청이 전송하는 암호문의 첫 문장은 종종 wetter(날씨)라는 단어를 포함하고 있었다. 이러한 크립들을 중심으로 분석을 하면서 여러 다른 단어들도 밝혀낼 수 있었다. 또 다른 방법으로 특정 지역에 해상 지뢰를 매설하였다. 이를 통해 유보트에서 사용하는 암호문에서 지리 좌표를 확인할 수 있었다.

'코드북 입수' 에니그마 해독을 위해 독일군의 코드북을 얻는 것이 가장 중요한 문제였다. 대서양에서 벌어진 전투에서 연합군은 독일군의 유보트와 기상 관측선을 공격했고, 이 과정에서 코드북을 손에 넣게 되었다. 그리고 독일군이 이를 알아채지 못하도록 배를 침몰시켰다.

반복된 암호 튜링은 독일군이 열쇠 암호를 반복 전송하는 일을 중단할지도 모른다는 걱정을 하였다. 그는 가능한 한 많은 암호문들을 수집하였으며 여기서 반복되는 부분을 집중적으로 연구하기 시작했다. 레예프스키가 했던 작업과 유사한 방식이었다. 이를 통해 원문을 밝혀내거나 혹은 크립들을 추측할 수 있다면 변환 디스크의 설정을 알아낼 수 있다.

기계들의 연결 튜링은 각각의 디스크 역할을 하는 여러 가지 봄브를 연결하면 17,576개에 이르는 경우의 수를 빠른 시간 안에 모두 시도해 볼 수 있을 것이라는 생각을 하였다. 그리고 이를 기계적인 차원에서 해결하고자 하였다. 그는 여러 대의 기계를 연결하고 이들을 연결하는 회로들의 개발을 통해 이러한 시도를 하였다.

플러그보드 튜링은 레예프스키와 마찬가지로 플러그보드의 조합은 신경 쓰지 않았다. 이를 통해 문제를 단순화하였던 것이다. 대신 이미 해독된 단어들과 다양한 크립들을 통해 플러그보드의 설정을 추측하는 방법을 택하였다.

점보와 콜로서스

튜링은 봄베 연결에 관한 연구 제안을 승인받았고 10만 파운드를 지원받았다. 각 봄베는 복제된 열두 개의 변환 디스크로 이루어져 있었다. 이는 처음에 '빅토리'라고 이름 붙여졌으며, 1940년 3월까지 사용을 하였다. 하지만 독일은 곧 암호의 통신규약을 전면 수정하였으며, 이로 인해 해독 작업은 원점으로 돌아갔다. 튜링은 이해 8월에 새로운 봄베를 만들었으며, 1942년 봄에는 크립을 통해 디스크를 설정하고 더욱 빠른 속도로 암호 열쇠를 분석하는 봄베를 15개나 더 제작하였다. 어느 날, 튜링의 시스템은 한 시간 만에 그날의 모든 암호문을 해석하는 데 성공하였다. 제2차 세계대전이 끝나갈 무렵에는 무려 200개에 달하는 봄베를 사용하였다. 하지만 이 시스템 역시 크립에 상당 부분을 의지하고 있었다. 이 말은 아주 발달된 시스템에도 불구하고, 여전히 사람의 상상력이 큰 역할을 했다는 뜻이다.

튜링의 봄베 시스템은 프로그래밍이 가능한 최초의 컴퓨터 탄생을 의미하는 것이었다. 그는 이 시스템에 '점보'라는 코드명을 붙였다. 하지만 실제 사용자들은 주로 '헬스 로빈슨Heath Robinson'이라고 불렀다고 한다. 1942년 튜링은 에니그마를 변형한 게하임슈라이버Geheimschreiber라는 기계를 사용하는 독일 해군의 로렌츠Lorez 암호를 빠른 시간 안에 해독할 수 있는 시스템도 개발하였다. 그리고 토미 플라워스Tommy Flowers와 맥스 뉴먼Max Newman이 튜링의 아이디어를 이어받아 '콜로서스Colossus'라고 하는 컴퓨터를 개발하게 된다. 콜로서스는 현대적인 컴퓨터의 원형으로서 통합적인 프로그래밍이 가능한 디지털 방식의 컴퓨터였다. 1942년 튜링은 미국으로 가서 그의 이론을 미국 암호 전문가들과 나누었다. 영국은 에니그마에 관한 정보들을 연합군과 공유하였고, 또한 블레츨리 파크 연구소는 이탈리아와 일본의 암호 체계까지 연구하였다. 그럼에도 불구하고, 에니그마의 원리와 해독은 1970년대가 되어서야 완전히 밝혀졌다.

콜로서스
블레츨리 파크에 있는 콜로서스의 모습

나바호 암호

1941년 12월 7일, 일본이 진주만을 공격함으로써 미국은 제2차 세계대전의 참전국이 되었다. 일반적으로 진주만 공격은 갑작스럽게 일어난 공습이라고 생각하고 있지만, 사실 미국은 오랜 기간 동안 암호 해독을 통해 일본의 상황을 주시해 오고 있었다. 진주만 공격 직전, 미국은 중대한 사건이 벌어질 것이라는 사실을 알아채고 있었다. 하지만 일본 역시 암호 해독을 통해 미국의 상황을 잘 알고 있었으며, 이러한 정보를 바탕으로 진주만 공격을 계획하였다. 공습 2개월 만에 일본군은 태평양에 있는 연합군 핵심 기지들을 파괴하였으며 필리핀, 서인도, 말레이시아를 침공하였다. 일본군은 역사상 가장 넓은 지역을 대상으로 전선을 확장해 나갔다. 미국은 태평양 지역 방어를 위한 반격을 준비하면서 통신 보안 문제에 가장 주의를 기울였다.

언어를 활용한 암호

추상적인 언어를 사용하여 암호문을 만드는 방식은 과거에도 있었다. 카이사르는 라틴어 대신, 교육을 받은 로마인들에게 보다 친숙한 그리스어를 사용하여 암호를 만들었다. 그리스어를 잘 모르는 적국에서는 이를 알아보기 힘들었다. 제1차 세계대전 중 프랑스에 주둔한 미 육군 36사단에서는 북아메리카 인디언 촉도Choctaw 족 요원 여덟 명이 진지들 간의 통신을 담당하기도 하였다. 그리고 제2차 세계대전 초, 미 육군은 바스크Basque어를 하는 사람들을 활용하였다. 그러나 일본이 점령한 지역들 중, 바스크 전도사들이 살고 있는 곳이 있다는 사실이 이후에 밝혀졌으며, 바스크 말을 하는 사람들을 구하기가 무척 힘들었다.

영국군은 웨일즈 말을 하는 사람들을 대상으로 실험을 해보았다고 한다. 미국은 기존의 원주민 언어들을 사용하려는 계획을 가지고 있었으나, 이미 독일 인류학자들이 대부분의 원주민어를 분석한 상태였다. 하지만 나바호 족의 언어는 유럽 지역에 거의 알려져 있지 않았다. 일본 역시 나바호 암호를 해독하지 못하고 있었다. 이로 인해 미국은 태평양 전쟁을 앞두고 나바호 암호의 성공을 확신하였다.

전투에서 활용할 수 있는 암호

제2차 세계대전 중 미국은 전자기계적인 방식의 미 육군의 암호 시스템인 SIGBA(M-134-C, 118쪽 참조)를 사용하였다. 하지만 독일의 에니그마 시스템과 마찬가지로 SIGBA 역시 사용이 아주 힘들다는 단점을 갖고 있었다. SIGBA를 통해 전송을 하려면 매일 암호 열쇠를 확인하고 키보드를 통해 글자들을 하나씩 입력해야만 했다. 또한 수신자가 암호를 해독하는 데에도 상당한 시간이 걸렸다. 매우 중요한 전략적인 사안을 위해서는 이러한 시스템이 반드시 필요했지만 실제 전투상황에서 신속하게 메시지를 전달해야 하는 상황에서 활용하기는 쉽지 않았다. 미국은 육, 해, 공군의 합동작전이 중요한 태평양 전투를 벌이기 이전에 실용적이면서도 안전한 암호 체계를 개발하고자 하였다.

윈드토커Windtalkers

1942년 초, 한 민간 기술자가 나바호 암호 개발에 큰 기여를 하였다. 필립 존스톤Phillip Johnston은 당시 나바호 인디언 보호거주지에서 선교활동을 벌이고 있었고 나바호 인디언들의 언어를 잘 알고 있었다. 그는 미 해병대에게 나바호어 활용을 제안하였다.

존스턴의 제안을 지지했던 사람들은 나바호 암호가 많은 장점들을 가지고 있다고 생각하였다. 하지만 한 가지 문제점이 있었다. 즉, 나바호 인디언들은 문자를 가지고 있지 않았다. 또한 예산 부족으로 교육을 받은 나바호 족들이 아주 드물었다. 나바호 원주민을 교육을 시켜 통신 기술자로 만드는 일은 매우 힘든 과제였다. 그리고 나바호 인디언들은 이야기나 신화를 통해 의사를 전달하는 관습을 가지고 있었다. 그럼에도 불구하고, 가장 핵심적인 나바호의 장점은 그 특유한 억양에 있었다. 나바호어에서 억양이 달라지면 그 의미도 달라지게 된다. 예를 들어, 'doo'라는 말을 높은 성조로 발음하면 '그리고'라는 뜻이 된다. 하지만 낮은 톤으로 하면 '아니다'라는 뜻이 된다. 또한 나바호어는 이미지를 나타내기에 아주 적합한 언어였다. 이러한 장점으로 나바호어는 군사적 용도로 아주 적합한 언어라고 여겨졌다.

420명 정도의 나바호 인디언들이 통신 교육을 받고 미 해병대에 투입되었다. 나바호 암호는 한국전쟁(1950~1953) 및 베트남 전쟁 초기에도 활용되었다. 1968년 국가 기밀사항에서 제외될 때까지 나바호 인디언들과 그 암호의 존재는 베일에 싸여 있었다.

나바호 암호

나바호어에는 관용적인 표현과 미묘한 느낌을 묘사하는 단어들이 많이 있었다. 또한 추상적인 단어들을 만들기에도 적합하였으며 기억하기도 수월하였기 때문에 코드북이 따로 필요하지 않았다. 미군은 우선 나바호어를 가지고 274개의 군사용어를 만들었으며 이후 234개를 추가하였다. 이 용어들은 알파벳으로 음성을 표기하는 형태로 사용되었으며, 군사용어 및 지역의 명칭들을 주로 나타내었다.

나바호어 단어 목록		나바호 알파벳 코드	
벌새	전투기	A	Ant/ Wol-la-chee
올빼미	정찰기	B	Bear/ Shush
제비	어뢰 투하용 뇌격기	C	Cat/ Moasi
말똥가리	폭격기	D	Deer/ Be
말똥가리 무리	급강하 폭격기	E	Elk/ Dzeh
계란	폭탄	F	Fox/ Ma-e
개구리	수륙양용 차	G	Goat/ Klizzie
고래	전투선	H	Horse/ Lin
상어	구축함	I	Ice/ Tkin
철로 된 물고기	잠수함	J	Jackass/ Tkele-cho-gi
감자	수류탄	K	Kid/ Klizzie-yazzi
거북이	탱크	L	Lamb/ Dibeh-yazzi
둥글게 말린 모자	호주	M	Mouse/ Na-astso-si
물에 둘러싸인	영국	N	Nut/ Nesh-chee
머리카락	중국	O	Owl/ Ne-as-jah
철로 만든 모자	독일	P	Pig/ Bi-sodh
떠 있는 섬	필리핀	Q	Quiver/ Ca-yeilth
		R	Rabbit/ Gah
		S	Sheep/ Dibeh
		T	Turkey/ Than-zie
		U	Ute/ No-ad-ih
		V	Victor/ A-keh-di-glini
		W	Weasel/ Gloe-ih
		X	Cross/ Al-an-as-dzoh
		Y	Yucca/ Tsah-as-zih
		Z	Zinc/ Besah-do-gliz

하지만 나바호어를 알파벳으로 표기하는 방식 역시 빈도 분석의 위험이 있었다. 이를 방지하기 위해 가장 많이 등장하는 알파벳 e, t, a, o, l, n에 두 개의 나바호 글자들을 추가하여 사용하였다. 이 두 글자는 주기적으로 치환, 또는 이중음자의 형태로 사용하였다. 또한 그 다음으로 가장 많이 나오는 알파벳 s, h, r, d, l, u에 동음이자를 추가하는 형태로도 사용하였다. 예를 들어 Marianas와 같은 단어의 경우, 세 개의 a를 모두 이중음자의 형태로 바꾸어 표기하였다.

냉전시대의 암호

제2차 세계대전 이후 강대국으로 떠오른 미국과 소련 사이의 관계 악화로 인해 불신과 음모, 그리고 핵무기를 둘러싼 경쟁이 가속화되었다. 이러한 상황은 점차 노골적인 적대로까지 이어졌다. 여러 첩보기관의 활동으로 수많은 사람들이 희생을 당했다. 한편, 그레이엄 그린Graham Greene, 이안 플레밍Ian Fleming, 리처드 콘돈Richard Condon, 존 르 까레John le Carré와 같은 작가들은 첩보작전을 소재로 한 소설들을 썼다. 냉전시대는 CIA, FBI, M16, 007, SMERSH, SPECTRE와 같이 약자로 된 비밀 정보기관들의 활약이 컸다. 그리고 모두를 얼어붙게 만드는 약자 MAD(Mutually Assured Destruction; 공동 멸망)는 누가 원자폭탄의 발사 버튼을 누르는가에 상관없이 핵무기를 통한 대량 학살을 예고하고 있었다.

폭탄 반대

냉전시대에 가장 유행했던 상징은 '반핵' 또는 '핵무기 감축'을 나타내는 '평화 상징'(아래)이었다. 영국의 예술가 제럴드 홀튼Gerald Holton이 '반핵운동위원회Direct Action Committee Against Nuclear, DAC'를 위해 디자인한 이 상징은 1958년 4월 알더마슨 Aldermaston 지역에서 벌어진 반핵 행진 행사에서 처음 등장하였다. 그리고 '핵무기 감축운동본부Campaign for Nuclear Disarmament, CND'가 이를 고유 마크로 채택하였다. 홀튼은 고야의 그림 〈1808년 5월 3일〉(1814, 위)에 등장한 불쌍한 저항군들의 모습에서 영감을 받아 만든 것이라고 말했다. 하지만 일반적으로 원 안에 N(nuclear)과 D(disarmament)를 나타낸 상징이라고 설명되고 있다.

통신 보안?

일상적인 첩보활동으로부터 군사적 보안, 또는 국가의 수장끼리의 통화에 이르기까지 최고의 보안 시스템이 사용되었다. 이중 많은 부분들이 아직까지 사용되고 있으며, 일부는 좀 더 진보된 형태로 발전하였다. 한편, IBM과 같은 민간 기업들은 디지털 기술에 대한 투자로 당시 첨단 컴퓨터를 개발하고 있었다. 하지만 보잉사가 개발한 B-52s 역시 상업용 암호 체계를 사용하는 IBM 컴퓨터를 탑재하였다. 과연 통신 보안을 장담할 수 있을까?

베노나 프로젝트

미국 측 동맹국들은 제2차 세계대전 초반부터 소련 측의 암호를 지속적으로 감시하고 있었다. 소련은 해독이 거의 불가능하다고 알려진 일회용 열쇠(83쪽 참조) 방식을 사용하고 있었음에도 불구하고, 미국의 암호 전문가 모임은 대조 작업을 통해 해독을 시도했다. 1945년 소련군은 암호 열쇠의 중복 사용을 금지했음에도 불구하고 몇몇 사용자들은 일회용 암호를 재사용하는 실수를 저질렀고, 마침내 1946년 미국은 암호 해독에 성공하였다. 이후 미국은 엄청난 양의 소련 암호를 해독하였으며, 이를 통해 소련뿐만 아니라 동맹국들에 관련된 수많은 귀중한 정보를 손에 넣게 되었다. 그러던 중 FBI는 백악관과 CIA에게 아주 중대한 보고를 한다. FBI는 349명의 미국인 관료들이 소련의 첩자이며, 이들의 활동으로 소련은 이미 맨해튼 프로젝트(119쪽 참조)를 알고 있었다는 사실이 드러났다. 이로 인해 로젠버그 부부는 첩보활동으로 유죄 판결을 받고 사형에 처해졌다. 그리고 영국에서 첩자로 활동했던 도널드 맥클린Donald Maclean과 가이 버제스Guy Burgess의 정체를 밝혀냈다. 또한 앨거 히스Alger Hiss와 해리 덱스터 화이트Harry Dexter White 사건을 밝혀내는 데에도 큰 기여를 하였다. 소련의 암호 교신을 해독한 특급기밀 작전인 베노나 프로젝트는 1980년에 이르기까지 계속되었다.

로젠버그 부부
베노나 프로젝트의 성과로 로젠버그 부부는 첩보 혐의로 유죄 판결을 받고 사형에 처해졌다.

백악관과 크렘린을 연결하는 긴급 전화 '핫라인'에는 '전화 보안 시스템telephone scrambler system' 기술이 사용되었다. 핫라인은 냉전시대의 핵무기 대량 학살을 다룬 큐브릭의 영화 〈닥터 스트레인지러브〉에도 등장한다(아래).

전화 보안 시스템

국가 고위 간부들의 전화 통신을 위해서 각별한 보안 시스템이 필요했다. 오늘날에는 디지털 전화 보안 시스템이 사용되고 있지만 이 기술 역시 벨 전화 연구소가 만든 SIGSALY 시스템을 기반으로 하고 있다. 이 기술은 제2차 세계대전 중에 사용되었다(위). 사람의 목소리는 음성을 전기적으로 분석, 합성하는 장치인 보코더vocoder를 거친 뒤, 12개의 대역폭으로 갈라지고, 음의 높이에 따라 0~5단위로 암호화된다. 그러고 나서 여섯 개의 대역폭을 따라 무작위 순서로 전송된다. 태평양 전쟁 당시, 맥아더 장군 역시 SIGSALY 기술을 통해 전화 통화를 했다. 3,000번이 넘는 맥아더의 통화에서 보안이 철저하게 지켜졌다고 알려져 있다.

감시 필드 신호

냉전시대 스파이에 대한 감시는 극단적인 방식으로 이루어졌다. 도청 및 사진 촬영을 통해 용의자에 관한 엄청난 자료를 수집하였으며, 당시 이러한 감시 활동은 종종 필수적인 것이라고 여겨졌다. 도심 한복판에서 용의자를 추적하는 비밀 요원들은 신체를 활용한 신호 체계를 이용하였다. 처음에는 경찰과 FBI 요원들을 중심으로 사용되다가 이후 CIA가 이를 체계화시켰다. 비밀 요원들은 물론 반드시 적절한 상황에서만 이 신호를 사용해야 했다.

용의자가 다가오고 있음. 조심할 것!
손이나 손수건으로 코를 만진다.

용의자가 이동하고 있음.
따라잡기 바람
손으로 머리를 쓰다듬거나 모자를 재빨리 들어올린다.

용의자가 멈추어 있음
한 손을 등이나 배에 갖다 댄다.

은신처가 위험에 처했음.
감시를 중단하겠음
몸을 숙여 신발 끈을 맨다.

용의자가 다시 돌아오고 있음
두 손을 등이나 배에 갖다 댄다.

팀장이나 다른 요원과
얘기하기를 원함
서류가방을 열고 내용물을 확인한다.

핵가방

미국 대통령의 군사 보좌관이 검은 가방을 옮기고 있다. 이 가방은 일명 '핵가방nuclear football'이라고 알려져 있으며 지구의 운명을 좌지우지할 수 있다. 핵가방은 미국의 전략 방어 시스템 중 이동식 부분을 담당하고 있다. 가방 안에는 휴대용 위성통신 장비인 새트컴 SATCOM 장비와 플레이북playbook이라고 하는 다양한 전쟁 시나리오가 들어 있다. 핵가방은 미국 대통령이 가는 곳마다 항상 따라다닌다. 가방 안에는 핵 발사를 명령하는 열쇠인 골드코드Gold Code가 들어 있지는 않지만 대통령을 수행하는 사람이 항상 이를 가지고 있다(드라이 클리너에 들어 있던 지미 카터 대통령의 옷 속에서 골드코드가 발견된 적이 있다고 한다). 전쟁과 같은 위기상황이 발생하는 경우, 대통령과 군사 보좌관은 이 가방을 열고 전쟁 시나리오를 확인한 뒤, 필요하다면 새트컴과 골드코드를 사용하여 핵무기 사용을 명령할 수 있다. 러시아 대통령 역시 이러한 종류의 가방을 지니고 다닌다.

미국 대통령의 군사 보좌관
군사 보좌관은 핵가방을 들고 대통령과 함께 움직인다.

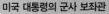

지하세계의 코드

우리 사회의 음지에서 활동을 하는 조직들은 자신들의 비밀을 간직하기 위해 은밀한 의사소통 방법을 개발해 왔다. 특히 대부분의 폐쇄적인 범죄 집단들은 추상적인 상징이나 특수한 언어를 개발하고 사용하였다. 하지만 이러한 언어들이 점차 알려지면서 일상적인 언어로 자리 잡기도 한다. 또한 일부는 여전히 베일에 가려져 있다. 오늘날 다양한 비밀 조직들은 내부자들만이 이해할 수 있는 기괴한 언어와 독특한 상징 시스템을 아직도 새롭게 개발하고 있는 듯하다.

속어와 은어

속어slang란 통속적이거나 저속한 말을 의미한다. 그리고 은어argot 또는 캔트cant(132쪽, 136쪽 참조)란 특정 조직이나 특정 문화권에서 비밀스럽게 사용하는 언어를 말한다. 일반적으로 은어는 특수한 모임의 구성원들이 자신들의 문화나 의사소통을 숨기거나 위장하기 위해 주로 사용한다. 오늘날 다양한 암호 기술들이 널리 사용되고 있다. 하지만 은어는 구성원들이 일상적으로 사용하는 언어라는 차원에서 특수한 암호보다 사회적으로 더욱 큰 영향력을 미치고 있다. 은어를 사용함으로써 자신들의 정체를 숨기기도 하지만 이를 통해 구성원들 간의 결속력을 높일 수도 있다.

여행자 언어

셸터어Shelta(Sheldru, Gammen, Cant라고도 함)의 기원은 13세기로 거슬러 올라갈 수 있다. 셸터어는 영어를 기반으로 아일랜드어가 혼합된 은어로서 집시어와도 유사하다. 도둑 은어thieves' cant와 같이 셸터어도 아직 사용되고 있다. 전 세계적으로 약 86,000명의 사람들이 아직도 셸터어를 사용하고 있다고 한다. 셸터어는 주로 방랑자 혹은 여행자들(위)이 일반인들로부터 비밀을 지키기 위해 사용하고 있다. 셸터어는 종종 아이리시어가 변형된 것이라고 오해를 받기도 한다. 하지만 분명한 것은 특정 집단의 비밀스러운 언어라는 사실이다.

Dorahoag	여명
Greetchyath	질병
Kawb	양배추
Myena	어제
Sragaasta	아침밥
Sreedug	왕국
Swurkin	멜로디

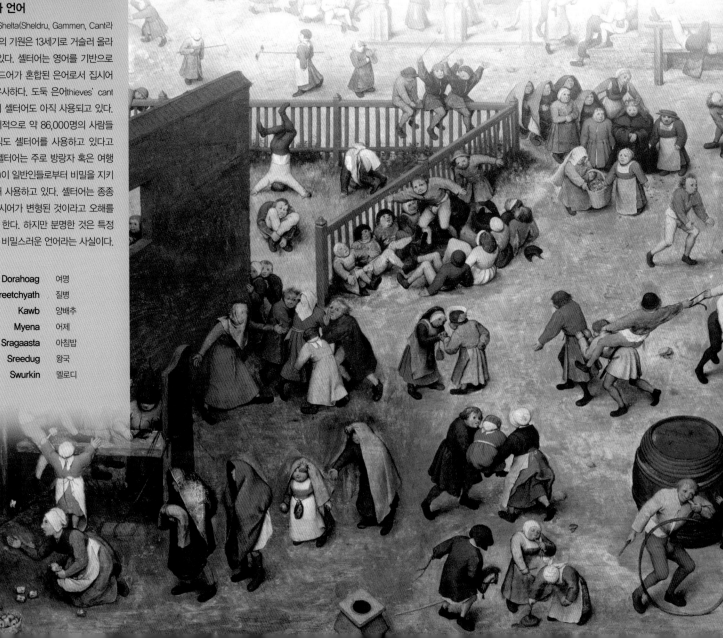

도둑 은어

16~17세기 유럽에서는 가난하면서도 게으른 수많은 사람들이 사회적 문제로 떠오르고 있었다. 이들 중 많은 사람들은 방랑자나 범죄자로 전락했다. 그리고 자신들의 범죄를 감추기 위해 비밀스런 은어를 개발하고 사용하였다. 당시 영국의 경우, 총 인구 4백만 명 중 1만 명에 이르는 사람들이 이러한 은어를 사용했다. 이러한 은어는 종종 '도둑 은어Thieves' Cant'라고 불렸다고 한다. 셰익스피어의 작품에 등장하는 인물들 중, 주로 바보나 범죄자들이 이러한 은어를 사용했다. 예를 들어, '뜻대로 하세요As You Like'의 터치스톤이나 '겨울밤 이야기The Winter's Tale'의 아우톨리코스라는 인물을 들 수 있다. 엘리자베스 시대에 사용되었던 일부 도둑 은어들은 아직까지도 범죄 조직들에 의해 사용되고 있다(134쪽 참조).

「뉴게이트 캘린더」

18~19세기 런던에서 매월 발행된 「뉴게이트 캘린더Newgate Calendar」는 노상강도와 같은 끔찍한 이야기들을 싣고 있다.

소매치기

범죄 조직들은 다음과 같이 다양한 도둑 은어들을 사용하였다.

Bung	범행의 목표로 삼은 가방
Cattle-bung	가방을 찢기 위한 칼
Drawing	가방을 잡기
Figging	소매치기
Foin	소매치기하는 사람
Nip	줄을 잘라 가방을 훔치는 사람
Shells	가방 안에 든 돈
Smoking	피해자를 미행함
Snap	소매치기 공범
Stale	바람잡이
Striking	소매치기를 하는 행위

멈춰! 있는 대로 다 내놔.

노상강도들 역시 다음과 같은 그들만의 은어를 사용하였다.

Highway-awyer	노상강도
Martin	노상강도의 목표
Oak	망보는 사람
Scrippet	감시를 세우는 사람
Stooping	피해자가 노상강도에게 굴복함

클레츠머 은어

클레츠머 로신Klezmer-loshn이란 유대인 음악가들이 사용하던 은어로 이디시어Yiddish로부터 나온 것이다. 이 말은 중부 및 동부 유럽의 아시케나지Ashkenazi어를 기반으로 하고 있다. 클레츠머 로신은 주로 떠돌아다니는 유대인 음악가들이 사용하던 일종의 직업적 은어라고 알려져 있다. 아시케나지인들의 음악인 클레츠머의 기원은 15세기경으로 거슬러 올라갈 수 있다.

Geshvin	빨리
Katerukhe	모자
Klive	아름다운
Shekhte	여자
Shtetl	마을
Tirn	얘기
Yold	남편
Zikres	눈

사무라이와 야쿠자

무사도의 상징: 일곱 가지 덕목

気 용기　義 의로운 행동

仁 자비　忠 충성

譽 명예　礼 존경

信 신의

일곱 가지 덕목은 사무라이 정신의 기반이다. 이는 1990년대 중반에 나온 미군의 '핵심 가치'와 본질적인 차원에서 동일하다. 무사도에 관한 수많은 일본 작품들 중에서 서양에 가장 널리 알려진 것은 타이라 신게수케의 『사무라이 코드』이다. 이 책은 18세기 초반 사무라이와 군사적 전략을 다루고 있으며, 아직까지 현대적인 사고방식, 특정 조직과 일본, 그리고 특히 뿌리 깊은 '기리義理'와 '닌조人情' 정신에 대한 최고의 안내서로 알려져 있다.

사무라이의 존재는 일본 역사에서 1,000년 이상 거슬러 올라갈 수 있다. 사무라이 정신은 유교적 예법에도 기반을 두고 있지만 무술적인 측면이 특히 강조되어 있다. 무사로서 마땅히 지켜야 할 도리를 의미하는 '무사도'는 사무라이의 생과 사를 의미하는 상징이다. 일본 역사에서 사무라이는 수백 년 동안 강력한 특권 집단으로서 영향력을 발휘하였다. 1600년경, 에도막부의 천하통일로 평화와 번영의 시대가 열리면서 사무라이의 역할은 점점 위축된 반면, 신흥 상업 계층의 세력은 커져갔다. 그러나 이러한 봉건 체제는 1868년 메이지유신으로 무너졌다. 메이지유신을 이끌던 사무라이들은 메이지유신 이전의 삶의 방식과 일본의 정체성에 대해 분노를 드러냈다. 어쨌든 오늘날 수많은 일본의 조직 및 단체들이 사무라이 정신을 지켜나가고 있다. 특히 악명 높은 야쿠자들에 의해.

사무라이 투구
가몬을 드러내고 있다.

사무라이는 일종의 엘리트 군인이었다. 그들은 봉건 영주인 다이묘를 호위하는 신하로서 활동하였다.

가몬家紋
가문을 나타내는 문양인 일본의 가몬은 12세기 봉건시대 때부터 사용되었다. 갑옷이나 깃발 등에 부착하여 전쟁터에서 사용하기도 하였으며, 일반적인 소지품에 문양을 그려넣기도 하였다. 서양의 복잡한 문장과는 달리, 일반적으로 일본의 가몬은 원 안에 독특한 상징을 담고 있다. 그 색상은 특별한 규정이 없이 다양하게 사용되었다. 화살과 같은 군사적인 상징이나 타이라 가문의 상징인 나비와 같이 동물을 소재로 한 가몬도 있지만, 일반적으로 식물을 소재로 한 가몬이 제일 많다. 또한 주로 장남이 가문의 가몬을 물려받았으며, 다른 형제들은 조금 변형된 가몬을 사용하였다. 오늘날 일본에 등록된 가몬만 하더라도 1만 개 정도라고 한다. 일본의 천황이나 고위 관료들의 가몬은 아무나 함부로 사용하지 못한다. 무로마치 시대(1336~1573) 이후, 가몬은 점차 일반적으로 사용되기 시작하였으며 신흥 상인 계층이 상업용 상징으로 사용했다. 이중 일부는 아직까지 사용되고 있다.

전통적인 가몬
봉건 영주들은 특정한 양식의 문양을 사용했다.

천황을 상징하는
신성한 문양

수상을 나타내는
가몬

에도 막부의
가몬

타이라 가문의
가몬

상업적인 가몬
일부 일본 기업들은 가몬을 로고로 사용하고 있다.

야마하

미츠비시

도요타

베니하나

사무라이의 전설

1860년대 메이지 유신에 의한 개혁 이후, 많은 조직들이 사무라이 정신을 다시 불러 일으켰다. 그중에서 겐요샤玄洋社라고 하는 조직이 1881년 등장하였으며 은밀한 암호를 사용하고 있던 수백 개의 비밀 조직들을 통합하고자 하였다. 강력하면서도 폭력적인 겐요샤 조직은 1892년 벌어진 일본의 첫 선거에서 대량 학살을 자행하였으며, 1895년에는 명성황후를 시해하고 한국의 국권 침탈을 주도하였다. 1901년 나타난 흑룡회黑龍會는 겐요샤의 뒤를 이어 일본의 아시아 침략을 도모하였다. 또한 학생, 노동조합 및 좌익 정치인들을 탄압하고 전반적인 민주 운동을 억압하였다. 이들은 물리적인 힘을 얻기 위해 야쿠자와도 손을 잡았으며, 이후 야쿠자 세력은 세계적으로 유명한 폭력 조직으로 성장하게 된다. 야쿠자는 정치적으로 세력을 넓혀 나가면서 노동 착취, 밀거래, 매춘, 인신매매 등의 범죄 행위들을 사무라이 전설을 활용하여 미화하려고 노력하였다.

야쿠자

이탈리아의 마피아 조직처럼 야쿠자들도 무사도라고 하는 절대적인 명예를 가지고 있다고 주장한다. 야쿠자 조직들은 극단적인 충성심, 수직적인 권력구조, 그리고 엄격한 봉건적 의식들을 중요하게 여기고 있다. 하지만 일본에서 야쿠자라는 존재는 비밀 조직이 아니라 정치적, 또는 상업적 단체로서 공식적으로 활동하고 있다. 또한 야쿠자 조직의 본부는 일반 기업들처럼 정문에 회사의 간판도 걸어놓고 있다. 하지만 야쿠자를 알아보는 일은 그리 어렵지 않다. 특정 조직을 드러내는 가문을 달고 있지 않아도 옷 입는 스타일, 까맣게 선팅된 커다란 차, 특유의 걸음걸이와 같은 폭력 조직들의 보편적인 상징으로 쉽게 알아볼 수 있다. 우두머리가 직접 모습을 드러내지 않는 야쿠자 조직에서는 이러한 상징이 특히 더 잘 드러난다.

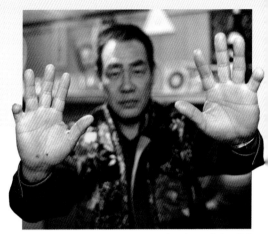

자신의 손가락을 자르고 이를 조직의 두목에게 보여줌으로써 야쿠자들은 자신의 잘못을 용서받는다.

야쿠자 전통

야쿠자는 또한 온몸에 문신을 새기는 전통으로도 유명하다. 문신을 새기는 행위는 그들 자신이 사회의 이방인임을 나타내는 것이기도 하다. 그리고 조직의 결속력과 용기를 의미하며, 또한 지하조직으로부터 부름을 받았다는 상징이기도 하다. 조직과 두목의 명령을 따르지 못한 경우, 세푸쿠라고 하는 할복 의식을 통해 용서를 빌어야 한다. 오늘날 야쿠자는 할복 대신 자신의 손가락을 자르는 유비쓰메 의식을 행한다. 가입과 승인을 나타내는 의식 또한 매우 중요하다. 이 의식에서 야쿠자들은 그들이 모시는 신도를 향해 사케 잔을 바친다. 과거에 행해졌던 피를 나누는 의식은 오늘날 에이즈의 위험 때문에 점차 사라지고 있다.

우익 인물들이 중세 사무라이의 모습을 재현하고 있다.

야쿠자들마다 서로 다른 문신을 그린다. 주로 조직을 나타내는 상징이나 가문을 소재로 하여 문신을 그려넣는다. 온몸에 문신을 새기는 데에는 보통 수백 시간이 걸리며, 일본의 공중목욕탕에 가면 '문신 출입금지'라는 표시를 흔히 볼 수 있다. 야쿠자의 전통을 잘 모르는 외국인 관광객들은 아마도 어리둥절할 것이다.

코크니 운율 속어

영국에서는 런던에 있는 세인트 메리르보 교회(왼쪽)의 종소리가 들리는 지역에서 태어나야 런던 토박이라고 부른다. 세계 최초의 대도시 런던의 동쪽에 살던 사람들은 아주 오래전부터 열심히 일을 했고, 그들의 노력으로 런던은 상업의 중심지로 발전하였다. 하지만 그들이 사용하던 독특한 억양의 언어, 즉 코크니는 많은 외국 관광객들을 당황하게 만들곤 한다. 코크니에는 특히 고유한 관용구, 사투리, 속어 등이 풍부하며, 또한 철자와 발음 사이에 큰 차이가 난다. 코크니 운율 속어Cockney Rhyming Slang란 말은 각운이 특별히 강조된 독특한 발음 때문에 붙여진 이름이다. 코크니는 산업혁명 기간 동안, 런던 동쪽 지역의 독특한 창의성을 바탕으로 발달하였다. 이후 코크니는 점차 널리 알려지게 되었고, 짧고 간편한 구어체의 형태로 사용되고 있다.

"Me ol' *china's* gone down the *all time loser* to *chew the fat.*"

"내 친구는 술집에 가서 수다를 떨고 있다네."

"Would you *Adam and Eve* it?"

"그 말을 믿니?"

"Oy! Get that *bottle of sauce* off the *frog!*"

"어이! 어서 출발해!"

코크니의 기원

19세기경 런던에는 빌링스게이트Billingsgate 수산 시장, 코버트 가든 Covent Garden 청과물 시장(아래), 그리고 스미스필드Smithfield 육류 시장 이 유명했다. 이 시장들은 도시 내부 지역의 뉴게이트Newgate 교도소와 브라이드웰Bridewell 교도소, 그리고 템즈 강의 사우스 뱅크 지역에 있는 버러Borough 및 클링크Clink 교도소를 중심으로 자리를 잡고 있었다. 코 크니는 이 시장 지역과 급성장하는 런던의 부두 지역을 중심으로 발달한 것으로 생각된다. 그리고 치안이 불안한 런던 동쪽 지역의 싸구려 술집 이나 여관, 또는 커피숍 등에 모인 범죄자들이 자신들의 범행을 감추기 위해 사용하는 과정에서 발달한 것으로 여겨진다. 또한 보다 더 단순한 가설도 있다. 죄수들을 포함하여 행상인, 정육점 직원, 생선가게의 여직 원, 하역 인부, 짐꾼들이 주인이나 감독자들이 알아듣지 못하도록 얘기를 하기 위해 사용했다는 주장이다.

코크니의 원리

코크니는 매일 새로운 단어가 등장하는, 지속적으로 변화하고 있는 언어이다. 하지만 코크니의 원리는 매우 간단하다. 해당 단어와 각운이 맞는 두 단어로 이루어진 구를 찾아내면 된다. 최근 연예인들의 이름을 가지고 만드는 경우도 있다. 예를 들어, Would you Adam 'n Eve it? 'E's gone and changed this barnet이라는 코크니 문장은 '믿어지나요? 그가 헤어스타일을 바꾸었대요'라는 뜻이다. 더욱더 혼란스러운 점은 일반적으로 맨 앞의 h를 생략한다는 사실이다. 또한 문법도 제대로 지키지 않고 운율에 해당하는 단어도 생략하는 경우가 많다. 가령 Let's have a butcher's에서 butcher's는 원래 butcher's hook이며 '보다look'라는 뜻이다. 또한 코크니가 또 다른 속어를 나타내는 경우도 있다. 가령 all time loser는 술집, 혹은 술꾼을 의미하는 속어인 boozer로부터 나온 것이다.

코크니 단어 목록

Adam and Eve	Believe 믿다	Jack-and-Jill	Bill 계산서
Airs and Graces	Braces of Faces 가죽 끈, 혹은 얼굴	Jack (Tar)	Bar 바
		Jam (Jar)	Car 자동차
All Time Loser	Boozer 술고래, 또는 술집	Joanna	Piano 피아노
		Linen (Draper)	Newspaper 신문
Apples (& Pears)	Stairs 계단	Loaf (of Bread)	Head 머리
Barnet (Fair)	Hair 머리카락	Loop (the Loop)	Soup 수프
Boat (Race)	Face 얼굴	Lump (of Lead)	Head 머리
Boracic (Lint)	Skint 무일푼	Mickey (Mouse)	House 집
Bottle of Sauce	Horse 말	Mince Pies	Eyes 눈
Brass Tacks	Facts 사실	Mother (Hubbard)	Cupboard 찬장
Bread (& Honey)	Money 돈	Mother's Ruin	Gin 진
Bubble (& Squeak)	Greek 그리스	Mutt and Jeff	Deaf 귀머거리
Butcher's (Hook)	Look 보다	North and South	Mouth 입
Chalk Farms	Arms 팔	Ones and Twos	Shoes 신발
Chew the Fat	Chat 이야기하다	Oxford (Scholar)	Dollar 달러
China (plate)	Mate 친구	Peas in the Pot	Hot 뜨거운
Chocolate (Fudge)	Judge 판사	Pig (Pig's Ear)	Beer 맥주
Cream Crackered	Knackered 기진맥진 하다	Plates (of Meat)	Feet 발
		Porkies (Pies)	Lies 거짓말
		Pork Pies	Eyes 눈
Dickory (Hickory Dickory Dock)	Clock 시계	Potatoes (Taters, in the Mold)	Cold 추운
Dog (& Bone)	Telephone 전화	Rabbit (& Pork)	Talk 말하다
Down the Drains	Brains 두뇌	Scotches (Scotch Eggs)	Legs 다리
Duchess (of Fife)	Wife 아내	Sighs and Tears	Ears 귀
Duke (of Kent)	Rent 임대	Skin (& Blister)	Sister 여자 형제
Dustbin (Lid)	Kid 어린이	Syrup (of Figs)	Wig 가발
Frog (and Toad)	Road 길	Tea Leaf	Thief 도둑
Frying Pan	Old man 늙은 남자, 또는 남편	Teapot (Lid)	Kid 어린이
		Tit For Tat (Titfer)	Hat 모자
Garden Gate	Date 날짜	Tommy (Tucker)	Supper 저녁 식사
Greengages	Wages 월급	Trouble (& Strife)	Wife 아내
Ham and Eggs	Legs 다리	Turtle Doves	Gloves 장갑
Hampsteads (Health)	Teeth 치아	Two and Eight	State (괴로워하는) 상태
Ice-Cream (Freezer)	Geezer 괴짜	Whistle (& Flute)	Suit 옷
Iron (Tank)	Bank 은행	Wooden Plank	Yank 홱 잡아당기다

런던의 짐꾼
이들은 엄청나게 큰 짐을 머리 위에 올려놓고 균형을 잡는 기술로 유명했다.

"지난주에 내 아내가 새 옷을 가지고 왔어."
"The trouble bought me a new whistle last week."

"쓰고 갈 모자가 있어?"
"'Ave yer got a titfer to go with it?"

"자네 머리 좀 빗어야겠군."
"You'll 'ave to get yer barnet sorted out."

폭도

조직 범죄는 그 자체로 사회의 어두운 단면을 나타내고 있다. 다른 단체들과 마찬가지로, 폭력 집단 역시 의사소통 및 행동과 관련하여 그들만의 코드를 가지고 있다. 이러한 범죄 조직들은 외진 곳에서 범행을 노리는 경우도 있고, 여행자들의 물건을 훔치거나 납치를 하는 경우도 있으며, 바다를 무대로 약탈을 하는 악명 높은 해적들도 있다. 중세시대 이후로 유럽 지역에서는 부랑자들끼리 느슨한 형태로 연대를 결성하기도 했다(128쪽 참조). 그러나 국제적으로 치밀하게 조직된 범죄는 19세기 이후 산업화의 영향으로 사람들이 도시로 급격하게 몰려들면서부터 나타나기 시작했다.

블랙비어드
전설적인 해적 블랙비어드Blackbeard의 깃발은 해적들이 일반적으로 사용했던 해골과 인골의 상징을 변형한 것이다.

해적

카리브 해를 비롯한 무역선들이 다니던 지역의 해적들은 주로 탈출한 노예, 계약 노동자 및 범죄자 출신들이 대부분이었다. 그리고 주로 유럽 각국의 정부들이 고용한 기회주의자들이 이들을 이끌었다. 그들의 좋지 못한 과거에도 불구하고, 해적들은 충성과 명예를 중심으로 강한 결속력을 가지고 있었다. 또한 물건을 약탈한 후, 미리 정한 약속에 따라 분배를 하였다. 오늘날 'share(주식)'라는 단어도 여기서 유래했다고 한다.

카나리아

폭력 집단의 살인은 사회적으로도 중대한 사건이다. 그들은 다른 사람이나 폭력 조직에게 경고를 보내기 위해 이러한 살인을 벌이기도 하며, 폭력 조직과 관련된 이러한 살인 사건의 이유는 금방 알 수 있다. 대표적인 이유로 배반, 권리 침해, 구역 침범, 거짓말 등을 들 수 있다. 살인 사건을 저지른 이유나 주체를 분명하게 드러내기 위해 죽은 카나리아나 트럼프 카드를 현장에 놓아두는 경우도 있다.

명예의 코드

세계의 많은 폭력 조직들이 이민을 통해 미국으로 흘러 들어왔다. 아일랜드, 폴란드, 러시아 및 유대인 폭력 조직들은 동료들을 배반하고 큰돈을 챙겨 미국으로 달아난 조직원들을 잡기 위해 들어오기도 하였다. 그중에서 가장 악랄하면서도 규모가 컸던 조직은 남부 이탈리아 및 시칠리아로부터 이민을 온 사람들이었다. 다양한 지역으로부터 폭력 조직의 활동으로 인해 지하세계에서 사용하던 다양한 전통, 행동 방식, 언어들이 미국 사회로 자연스럽게 흘러들었다.

Cosa nostra 미국에 있는 유명한 마피아식 범죄 조직이다. 말 그대로 해석하면 '우리가 가지고 있는 것'이라는 뜻. 공공장소에서 또는 도청장치가 있는 곳에서 조직적 범죄 행위를 드러내지 않기 위해 사용한 단어

Omertà 시칠리아어로 '남자답다'라는 의미이다. 일반적으로 심문을 받는 경우, 정보를 누설하지 않는 것을 의미한다. 만일 어기면 죽임을 당할 수 있다. 미국에서는 1960년대부터 유죄 답변 교섭이나 증인 보호 프로그램을 통해 형의 집행은 검사와 변호사들의 협의를 통해 결정되었다. 이로 인해 조 바라키Joe Valachi와 헨리 킹Henry King과 같은 고위급 조직원들이 오메르타를 어기고 많은 정보를 미국 정부에 넘겼다.

Onore 명예를 의미한다. 조직원에게 조금이라도 피해를 주면 조직은 명예를 지키기 위해 복수를 한다. 이를 믿고 조직원들은 조직에 충성을 다한다.

Big House 감옥. 원래 뉴욕의 싱싱 교도소를 부르던 말이다.

Canary 밀고자를 의미한다.

Caper 범죄 계획

Consigliere 조직 또는 보스의 자문을 맡고 있는 인물

Contract 청부 살인

Don 조직 내 가장 나이 많은 사람 또는 보스

Family 마피아 파벌 또는 집안을 일컫는 말

G-man 국가 공무원Government man. 1937년 FBI가 조지 '머신-건' 켈리Georgy 'Machine-Gun' Kelly를 체포했을 때 그는 이렇게 외쳤다고 한다. "쏘지 마시오, G-man."

Grift 속임수 또는 사기. 주로 카드 게임에서 사용하는 부정한 방법을 의미한다.

Hit 살인. 일반적으로 청부 살인을 의미한다.

Made 마피아 조직에 공식적으로 입단을 허락받는 것

Scam 속임수 또는 사기

Stoolie/stool pigeon 밀고자. 정부에 비밀을 누설한 사람

Turf 폭력 조직의 활동 영역

Uomini d'onore '명예로운 남자'라는 의미. 마피아 조직에서 가장 낮은 신분

Vig 마권업자나 노름판 주인 등에게 지불하는 수수료

To whack 죽이다

Wiseguy 조직원

영국의 범죄 조직

영국의 경우, 제1차 세계대전과 제2차 세계대전 사이에 경마나 권투와 같은 도박과 관련된 스포츠를 중심으로 범죄 조직이 발달하였다. 특히 제2차 세계대전 중 암시장의 규모가 기하급수적으로 증가하였으며 매춘, 도박 및 카지노 허가권에 대한 정부의 단속도 강화되었다. 1960년대에 들어서 특히 런던의 크레이 브라더스Kray brothers(위) 조직과 찰스 리처드슨Charles Richardson은 금품 강탈은 물론, 뇌물, 도박, 마약, 절도 등과 수많은 범죄를 저질렀다. 이러한 영국의 범죄 조직들은 런던 이외의 지역에서도 활동을 했음에도 불구하고, 은어와 함께 코크니를 많이 사용하였다.

A long one / a grand	£1,000	Manor	이웃
A monkey	£500	Minted	부유한
A ton	£100	Mob-handed	세 명 이상의 무리
A pony	£25	To moisher	돌아다니다
Cock-and-hen(ten)	£10	Morrie	좋은 사람
Beehive(five)	£5	Nishte	아무것도 아닌
Half-a-bar	10실링	Nosh	음식 또는 먹다
Blag	허풍	The old	가진 돈
Boiler	늙은 여자	Old Bill/Uncle Bill	경찰
Broads	카드 게임	Punter	도박꾼, 또는 투자한 사람
Carpet	수감 기간	Rabbit	이야기하다
Cat's-meat gaff	병원	Readies	현금
Do bird	감옥에 들어가다	Screw	교도관
Dot-and-dash	현금	Shickered	파산
Drum	방, 아파트	Six-and-eight	곧바로
Flash/front	용기, 얼굴	Skint	파산
Form	전과	Slush	가짜
Gaff/crib	집	Snout	담배
Have it away	훔치다, 성교	Spieler	불법 도박장
John (Bull)	당기다, 체포하다	Stay shtum	조용히 하다
Kettle	손목시계	Stubs	치아
Kick	주머니	Sus/suss	의심하다/이해하다
Kite	수표	Tealeaf	도둑
Knock	신용	Tomfoolery	보석
To lamp	보다	To top	죽이다
Lifters	손	Twirl	열쇠

부랑자들의 코드

방랑자들의 언어

뜨내기 노동자들 역시 거리의 신사처럼 서로 깊은 동지애를 가지고 있었다. 그들은 자신들만이 이해하는 은어를 통해 명예와 결속력을 지켰다. 그들의 언어 역시 코크니와 마찬가지로(132쪽 참조), 경찰이나 기차 관리인들의 시선을 피하기 위한 것이었다.

Accommodation car 화물 열차 맨 뒷칸. 주로 승무원들이 탑승한다.

Angelina 경험이 부족한 아이

Banjo 작고 들고 다닐 수 있는 프라이팬

Barnacle 한 가지 직업만 고집하는 사람

Big house 감옥

Bone polisher 영리한 개

Buck 돈을 구걸할 수 있는 가톨릭 성직자

Bull 철도 공무원

Cannonball 급행 열차

Catch the westbound 죽다

Chunk a dummy 기절한 척하다

Cover with the moon 노숙하다

Cow crate 화물 열차

Crumbs 머릿니

Doggin' it 그레이하운드 버스를 타고 여행하다.

Easy mark 음식이나 피난처를 제공해 주는 사람 혹은 장소

Honey dipping 하수구 작업

Hot 쫓기고 있는 부랑자

Hot shot 고속 화물 열차

Jungle 뜨내기 일군들의 캠프 또는 만남의 장소

Knowledge bus 피난처로 사용하는 스쿨버스

On the fly 달리는 기차에서 뛰어 내리다

Spear biscuits 쓰레기통을 뒤져 음식을 찾다

Yegg 떠돌이 전문 도둑

미국의 서부 지역에 철길이 생겼을 때 해고되었거나 일자리를 찾던 노동자들은 그 철길을 따라 희망과 기회를 찾아 나섰다. 그리고 19세기 말, 유럽과 아시아로부터 엄청난 이민 물결이 미국을 향해 밀려 들어오고 있었다. 그들 중 많은 이들이 철도와 도로 건설 공사에 참여했다. 해외에서뿐만 아니라 수많은 미국의 노동자들도 이러한 공사에 몰려들었다. 그들은 전국을 떠돌며 어떻게든 물질적인 도움이나 식량 배급표를 구하기 위해 안간힘을 썼다.

특히 대공황으로 경제가 위축되자 많은 노동자들이 기차를 타고 먼 지역으로 가서 새로운 기회를 잡고자 하였다. 그들 중 일부는 유전을 찾기 위해 떠났고, 다른 일부는 정체된 시골 마을을 떠나 도시의 밝은 불빛을 보기 위해 떠나기도 했다. 게다가 1930년대 루스벨트 대통령의 뉴딜 정책으로 더욱더 많은 사람들이 고향을 떠나 국가적 규모의 사업에 참여했다. 이렇게 떠난 사람들을 방랑자 rambler 또는 뜨내기 일꾼hoboes이라고 불렀다. 하지만 이러한 사람들 역시 자신들만의 독특한 문화를 만들어나갔다.

> "오늘은 여기, 내일은 저기, 나는 어디로든 돌아다녔다."
>
> – 우디 거스리Woody Guthrie, 『영광을 향하여Bound for glory』(1943)

방랑자들의 표시

아직까지 뜨내기 일꾼들이 어떻게 분필을 가지고 다니면서 정보들을 기록하게 되었는지는 밝혀지지 않았다. 하지만 그들은 이러한 방법을 통해 종종 생과 사를 결정하는 중대한 정보들을 주고받았다. 그들은 가끔 아주 복잡한 방식으로 기록하기도 했다. 아직까지도 그들의 기록 시스템은 매우 독특한 방식으로 인식되고 있다. 그들은 주로 기차, 푯말, 우체통, 울타리 기둥 등에다가 기록을 남겼다.

1. 구걸이 잘 되는 큰 도로
2. 교도소와 이어진 돌무덤
3. 시내에 있는 술집
4. 주류 판매가 금지된 마을
5. 떠돌이를 싫어하는 경찰
6. 기차를 떠나 고속도로로 가다
7. 적대적이지 않은 철도 경찰
8. 적대적인 철도 경찰
9. 이 마을은 매우 위험함. 즉시 떠나시오
10. 기독교인, 혹은 종교적인 사람
11. 여기엔 좋은 사람이 살고 있음
12. 괴팍한 여자, 또는 성질이 사나운 개
13. 이 지역은 좋음. 흑인들이 살고 있음
14. 감옥에 있는 머릿니
15. 좋고 깨끗한 감옥
16. 좋은 감옥이지만 음식이 부족함
17. 더러운 감옥
18. 지명된 사람을 기다림
19. 특정 집단이 형성한 마을
20. 밤을 보내기 적당한 감옥
21. 무서운 경찰임. 조심할 것
22. 무서운 경찰은 아님
23. 돈을 주는 사람이 거의 없음
24. 이곳에 나쁜 사람이 살고 있음
25. 경찰들이 사복을 입고 있음
26. 여자 경찰이 있음
27. 위험!
28. 혼자 사는 여자
29. 두 명의 여자가 살고 있음. 좋은 얘기만 하시오
30. 위험! 난폭한 남자
31. 여기서 버스 요금을 구걸하시오
32. 여기서 범죄가 일어난 적이 있음
33. 이곳에 장물아비가 살고 있음
34. 정원에 개가 있음
35. 건초더미 위에서 잘 수 있음
36. 이곳에서 돈을 구할 수 있음
37. 아무것도 할 게 없음
38. 좋은 곳임. 음식을 얻을 수 있는 좋은 기회
39. 가난한 사람들
40. 여기서 잘 수 있음

경찰과 코드

범인을 추적하는 과정에서 중요한 기술은 단서를 수집하고 조합하고 해석하는 것, 그리고 범죄의 유형을 분석하고 데이터베이스를 활용하는 것이다. 또한 과학적인 방법으로 암호를 해독하는 기술도 중요하다. 그리고 사용할 수 있는 모든 증거를 통해 범죄와 범인에 대한 분명한 해석을 내려야 한다. 오늘날 수사기관들은 조사, 방문, 심문과 같은 전통적인 방법과 DNA 샘플링(174쪽 참조)과 같은 과학적 방법을 동시에 활용하고 있다. 그렇지만 대부분의 경우 인간의 상상과 추측이 가장 일차적인 수단으로 활용되고 있다.

검은 손

라마노네라La Mano Nera는 미국으로 이민온 이탈리아 마피아 조직의 일부였다. 그들은 20세기 초 번성한 코사 노스트라의 1세대로서 활동을 하였다. 그들은 협박 편지들을 보내 돈을 뜯어내는 수법으로 재산을 모았다. 그리고 자신들의 정체를 나타내기 위해 손가락에 검은 잉크를 묻혀 편지지에 찍었다. 이른바 '검은 손' 사건은 1908년 뉴욕에서만 424건, 시카고에서는 100건이 넘게 보고가 되었다. 또한 1910년과 1914년 사이에 벌어진 사건 중, 55건에서는 폭탄이 사용되기까지 했다. 그들의 악랄한 비즈니스 모델은 갑자기 변하게 된다. 1920년 금주법이 실시되면서 라마노네라 조직은 불법적으로 양조하여 이를 몰래 유통시키는 사업을 시작했다. 그리고 경찰의 지문 확인 기술이 발달하면서 그들은 더 이상 편지지에 지문을 찍지 않았다. 대신 편지지에 모양을 검게 그려넣었다. 오늘날 '블랙 메일'이란 단어도 여기서 비롯된 것이다.

이그나치오 사이에타

'늑대Lupo the Wolf'라는 별명으로 유명한 사이에타Ignazio Saietta(1877~1947)는 검은 손 사건들을 주도하였으며 고문의 대가로서 악명이 높았다. 그는 뉴욕의 107번지에 있는 소위 '살인 창고Murder Stable'라는 곳에서 끔찍한 고문을 행했다. 그는 총 60명 정도를 살해한 것으로 알려져 있으나 감옥은 두 번밖에 가지 않았다. 그것도 살인이 아니라 화폐 위조와 협박죄였다.

범죄 유형의 확인

유전 정보를 활용하고 범죄 유형을 구분하는 방식은 골상학이라고 하는 유사과학의 등장과 함께 나타났다. 골상학은 19세기 초 독일에서 시작되었으며, 두개골의 모양을 통해 인간성, 지능, 도덕적인 성향 등을 알 수 있다는 가정을 전제로 하고 있다. 그들의 주장에 의하면, 골상학을 통해 범죄의 모든 유형을 구분할 수 있다고 한다. 조금은 이상한 골상학의 아이디어는 프랑스 범죄학자 알퐁스 베르티옹Alphonse Bertillon(1853~1914)에 의해 주창되었다. 또한 그는 인체측정학 anthropometry 분야도 연구하였으며, 범죄를 밝혀내기 위해서는 정밀하게 촬영된 두상의 사진이 필요하다고 하였다. 오늘날 증명사진 데이터베이스 시스템의 전신이라고도 할 수 있다. 그리고 베르티옹은 글씨체 분석 기술에 관해서도 연구를 하였다. 그는 글씨체를 가지고 특정 인물의 것인지 판단할 수 있다고 주장했다. 그의 주장에 따르면, 글씨체는 쉽게 변형하거나 조작할 수 없으며, 이를 통해 완벽하게 특정 인물을 구분할 수 있다. 하지만 알프레드 드레퓌스Alfred Dreyfus는 바로 글씨체 기술의 희생자였다. 1894년 그는 글씨체 판독법에 의해 반역죄로 유죄 판결을 받았지만, 이후 그의 무죄를 증명하는 많은 증거들이 발견되었다고 한다.

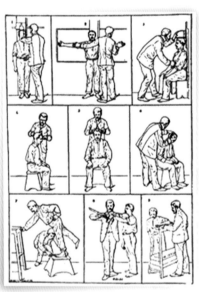

베르티옹의 인체측정학 서적에 실린 그림
범죄자를 판단하는 자세한 설명이 나와 있다.

지문

19세기에 과학적인 방법으로 지문을 분석함으로써 유전자 코드를 활용한 최초의 수사가 이루어졌다. 1886년 런던 경찰국은 지문 판독법을 범죄의 증거로 받아들이지 않았지만, 1892년 아르헨티나 경찰 후안 부세티크Juan Vucetich(1858~1925)는 현장에서 확인한 피 묻은 지문을 증거로 채택하여 유죄 판결을 이끌어내었다. 최초의 국가 지문기관은 1897년 인도의 캘커타Calcutta 지역에 세워졌다. 여기서 근무하던 에드워드 리처드 헨리 경Sir Edward Richard Henry(1850~1931)과 그의 조수 아지즐 하크Azizul Haque와 헴찬드라 보스Hemchandra Bose는 지문을 활용한 분류 방식인 헨리 시스템을 개발하였다. 1901년 런던 경찰국과 뉴욕 민원처리위원회New York Civil Service Commission는 이 시스템을 공식적으로 도입하였다. 그리고 이후 10년 만에 이 시스템은 범인 추적 및 확인을 위한 핵심적인 수단으로서 전 세계에 보급되었다.

오늘날 사용되고 있는 자동 지문 감식 시스템AFIS은 컴퓨터를 통해 지문의 모양과 형태, 구조, 그리고 핵심 유형을 분석한다. 그런 다음 이 자료를 기존의 데이터베이스와 비교하여 확인한다.

"이 암호는 제2차 세계대전 이후 FBI가 발견한 것들 중 가장 복잡한 암호다."

– 브루스 슈나이어Bruce Schneier, 암호 전문가

유나바머 암호

과학기술을 반대하는 고독한 테러리스트인 시어도어 카진스키Theodore Kaczynski(1942~)는 FBI에게 아주 어려운 도전 과제를 안겨주었다. 그는 1996년 몬태나의 작은 오두막에서 동생의 신고로 체포되었고 무기징역에 처해졌다. 그는 1970년대 후반에서 1990년대 중반까지 기술 발전에 대한 반대 시위로 다양한 과학자 및 사업가들에게 우편을 통해 폭탄을 보냈다. 비행기에도 폭탄을 설치한 적이 있으나, 이는 다행히 실패로 끝났다. 이러한 방법으로 그는 세 명을 죽였고 23명이 넘는 사람들을 다치게 하였다. 카진스키는 '유나바머Unabomber(University and airline bomber'라고 불리기도 하는데, 이 별명은 FBI가 카진스키를 잡기 위한 작전의 코드명으로부터 나온 것이다. 결국 FBI는 그의 동생의 신고를 받고서야 그를 잡을 수 있었다.

천재 수학자이기도 한 카진스키는 전형적인 미국의 유복한 가정에서 자라나 하버드를 졸업하고 버클리에서 강의도 하였다. 하지만 「산업사회와 미래Industrial Society and its Future」라는 선언문을 발표하면서 무정부적 운동을 시작하게 된다. 경찰은 그가 숨어 있었던 곳을 수색하여 숫자와 콤마로 가득 찬 문서들을 발견하였다. FBI와 미국 국가안전보장국National Security Agency이 이를 해독하기 위해 노력했지만 성공하지 못했다. 그러던 중 그의 메모에서 암호 열쇠를 발견함으로써 마침내 해독할 수 있었다(왼쪽, 아래). 당국은 2006년이 되어서야 해독한 내용을 공개하였다. 그것은 그가 저지른 범죄에 대한 것이 아니라 자신의 행동을 정당화하는 주장들을 담고 있었다고 한다.

유나바머 암호

그가 체포된 오두막에서 숫자로 가득 찬 메모들이 발견되었다. 하지만 암호 전문가들조차 해독에 실패했다. 마침내 그의 메모에서 정교하게 고안된 암호 열쇠를 발견하고서야 해독을 할 수 있었다.

해독 방법

위 메모를 통해 숫자를 읽거나 더하고 빼고 곱하는 순서, 그리고 짝을 지워 새로운 숫자를 만드는 방법을 알 수 있다.

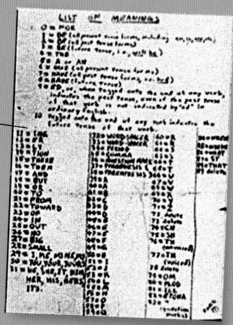

숫자들의 의미

숫자의 뜻은 사전과 같은 방식으로 정리되어 있다. 유나바머의 특정 숫자들은 의미를 담고 있는 것으로 밝혀졌다.

해독의 결과

수학적 계산을 통해 구체적인 의미를 밝혀냈다. 이러한 복잡한 과정을 거쳐 유나바머의 전체 내용이 서서히 드러났다.

카진스키의 메모

메모(왼쪽)를 보면 숫자와 알파벳과의 관계, 알파벳 조합, 그리고 단어들을 구분하는 방식들을 확인할 수 있다. FBI는 이 메모를 가지고 해독을 할 수 있었다.

조디악 미스터리

사람들은 흔히 연쇄 살인범은 경찰과 숨바꼭질하는 것을 즐긴다고 생각하고 있다. 하지만 대부분 소설이나 영화에서만 볼 수 있는 이야기이다. 실제로 경찰의 추적을 받고 싶어하는 연쇄 살인범들은 거의 없다. 토머스 해리스Thomas Harris가 그린 살인마 한니발 렉터Hannibal Lecter는 사회적인 비난을 갈구하고 있지만, 실제로 대부분의 살인자들은 범행의 흔적을 최대한 숨기려고 한다. 최초의 현대적인 연쇄 살인범이라고 알려진 잭 더 리퍼Jack the Ripper는 메모를 남기거나 신문에서 글자를 잘라서 붙이는 방식으로 경찰들을 조롱했다. 그는 종종 다음번 희생자를 지목하기도 했으며, 자신이 저지를 끔찍한 살인의 세부적인 내용까지 미리 알려주기도 했다.

목격된 살인자

1969년 9월 27일 조디악 킬러는 베리사 호 유원지에서 하트넬과 셰퍼드를 습격했다. 위 그림은 칼에 찔리고도 살아남은 하트넬의 설명을 바탕으로 그린 것이다. 조디악은 당시 총을 갖고 있었지만 빨랫줄을 사용하여 그들을 묶은 뒤, 칼로 무참히 찔렀다. 조디악은 하트넬의 자동차에 펠트펜으로 십자가와 원의 상징을 새기고 "Vellejo/12-20-68/7-4-69/Sep 27-69-6:30/ by knife"라고 덧붙였다.

이후 조디악이 주장한 추가적인 범행에도 불구하고, 경찰은 공식적인 살인이 총 다섯 건이라고 발표했다. 첫 번째 살인은 1968년 12월 20일에 일어났다. 연인 사이였던 페러데이와 젠슨은 캘리포니아 베니시아 허먼 호숫가의 길을 걷다가 조디악의 총을 맞고 죽었다.

1969년 7월 4일, 또 다른 커플이 바예호 외곽에 있는 블루 록 스프링 골프 코스에서 조디악의 총격을 받았다. 당시 페린은 사망했고, 매고는 다행히 살아남았다. 이 총격 사건 다음으로 위에서 설명한 베리사 호 사건이 터졌다.

마지막으로 1969년 10월 11일, 택시 운전사 스타인은 샌프란시스코 프레시디오 하이츠에서 총을 맞고 숨졌다. 당시 그의 택시에는 승객도 타고 있었다.

"친애하는 편집자님, 나는 살인자입니다."

조디악 킬러는 1968년 12월과 1969년 사이에 샌프란시스코 만과 밸리 부근의 공원이나 으슥한 골목을 배회하다가 서로 멀리 떨어진 장소에서 다섯 명을 살해하고, 세 차례 공격으로 두 명을 다치게 했다. (1966년부터 1974년까지, 또는 그 이후에도 범행을 계속했다는 주장도 있다. 다른 사람들과 조디악 킬러 본인이 주장하는 모든 범죄를 합해 보면 총 40건에 가까운 살인사건을 저지른 셈이다). 그는 수차례 편지와 엽서를 보내 경찰을 당황하게 만들었다. 그중 네 개의 서신에는 암호가 들어 있었다(142쪽 참조). 가장 긴 첫 번째 암호 서신은 1969년 7월 31일에 세 지역 신문인 「바예호 타임즈 헤럴드Vallejo Times-Herald」, 「샌프란시스코 크로니클San Francisco Chronicle」, 그리고 「샌프란시스코 이그재미너San Francisco Examiner」에 도착했다. 거기에는 암호와 함께 경찰이 밝혀내지 못한 범죄의 세부사항에 대해 휘갈겨 쓴 메모가 들어 있었다. 조디악은 그 암호와 메모의 내용을 지면에 실으라고 요구했다(그는 메모에서 허먼 호숫길과 블루 록 스프링에서 저지른 범행을 자랑하고 있다). 그 이후 사회적인 이목이 집중되었다. 경찰은 암호 전문가들을 통해 해독을 시도했고 과학수사와 필적 감정을 의뢰했다. 하지만 좀처럼 실마리를 찾을 수 없었다. 그러던 중 1969년 8월 8일, 캘리포니아 샐리나스에 살고 있는 고등학교 부부 교사인 도널드 하든Donald Harden과 베티예 하든Bettye Harden이 마침내 암호 대부분을 해독하는 데 성공했다.

조디악의 메모

위 메모는 조디악이 「샌프란시스코 이그재미너」 신문사에 암호 메시지 1/3과 함께 보낸 것이다. 각각의 메모에서 조디악은 경찰이 공개하지 않은 범행의 세부사항을 묘사해 놓았다.

하든의 해독방법

조디악 첫 번째 암호는 17개의 글자 또는 상징으로 이루어진 행이 24개, 즉 총 408개의 글자로 되어 있다. 조디악은 이를 종이 한 면에 기록한 뒤, 세 부분으로 나누어 보냈다. 그는 독특한 형태의 치환 암호를 사용하였으며 일부만 체계적인 논리에 의해 작성되었고 잘못된 철자도 들어 있었다. 하지만 고의적인 것이었다고 생각된다. 하든은 암호문에 '살인killing'이나 '재미fun'와 같은 단어들이 있을 것이라고 생각했다. 그리고 범인은 자아가 강한 인물이기 때문에 'I'라는 글자가 반복해서 사용되었을 것이라고 추측했다. 또한 빈도 분석법을 통해 조디악이 동음이자를 사용하고 있음을 밝혀냈다. 즉, 조디악은 특정 글자를 두 개 이상의 글자나 상징을 사용하여 표기하였다.

하든 부부는 핵심 단어나 문구를 따로 구분하기 위해 붉은 글씨로 표시해 놓았다. 그들은 여기에다 나머지 해석을 붙여나가는 식으로 진행했다. 혼돈을 일으키는 동음이자들 중 일부는 파란색으로 표시해 두었다. 흥미롭게도 핵심 문자인 I 역시 동음이자 중의 하나였으며, 삼각형, P, U, 거꾸로 된 K, 삼각형의 순으로 치환된 것을 확인할 수 있다. 이와는 반대로, K는 항상 /로만 치환되어 있다.

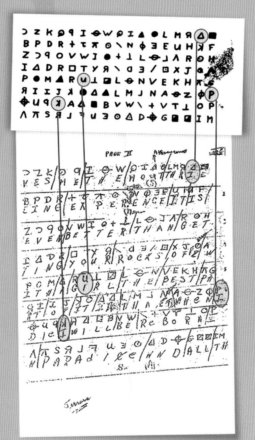

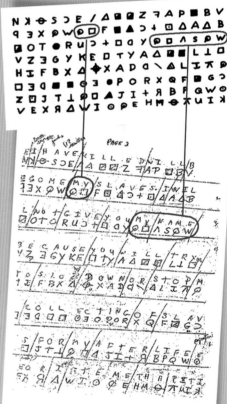

도널드 하든과 그의 아내 베티예는 암호문에서 예측 가능한 글자들을 골라냈다.

암호문의 마지막 18개 글자들의 의미는 밝혀지지 않았지만 하든은 암호문의 의미를 대부분 밝혀냈다. 풀리지 않는 부분은 암호 사용의 오류나 철자법이 잘못되었다고 볼 수 있다. 그의 메모에서처럼 무식하다는 인상을 주기 위해 고의적으로 실수를 조작했다고 생각된다. 이러한 추측으로, 부주의하다고만 여겨던 조디악을 보다 냉정하게 바라볼 수 있게 되었다. 그러나 이야기는 여기서 끝나지 않았다. 하든이 조디악의 심리 상태를 드러내는 암호문을 조금이나마 해독하기는 했지만, 그 이후의 암호와 섬뜩한 메시지(142쪽 참조)는 결국 풀리지 않았다. 그리고 암호 해독가와 음모 이론가들의 관심은 계속되었다.

하든 부부의 해독문

"너무나도 재미있기 때문에 나는 살인을 좋아한다. 살인은 숲에서 사냥을 하는 것보다 훨씬 재미있다. 사람은 가장 위험한 동물이기 때문이다. 무언가를 죽일 때, 나는 최고의 스릴감을 느낄 수 있다. 이것은 섹스보다 훨씬 더 좋다. 그중에서 가장 좋은 것은 나는 죽어서 낙원에 다시 태어날 것이고, 그때 내가 죽인 사람들은 나의 노예가 될 것이라는 사실이다. 내 이름을 알려주지는 않을 것이다. 당신들이 내가 다음 생애를 위해 노예들을 모으는 작업을 방해하거나 막을 것이기 때문이다. EBEORIETEMETHHPITI"

조디악이 남긴 것

하든이 조디악이 보낸 익명의 편지에 담긴 첫 번째 암호문(141쪽 참조)을 해독했음에도 불구하고, 살인 사건은 멈추지 않았다. 그는 당국을 '파란 돼지blue pigs', 또는 '블루 미니blue meanies'(당시 〈옐로 서브마린〉이라는 만화영화에 등장하는 캐릭터)라고 조롱했다. 그는 계속해서 「샌프란시스코 크로니클」 신문사와 직원들에게 대략 15통의 편지와 엽서를 보냈다. 이 서신에서 그는 살인에 대한 관심뿐만 아니라 자신의 범죄와 더욱 끔찍한 계획을 알려서 관심을 끌려 하는 집착을 드러냈다. 그리고 서신과 함께 세 개의 암호문도 보냈으며, 이 암호는 아직까지도 풀리지 않고 있다.

조디악의 상징
조디악은 이 이미지를 일관되게 사용했다. 연금술과 강령술에 관한 이미지들을 본떠 멀리 내다보는 통찰력을 다소 으스스한 방식으로 나타내고 있다.

이후의 편지들
그가 주장한 살인사건의 수(총 37건)와 샌프란시스코 경찰국SFPD의 성과(0건)를 비교한 조디악의 점수표는 지금으로부터 30년 전의 검거 성공률을 그대로 보여주고 있다. 당시 수많은 용의자들을 조사했지만 남은 것은 한 가지뿐이다. 그것은 자칭 조디악이 약 2년에 걸쳐 범행을 저질렀지만 그의 범죄와 이후의 암호는 아직도 풀리지 않고 있다는 사실이다.

"나는 조디악이다."
그는 「바예호 타임즈 헤럴드」로 보낸 1969년 8월 4일자 소인이 찍힌 편지에서 조디악이라는 이름을 처음으로 사용하였다. 또한 그의 상징인 원과 십자가 서명도 처음으로 사용했다.

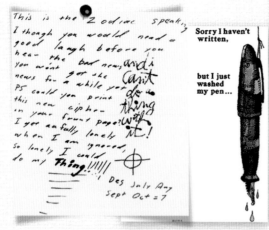

"여태껏 편지를 쓰지 못해 미안하다."
1969년 11월 8일, 「샌프란시스코 크로니클」 신문사에 도착한, 싸구려지만 불길하면서도 이상한 이 카드에 조디악은 340 글자로 된 암호문을 적어놓았다. 겉으로 보기에 첫 번째 암호와 비슷하지만 하든 부부는 이 암호를 풀어내지 못했다. 그리고 아직까지 미스터리로 남아 있다.

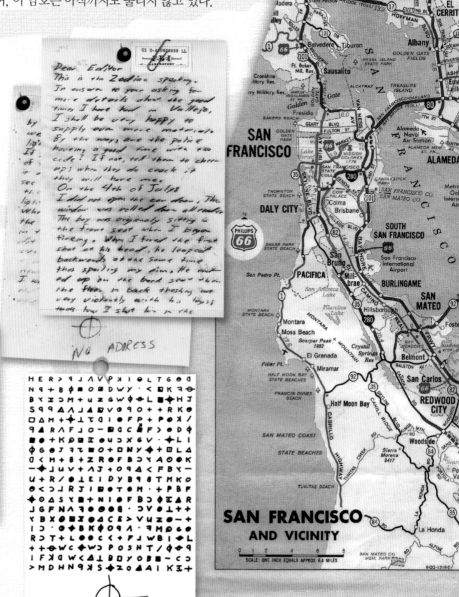

"내 이름은…"

「샌프란시스코 크로니클」 신문사는 1969년 11월 9일 소인이 찍힌 또 하나의 편지를 받았다. 그 편지에는 샌프란시스코 만 지역에서 통학 버스에 폭탄을 설치할 것이라는 내용이 담겨 있었다. 하지만 그러한 사건은 터지지 않았다. 다만 1971년 클린트 이스트우드가 출연한 〈더티 해리Dirty Harry〉의 소재가 되었다. 그러나 「샌프란시스코 크로니클」 신문사는 5개월 정도 지난 1970년 4월 2일에 또 다른 폭탄 위협을 담은 편지를 받았다. 이 편지에서 조디악은 처음으로 점수표(Zodiac:10: SFPD:0)를 실었다. 하지만 이 편지에는 더욱더 놀라운 정보가 들어 있었다. 조디악이 암호를 사용하여 그의 실제 이름을 드러낸 것이다. 하지만 이부분도 여전히 미스터리로 남아 있다.

마지막 암호

상징을 담은 배지나 버튼을 착용하는 패션이 유행하면서 조디악에 대한 관심은 잠시 수그러들었다. 하지만 조디악은 자신의 상징 역시 '웃는 얼굴'이나 '핵 반대' 로고처럼 인기를 끌 수 있을 것이라고 생각했다. 그리고 자신이 악명 높은 유명 인사가 되었다고 믿었다. 그는 1970년 6월 26일, 크로니클 신문사에 다시 편지를 보내 조디악 상징에 관한 새로운 패션을 제안하기까지 하였다. 이 편지에는 폭탄 설치 장소를 암시하는 듯한 지도와 점수표도 들어 있었다. 또한 네 번째이자 마지막 암호 메시지도 포함되어 있었다. 이 암호 역시 앞의 두 개와 비슷한 형태였으며, 아직까지 해독되지 않고 있다.

조디악이 사라지다

7월 24일, 그리고 26일 소인이 찍힌 편지들이 크로니클 신문사에 도착했다. 이 편지에는 추가 범행에 대한 자세한 설명이 들어 있었지만 암호문은 없었다. 그리고 1970년 10월 27일 크로니클 신문사 기자 폴 에이버리Paul Avery는 불길한 느낌이 드는 할로윈 카드를 받았다. 하지만 그 이후 조디악은 활동을 중단한 것으로 보인다. 「로스앤젤레스 타임즈」는 LA 경찰을 살해하겠다는 협박이 담긴 1971년 3월 13일 소인의 편지를 받았다. 그리고 1974년 1월 29일에 크로니클 신문사는 1974년 영화 〈엑소시스트The Exorcist〉의 '냉소'적인 측면을 찬양하는 편지를 받았다. 그러나 마지막 두 편지는 모두 '모방범'의 소행인 것으로 보인다.

아서 리 앨런의 1969년 모습

그는 조디악 사건의 가장 유력한 용의자로 남아 있다.

용의자

조디악에 대한 사람들의 추측으로 수많은 용의자들이 수사 선상에 올랐다. 그중에서 한 인물이 가장 유력한 용의자로 지목되었다. 그는 아서 리 앨런Arthur Leigh Allen(1933~1992)이라는 인물로, 부모와 집에서 함께 사는 고독한 인물이었다. 그는 여러 초등학교에서 일을 했으며, 기타 다양한 일들을 했다. 1971년 앨런의 지인 중 한 사람이 경찰에 제보를 했다. 그는 앨런이 자기 입으로 기괴한 범죄들을 저질렀다고 고백했다고 말했다. 이후 경찰은 앨런을 수차례 심문했으며 증거들도 수집하였다. 하지만 당시 과학수사의 범위는 상당히 제한적이었다. 조디악의 편지와 앨런의 필체 사이에 상당한 유사성이 있었음에도 불구하고, 1971년 법무부는 분석 보고서를 통해 유효한 연관성이 없다고 발표하였다. 하지만 앨런은 그 이후에도 이상한 행동을 보였으며 폭음을 일삼았다. 또한 그는 단어나 문장을 우스꽝스러운 형태로 틀리게 쓰는 것으로 유명했으며, 총기를 소유하고 있었다. 심지어 그의 차에선 혈흔이 묻은 칼들이 발견되었다. 앨런은 닭을 잡을 때 사용했다고 주장했다. 첫 번째 암호문의 참고자료였다고 지목된 리처드 코넬Richard Connell의 1924년 단편 미스터리 작품 「가장 위험한 게임The Most Dangerous Game」을 읽었음을 인정했다. 그리고 조디악 시계도 갖고 있었으며, 1967년 그의 어머니로부터 받은 선물이라고 말했다. 앨런의 동료나 친지들은 경찰에 추가적인 정황 증거들을 제공했다. 그러던 중 1974년, 그는 유아 성추행으로 유죄 선고를 받았다. 이처럼 앨런에 대한 조사는 그가 죽기까지 거의 20년에 걸쳐 계속되었다. 그럼에도 불구하고, 경찰은 정확한 증거를 찾는 데 실패했다.

앨런의 필기

경찰은 그의 필기 샘플을 가지고 분석 작업을 했다. 그러나 그 결과는 부정적이었다.

그래피티

고전시대 이후로, 사람들은 정치적, 사회적인 메시지 및 주장들을 익명으로 표현하기 위해 그래피티를 사용했다. 그리고 아주 오랫동안 많은 비난의 대상이 되기도 하였다. 20세기 말, 에어졸 스프레이 페인트, 그리고 더욱 넓은 빈 공간을 지닌 도시의 실용주의적 건축물의 등장으로 인해 그래피티는 논쟁을 불러일으키는 대중 예술의 한 장르로서 새로운 전성기를 누리게 되었다. 힙합 문화의 폭발적인 인기와 더불어 뉴욕에서 시작된 현대적 그래피티는 이제 여러 학교들을 중심으로, 그리고 세계적으로 유행하고 있다. 젊은이들은 다양한 사회적인 운동의 과정에서 자신들의 영역을 확고히 하기 위해 그래피티를 사용하고 있다. 보기에는 흉물스러울지 몰라도 사실 그래피티는 많은 정보를 담고 있다.

그래피티의 정체성

그래피티 아티스트들은 대부분 불법적인 공공장소에 그림을 그린다. 그렇기 때문에 보통 가명을 사용하고 추상적인 형태로 서명을 하는 경우가 많다. 현대 그래피티 예술의 주요 특징으로는 글자들을 교묘하게 겹쳐서 숨기고, 그 규모가 아주 큰 경우가 많으며, 밝고 대비되는 색상을 사용한다는 점을 들 수 있다. 그래피티의 비밀스러운 표현 양식은 1960년대 유행했던 몽환적인 포스터나 앨범 표지의 형태를 따라 하고 있다. 하지만 랩과 힙합에 나오는 은어들도 활용하면서 이중적인 암호 방식을 효과적으로 사용하고 있다.

그래피티 아티스트들은 많은 정성을 들여 정교하게 작품을 그린다. 여러 명의 아티스트들이 함께 참여하는 경우도 흔히 있다. 그리고 추상적이고 조형적인 요소들을 함께 사용하여 매우 복잡한 형태로 그리기도 한다. 다만 서명은 순수 예술가들의 방식을 그대로 사용한다.

장식문자

그래피티에서 가장 흥미로운 부분은 글자나 단어를 예술적으로 장식하거나 변형시킨 것이다. 일반적인 사람의 눈에는 단지 추상적인 형태로밖에 보이지 않는다.

복잡한 곡선

모든 그래피티에서 볼 수 있는, 즉흥적으로 그린 이러한 곡선들은 그래피티 단체들의 영역을 표시하기 위한 것이다. 일반적으로 간단한 약자의 형식으로 신속하게 그려넣는다.

철자

장식 문자와 복잡한 곡선을 그려넣는 표기 양식은 1970년대부터 나타나기 시작했다. 이는 오늘날 휴대전화 메시지에서 글자를 축약하여 사용하는 표기 방식에 영향을 주었다.

현대적인 그래피티

힘이 넘치는 반체제 관련 그림을 주로 그리고 있는 반스키(Bansky(가명)와 같은 유명 예술가들이 본래의 정치적 관심을 현대 그래피티에서도 이어나가고 있다. 반스키 그림들은 순수 예술 시장에서 점점 그 가격이 올라가고 있다. 반스키는 조심스럽고도 즉흥적인 방식으로 그림을 그리고 있으며, 작품 배치도 매우 신중하게 하여 사람들의 시선을 끌어당기고 있다. 스텐실 인쇄 방식으로 그린 영국의 근위병은 작품 속에서 무정부주의 로고를 그리고 있다.

젊음의 코드

고스
검은 옷, 부츠, 그리고 흰색 고스 화장은 더욱 복잡하고 문화화된 반응을 드러낸다. 펑크의 무정부주의나 허무주의를 드러낸다.

암호를 가지고 자신들만의 조직적인 정체성을 형성하는 움직임은 어느 시대에서나 존재했다. 제2차 세계대전 이후, 젊은이 사이의 유행은 더욱더 풍부해졌다. 1940년대의 바비삭서(Bobby-soxer, 짧은 양말을 신은 사춘기 소녀를 일컫는 말-역자 주) 세대로부터, 1950년대의 비트 세대(당시 보수적이던 사회에 적응하지 못하던 미국 청년 세대-역자 주), 1960년대 히피 문화, 1970년대 펑크 문화, 그런지Grunge 패션 및 고스Goth 음악, 그리고 최근의 힙합 세대에 이르기까지 아주 다양한 문화로 이어졌다. 젊은이들은 자신들의 정체성을 만들고 다양한 모임, 사회 운동, 심지어 범죄 조직 사이에서 질서를 잡기 위해 종종 독특한 복장이나 언어, 그래피티와 같은 상징의 형태로 암호를 사용했다.

EMO
이모제너레이션Emo-Generation(복장에서 우울함을 강조하는 새로운 세대-역자 주)은 고스 문화의 음악과 문학을 받아들여 탄생하였으며 오늘날 널리 퍼진 유행이다. 하지만 복장이나 행동의 측면에서 반사회적인 성격을 강하게 드러내지는 않는다.

백슬랭, 피그라틴, 더블더치

19세기에 다양한 형태의 피그펜 암호 Pigpen cipher(단순 치환 암호, 60쪽 참조)가 갑자기 인기를 끌면서 젊은이들 사이에서 새로운 형태의 음성 암호가 등장했다. 백슬랭Backslang이란 단지 단어를 거꾸로 말하는 형태의 암호. 백슬랭은 영국의 식료품 가게들을 중심으로 발달하였는데, 주로 가게에서 소비자의 주문을 숨기기 위한 수단으로 사용되었다. 예를 들어, boy는 yob이 된다. yob은 이미 정식 단어로 사전에 올라 있다. 프랑스에서는 이와 비슷한 형태의 베를랑Verlan이 유행했다.

말을 쉽게 변형하는 또 다른 형태로 피그라틴Pig Latin을 들 수 있다. 피그라틴은 단어의 첫 자음을 맨 뒤로 보낸 뒤, ay를 붙이는 식으로 사용한다. 예를 들어, Pig Latin은 Igpay Atinlay 가 된다.

모음 앞에 아무런 의미가 없는 음을 붙이는 형태도 있다. 그러나 말이 너무 장황해진다는 단점이 있다. ayg라는 의미없는 음을 각 모음 앞에 삽입하면, 'Two pounds of rice, please'라는 문장은 'Taygoo paygounds aygof raygice, playgeese'가 된다. 그 열쇠를 알고 있지 않는 한, 이 말을 듣고 바로 이해하는 것은 불가능하다.

또 다른 음성 암호로서 더블더치 Double Dutch(또는 Tutnese)도 있다. 여기서는 모든 자음을 특정 단어로 치환한다. 가령 B는 Bud, C는 Cash, D는 Dud, F는 Fuf 등으로 발음한다. 이 방식대로 하면 Double Dutch는 Dudbubublul Dudtutcashlul로 바뀐다. 더블더치를 사용하면 간단한 문장도 아주 길어진다. 미국판 더블더치는 유키시Yuckish 또는 Yukkish라고 알려져 있다.

펑크

1970년대에 섹스 피스톨즈Sex Pistols나 레이머즈Ramones와 같은 음악밴드, 패션 디자이너 비비안 웨스트우드Vivienne Westwood, 그리고 리처드 헬Richard Hell과 같은 작가들은 당시 영향력을 가졌던 반체제 문화운동의 형성 과정에 지대한 역할을 하였다. 펑크 문화의 젊은이들은 사회적인 혼돈과 무질서를 극단적인 헤어스타일, 변형된 의상, 문신이나 피어싱의 형태로 표현했다.

HIP-HOP

힙합

힙합은 자마이카의 운율이 섞인 은어들을 바탕으로 다양한 요소들을 받아들여 1970년대 미국에서 등장한 음악 장르를 말한다. 이후, 불만에 가득 찬 흑인 젊은이들의 '프로젝트'나 갱 문화에만 국한되지 않고 아주 빠른 속도로 전반적인 문화적 스타일들을 흡수해 나갔다. 힙합은 오늘날 전 세계에 골고루 퍼져 있으며 그 형태도 매우 다양하다. 예를 들어, 스페인의 힙합에는 플라멩코적인 요소가 들어 있으며, 일본의 힙합 거장인 DJ 크러시(DJ Krush)는 그의 앨범에 반드시 일본 전통 노래를 수록하고 있다. 그래피티(144쪽 참조) 역시 힙합 문화의 한 단면이라고 할 수 있다. 사실 힙합 문화는 랩, DJ 음악, 브레이크댄스는 물론 전반적인 의상 스타일과 언어 습관 및 다양한 예술 장르들을 포괄하고 있다. 힙합 문화에 익숙하지 않은 사람들은 래퍼들이 내뱉는 은어뿐만이 아니라 그들이 사용하는 수신호도 쉽게 이해할 수 없다.

힙합 코드

랩은 힙합의 핵심적인 요소이다. 그렇기 때문에 힙합에서는 외설적, 성적, 마약과 관련된 다양한 용어들이 자연스럽게 발달했다.

187	살인(캘리포니아 형법전에서 유래)
850	감옥
All gravity/gravy	다 좋은
Base	약한
Bing	감옥
Biter	다른 사람의 가사를 훔쳐 쓰는 래퍼
Blood	친구, 친척, 갱 집단의 동료
Boo	애인
Boofer/duck	못생긴 여자
Cabbage	돈
Faded	술 취한
Ghost	떠나다
Grill	얼굴
Hood	이웃
Jawzin'	거짓의
Out the pockets	끝내다
Piece/ heater/ gat	총
Pulling licks	강도
Snake	바보 같은 느낌
Whip	자동차
Wolfin'	거짓의

갱들의 수신호

갱들은 주로 은밀한 방법으로 수신호를 사용하여 의사소통을 했다. 갱들의 수신호는 서부 해안 지역으로 이민을 온 중국의 삼합회(Triad:중국 청대 결사 조직 - 역자 주) 조직원들이 사용하던 것과 유사하다. 수신호는 특정 갱단에 대한 충성을 의미한다는 차원에서 매우 중요한 것이었다.

마피아 갱

라틴킹즈
(미국의 히스패닉계 갱단)

후버Hoover 갱

살인자

맨해튼 섬의 동부

맨해튼 섬의 서부

후디

젊은이들 사이에서 후디 hoodie(모자 달린 점퍼-역자 주)를 입는 것은 단지 패션 감각만을 의미하지 않는다. 유명한 브랜드의 후디를 입어야만 또래들 사이에서 '인기(street cred'를 얻을 수 있기 때문이다. 하지만 최근 영국에서는 버버리 체크와 더불어 후디가 경범죄와 관련이 있다는 부정적인 인식이 있다.

일본 젊은이들의 문화

1980년대 일본의 폭주족들은 거리의 풍경을 바꾸어놓았다. 폭주족들은 항상 개조한 소형 오토바이를 다리를 짝 벌려 타고 다녔다. 폭주족들은 주로 학교 생활에 적응하지 못했으며, 자기들끼리 '돈키호테'나 '타란툴라'와 같이 이국적이고도 괴기한 이름을 붙여주었다. 또한 그들은 우익 단체의 슬로건이나 만자문(卍) 같은 상징들을 사용했다. 물론 정치적인 색채를 드러낸다기보다는 다른 사람들에게 강한 인상을 주기 위해서였다. 폭주족들보다 더 어린 불량 청소년을 일컫는 양키라는 이름은 일본에 주둔하고 있는 미군들로부터 따온 것이다. 이들은 주로 고등학생 또는 퇴학생들로 이루어져 있었고, 그들은 통제적인 일본 사회에 대해 매우 반항적이었다. 퍼머를 한 긴 머리나 금발 염색으로 그들을 쉽게 알아볼 수 있다. 또한 흑백이나 원색 계통, 알로하 셔츠, 광택이 나고 반짝이는 옷을 입고 있다. 심지어 남자까지도 하이힐을 신고 있다. 폭주족과 양키 모두 어린 시절의 놀이로 끝이 나며, 대부분은 성인이 되기 이전에 학교나 사회로 돌아온다. 하지만 일부 젊은이들은 폭주족 생활을 계속하다가 결국에는 야쿠자가 되기도 한다.

롤리타

낭만적인 고스 스타일로부터 영향을 받은 유행. 주로 빅토리아 시대의 어린이용 드레스와 로코코 양식에서 영감을 받은 의상을 입는다. 또한 극단적으로 미학적인 복잡한 행동 규칙을 지킨다.

디지털 멸망

지난 30년 동안 나타난 새로운 커뮤니케이션 기술의 폭발적인 발전으로 인해 테러리스트와 범죄자의 활동 방식은 크게 변화하였다. 그리고 각 정부들은 이러한 변화에 대한 새로운 대처방안을 수립해야 하는 과제를 떠안게 되었다. 디지털 기술의 발전으로 데이터를 수집, 감독하는 활동으로부터 절도와 사기 사건을 추적하거나 폭탄을 폭파시키는 작업에 이르기까지 다양한 분야의 일들을 새로운 방법으로 처리할 수 있는 기회가 열렸다. 또한 텔레커뮤니케이션 기술로 인해 국가적, 물리적 경계선들을 쉽게 넘어서게 되었다. 휴대전화나 인터넷 통신은 기술적인 차원에서 추적하고 감시할 수 있는 반면, 방송 전파를 이용한 통신은 이러한 추적과 감시가 거의 불가능하다는 문제점이 있다.

Wi-Fi 워초킹

어떤 도시에 가보면 벽과 도로 위에 분필로 그런 원이나 호 모양의 그림을 발견할 수 있다. 이 그림들은 무선 wi-fi 네트워크를 통해 공짜로 인터넷에 접속이 가능한 지역임을 알리는 표시들이다. 흔히 워초킹warchalking, 스트리트워링streetwarring, 또는 워드라이빙wardriving이라고 알려져 있다. 이런 지역에서 인터넷을 사용하는 것은 큰 문제가 아니다. 하지만 신용카드 결제 업무를 위해 식당이나 체인 매장에 설치한 무선 네트워크를 이러한 방식으로 사용함으로써 2008년 약 1억 명의 신용카드 사용자들의 정보(마그네틱 선에 들어 있는 Track 2 데이터)들이 무선 시스템을 통해 잠재적인 범죄 위협에 노출되었다고 밝혀졌다. 이 데이터들은 온라인을 통해 거래되었으며 종종 이골드e-Gold라고 하는 사이버 머니로 결제되었다.

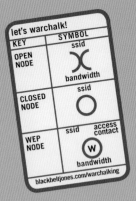

공격을 알려주는 테러리스트

테러리스트들은 언제나 비밀리에 의사소통을 해야만 했다. 19세기 러시아의 무정부주의 조직(왼쪽)은 메시지를 비밀리에 전달하기 위해 폴리비우스 암호(78쪽 참조)를 사용했다고 한다. 최근 IRA(아일랜드 공화국군, Irish Republican Army)이나 ETA(바스크 민족주의 분리주의자, Euskadi Ta Askatasuna)와 같은 많은 테러리스트 조직들은 미리 정해놓은 암호를 사용하여 유엔군 전용 전화 또는 신문사나 방송사로 유선전화 혹은 휴대전화로 전화를 걸어, 유엔군에게 폭탄 공격을 미리 경고했다고 한다.

9·11 이후 사람들을 불안에 떨게 만든 여러 가지 발견들 중에 테러리스트들이 공격을 조직하고 조율하고 추진하고 관리하는 과정에서 휴대전화를 폭넓게 사용했다는 사실이 밝혀졌다. 특히 많은 범죄조직들과 마찬가지로, 추적이 불가능한 선불식 일회용 휴대전화가 널리 사용되었다. 마드리드와 런던 폭탄 사건 때에도 이러한 장비를 사용했다는 증거가 발견되었다. 또한 휴대전화 벨소리를 울려서 폭탄을 폭파시키는 것도 얼마든지 가능하다. 특히 국가 안보기관의 진압 작전에 대항할 수 있는 PGP와 같은 암호 프로그램의 개발로, 이메일과 인터넷 역시 테러리스트들의 핵심 채널로 활용되고 있다.

1998년 북아일랜드 오모Omagh 지역에서 일어난 폭탄 사건은 미리 정해놓은 전화 암호 단어 시스템이 고장 나고 휴대전화 메시지 감시까지 실패함으로써 무고한 시민들이 사망하는 참사로 이어졌다.

감시

디지털 기술의 발달로 인해 사람들을 관찰하고 감시하는 기술의 수준이 더욱더 높아졌다. 거리 곳곳에 설치된 CCTV, 그리고 휴대전화를 통해 우리의 행동을 감시당하고 있다. 그리고 우리의 온라인 활동은 ISPInternet service provider 계정과 서버로부터 웹브라우저로 전송되는 '쿠키'를 통해 추적당하고 있다. 또한 직장의 지역 네트워크상에서도 감시를 받고 있다. 미국 기업의 45%가 직원들의 컴퓨터 파일, 이메일, 컴퓨터 사용 시간 등을 감시하고 있다고 한다. 오늘날 위성 시스템은 길을 걷는 사람의 그림자를 추적, 분석하고 이 데이터를 '동작 인식 지문human motion fingerprint'과 비교하여 신원을 확인할 수 있는 수준까지 와 있다. 한편, 공과금 청구서, 고객 우대 카드, 구매 상품에 부착된 RFID 태그, 신용카드 실적, 진료 기록 등 다양한 분야에서 만들어진 데이터들이 모여서 형성된 거대한 데이터베이스는 암호화된 대형 데이터 매트릭스상에서 우리 모두를 작지만 평가 가능한 점수로 만들고 있다.

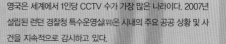

영국은 세계에서 1인당 CCTV 수가 가장 많은 나라이다. 2007년 설립된 런던 경찰청 특수운영실위은 시내의 주요 공공 상황 및 사건을 지속적으로 감시하고 있다.

공격받는 언어

휴대전화 문자메시지 서비스가 급격하게 저렴해지고 또한 편리해지면서(98쪽 참조) 새로운 유형의 디지털 속어들이 등장하기 시작했다. 문자메시지 서비스가 시작된 초기에는 한 번에 보낼 수 있는 문자의 수에 엄격한 제한이 있었다. 일반적으로 160자 혹은 그 이하였다. 이로 인해 사람들은 주로 약어들을 사용했으며 숫자의 음성도 함께 활용하기 시작했다.

lol	크게 웃다
b4	Before
l8r	later
btw	by the way

리트Leet 또는 l33t, 1337이라고 하는 독특한 '언어'도 인터넷 토론장에서 수년 동안 사용되고 있다. 리트 사용의 특이한 점은 일정한 규칙이 없다는 점이다. 사실, 규칙이 없다는 점이 규칙이라고 할 수 있다. 리트를 사용하는 사람들은 고의적으로 애매모호한 문장을 사용하며 종종 암호화된 형태로 표현한다. 리트는 온라인 게임을 통해 급속하게 보급되었다. 빠른 스피드를 요구하는 게임을 할 때, 한 게이머가 같은 그룹의 게이머들과 의사소통을 하기 위해서는 최대한 빨리 의사를 전달해야 한다. 타이핑하는 동안에는 게임을 할 수 없기 때문이다!

sry m8	Sorry mate
np	No problem
noob	all Good shot, good game everybody!
noob	Newbie: 초보 게이머

단축 언어 사용이 젊은이들의 언어 생활과 교육에 부정적인 영향을 미칠 수 있다는 우려가 사회적으로 떠올랐다. 이로 인해 2008년 영국 대학들을 중심으로 공공 토론회가 벌어졌다. 여기서 옥스퍼드와 케임브리지 대학의 일부 관계자들은 '정확하고', '전통적인' 철자법 및 구두법에 대해 보다 유연한 자세를 가져야 한다고 주장하였다.

세계의 암호화

종종 눈으로 확인할 수 없는 자연의 작용을 설명하기 위해 사람들은 정의가
불가능해 보이는 대상을 정의할 수 있는 어마어마하게 다양한 방법들을 찾아
냈다.

고대시대 이후로, 수학자와 과학자들은 이러한 문제를 풀 수 있는 열쇠를 인
류에게 가져다주었다. 그리고 시간, 물리, 기계, 화학, 생물, 지도, 소리 등과
같은 개념의 추상적인 작용을 설명하기 위한 기반을 마련하였다.

시간의 해석

문자가 나타나기 오래전부터 인류는 천체의 움직임에 따라 시간을 표시하는 방법을 터득했다. 대부분의 역법에서 가장 기본이 되는 단위는 하루이다. 물론 하루의 시작을 정하는 기준은 역법 체계에 따라서로 다르다. 오늘날 대부분 7일을 일주일로 삼고 있지만 그렇지 않은 역법들이 과거에 사용되었다. 한 달은 달의 모양을 기준으로 정한다. 대부분의 역법에서 한 달의 시작은 초승달이 처음으로 나타나는 시점이다. 하지만 힌두나 중국 문화권의 경우는 보름달이 그 기준이다. 역법마다 1년의 시작 시점은 다양하다. 예를 들어, 춘분과 추분이나 동지와 하지, 또는 태양이 가장 북쪽에 위치하는 시점과 가장 남쪽에 위치하는 시점을 한 해의 시작으로 하는 체계도 있었으며, 이와는 다른 방식으로 천체를 관찰하여 정하는 체계들도 있었다.

기록 시간

기계적인 방식의 시계가 개발되기 이전에도 해시계(위)나 물시계와 같이 하루의 시간을 측정하기 위한 다양한 시도가 나타났다. 초기의 시계는 코일 스프링이나 정밀하게 무게를 잰 추 또는 진자를 사용하여 움직였다.

다양한 문화권마다 각자 독자적인 방식으로 한 달과 1년을 계산하였다. 달의 주기를 측정하거나 태양의 주기를 측정하여, 또는 이를 조합한 방식을 활용하기도 했다. 여기서 한 달은 달의 움직임에 따라, 1년은 태양의 움직임에 기반을 두고 있었다. 이로 인해 발생하는 차이를 해결하기 위해 각각의 역법은 윤달 또는 윤년 시스템을 사용해야만 했다.

BC 2500년경의 이집트 태양력
30일로 이루어진 12개의 월에다가 5일을 추가하였다. 하루의 시작은 태양이 떠오르는 시점이다. 양피지로 만들어진 황도대the zodiac 달력(위)이 발견되었다. 원기epoch(역법을 적용하는 최초의 날—역자 주)는 BC 746년 2월 18일이다.

모형 중국 물시계

BC 1300년경 중국
태음태양력lunisolar. 천문학적인 관찰에 기반한다. 하루의 시작은 한밤이다. 달은 베이징에 새로운 달이 뜨는 시점이다. 1년은 12 또는 13개월, 한 달은 29나 30일로 이루어져 있고, 60년 주기로 묶여 있다. 원기는 BC 2637년 3월 8일이다.

BC 500년경 인도 태양력
1년은 12달, 한 달은 29~32일로 이루어져 있다. 하루의 시작은 일출 시점이며, 하루는 30무후르타muhurtas로, 1무후르타는 48분으로 이루어져 있다. 이 달력의 원기는 왕이 즉위한 해, 석가모니의 열반(BC 544년경), 또는 자이나교의 창시자인 마하비라가 죽은 해(BC 538년경)이다.

| 3000 BC | 1000 BC | 500 BC |

BC 3000년경 유럽
태양력. 스톤헨지Stonehenge(위)와 같은 고대의 거석 기념물. 각각의 거석들은 일출, 일몰, 하지 또는 동지 때의 태양의 위치에 따라 배열되어 있다.

BC 1500년경 바빌로니아
음력. 1년은 29일과 30일로 번갈아 변하는 열두 달로 이루어져 있다. 하루는 일출과 함께 시작한다. 계절과 조화를 이루기 위해 조정이 필요할 때마다 열세 번째 달을 삽입했다. 아케메네스 왕조에서는 19년을 단위로 일정한 간격으로 달을 삽입하는 방법을 사용하였다. 메톤 주기Metonic cycle라고 부르는 이 방법은 이스라엘에서 아직도 사용되고 있다. 일주일이 7일로 되어 있다는 점은 밝혀지지 않았지만, 바빌로니아 사람들이 사용하던 열두 달의 명칭은 아랍과 이스라엘 지역에서 아직까지 남아 있다. 바빌로니아 음력의 기원은 알려져 있지 않다.

BC 713년 로마
태음태양력. BC 713년, 열 달로 구성된 고대 로마의 역법에 1월과 2월이 추가되었다. 1년은 355일이었으며, 태양력에 맞추기 위해 주기적으로 한 달을 삽입하였다. 공화정 시대에 들어서면서 영사관들이 원기를 산정하였다. 이후, 로마가 시작된 753년이 새로운 원기로 사용되었다.

BC 500년경 그리스
태음태양력. 그리스에는 지역별로 다양한 역법이 사용되었다. 아테네에서는 변동적인 열 달로 구성된 상용 태양력과 별자리를 기준으로 한 농경 달력을 동시에 사용하였다. 태음태양력의 1년은 29~30일로 된 열두 달로 이루어져 있었으며, 3년마다 윤달을 추가하였다. 한 달들은 10일을 단위로 세 부분으로 나누어져 있었다. 상용 달력은 열 달, 그리고 365일 또는 366일로 이루어져 있으며 37일인 달이 여섯 번, 36일인 달이 네 번 있었다.

BC 250년경 마야

마야의 '롱카운트Long Count' 달력의 기원은 BC 3114년 9월 8일이다. '롱카운트' 한 주기가 끝날 때마다 세상은 파괴되고 새로 탄생한다. 현재에 해당하는 '롱카운트' 주기는 2012년 12월 21일에 끝난다고 되어 있다. 또한 하압Haab이라는 달력의 1년은 윤달이나 윤년이 없이 20일로 된 18개의 달에다가 5일이 추가된 365일로 이루어져 있다. 마지막으로 촐킨Tzolkin, 혹은 '역법 주기Calendar Round'는 365일이 태양력 52년 동안 영원히 순환하는 달력이다. 촐킨은 중앙아메리카 전 지역에서 사용되었던 것으로 여겨지고 있다. 마드리드 사본Madrid Codex에는 비에 관한 의식, 파종 시기, 새해, 사람을 제물로 바치는 의식, 사냥, 양봉에 이르기까지 다양한 시기를 기록한 약 250개의 달력이 기록되어 있다.

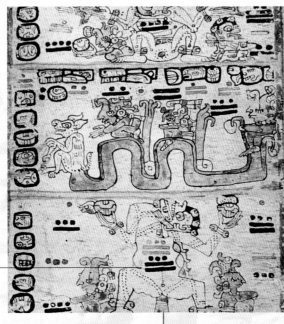

삶과 죽음

머리를 뒤로 젖힌 채 손에 옥수수 씨앗을 들고 있는 죽음의 신. 비의 신 착Chac은 죽음을 생명으로 다시 돌려놓는다.

마드리드 사본

56쪽으로 구성된 마드리드 사본의 29쪽에는 두 개의 농경 달력이 실려 있다.

BC 250년경 마야

세 개의 달력인 '롱카운트', 하압, 그리고 촐킨(위 참조)은 서로 맞물려 있다.

532년 로마 시대

예수의 생애를 기점으로 하였다 Anno Domini.

1789~1789년 프랑스

프랑스 혁명 달력(197쪽 참조)

AD 0   AD 1000

BC 45년 로마

태양력. 카이사르는 로마의 역법을 수정했다. 1년은 365일로 이루어져 있고, 윤년은 4년마다 돌아온다. 그리고 하루의 시작은 자정이다. 초기 로마 달력이 사용하던 12개월 방식은 바꾸지 않고 그대로 두었다. 1년의 평균 길이는 365.25일이었으며, 율리우스 적일Julian dates(율리우스력의 BC 4713년 1월 1일을 기점으로 통산한 일수)은 계절을 기준으로 다시 순환한다.

359년 히브리

태음태양력. 원기는 BC 3760년 9월 7일이다.

1753~1753년 해리슨의 크로노미터

영국의 해군본부와 영국 정부의 지원 경쟁하에서, 영국인 존 해리슨John Harrison이 최초로 정확한 경도측정기(오른쪽)를 40여 년에 걸쳐 개발하였다. 완벽한 방수 기능을 가진 이 시계를 사용하여 그리니치 자오선을 기준으로 정확한 경도를 측정할 수 있었다. 크로노미터의 발명으로 수많은 배와 선원들을 구할 수 있었다.

BC 250년경 켈트

태음태양력. 한 달은 29~30일로, 1년은 12달로 이루어져 있다. 평균 2.5년에 한 번씩 윤년이 돌아온다. 또한 일주일은 14~15일로 구성되며 한 달은 두 주일로 이루어져 있다.

원기와 현대 달력

모든 역법에는 최초의 날이 있다. 일반적으로 특정 연도와 날짜의 형태로 나타나 있으며, 이를 '원기epoch'라고 한다. 원기는 역사적인 사건이나 전설상의 날짜와 관련이 있을 수도 있으며, 단지 임의로 정하기도 한다. 하지만 원기는 그 역법이 만들어지기 훨씬 전의 날짜인 경우가 대부분이다. 즉, 원기는 가상적인 날이며, 다만 그날로부터 달력의 계산이 시작되는 것이다. 중국의 경우와 같이 주기적인 시스템을 가진 역법에서, 각 주기마다 원기가 있다. 물론, 새로운 원기를 적용하여 더욱더 옛날로 거슬러 올라갈 수도 있다.

2008년 1월 1일은 다음에 해당한다.

이슬람교
1428년 AH(Anno Hegirae, 이슬람 기원), 2008년 1월 10일에 다음해가 시작

율리우스력
2007년, 다음해는 2008년 1월 14일에 시작

중국력
AC 4644년 또는 AC 4704년. 78 혹은 77 주기Cycle. 24년(딩하이, 定亥). 다음해는 2008년 2월 7일에 시작

힌두교
1929년(인도 정부가 정한 인도 달력Saka 기준), 다음해는 2008년 3월 21일에 시작

이란
1836년. 다음해는 2008년 3월 21일에 시작

에티오피아
2000년. 다음해는 2008년 9월 11일에 시작

콥트인Coptic(고대 이집트인의 자손으로서 콥트 교회를 따르는 사람들)
1724년. 다음해는 2008년 9월 9일에 시작

유대인
AM 5768년. 다음해는 2008년 9월 29일의 일몰 시에 시작

일본
2668년 또는 헤이세이(일본이 현재 쓰는 연호. 1989년 1월 8일부터 사용되고 있다-역자 주) 20년. 다음해는 2009년 1월 1일에 시작

불교
불기 2552년. 다음해는 2009년 1월 1일에 시작

그레고리안 달력

로마 율리우스 역법은 계절을 기준으로 순환하여 왔다. 하지만 1582년 교황 그레고리 8세는 고대시대로부터 이어져 온 율리우스 역법을 최초로 개혁하였다. 오늘날 그레고리안 달력은 널리 사용되는 달력 중 하나이다.

부활절 계산

일상생활에 관련된 미스터리 중 하나는 기독교의 부활절을 계산하는 방식이다. 사실 부활절은 아주 간단하게 구할 수 있다. 부활절 계산은 기독교 이전 점성술적 방식에 기원을 두고 있다. 춘분일 이후 첫 보름달이 지나고 나서 돌아오는 일요일이 바로 부활절이다.

형태를 묘사하기

기하학은 모양, 넓이, 부피, 각도를 연구하고 체계적으로 정리하는 학문이다. 우리 주위의 물리적 세계를 설명하는 한 가지 방법이기도 하다. 기하학과 함께 수학은 BC 3000년부터 발전하였다. 최초의 수학은 사물의 길이와 크기를 측정하고, 그 관계를 발견하는 기하학이었다. 특히 고대 그리스 시대에 기하학이 매우 인기가 있었다. 그리스인들은 '황금 비율'이나 파이와 같은 특별한 수나 형상에 영원의 진리가 담겨 있다고 믿었던 것이다. 이후 17세기에 프랑스 학자 데카르트는 '데카르트 좌표Cartesian coordinates'의 개념을 통해 기하학의 혁명을 이끌어내었다. 이 개념을 통해 비로소 특정한 점의 위치를 선과 평면상에서 기술할 수 있게 되었다. 현대 기하학은 상대성, 대칭, 비대칭과 관련된 분야에서, 그리고 양자역학에서 매우 중요한 역할을 하고 있다. 그리고 기하학의 진화는 대수학의 발전과 밀접한 연관을 가지고 있다(158쪽 참조).

유클리드

기하학의 '아버지'인 알렉산드리아의 그리스 수학자 유클리드(BC 300년경 활동)는 역사적으로 가장 영향력이 큰 기하학 및 수학에 관한 책을 썼다. 그는 그의 저서 『원론Elements』에서 이전의 그리스 학자들의 발견을 총정리하였으며, 더욱 다양한 방향으로 발전시켰다. 또한 인수, 원근법, 그리고 광학에 관한 내용도 포함되어 있었다. 그 이후로 수학은 19세기에 들어서야 비로소 유클리드 기하학의 개념을 벗어날 수 있었다.

기하학

고대 그리스인들은 2차원과 3차원 형태의 특성을 정의하고 연구하였으며, 현대의 수학적 개념의 타당성을 폭넓게 뒷받침하고 있는 다양한 기본적인 원리를 창조했다. 또한 피타고라스와 그 제자들은 수많은 공식들을 증명하였다(158쪽 참조). 고대 그리스 기하학적 증명에서 가장 빛나는 점은 정방형, 정육면체, 삼각형, 원의 특성을 확인하고 이를 대수적으로 설명했다는 사실이다.

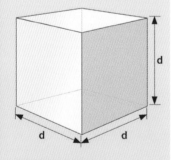

정사각형과 정육면체

정사각형 : 간단하면서 대칭적인 기하학적 형태로서 길이가 같은 네 면으로 이루어져 있으며 모든 내각이 90도를 이루고 있다. 면적을 계산하기 위해서는 한 면의 길이를 제곱하면 된다.
넓이=d×d

정육면체 : 3차원의 입체 도형이다. 넓이와 부피를 구하는 공식은 다음과 같다.
총면적=6×d²
부피=d³

황금 비율

피타고라스 학파가 황금 비율을 발견함으로써 온음계에 해당하는 음악적인 조화를 드러낼 뿐만 아니라 미학적으로 가장 뛰어난 건축과 그림의 구성을 나타내는 근본적인 조화의 비율을 제시하였다. 황금 비율은 아래와 같이 넓이, 원, 직사각형 사이의 관계를 기반으로 하고 있다.

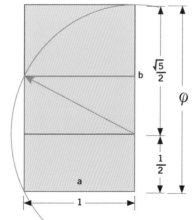

아래와 같이 각 면의 길이가 1인 정사각형을 그리고, 한 면의 중심에서 맞은편의 꼭짓점으로 선분을 긋는다. 그리고 이 선분을 반지름으로 하여 원을 그린 뒤, 그림과 같이 직사각형을 완성한다. 여기서 그리스 문자 파이(φ)는 아래의 수식과 같이 다양한 방법으로 정의할 수 있다.

a+b에 대한 a의 비율은 a에 대한 b의 비율과 같다.
즉,

$$\frac{a+b}{a} = \frac{a}{b} = \varphi$$

2008년 7월에 개장한 런던 하이드 파크의 서 펜타인 갤러리에 있는 프랭크 게리Frank Gehry 의 파빌리온. 기하학적 건축술의 매력을 보여 주고 있다.

피타고라스 이론
정사각형과 삼각형에 관한 개념을 통합한 피타고라스 원칙을 기반으로, 이후 삼각형 특성에 관한 300개가 넘는 증명들이 나왔다. 또한 두 변의 길이를 통해 다양한 다른 변들의 길이를 구하는 삼각법trigonometry으로 바로 이어졌다.

"직각 삼각형의 빗변의 제곱은 다른 변의 제곱의 합과 같다."

– 유클리드가 인용한 피타고라스 법칙(BC 300년경)

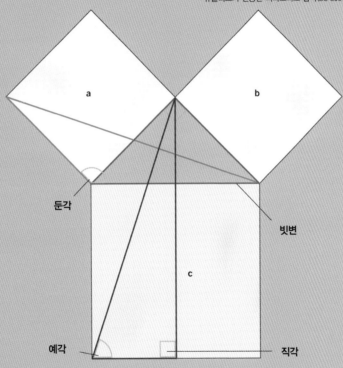

둔각 · 예각 · 직각 · 빗변 · a · b · c

삼각형
위 정리는 삼각형의 특성을 설명하고 있다. 이 정리는 지금까지 기하학 분야와 대수학과의 관계에서 매우 중요한 위치를 차지하고 있다. 그리스인들은 특히 삼각형을 좋아했다. 그들은 삼각형을 네 가지 주요 형태로 정의하였다.

직각 삼각형
삼각형의 한 내각이 직각인 삼각형. 직각삼각형은 삼각법의 분야에서 가장 중요하다.

부등변 삼각형
각 면의 길이가 다르고 각 내각의 크기도 다른 삼각형. 대칭성이 없다.

이등변 삼각형
두 면의 길이가 같은 삼각형. 이등변 삼각형의 두 내각은 같다.

정삼각형
세 면의 길이와 세 내각의 크기가 모두 같은 삼각형. 대칭성이 가장 높은 삼각형이다.

피타고라스는 또한 직각 삼각형에서 두 면의 길이를 알면 나머지 면의 길이도 계산할 수 있음을 증명하였다.

π의 초월수적인 특성
고대 그리스 사람들이 숫자가 지닌 신비로운 측면에 매료되었다는 점을 보여주는 좋은 사례로서 π를 들 수 있다. 그렇다면 π란 무엇인가? π는 소수점이 무한히 나아가기 때문에 끝까지 기록할 수 없는 수, 즉 초월수이다. π는 원의 특성과 관련이 있다. 이를 처음으로 연구한 사람은 시라쿠사 지방의 아르키메데스(BC 287~212)였다. π는 원에서 쉽게 측정할 수 있는 지름과 원주를 가지고 구할 수 있다. 그리고 다양한 방식으로 정의할 수 있다. 오늘날 발견되고 있는 미스터리 서클(위)에서도 원의 기하학적 특징을 확인할 수 있다.

π의 값은 결코 끝까지 적을 수 없다. 소수점 50자리까지 표기해 보면 다음과 같다.

π
=3.14159265358979323846264338 32795028841971693993937510…

이처럼 π 값의 길이는 무한하다. 한편, 현대의 첨단 슈퍼컴퓨터는 π의 값을 1조 2천 4백억 자리까지 계산할 수 있다!

우리는 아래의 수학 공식에서 기하학과 대수학에서 π의 역할을 확인할 수 있다.
원주의 길이 = π×d(지름)
원의 면적 = π×(d÷2)²

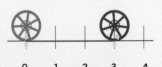

0 1 2 3 4

π를 나타내는 그림
위의 그림과 같이 지름의 길이가 1인 원에서 원주의 길이는 π(약 3.14)이다.

힘과 운동

1m는 어느 정도의 길이일까? 1kg은 어느 정도의 무게일까? 그리고 공은 얼마나 빠른 속도로 땅으로 떨어질까? 이러한 모든 질문은 힘, 운동, 그리고 측정과 밀접하게 연관되어 있다. 그렇다면 어떻게 각각의 측정치들을 표준화할 수 있을까? 또한 속도, 거리, 시간과 같은 요소들이 어떤 방식으로 연관되어 있는지 어떻게 알아낼 수 있을까? 이러한 질문들을 연구하는 물리학 분야를 역학이라고 한다. 즉, 역학이란 힘, 운동, 측정을 다루고, 이러한 요소들을 정의하기 위한 수학적 원칙을 공식화하는 학문을 말한다. 이와 같은 미스터리를 풀고, 다양한 요소들이 어떻게 작동하는지 설명하기 위해 인류는 측정에 관한 아주 정교한 용어들을 개발했다. 그리고 그 용어들은 지금 이 순간에도 계속 진화하고 있다.

유레카!
마침내 만물이 움직이는 방식과 그것을 움직이게 하는 힘에 관한 이론의 토대가 또다시 고대 그리스인에 의해 마련되었다. 피타고라스 학파가 조화, 비율, 천문에 관해 연구한 반면, 시라쿠사의 아르키메데스(BC 약 287~212년)는 이보다 더욱 실용적인 문제에 집중을 했다. 그는 공성 무기, 지렛대, 곡면 거울을 사용하여 태양빛을 모으는 광선총, 그리고 아르키메데스 펌프라고 알려진 나선식 펌프 등을 개발하였다. 또한 배수량displacement을 활용하면 복잡한 모양을 한 물체들의 부피를 정확하게 측정할 수 있다는 사실을 깨달았다. 이 발견은 그가 욕조에서 갑자기 깨달았다는 일화로 더욱 잘 알려져 있다. 이를 통해, 밀도의 개념이 탄생하였다. 여기서 밀도는 질량을 부피로 나눈 값이다.

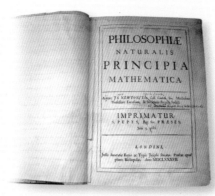

뉴턴의 유명한 저서에는 갈릴레오, 케플러 같은 이전의 과학자들이 연구한 개념들을 일부 도입하고 있다.

뉴턴과 "자연 철학의 수학적 원리"
중력, 광학, 빛을 과학적인 방식으로 설명한 선구자는 바로 아이작 뉴턴이었다. 1687년 그는 힘과 운동의 분야에 관한 가장 유명하고 중요한 저서인 『자연 철학의 수학적 원리Philosophiae naturalis principia mathematica』를 발표하였다. 이 책에서 그는 중력이 질량에 미치는 영향에 관한 방정식과 운동의 법칙을 공식화하였다.

제1법칙 – 관성의 법칙
외부에서 힘이 가해지지 않는 이상, 정지해 있는 물체는 계속 머물러 있고 움직이는 물체는 같은 방향으로 계속해서 움직이려고 한다. 이 말은 테니스공을 던지면 처음에 던진 방향을 향해 무한정 계속해서 날아간다는 뜻이다. 하지만 여기서 중력의 힘이 작용하여 그 공을 아래로 잡아당긴다. 또한 공기의 저항이 테니스공의 속도를 느려지게 한다. 하지만 텅빈 우주 공간에서 테니스공을 던진다면 느려지거나 방향이 바뀌는 일 없이 영원히 같은 방향을 향해 날아갈 것이다.

제2법칙 – 가속도의 법칙, F=ma
물체에 가하는 힘의 크기는 그 물체의 질량과 가속도를 곱한 것과 같다. 같은 힘을 가하더라도 질량이 큰 물체는 가속도가 더 적게 붙는다고 생각하면 이해하기 쉽다. 예를 들어, 축구공을 발로 차면 더 빨리 속도가 증가하게 되겠지만 같은 힘으로 포탄을 발로 찬다면 속도는 더 천천히 증가할 것이다. 그 이유는 포탄의 질량이 축구공보다 훨씬 크기 때문이다.

제3법칙 – 작용반작용의 법칙
'모든 작용에 대해 크기는 같고 방향은 반대인 반작용이 존재한다.' 제3의 법칙은 가장 유명하면서 자주 인용이 되는 뉴턴의 법칙이다. 그러나 다른 법칙들에 비해 그 의미는 다소 미묘하다. 만약 당신이 어떤 물체에 힘을 가한다면 당신도 똑같은 힘을 물체로부터 받게 된다는 뜻이다. 예를 들어, 벽을 민다면 그 벽은 당신과 똑같은 힘으로 당신을 밀어낸다. 그렇지 않으면 당신은 벽을 뚫고 지나가게 될 것이다.

자연 철학의 수학적 원리에 소개된 세 가지 법칙과 중력 방정식을 기반으로 운동 역학의 토대가 마련되었으며 동시에 뉴턴 역학이 완성되었다. 그 후 아인슈타인의 상대성 원리처럼 운동 역학에 관한 또 다른 법칙이 등장하기까지는 아주 오랜 시간이 걸렸다.

아르키메데스의 나선형 펌프
물을 끌어올리기 위한 재래식 방법으로서 아직도 사용되고 있다. 아르키메데스는 나선 원리를 응용하였다.

미스터리 속으로

앨버트 아인슈타인(1879~1955)은 오늘날 가장 잘 알려진 과학자이다. 특히 일반 상대성 원리로 잘 알려져 있다. 일반 상대성 원리는 우주에서 유일한 상수는 관찰자에게 상대적으로 보이는 빛의 속도뿐이라고 하는 혁명적인 발견을 제시하고 있다. 또한 이 원리는 다른 속도로 움직이는 사람들에게는 시간 역시 다른 빠르기로 흘러간다고 하는 이해하기 어려운 개념을 던져주고 있다.

말년에 아인슈타인은 '광전 효과Photoelectric Effect'를 발견하였다. 이 발견으로 비로소 양자 역학으로 이어지는 혁명이 시작되었다.

양자 역학은 기존 물리학 이론인 질량–에너지 보존 법칙과 같은 원리도 새롭게 설명하고 있다. 즉, 완전히 정지해 있는 물체라고 하더라도 질량을 가진 모든 물체는 엄청난 양의 에너지를 보유하고 있다는 사실을 우리에게 말해주고 있다.

뉴턴의 법칙은 물체가 움직일 때 운동에너지를 갖고, 그리고 높은 위치에 있을 때 위치 에너지를 갖는다고 설명하고 있다(물체가 땅에 떨어질 때 그 에너지는 방출된다). 하지만 아인슈타인은 아무리 작은 물질이라도 엄청난 양의 에너지를 가지고 있음을 증명하였다.

E – 에너지
물체가 지닌 에너지

c² – 광속의 제곱
c는 빛의 속도를 의미한다. 빛의 속도는 초속 300,000,000m의 기본적인 상수이다. 제곱을 하면 엄청나게 큰 값이 된다.

m – 질량
물체의 질량. kg 단위

$$\mathcal{E} = mc^2$$

에너지

이 방정식에서 C²의 의미는 아주 작은 질량을 가진 물체라도 실제로는 어마어마한 에너지를 갖고 있다는 뜻이다. 1달러 지폐와 같이 1g 정도의 질량을 가진 가벼운 물체도 22킬로톤kiloton의 에너지를 지니고 있다. 이 정도의 에너지는 나가사키에 떨어진 원자폭탄의 위력과 맞먹는다. 물론 1달러 지폐가 지닌 에너지는 매우 안정된 형태를 이루고 있다. 일반적으로 오직 강력한 핵반응이 일어나야만 그 에너지가 방출된다.

복잡한 방정식은 비단 현대 사회의 전유물만은 아니다. 잉카인들 역시 다양한 색깔의 실들을 매듭짓는 결승문자의 형태로 '키푸'라는 계산기를 사용했다. 잉카인들은 기록이나 수학적인 계산을 보존하고 비밀 정보를 전달하기 위해 키푸를 사용했던 것으로 추측된다.

특이한 측정 단위들

길이, 질량, 시간 및 다른 주요한 단위를 정의하기 위해 아주 흥미로우면서 특이한 방법들이 과거로부터 사용되어 왔다. 초나 미터와 같이 가장 일반적인 단위들은 오늘날 정확한 과학적인 정의를 기반으로 하고 있다. 즉, 초나 미터를 측정하는 장치가 모두 사라진다고 하더라도 그 정의를 바탕으로 얼마든지 새로 만들 수 있다. 일반적으로 이러한 정의들은 엄청나게 복잡하면서도 아주 정교하게 이루어져 있다.

1초
세슘–133 원자의 바닥 상태에 있는 두 개의 초미세 준위 사이의 전이에 대응하는 복사선의 9,192,631,770 주기의 지속 시간. 즉, 세슘 원자가 91억 9,263만 1,770회 진동하는 시간이 1초에 해당한다.

1미터m
빛이 진공에서 2억 9,979만 2,458분의 1초 동안 진행한 거리. 이 정의는 진공 상태에서 빛의 속도와 원자의 진동이라고 하는 기본적인 상수를 전제로 하고 있다.

1뉴턴N
질량이 1kg인 물체를 가속도 1m/sec²으로 움직이게 하는 힘

1줄J
1뉴턴의 힘으로 물체를 1m만큼 움직이기 위해 필요한 에너지

1광년
빛이 진공 속에서 1년 동안 진행한 거리로, 천체 사이의 거리를 나타낼 때 쓴다. 9,460,730,472,580.8km에 해당한다.

1몰mole
화학에서 사용하며, 약 600,000,000,000,000,000,000,000개의 물질 입자를 포함하는 물질 집단을 의미한다. 실질적으로 원자의 수를 계산하는 과정에서 유용하게 사용된다. 예를 들어, 수소 원자 1mole은 1g에 해당하고 금 원자의 1mole은 약 200g에 해당한다.

1킬로그램kg
kg은 빛의 속도와 같은 기본 상수를 기반으로 정의하지 않고, 인공적으로 만든 물체를 기준으로 정의한 유일한 방식의 표준 측정 단위이다. IPK(국제 kg 원기, International Prototype Kilogram)는 백금과 이리듐의 합금으로 만들어진 원기둥으로서 프랑스에 있는 국제 도량형국에 보관되어 있다. 1kg은 바로 이 IPK의 질량을 의미한다. 하지만 IPK 표면과 분자에 있는 가스 물질이 시간이 지남에 따라 날아가면서, 실제로 1kg의 값이 변화하고 있다.

IPK
IPK는 공기의 성분에 따라 무게가 변화하는 위험을 최소화하기 위해 종 모양의 유리용기에 보관되어 있다.

수학: 묘사할 수 없는 것

수학은 아직까지 가장 순수한 추상적인 학문으로 남아 있다. 수학은 물리적인 현상 뒤에 놓인 원리들을 설명하기 위해 사용된다. 수학이 없다면 그 모든 현상들은 설명이 불가능한 상태로 남아 있을 것이다. 수학자들은 수학적인 개념을 표현하기 위해(154쪽, 156쪽 참조) 그들만의 '암호화된' 언어, 상징, 숫자를 개발한 반면, 순수한 사고를 통하여 우리를 둘러싼 세계와 움직이는 세계에 담긴 암호의 구조를 풀기 위해 노력하고 있다. 암호학과 수학은 사실 서로 복잡하게 얽혀 있다. 에니그마 기계의 작동 원리로부터 오늘날의 온라인 뱅킹 시스템에 이르기까지 수학은 암호 시스템이 작용하는 방식을 해석하고 새로운 암호 시스템을 개발하기 위한 기반이다.

> ## "우주에 대해 가장 이해하기 어려운 것은 우리가 우주를 이해할 수 있다는 사실이다."
>
> – 앨버트 아인슈타인(1936년)

대수학

대수학은 어디서 그리고 언제 시작되었을까? 대수학은 알려진 값을 분석함으로써 미지수의 값을 구하는 수학적이고 논리적인 방법이다. 대수학은 일반적으로 방정식의 형태로 표현된다. 대수학 algebra이라는 단어는 페르시아 수학자 알콰리즘al-Khwarizm이 쓴 아랍 세계의 책 『완성과 균형을 활용한 계산 개론 The Compendious Book on Calculation by Completion and Balancing』(820년, 위)에서 비롯되었다. 그의 이름에서 '알고리즘'이라는 단어를 쉽게 연상할 수 있다. 그러나 진정한 대수학의 기원은 숫자 체계가 최초로 등장한 4,000년 전으로 거슬러 올라갈 수 있다(26쪽 참조). 대수학은 마치 암호화된 언어처럼 보인다. 사실, 대수학은 '기호syncopation'의 산물이다. 400년 전만 하더라도 수학자들은 대수학의 수식을 모두 문장으로 표현하였다. 예를 들어, 간단한 문제도 다음과 같은 문장으로 썼다. '25라는 숫자는 3이라는 숫자와 다른 미지수의 합계이다. 25에서 3을 빼면 22라는 숫자가 나온다. 그러므로 이 미지수의 값은 22이다.'

하지만 기호와 수식을 사용하면 이렇게 나타낼 수 있다.

$$25 = 3 + x$$
$$25 - 3 = x$$
$$x = 22$$

미적분학

미적분학은 역사상 아주 중요한 수학적 발견이다. 뉴턴과 라이프니츠는 동시대에 각각 독자적으로 미적분학을 완성했다. 미적분학의 주제는 변화와 무한의 개념에 대한 연구라고 할 수 있다. 아래의 이야기는 수천 년 동안 철학자들을 괴롭혀왔던 유명한 철학적 문제이다. 그 해답은 바로 미적분학으로부터 나왔다. 이 문제는 고대 그리스 철학자 제논이 제기한 패러독스들 중 하나이다.

뉴턴은 자신의 이론을 대수학의 기호나 수식을 사용하지 않고 라틴어로 기록하였다.

아킬레스와 거북이

아킬레스는 그의 친구 거북이와 경주를 하기로 되어 있었다. 형평을 감안하여 거북이에게는 100m 앞서서 출발할 수 있는 핸디캡을 주었다. 이 경주에서 아킬레스는 거북이를 따라잡을 수 있을까? 예를 들어, 아킬레스가 100m 지점에 도달했을 때, 거북이는 10m를 움직였다고 하자. 그러면 아킬레스가 다시 그 10m를 따라잡았을 때, 거북이는 1m를 나아가게 된다. 그리고 아킬레스가 1m를 나아갔을 때, 거북이는 10cm를 앞서게 된다. 이러한 과정이 무한정 반복되면 아킬레스는 아주 작은 거리라도 언제나 거북이 뒤에 처져 있게 된다. 그렇다면 아킬레스는 어떻게 거북이를 따라잡을 수 있을 것인가?

해답

제논은 이 문제를 수학적으로 해결할 수 있다는 사실을 몰랐다. 아킬레스와 거북이 사례를 보다 단순화하여 거북이가 1m 앞에서 출발을 하고 속도는 아킬레스의 절반이라고 가정하자. 그러면 앞에서와 같은 방식으로 아킬레스가 달리는 총 거리는 다음과 같다.

$$1 + \frac{1}{2} + \frac{1}{4} + \frac{1}{8} + \frac{1}{16} + \cdots$$

무한 진행. 이처럼 작은 숫자들은 무한히 반복될 것인가? 아니다. 이 무한 수열의 합계는 정확하게 2가 된다. 이와 같은 무한히 진행하는 숫자들의 합계를 계산하기 위한 방법이 바로 미적분학이다.

무한 수열의 원리는 앵무조개의 껍데기와 같은 자연 속에도 드러나 있다.

19세기 혁명

유럽에서는 1800년대부터 수학적인 연구가 폭발적으로 증가하였다. 뛰어난 수학자들이 그룹을 이루어 기하학, 수의 이론, 물리학을 혁명적으로 발전시켜 나갔다. 대표적인 인물로 라그랑주Joseph Lagrange, 라플라스Pierre-Simon Laplace, 푸리에Joseph Fourier, 리만Bernhard Riemann을 들 수 있다. 이 수학 자들은 새로운 형태의 기하학을 체계화하였다. 평행선들은 결국 만나게 되는 전제가 되고, 행성과 다른 천체의 움직임에 관한 정확한 방정식을 구할 수 있는 기반이 되는 타원형 기하학(또는 리만 기하학)과 같은 유클리드의 개념을 넘어서는 수준으로까지 발전하였다. 그중 가장 영향력 있는 인물로 맥스웰 James Maxwell(1831~1879)을 꼽을 수 있다. 전자기학을 확립한 맥스웰 방정식 은 아인슈타인의 상대성 이론의 탄생에 기여를 하였다.

맥스웰의 방정식

전기장과 자기장의 상호작용에 관한 전자기장 이론을 완벽하게 설명하고 있 는 맥스웰Maxwell 방정식 역시 과학의 역사에서 매우 중요한 발견들 중 하나 이다. 맥스웰 방정식은 복잡한 현상을 체계적으로 정리하고 있을 뿐만 아니 라, 다양한 수학적 기호들도 사용하고 있다. 이 방정식의 내용을 처음부터 끝 까지 적는 것은 매우 번거로운 일이기 때문에 복잡한 수식을 의미하는 기호 들을 사용하고 있다.

수학자들이 사용하는 기호

폭넓은 다양한 기능을 묘사하기 위해 상징 의 사전은 뉴턴 시대 이후로 발전해 왔다.

i 허수
이 기호는 −1에 루트를 씌운 것이다. $12+3i$와 같이 방정식의 해답이 실수와 허 수로 구성된 복소수의 형태로 나오는 경우 가 있다.

$\sum$ 시그마
시그마 기호 뒤에 나오는 모든 수, 수식을 더하라는 의미이다.

$\begin{pmatrix} a & b \\ c & d \end{pmatrix}$ 행렬
수나 벡터를 변환하기 위해 사용 하는 격자의 형태. 가령 선을 x축에 대해 90도로 회전시키는 행렬을 만들 수 있다.

∞ 무한대
이 기호는 무한을 의미하는 수학적 상징이다. 보다 복잡한 수학 분야에서는 다양한 크기의 무한이 존재한다. 즉, 어떤 무한은 다른 무한보다 더 크다라고 말할 수 있다.

∝ 비례
비례 관계를 나타내는 기호이다. 예를 들어, '자동차 속도 ∝엔진 크기'라고 하면 엔진의 크기가 클수록 자동차의 속도 가 높아진다는 뜻이다.

∴ ∵ ∎ 그러므로, 왜냐하면, 증명 끝
수학적인 증명의 과정에서 '그 러므로', '왜냐하면' 이라는 표현을 자주 쓰 게 된다. 이를 의미하는 기호가 앞의 두 가 지이다. 마지막에 있는 네모는 Q.E.Dquod erat demonstrandum, 즉 증명이 끝났음을 의미한다.

$\mathbb{N} \, \mathbb{Z} \, \mathbb{R}$ 자연수, 정수, 실수 집합
숫자의 범위와 관련된 집합 이 론에서 몇 가지 일반적인 집합을 짚어보 자. 자연수는 1, 2, 3, 4와 같이 셀 수 있는 숫자들의 집합, 정수는 −1, 0, 1, 2와 같 이 자연수에 음수와 0을 더한 집합을 의미 한다. 그리고 실수는 복소수를 제외한 모 든 수를 포함한다. 가령 12.3, 15, −19.2와 같이 허수 부분이 없는 모든 수가 실수에 해당한다.

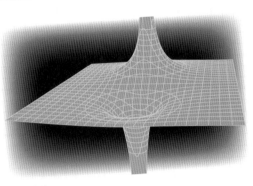

전기장 E
E는 시스템의 전기장을 나타낸다. 위의 컴퓨터 그래 픽에서 양이온에 의해 만들어진 전기장(솟은 부분)과 음이온에 의해 생성된 전기장(꺼진 부분)을 확인할 수 있다.

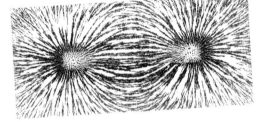

자기장 B
B는 시스템의 자기장을 나타낸다. 위의 이미지는 막대자석 주위로 쇳가 루가 모여 있는 모습이다. 여기서 쇳가루들은 자석 주위의 자기장을 따 라 배열되어 있다. 이를 통해 자기장의 실제의 모습을 눈으로 확인할 수 있다.

$$\nabla \cdot B = 0$$

$$\nabla \cdot E = \frac{\rho}{\epsilon_0}$$

∇ · div는 그 장이 소 스source의 특성 을 갖는지 아니면 싱크sink의 특성을 갖는지를 알려주는 수학적으로 복잡한 연산자이 다. 예를 들어, 위의 전기장 의 그림에서 소스(양전하)와 싱크(음전하)를 확인할 수 있 다. div는 기술적으로 다음과 같이 표현할 수 있다.

$$\mathrm{div}\, F = \nabla \cdot F = \frac{\partial F_1}{\partial x_1} + \frac{\partial F_2}{\partial x_2} + \cdots + \frac{\partial F_n}{\partial x_n}.$$

$\nabla \times$ 컬 기호는 전 기장이 회전 하거나 또는 특정한 지점에서 순환하는 정도를 나타낸다. 컬 기호는 간단하게 보이지만 그 전체 수식은 매우 복잡하다.

$$\nabla \times E = -\frac{\partial B}{\partial t}$$

$$\left(\vec{\nabla} \times \vec{F} \right) \cdot \hat{n} \stackrel{\mathrm{def}}{=} \lim_{A \to 0} \frac{\oint_C \vec{F} \cdot \vec{ds}}{A}$$

$$\nabla \times B = \mu_0 J + \mu_0 \epsilon_0 \frac{\partial E}{\partial t}$$

$\frac{\partial}{\partial t}$ 시간에 관한 편도 함수
partial derivative
자기장 B에 이 연산 자를 적용한다는 뜻은 B 자체가 아니라 시간에 따른 B의 변화를 의미하는 것이다.

$$\epsilon_0 \quad \mu_0$$

자유 공간의 유전율과 투과성
유전율permittivity과 투과성permeability은 전자기학에서 기본적인 물리적 상수이다. 이 둘을 가지고 빛의 속도를 구할 수 있다.

주기율표

현대 화학의 근간은 중세 연금술사들에게서 찾을 수 있다(52쪽 참조). '현자의 돌'과 금을 만들기 위해 노력하는 과정에서 연금술사들은 그들이 찾아내고 사용했던 화학 물질의 특성들을 연구하였다. 18세기에 들어서면서 더욱 공식적인 형태로 발전하면서 화학이라는 학문은 우주를 구성하는 요소들을 더욱 엄격한 방식으로 분류해 나가기 시작했다. 그리고 그 거대한 작업을 완성하기 위해 과학자들은 물질의 이름과 특성을 나타내는 기호로 이루어진 새로운 언어가 필요했다. 1869년 마침내 러시아 화학자 멘델레예프Dmitri Mendeleev가 현대의 주기율표periodic table를 완성하였다. 주기율표의 탄생은 화학의 발전에 커다란 도약을 의미한다. 이 표에는 '주기율periodic'이라는 이름이 붙어 있다. 왜냐하면 같은 주기, 또는 같은 열에 있는 원소들은 모두 비슷한 화학적 특성을 갖고 있기 때문이다. 이 주기율표에는 화학 원소들에 관한 어마어마한 정보가 담겨 있다. 우리는 주기율표를 통해 과학적으로 알려진 원소들의 기본 특성들을 기호화된 형태로 한눈에 알아볼 수 있다.

백과전서Encyclopédie

프랑스 철학자 디드로Denis Diderot(1713~1784)는 '모든 분야에 걸친 인류의 지식'을 한꺼번에 정리하겠다는 엄청난 야심을 품고 『백과전서』를 출판하기 위한 노력을 기울였다. 첫 번째 판은 1751년에 출판되었으며, 그 이후 20번에 걸쳐 27장이 더 추가되어 완성되었다. 하지만 실제로 디드로의 시도는 많은 난관에 부딪혔다. 정치적, 사회적 분야에서 드러난 그의 급진적인 시각으로 인해 출판이 취소될 뻔한 위험에 처하기도 하였다. 그럼에도 불구하고 디드로는 과학과 예술의 분야에서 획기적인 성과를 보여주었다.

연금술 차트

디드로의 『백과전서』에는 '친화력에 관한 연금술표Alchemical Chart of Affinities'가 실려 있다. 이 표는 물질들이 반응하는 방식에 따라 화합물들을 분류하기 위한 초기 연구 중 하나로 보인다(아래). 디드로가 이 표를 편집할 당시, 30개 정도의 원소들만이 알려져 있었다(그 밖의 다른 물질들은 원소가 아니라 원소들의 결합체인 화합물로 밝혀졌다). 디드로보다 더 젊은 현대 프랑스 화학자였던 라부아지에Antoine Lavoisier(1743~1794)는 당시 알려져 있던 원소들의 특성과 반응을 토대로 새로운 분류 시스템을 개발하였다. 디드로의 표는 다양한 원소들을 표현하기 위해 연금술의 상징들도 일부 사용하고 있으며, 도표의 형식으로 정리되어 있다.

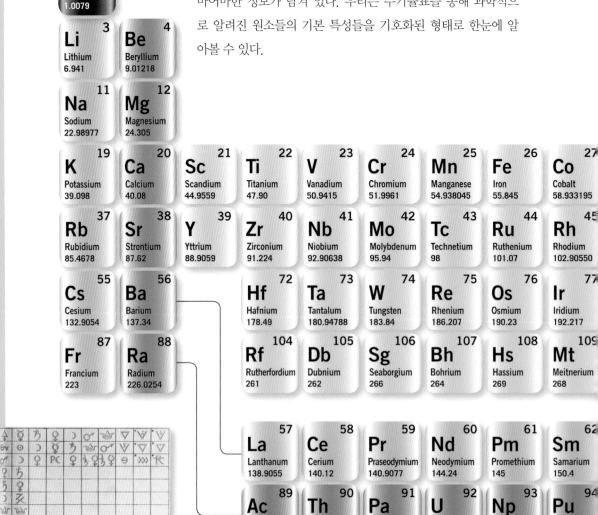

주기율표

주기율표에 원소들은 18개의 열(족)과 7개의 행(주기)으로 배열되어 있다. 그렇다면 특정 원소들을 특정 그룹에 포함시킨 근거는 무엇일까? 그것은 다른 분자들과 반응을 하는 원자가 전자와 관련이 있다. 그러므로 원자가 전자 수가 동일하다면 반응 또한 동일한 형태로 한다. 멘델레예프가 처음으로 이 주기율표를 만들었을 때, 그는 당시 발견되지 않은 원소들을 위해 빈칸까지 마련해 두었다.

비활성 기체들은 주기율표상에서 가장 마지막 족에 속해 있다. 이 원소들은 바깥껍질에 원자가전자가 8개로 모두 차 있다. 이로 인해 극도로 안정적인 상태를 유지하고 있으며, 대부분의 환경에서 거의 반응을 하지 않는다. 이러한 원소들은 주로 전구에 많이 활용되고 있다. 예를 들어, 전구 속 필라멘트가 타지 않게 하기 위해 대부분 전구 속에 아르곤을 주입한다. 그리고 매우 민감한 약품들을 다룰 때 '화학작용이 일어나지 않는' 환경을 조성하기 위해서도 사용한다. 네온 전구에 들어가는 네온은 빛을 내기 위해 사용한다. 그리고 헬륨은 비활성이면서도 매우 가볍기 때문에 풍선이나 광고용 비행선에 주입된다.

원소의 종류

알칼리 금속 / 알칼리성토류 금속 / 전이 금속 / 전이 후 금속 / 다른 비금속 / 비활성 기체 / 란탄 족 / 악티늄 족 원소

원자 기호 / 원자 번호

H 1
Hydrogen
1.0079

원자 이름 / 원자 질량

					He 2 Helium 4.00260
B 5 Boron 10.81	**C** 6 Carbon 12.011	**N** 7 Nitrogen 14.00674	**O** 8 Oxygen 15.9994	**F** 9 Fluorine 18.999840	**Ne** 10 Neon 20.179
Al 13 Aluminum 26.98154	**Si** 14 Silicon 28.086	**P** 15 Phosphorus 30.97376	**S** 16 Sulfur 32.06	**Cl** 17 Chlorine 35.453	**Ar** 18 Argon 39.948

Ni 28 Nickel 58.6934	**Cu** 29 Copper 63.546	**Zn** 30 Zinc 65.409	**Ga** 31 Gallium 69.723	**Ge** 32 Germanium 72.64	**As** 33 Arsenic 74.92160	**Se** 34 Selenium 78.96	**Br** 35 Bromine 79.904	**Kr** 36 Krypton 83.80
Pd 46 Palladium 106.42	**Ag** 47 Silver 107.8682	**Cd** 48 Cadmium 112.411	**In** 49 Indium 114.818	**Sn** 50 Tin 118.710	**Sb** 51 Antimony 121.760	**Te** 52 Tellurium 127.60	**I** 53 Iodine 126.90447	**Xe** 54 Xenon 131.30
Pt 78 Platinum 195.084	**Au** 79 Gold 196.966569	**Hg** 80 Mercury 200.59	**Tl** 81 Thallium 204.3833	**Pb** 82 Lead 207.2	**Bi** 83 Bismuth 208.98040	**Po** 84 Polonium 209	**At** 85 Astatine 210	**Rn** 86 Radon 222
Ds 110 Darmstadtium 271	**Rg** 111 Roentgenium 272	**Uub** 112 Ununbium 285	**Uut** 113 Ununtrium 284	**Uuq** 114 Ununquadium 289	**Uup** 115 Ununpentium 288	**Uuh** 116 Ununhexium 292	**Uus** 117 Ununseptium Unknown	**Uuo** 118 Ununoctium 118

Eu 63 Europium 151.96	**Gd** 64 Gadolinium 157.25	**Tb** 65 Terbium 158.92535	**Dy** 66 Dysprosium 162.500	**Ho** 67 Holmium 164.93032	**Er** 68 Erbium 167.259	**Tm** 69 Thulium 168.93421	**Yb** 70 Ytterbium 173.04	**Lu** 71 Lutetium 174.967
Am 95 Americium 243	**Cm** 96 Curium 247	**Bk** 97 Berkelium 247	**Cf** 98 Californium 251	**Es** 99 Einsteinium 252	**Fm** 100 Fermium 257	**Md** 101 Mendelevium 258	**No** 102 Nobelium 259	**Lr** 103 Lawrencium 262

다른 화학 기호

특정 화학 물질을 나타내는 분자식은 널리 알려져 있다. 분자식은 물질의 분자 구조를 단축된 방식으로 묘사한 것이다. 분자식은 화합물을 구성하는 원자들의 기호를 가지고 만든다. 그리고 각 원소들의 구성 비율을 나타내기 위해 숫자도 함께 표시한다. 다음은 흔히 사용되고 있는 분자식이다.

암모니아 NH_3
질소 원자 하나와 수소 원자 세 개

이산화탄소 CO_2
탄소 원자 하나에 산소 원자 두 개

분필, 석회암, 대리석 $CaCO_3$
칼슘 원자 하나, 탄소 원자 하나, 산소 원자 세 개

가성소다 NaOH
나트륨 원자 하나, 산소 원자 하나, 수소 원자 하나

염화수소 HCl
수소 원자 하나, 염소 원자 하나

소금 NaCl
나트륨 원자 하나, 염소 원자 하나

황산 H_2SO_4
수소 원자 두 개, 황 원자 하나, 산소 원자 네 개

세탁용 소다 Na_2CO_3
나트륨 원자 두 개, 탄소 원자 하나, 산소 원자 세 개

물 H_2O
수소 원자 두 개, 산소 원자 하나

분자 구조

분자 구조는 다양한 방식으로 묘사할 수 있다.

벤젠 C_6H_6
벤젠 화합물은 탄소 고리와 고리에 붙어 있는 수소로 이루어져 있다.

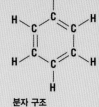

골격 구조
원자 사이의 결합만을 표시한다.

분자 구조
원자들을 모두 표시한다.

카페인 $C_8H_{10}N_4O_2$

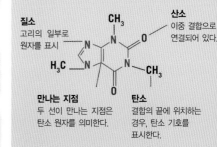

질소
고리의 일부로 원자를 표시

산소
이중 결합으로 연결되어 있다.

만나는 지점
두 선이 만나는 지점은 탄소 원자를 의미한다.

탄소
결합의 끝에 위치하는 경우, 탄소 기호를 표시한다.

세상을 묘사하는 방법

초기 암각화로부터 고대의 중국, 일본, 로마 시대에 이르기까지 지평선을 넘어 전 세계의 모습을 그림의 형태로 표현하고자 하는 시도들이 많은 문화권에서 발견되고 있다. 각 사례들을 살펴보면 강, 해안, 산, 바다, 마을과 같은 형태를 시각적으로 기호화하는 문제에 관해 놀랍도록 비슷한 방법으로 발전해 왔다는 사실을 알 수 있다.

축척과 방위

축척과 방위에 따라 다양한 지도 시스템이 존재했다. 오늘날 사람들은 특정한 목적과 축척을 바탕으로 북쪽을 기준으로 그려진 지도에 익숙하다. 하지만 과거에는 여행을 통해 지형의 비율을 측정하였고, 또한 후원자의 요구에 따라 지도를 제작하였다. 그리고 방위 역시 이러한 요소와 관련이 있었다. 과거의 이슬람 지도는 대부분 남쪽을 향하고 있었다. 여기서 흥미로운 점은 오늘날 쉽게 인식할 수 있는 특성을 위한 상징적인 언어를 체계화했다는 사실이다.

거꾸로 서 있는 세계

근대 이전의 아랍 지리학자들은 아주 야심찬 지도 제작자들이었다. 1154년경 알 이드리시Al-Idrisi는 시칠리아의 로저 왕을 위해 당시 알려져 있던 지역을 대상으로 이 지도를 제작하였다. 당시 이슬람 세력은 중국의 경계로부터 대서양 해안에까지 이르고 있었다. 한편, 이븐 바투타Iban Batuta와 같은 이슬람 여행자, 그리고 큰 꿈을 품은 아랍 상인들은 기존의 이슬람 지역인 아프리카와 동아시아를 넘어서서 새로운 기회를 찾아 세계를 탐험했다.

포이팅거 지도Peutinger Table

3세기 로마 후기를 그린 이 지도를 보면 당시의 지리학적인 정보와 함께 '모든 길은 로마로 통한다'라는 격언을 눈으로 확인할 수 있다. 이 '가늘고 긴' 지도는 세부적인 설명과 함께 로마의 주요 도로 시스템과 한 지역에서 다른 지역으로 가는 방법을 보여주고 있다. 오늘날 GPS 내비게이션 지도와 비슷하다. 중세시대에는 예루살렘으로 가는 기독교 순례자들을 위한 안내 지도가 제작되었다.

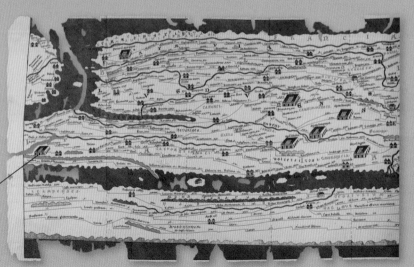

이 도시는 로마의 도로와 함께 여행자의 길을 따라 주요 도시들을 자세하게 설명하고 있다. 이를 위해 아주 규칙적인 형태의 아이콘들을 사용하고 있다. 오른쪽 그림은 벽으로 둘러싸인 거주지를 나타내고 있으며 크기를 다양하게 묘사함으로써 도시들의 상대적인 중요성도 함께 표현하고 있다.

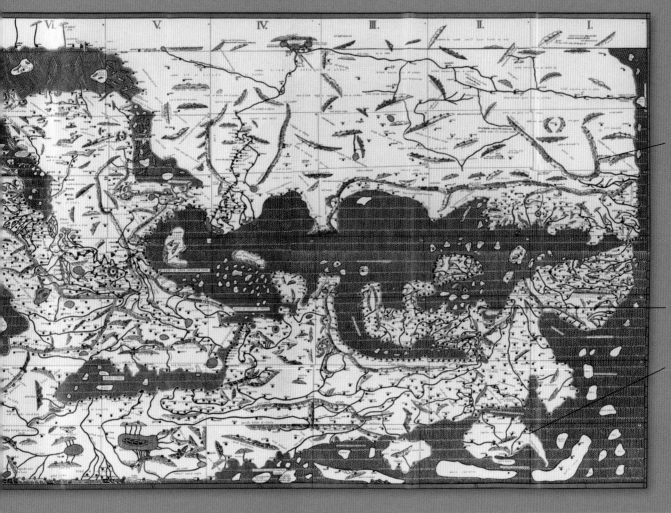

산

사슴 모양의 기호는 주요 산악 지역을 의미한다. 하지만 산의 높이나 지역에 관해서는 거의 표시하지 않았다. 그리고 짙은 삼림을 의미하는 작은 나무 기호들도 함께 등장하고 있다.

조밀하게 기록된 세부 사항들

지중해 해안과 남서아시아 지역에는 세부적인 묘사가 빽빽하게 적혀 있다. 그리고 이탈리아를 상징하는 '부츠' 모양도 분명하게 표현되어 있다.

부족한 정보

이 지도를 만들 당시, 북서 유럽에 대해서는 정보를 거의 갖고 있지 않았던 것으로 보인다. 영국 제도는 심하게 왜곡되어 있다. 그리고 대서양에는 실제로 존재하지 않는 섬들이 많이 그려져 있다.

포르톨라노 해도Portolan charts

유럽인들이 새로운 시장과 식민지 지역을 찾아 나서기 시작하면서 개척자들의 탐험을 위한 새로운 지도들이 제작되었다. 이 지도는 1540년의 포르톨라노 지도이다. 이 지도에는 나침반 방위까지 그려져 있다. 낯선 지역들은 개략적, 혹은 추측에 의한 형태로 그려져 있다. 하지만 해안 지역의 지형, 특성, 거주지는 매우 세밀하게 묘사하였다. 낯선 지역이나 내륙 지대는 종종 텅 비어 있으며 가끔 상상적인 그림들도 그려져 있다.

이 지도가 완성될 당시, 브라질 내륙 지대의 짙은 적도 우림 지역에 대한 정보는 거의 없었다. 하지만 작은 삽화 하나가 그 지역의 존재를 말해주고 있다.

지형을 기호로 표시하는 방법

지금까지 인류가 개발한, 정보를 기호화하는 방법 중에서 지도 제작이 가장 복잡한 시스템으로 남아 있다. 오늘날 인공위성을 이용한 GPS 기술의 진보와 구글어스 서비스의 화려함에도 불구하고, 우리를 둘러싼 복잡한 세상을 표현하는 방법으로서 지도 제작은 정보의 유연성과 풍부함의 차원에서 최고의 기호 체계의 자리를 차지하고 있다. 대부분의 지도는 일관된 기본적 기능을 가지고 있다. 즉, 다른 지역과의 관계하에서 특정 지역이 어디에 위치해 있는지를 보여주는 것이다. 이 외에도 지도는 어마어마한 양의 정보를 전달한다. 이를 위해 여러 종류의 지도들은 다양한 특성들을 표시하기 위해 격자, 색상, 음영, 선, 상징 등 일련의 그래픽적인 요소를 활용하고 있다.

측량

최초의 정밀 측량은 해군용 지도를 제작하기 위해 이루어졌다. 초기 근대시대에 들어서면서 정확한 해안선 표시, 해저의 위험지대, 조수와 해류에 대한 정보의 중요성은 점점 높아졌다. 내륙의 경우, 이와 같은 세부적인 측량은 1747년 영국의 국립지리원Ordnance Survey이 설립되면서 시작되었다. 당시 영국 정부는 하이랜드 지방의 반란을 진압하기 위해 포병부대가 공격에 활용할 수 있는 정확한 지도가 필요했다. 이로 인해 영국 정부의 자세한 측량 작업은 시작되었고 오늘날까지 이어지고 있다. 그 기술을 인도 대삼각 측량Great Trigonometric Survey 사업에도 사용되었다(아래). 인도인으로 구성된 측량 팀은 인도 대륙의 지도 제작을 위한 교육을 받았다(위).

지형의 묘사

과거 500년 동안 우리를 둘러싼 세상의 다양한 특성들을 시각적으로 표현하기 위한 여러 가지 다양한 방식들이 개발되었다. 과거 지도 제작자는 축척에 따라 선택적으로 묘사해야만 했다. 그러나 현대 위성 기술의 발달로 인해 지구의 표면을 극도로 정교하게 표현할 수 있게 되었다.

초기 현대식 지도

최초의 대형 지도는 오늘날의 지도 기호에 해당하는 다양한 그림 문자를 사용하여 지형, 식물군, 인공 건축물의 분포를 묘사하고 있다.

음영과 선을 통한 표현

더욱더 정확하게 지형을 표현하기 위해 음영과 가는 선을 활용하여 3차원적인 효과를 주는 시도가 나타났다. 자세한 지형도에는 지명이 정교한 방식으로 적혀 있고, 특정 지점의 높이가 기록되어 있다. 더욱 섬세한 지형의 표현은 등고선의 활용을 통해 이루어졌다. 등고선은 같은 높이의 지점들을 선으로 연결한 폐쇄된 선을 말한다. 그리고 일반적으로 등고선 사이의 영역에는 특정 색상을 칠한다(165쪽 참조).

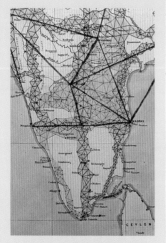

인도 측량 사업에서는 평지, 그리고 산이나 언덕 지역의 고도를 표시하기 위해 넓은 지역에 걸쳐 삼각 측량법을 활용하였다.

화구구
산등성이
단층애
계곡
빙퇴석

빙하
화산 분화구
만년설

원거리 측정 기술

인공위성으로부터 적외선을 쏘아 그 반사된 빛으로 지구 표면의 지형에 관한 정밀한 데이터를 얻을 수 있다. 그 데이터는 자체로 암호화되어 전송되며, 다양한 알고리즘을 거쳐 디지털 지형 모델 digital terrain model, DTM을 완성할 수 있다. 이 위성 기술은 오늘날 가장 정확한 지도 제작의 기반을 차지하고 있다. 오른쪽 사진은 임의적인 색상을 사용한 티벳 지방의 지형이다.

지도에 나타나 있는 선

지도상에서 위치를 설명하기 위해 인공적인 선을 그려 넣는 참고 시스템을 활용하고 있다. 일반적으로 북극과 남극을 연결하는 경도선과 평행선에 해당하는 위도선으로 이루어진 '경위선망graticule'을 기반으로 하고 있다. 좌표를 표시하는 방법은 도, 분, 초로 기록하는 방식과 더욱 최근에는 소수점까지 표시하는 방식decimal degree이 있다. 이러한 측면에서 지도는 지리학적인 간단한 격자 시스템이라고 할 수 있다.

오른쪽 지도에서 스페인의 세비야Sevilla는 경도/위도 좌표상에서 37.24°N 5.59°W로 표시할 수 있고, 또한 지도의 발행자가 임의로 정한 격자상에서 7C로 나타낼 수 있다. 이 경우, 격자는 경위선망을 기반으로 하고 있다.

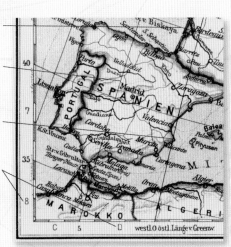

위도
적도로부터 출발하여 남북으로 평행하게 그려져 있다.

경도
그리니치를 통과하는 본초 자오선으로부터 동서 방향으로 그려져 있다.

그리니치 자오선 0°
이를 중심으로 경도상의 동서를 측정한다.

지도 발행자의 격자
붉은색의 글자와 알파벳으로 표시되어 있다. 지도상 특정 위치를 쉽게 찾기 위한 참고 방식이다.

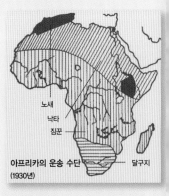

아프리카의 운송 수단
(1930년)

노새
낙타
짐꾼
달구지

약식 지도

지도는 여러 가지 분포를 나타내기도 한다. 인구 밀도나 토지 사용 현황과 같은 분포를 나타내는 지도를 '주제도'라고 한다(위). 고도로 유형화되고 단순화된 형태로, 기본적인 지리학적 특성과 함께 정보를 표시하는 약식 지도의 형태도 점차 증가하고 있다(아래). 일반적으로 약식 지도는 철도나 지하철 시스템과 같은 교통망이나 통신망을 나타내기 위해 사용된다. 주제도와 약식 지도 모두 저마다 독특한 기호 체계를 사용하며, 주로 범례의 형태로 설명을 보여 준다.

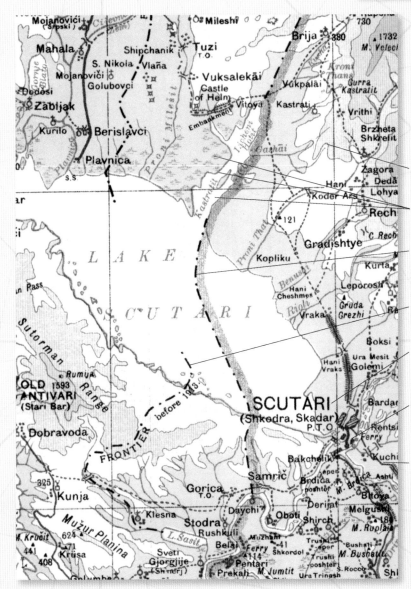

현대적인 지도 제작 방식

일반적인 지도들은 대부분 다양한 정보를 전달하기 위해 색상, 선, 상징 등을 활용한다. 지도를 그리는 방식은 지도의 스타일과 그 목적에 따라 다양하다. 가령 고속도로 지도는 도로망과 도로의 구별에 초점을 맞추고 있다.

지형
등고선과 색상을 사용하여 이 지역의 지형을 표시하고 있다.

물과 관련된 지형
바다, 호수, 해안선, 습지, 강은 일반적으로 파란색으로 표시한다.

경계선
실제로는 대부분 보이지 않지만 지도상에는 국가적 또는 행정적 경계선들이 나타나 있다.

역사적 정보
역사적으로 의미 있는 경계선들도 함께 표시되어 있다.

행정적인 중심
도시의 넓은 지역을 나타내기 위해 보다 큰 활자체로 강조하고 있다.

거주 지역
일반적으로 마을 표시를 사용하여 표기한다. 붉은 점들이 여러 개 있는 것은 상대적인 규모를 의미한다.

도로
도로의 크기에 따라 점선이나 실선으로 표시한다.

이 지도에 나타나 있는 또 다른 기호들

♁ 교회
☪ 모스크
¤ 요새
╪ 다리

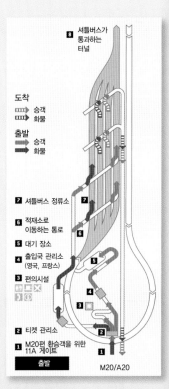

8 셔틀버스가 통과하는 터널

도착
▥▥ 승객
▥▥ 화물

출발
➤ 승객
➤ 화물

7 셔틀버스 정류소

6 적재소로 이동하는 통로

5 대기 장소

4 출입국 관리소 (영국, 프랑스)

3 편의시설

2 티켓 관리소

1 M20편 환승객을 위한 11A 게이트

출발

M20/A20

항해술

암초 등 다양한 위험 지역을 피해나가면서 해상에서 길을 찾아가는 기술은 아주 독특한 과정을 통해 발전했다. 하지만 수천 년 전 누가 처음으로 태평양을 건너 호주 및 오세아니아의 섬들을 정복했는지 아직 밝혀지지 않았다. 최근 30년 동안 개발된 위성 항법장치의 출현으로 2,000년에 걸쳐 개발된 항해용 도구와 기호들의 중요성이 무색해져 버렸지만 선원들을 위해 개발된 항해 기술들은 힘든 문제에 대한 해답을 찾아 내려는 인류의 도전 정신으로 뚜렷하게 남아 있다.

등대와 등대선

항해에 봉화 기술을 도입한 것은 무려 2000년 전에 나타났다. 그러나 현대적인 등대 신호는 19세기 찰스 배비지 Charles Babbage가 개발한 것이다. 등대의 불빛에는 빛의 집중도를 높여 중요한 정보를 전달하는 주광Major과, 이보다 집중도를 낮추어서 강어귀나 진입 지역에서 사용하는 보조광Minor이 있다. 일반적으로 등대 불빛은 흰색이지만, 빨강, 녹색, 노란색 등도 사용한다.

고정등F 일정한 세기. 보통 컬러 색상이다.

섬광등FL 1분에 30회까지 점멸

급섬광등Q 1분에 60회 점멸

단속급섬광등IQ

등명암광ISO 꺼져 있는 시간과 켜져 있는 시간이 동일하다.

군섬광등GP FL

명멸등OCC

교차등AL 색상이 변화한다.

장기점멸등LFL 최소 2초 이상

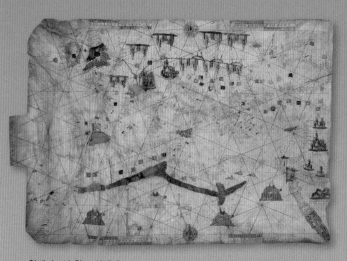

항해지도와 항로 안내서

지형지도(164쪽 참조)와 항해지도 간의 가장 큰 차이점은 지형지도는 일반인이 쉽게 알아볼 수 있도록 묘사하고 있는 반면, 항해지도는 해상로, 다양한 등대, 등대선, 부표와 같이 항해사들이 필요로 하는 해상 및 해저 정보를 담고 있다는 것이다. 13세기 이후 이베리아 지역에서 주로 지중해와 유럽 및 아프리카 연안 지역의 항해를 위한 포르톨라노가 제작되기는 하였지만, 자세한 항해지도는 17세기에 영국 해군에 의해 처음으로 제작되었다. 영국 해군은 또한 해안선, 산과 항구 및 기타 표식을 기록한 세부적인 형태의 '항로 안내서'를 만들기도 하였다.

13세기 이후로 아랍 및 지중해 국가들은 항해사들을 위한 기본적인 지도를 제작하기 시작했다. 지도의 크기는 작았지만 해안선, 해상 표식, 나침반 방위와 같은 정보들을 모두 나타내고 있다. 왼쪽의 포르톨라노 지도는 척도를 사용하여 해안 마을 및 마을 간의 거리를 보여주고 있다.

추측 항법과 경도

나침반과 함께 사람들은 오래전부터 특정 시각과 장소에서 아스트롤라베(astrolabe, 태양이나 별의 위치, 시각, 경위도 등을 관측하기 위한 천문기계− 역자 주)와 육분의를 사용하여 태양의 각도를 측정함으로써 위도를 계산할 수 있었다. 하지만 경도는 특정 장소의 위치를 정확하게 측정해야 했기 때문에 더욱 어려웠다. 추측항법(이미 알고 있는 위도, 바람, 해류 등의 정보를 가지고 위치, 속도, 시간 등을 추정하여 운항하는 방법)의 정확성이 떨어지고 인명, 배, 화물 등 엄청난 물질적 피해가 증가함에 따라 영국 정부는 경도를 정확하게 계산하기 위한 크로노미터(152쪽 참조) 개발에 박차를 가했다. 해상에서 선박의 정확한 위치를 파악하는 기술은 18세기 중반이 되어서야 현실화되었다. 오늘날에는 위성 내비게이션을 통해 바로 확인할 수 있다.

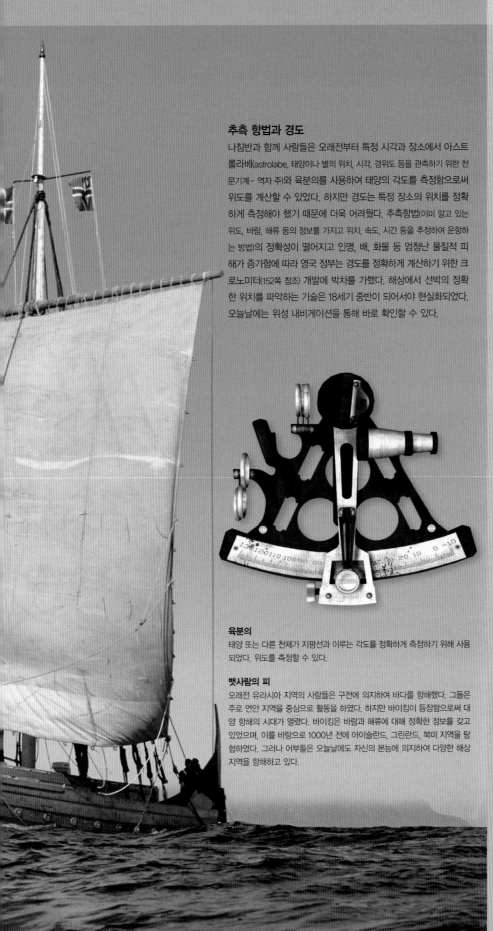

육분의

태양 또는 다른 천체가 지평선과 이루는 각도를 정확하게 측정하기 위해 사용되었다. 위도를 측정할 수 있다.

뱃사람의 피

오래전 유라시아 지역의 사람들은 구전에 의지하여 바다를 항해했다. 그들은 주로 연안 지역을 중심으로 활동을 하였다. 하지만 바이킹이 등장함으로써 대양 항해의 시대가 열렸다. 바이킹은 바람과 해류에 대해 정확한 정보를 갖고 있었으며, 이를 바탕으로 1000년 전에 아이슬란드, 그린란드, 북미 지역을 탐험하였다. 그러나 어부들은 오늘날에도 자신의 본능에 의지하여 다양한 해상 지역을 항해하고 있다.

부표

1977년 이후 국제적으로 두 가지 부표 시스템이 통용되고 있었다. 유럽과 대부분의 국가들이 사용하는 IALA A와, 미국, 일본, 대한민국, 필리핀이 사용하는 IALA B가 그것이다. 하지만 최근 그 차이는 많이 줄어들었다. 부표란 침추를 매달아 물 위에 떠 있는 해상 표시를 말한다. 부표는 다양한 색깔의 빛을 발산하여, 항해자들은 이를 보고 위험지역을 피하고 수로를 안전하게 통과할 수 있는 정보를 얻는다. 부표는 위치, 모양, 색깔 구조 및 기타 다양한 표시를 사용하여 기호화된 메시지를 전달한다.

측방 표지

항로의 좌현 및 우현 표시. 빨간색은 항구로 가는 길을, 그리고 녹색은 우현의 방향을 의미한다. 빨강/녹색은 아무런 의미가 없다.

방위 표지

동·서·남·북의 가항 수역 표시. 또는 경로 변경 지시. 흰색 빛의 위치는 계속 변한다.

고립장해 표지

주변의 가항 수역과 더불어 작은 위험 지역을 보여줌. 흰색 빛, 군섬광등

안전수역 표지

전 주변이 가항수역임을 표시. 해협 중간이나 육지 접근 지역에 배치되어 있음. 등명암광, 명멸등 또는 10초 간격의 장기점멸등

특수 표지

특정한 목적 또는 모양 없이, 위험한 연안 지역에 대한 일반적인 경고. 색상이 있으며, 특정한 모양은 없다.

항해의 전통

선박들이 마주보고 진행할 때에는 우현끼리 지나쳐야 한다는 항해의 전통은 아주 오랜 기간에 걸쳐 형성된 것이다. 그리고 밤에는 우현에 초록색 등을, 좌현에 빨간색 등을 올린다. 또한 흰색 등은 방향을 표시하기 위해 돛대나 기둥 위에 매단다.

분류학

시조새
(멸종)

인류 및 다른 종들을 이해하기 위한 기본적인 '코드'란 지구상 모든 생물의 형태에 관한 분류학적인 '코드' 또는 생물학상의 구조라고 할 수 있다. 고대시대 이후로 인류는 다양한 식물, 동물, 진균류, 박테리아들이 잠재적으로 어떻게 연결되어 있는지를 이해하기 위해 지구에 존재하는 수많은 생물들의 연결 관계를 밝히려고 노력했다. 이러한 시도는 18세기 초, 스웨덴 자연학자인 칼 린네Carl Linnaeus가 물리적인 유사성을 기준으로 생물들을 분류하는 시스템을 개발하면서부터 현실로 이루어졌다. 오늘날에 이르기까지 린네가 만든 시스템을 사용하고 있다. '이명법(속명과 종명을 조합하여 종의 학명을 붙이는 방식)'이라고 알려진 린네의 분류 시스템은 실제로 19세기 진화론 탄생에 초석을 다졌다. 그리고 DNA 코드 분석(170~175쪽 참조)을 통해 지구상 모든 생물 형태의 관계를 더욱 깊이 이해할 수 있게 되었다.

고전적인 뿌리

각각의 생물들이 어떻게 연결되어 있는지를 이해하려는 시도는 매우 오랜 역사를 갖고 있다. 그중에서 가장 유명한 인물은 아리스토텔레스일 것이다. 그는 당시 알려져 있던 생물, 또는 존재들을 처음으로 분류하였다. '실체', '속genus', '종species'과 같은 용어들이 처음으로 나온 것도 아리스토텔레스의 저작에서이다. 그는 유기체를 분류하기 위해 다양한 특성들을 활용했다. 가령 '붉은 피'를 가지고 있는지, 어떻게 생식하는지, 그리고 어떠한 종류의 서식지에 사는지와 같은 특성을 기준으로 삼았다. 또한 그의 연구 저작들은 린네와 같은 자연학자들의 성과를 위한 기반을 닦았다. 아마도 린네는 깨달음을 얻기 위한 학생의 마음으로 아리스토텔레스의 고전 작품들을 읽었을 것이다.

중세의 발견

중세 학자들은 모든 생명체의 관계를 연구하는 과정에서 여전히 아리스토텔레스의 개념들을 활용하고 있었다. 그렇기 때문에 아리스토텔레스의 '존재being'라는 개념은 이러한 주제에 관한 중세시대의 연구에 깊이 스며들었다. 실제로 중세시대의 과학자이자 철학자인 성 토머스 아퀴나스는 '존재의 유비analogy of being'라는 개념을 만들어냈으며, 이는 이후에 독립적인 실체나 유기체가 연결되어 있는 방식에 관한 형이상학적 연구인 존재론의 분야로 자리 잡았다. 13세기 프란체스코회 수도사인 로저 베이컨Roger Bacon은 소위 『보이니치 문서』라고 하는 책(왼쪽)의 저자라고 흔히 알려져 있다. 암호로 기록된 『보이니치 문서』는 아직도 해독되지 않은 채 미스터리에 빠져 있다. 이 책은 다양한 자연 현상 가운데 특히 식물에 대한 체계적인 분석을 담고 있다고 알려져 있다. 그러나 여기에 등장하는 다양한 식물종들은 유럽이 미국과 접촉을 시작하고 나서야 비로소 유럽 사회에 알려진 것이라고 여겨지고 있다. 이러한 측면에서 판단하자면 베이컨을 『보이니치 문서』의 저자라고 보기 어렵다.

린네와 분류학

칼 린네(1707~1778)는 흔히 '현대 분류학의 아버지'로 알려져 있다. 여기에는 분명 타당한 근거가 있다. 다양한 분야를 두루 섭렵했던 린네는 모든 생물들을 기호를 통해 분류할 수 있는 체계적인 시스템을 구축하기 위해 동료들의 연구 자료를 폭넓게 활용하였다. 그는 1735년에 출판된 『자연의 체계Systema Naturae』라는 저서에서 생물을 분류하는 새로운 시스템을 소개하고 있다. 이 책은 그 이후에도 지속적으로 수정, 보완되었다. 여기서 린네는 오늘날에도 여전히 쓰이고 있는 계, 문, 강, 목, 과, 속, 종이라고 하는 분류 범주를 사용하고 있으며, 이를 기반으로 모든 생물들을 분류하는 이명법 체계가 이룩되었다. 가령 인류의 학명은 호모 사피엔스Homo sapiens이며 침팬지는 팬 트로글로다이트Pan troglodytes이다. 린네가 생물들을 그룹화했던 방식은 생물학의 발전으로 크게 수정되었다.

린네라는 성은 커다란 린덴 나무에서 유래한 것이다.

린네는 식물이라는 주제로 그림을 그린 벽지를 만들어 사용하였다.

종	리토그래피카종
속	시조새속
과	아르카이옵테리기데과
목	고조목
강	
아문	
문	
계	

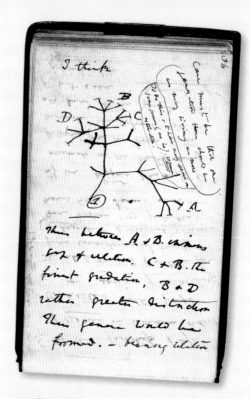

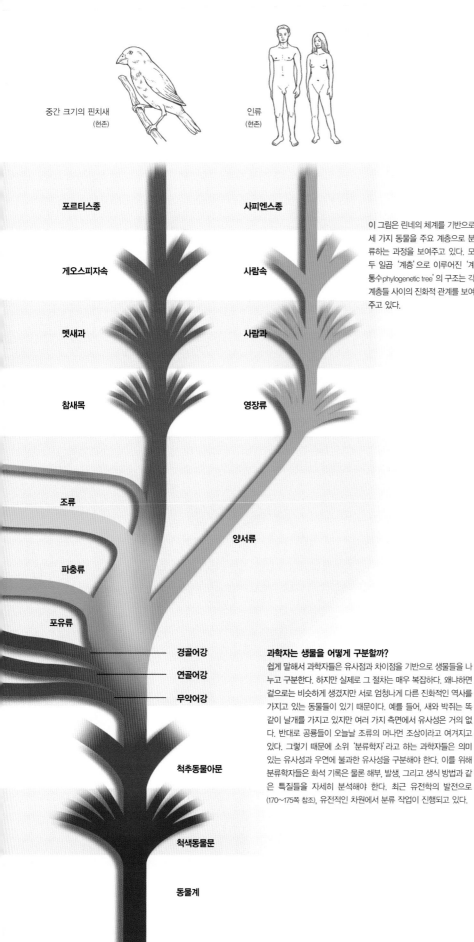

중간 크기의 핀치새
(현존)

인류
(현존)

포르티스종

사피엔스종

게오스피자속

사람속

멧새과

사람과

참새목

영장류

조류

양서류

파충류

포유류

경골어강

연골어강

무악어강

척추동물아문

척색동물문

동물계

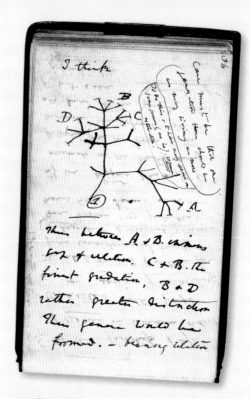

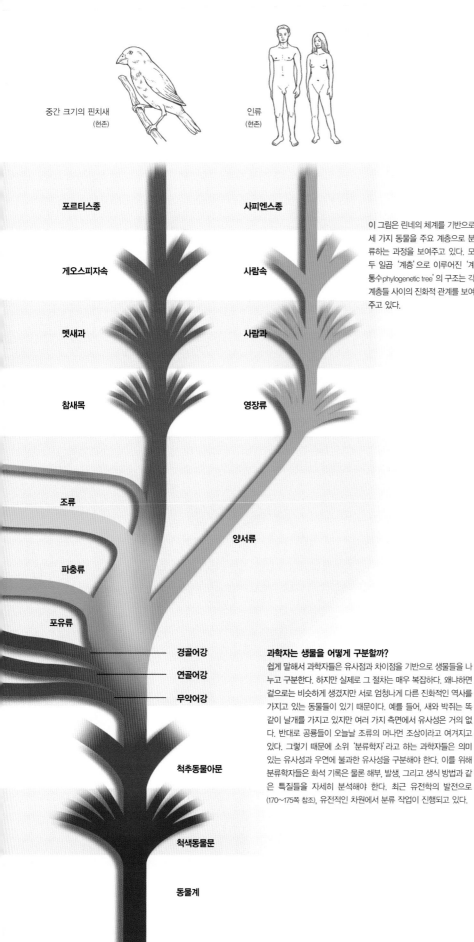

이 그림은 린네의 체계를 기반으로 세 가지 동물을 주요 계층으로 분류하는 과정을 보여주고 있다. 모두 일곱 '계층'으로 이루어진 '계통수phylogenetic tree'의 구조는 각 계층들 사이의 진화적 관계를 보여주고 있다.

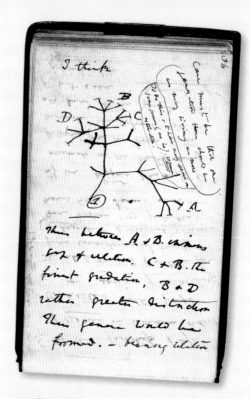

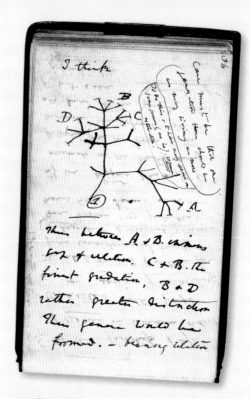

과학자는 생물을 어떻게 구분할까?

쉽게 말해서 과학자들은 유사점과 차이점을 기반으로 생물들을 나누고 구분한다. 하지만 실제로 그 절차는 매우 복잡하다. 왜냐하면 겉으로는 비슷하게 생겼지만 서로 엄청나게 다른 진화적인 역사를 가지고 있는 동물들이 있기 때문이다. 예를 들어, 새와 박쥐는 똑같이 날개를 가지고 있지만 여러 가지 측면에서 유사성은 거의 없다. 반대로 공룡들이 오늘날 조류의 머나먼 조상이라고 여겨지고 있다. 그렇기 때문에 소위 '분류자' 라고 하는 과학자들은 의미 있는 유사성과 우연에 불과한 유사성을 구분해야 한다. 이를 위해 분류학자들은 화석 기록은 물론 해부, 발생, 그리고 생식 방법과 같은 특질들을 자세히 분석해야 한다. 최근 유전학의 발전으로 (170~175쪽 참조), 유전적인 차원에서 분류 작업이 진행되고 있다.

다윈과 분류학

찰스 다윈Charles Darwin(1809~1882)은 자연의 선택에 관한 진화론을 연구하는 과정에서 아래 메모와 같이 다양한 생물들을 연결하고 정렬한 '생명 나무'를 완성하기 위해 린네와 그 후계자들이 사용했던 분류 방식을 아주 효과적으로 활용하였다. 사실 1859년에 펴낸 『종의 기원』에서 다윈은 모든 생물들을 린네의 방식처럼 분류학적으로 구분할 수 있을 뿐만 아니라 생물들은 모두 공통적인 계통을 나누어 갖고 있다는 점을 보여주었다. 그 이후로 분류학자들은 각각의 종들이 얼마나 가까운 관계인지 밝혀내기 위해 진화론적 요소를 활용할 수 있다는 사실을 깨닫기 시작했다. 실제로 강, 목, 속의 분류학적 범주들은 진화론적 측면에서 유사한 패턴을 반영하고 있다. 이러한 인식의 변화로 지구상 다양한 생명체들이 연결되어 있는 방식에 관한 더욱 자세한 그림이 탄생하였다.

분류학의 미래

2,000년 전에 아리스토텔레스가 처음으로 생물들을 분류하기 시작한 이후로, 분류학적 '코드'는 엄청난 발전을 거듭하였다. 지난 200년 동안 생물학의 발전과 함께 새로운 지역을 향한 탐험과 린네의 체계적 분류 시스템의 등장은 생물이 어떻게 진화하였는지, 그리고 어떻게 서로 연관되어 있는지를 보다 정확하게 이해하는 데 큰 도움을 주었다. 그러나 과학 역시 스스로 언제나 변화하고 있다. 최근 진화론적 유전학의 발견은 이제 유전자의 차원에서 생물들의 관계를 밝혀내기 시작했다는 것을 의미한다. 예를 들어, 인간과 침팬지의 유전자가 98.5% 일치한다는 사실이 밝혀졌다. 이 말은 인간과 침팬지가 서로 비슷한 조상으로부터 진화해 왔다는 사실을 확인시켜 주는 것이다. 그러나 또다시 우리를 당황하게 만드는 문제들은 계속 등장하고 있다. 인류는 침팬지뿐만 아니라 바나나와도 상당한 정도로 유전적인 유사성을 갖고 있다는 사실이다.

유전자 코드

생명체의 모든 코드 가운데 가장 근본적인 것은 바로 유전자 코드이다. 모든 생명체의 DNA에는 기능 및 생식과 관련된 정보의 목록이 담겨 있다. 이 유전자 코드는 머리칼의 색깔에서부터 심장병, 당뇨병, 유방암에 대한 위험 정도까지 담고 있다. 그리고 한 생명체가 인간인지 침팬지인지, 혹은 바나나인지를 결정하며 어떤 사람이 방울다다기양배추를 좋아하는지도 결정한다. 과학자들은 유전자 코드를 '해독'하기 위해 지난 50년간 많은 노력을 기울였으며, 인간들 간의 유사성은 물론 인간과 동물 사이의 유사성에 대해서도 점차 밝혀나가고 있다.

왓슨과 크릭

DNA와 가장 관련이 깊은 인물을 꼽으라면, 아마도 제임스 왓슨James Watson(1928~, 왼쪽)과 프란시스 크릭 Francis Crick(1946~2004, 오른쪽)을 들 수 있다. 1952년 왓슨과 크릭은 케임브리지 대학의 캐번디시Cavendish 연구소에서 DNA 구조를 확인하기 위한 연구원으로 활동하고 있었다. 그 당시 DNA의 구조와 조직, 그리고 유전자 코드를 결정하는 과정에서 DNA의 역할에 대한 정보는 거의 알려져 있지 않았다. 왓슨과 크릭은 DNA의 원자 모형을 사용하여 DNA의 구조를 밝히기 위해 많은 노력을 했다. 얼마 지나지 않아 아데닌, 티민, 시토신, 구아닌이라고 하는 네 가지 염기들의 결합 구조를 발견하였다. 그리고 아데닌은 오직 티민과, 시토신은 오직 구아닌과만 결합하여 분자 구조를 형성한다는 사실을 밝혀내었으며, 이 발견을 바탕으로 각각의 염기들을 결합하여 DNA의 전체 구조를 그려내는 시도를 계속했다. 그리고 결국 나선형 계단으로 종종 비유되는 유명한 '이중 나선' 구조를 완성했다. 이 발견으로 인해 왓슨과 크릭은 1962년 동료 모리스 윌킨스 Maurice Wilkins와 함께 노벨상을 수상하였다. 동료 연구자인 로잘린드 프랭클린Rosalind Franklin의 사전 성과에 대한 시비와 인종과 성별에 대한 왓슨의 발언으로 인해 그들의 연구가 논쟁에 휘말리기도 하였지만, 아직까지도 왓슨과 크릭은 DNA 구조와 기능을 처음으로 발견한 사람으로 알려져 있다.

유전자 코드의 원리

우리 몸을 구성하는 방식과 그 기능을 결정하는 지도, 또는 '청사진'은 우리 몸을 이루고 있는 수조 개의 세포 속에 들어 있다. 생식세포를 제외한 모든 세포의 핵에는 염색체라고 하는 동일한 구조를 가진 일련의 염색체들이 있다. 염색체들은 디옥시리보스 핵산deoxyribose nucleic acid, DNA이라고 하는 화합물로 이루어져 있다. 인간을 인간으로, 고릴라를 고릴라로, 그리고 바나나를 바나나로 만드는 것은 다름 아닌 염색체의 수와 염색체 속에 있는 다양한 유전자들이다. 가령 인간은 총 46개의 염색체를, 고릴라는 48개, 그리고 바나나는 33개를 가지고 있다. 또한 동일한 종의 생물이 같은 수의 염색체와 같은 수의 유전자를 갖고 있다고 하더라도 눈이나 머리카락의 색깔들을 결정하는 유전자는 서로 다르다. 모든 생물이 서로 다른 존재일 수 있는 것은 각 종의 '유전자풀gene pool'로부터 서로 다른 유전자를 조합하기 때문이다.

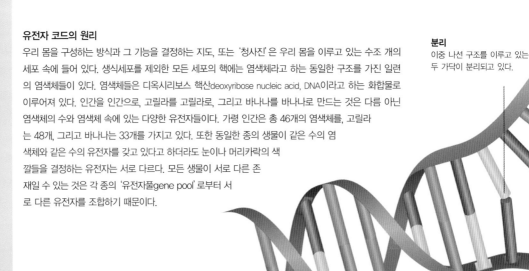

분리
이중 나선 구조를 이루고 있는 두 가닥이 분리되고 있다.

뉴클레오티드
mRNA 띠를 형성하기 위해 DNA의 원형과 쌍을 이루게 될 분자들

살아 있는 세포의 핵에서는 DNA로 이루어진 염색체를 발견할 수 있다. DNA의 이중 나선 구조에는 생명을 창조할 수 있는 청사진이 들어 있다.

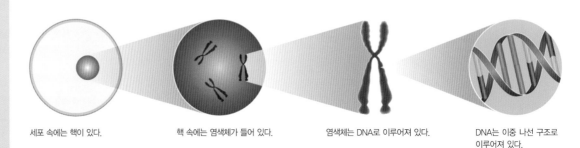

세포 속에는 핵이 있다.

핵 속에는 염색체가 들어 있다.

염색체는 DNA로 이루어져 있다.

DNA는 이중 나선 구조로 이루어져 있다.

DNA의 구성

DNA를 구성하고 있는 네 가지 염기인 아데닌 A, 티민T, 시토신C, 구아닌G이 DNA의 코드를 생성한다. 네 가지 '기본 물질'은 '뉴클레오티드'를 받치고 있는 지지 구조에 연결되어 있다. 아데닌은 티민과, 시토신은 구아닌과 짝을 이루어 사다리 모양으로 연결되어 있다. mRNA 띠 안에는 티민 대신 우라실이 들어 있다.

티민

시토신

구아닌

아데닌

우라실

유전자와 단백질

생명체는 영양분을 분해하여 유전자의 지시에 따라 기관을 만들고 신체에 필요한 물질을 생성한다. 유전자란 단백질 생산을 지시하는 코드를 의미하는 500~1,000개의 염기쌍으로 이루어진 기다란 DNA 가닥을 말한다. 유전자의 염기쌍 배열은 '원형template' 또는 '코드'를 형성하고 있으며 우리 몸은 이 코드에 따라 필요한 단백질을 만들어낸다. 이것이 바로 유전자의 핵심 기능이다. 신체 기능을 제어하고 조직이나 근육을 형성하기 위해, 우리 몸은 끊임없이 단백질을 생산해야 한다.

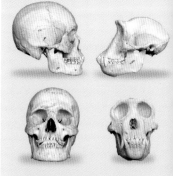

인류와 가장 가까운 친척

유전자 코드 연구를 통해 알 수 있는 중요한 정보 중의 하나는 과연 인류가 얼마나 다른 동물 친척들과 가까운가 하는 것이다. 인류(왼쪽)와 침팬지(오른쪽)의 두개골을 비교해보면, 유사성이 있지만 분명히 다른 점도 많다는 사실을 확인할 수 있다. 하지만 유전자 코드를 비교해보면, 우리가 98.5% 정도 일치한다는 사실을 발견할 수 있다. 즉, 인간과 침팬지는 1.5%밖에 다르지 않다는 말이다. 이러한 발견을 바탕으로 유전자 연구는 인간과 다른 동물들 사이의 공통 조상이 어느 시대에 존재했는지에 대한 정보도 알려준다. 그리고 이러한 정보는 화석 연구와 고고학에 중요한 보충 자료가 되고 있다. 연구 결과, 인간과 침팬지의 가장 가까운 공통 조상은 대략 5~7백만 년 전에 존재한 것으로 밝혀졌다. 이러한 주장은 인류의 조상에 관한 화석 자료에 의해서도 밝혀지고 있다.

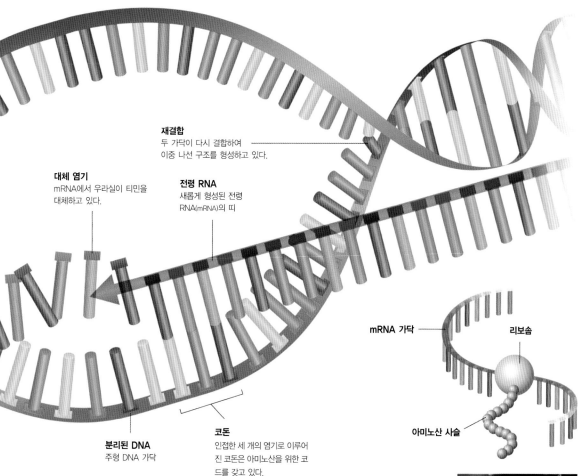

재결합
두 가닥이 다시 결합하여 이중 나선 구조를 형성하고 있다.

대체 염기
mRNA에서 우라실이 티민을 대체하고 있다.

전령 RNA
새롭게 형성된 전령 RNA(mRNA)의 띠

분리된 DNA
주형 DNA 가닥

코돈
인접한 세 개의 염기로 이루어진 코돈은 아미노산을 위한 코드를 갖고 있다.

mRNA 가닥

리보솜

아미노산 사슬

코드 전사

유전자를 해독하기 위해서, DNA는 두 부분으로 '분리' 된다. 분리된 DNA의 가닥은 원본 유전자로서 역할을 한다. 뉴클레오타이드는 '원형' 가닥에 따라 염기쌍을 이루면서 '전령' RNA(mRNA)를 형성한다. 이렇게 만들어진 mRNA 가닥 위에 배열된 염기는 원형 가닥의 배열과 일대일 대응을 이룬다. 염기쌍이 대응되기 이전에 뉴클레오타이드는 이미 원형 배열에 따라 순서대로 나열되어 있다. 단, 원형 DNA와 다른 점은 RNA에서는 티민이 아니라 '우라실'이 아데닌과 쌍을 이루게 된다. 이렇게 배열된 염기들이 쌍을 이루는 과정을 '전사transcription' 라고 한다. 새롭게 형성된 mRNA의 가닥은 떨어져서 '소포체' 라고 하는 세포 내 망상구조로 이동하며, 이곳에서 단백질이 합성된다.

코드 해독

단백질은 아미노산이라고 하는 분자가 길게 연결된 고리의 형태로 이루어져 있다. 지구상에는 총 20종류의 아미노산이 있다. mRNA 가닥 위에 있는 코돈이라고 하는 세 개의 인접한 염기들이 바로 아미노산의 특성을 결정한다. 염기는 총 네 종류가 있기 때문에, 세 개의 염기로 구성된 코돈의 종류는 총 64가지가 된다. 단백질 합성 과정에서, '리보솜' 이라고 하는 세포 기관이 mRNA의 가닥을 따라 코돈을 읽고 '해독' 한다. 한편, 또 다른 RNA로 전이RNA(tRNA)가 있다. tRNA는 해당 아미노산에 달라붙어 리보솜으로 이동한다. 여기서 DNA 원형 코드에 따라 아미노산들을 결합하여 단백질을 생성한다.

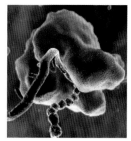

mRNA의 가닥을 따라가며 코드를 해독하고 있는 리보솜. 단백질을 만들어내기 위해 아미노산을 연결해 나가고 있다.

유전적 혈통

왓슨과 크릭이 DNA의 구조를 발견하기 전부터, 그리고 인간 게놈 프로젝트Human Genome Project(170 쪽, 174쪽 참조)의 기반이 마련되기 오래전부터, 과학자들, 또는 더 이전의 농학자들은 유전자의 코드 형태와 그 기능에 대한 지식을 어느 정도 확보하고 있었다. 선택적 교배를 통해 더욱더 튼튼하고 생산성이 높은 작물을 개발하려는 노력의 기원은 가축들에 대한 시도와 마찬가지로 아주 먼 옛날로 거슬러 올라갈 수 있다. 하지만 작물과 가축에 대한 개량산업은 유럽 국가들이 급증하는 인구를 감당하기 위해 새로운 해결방안을 모색하기 시작했던 18세기에 들어서면서 본격적으로 발전했다. 19세기에 이르러 농학자 바론 프랑켄슈타인Baron Frankenstein과 다윈이라고 하는 두 쌍둥이의 영향 아래, 과학자들은 유전공학 기술을 인간에게 적용하는 방법을 연구하기 시작했다.

선택적인 혈통

유전자의 원리에 대해 자세하게 이해했던 것은 아니지만, 유전자에 대한 개념은 초기 근대 농업혁명에서 중심적인 위치를 차지했다.

17세기에 들어서자 윤작법의 개발과 작물과 토양의 효율성과 생산력을 극대화하기 위한 적절한 재배 주기의 연구가 네덜란드와 영국에서 주로 발달하기 시작했다. 끈질긴 경험적 연구와 다양한 식물과 동물의 교배 실험을 통해 아주 다양한 종류의 꽃과 채소를 생산할 수 있게 되었다. 그리고 아시아 및 새로운 세계로부터 다양한 종들이 수입되었다. 게다가 엄청나게 육질이 많은 새로운 종들이(위) 개발되었다.

또한 네덜란드는 해안 침수로 사라진 토지를 개간하기 위해 투자에 열을 올렸다. 그리고 3년에 한 번 쉬는 과거의 경작 방법 대신, 토양에 영양을 공급할 수 있는 윤작법에 관한 실험을 계속하였다.

18세기 중반, 경작 주기와 축산업을 통합한 새로운 시스템이 북서유럽 지역에 자리를 잡았다. 이로 인해 식량 생산에 엄청난 발전이 이루어졌으며 산업혁명의 탄생에도 큰 기여를 하였다.

합스부르크 가문의 턱

가장 선택적으로 이루어진 혈통으로 유럽의 왕족들을 들 수 있다. 수세기에 걸친 친족 결혼으로 인해 돌출된 턱과 같은 특징이 아주 일반적으로 나타났다. 특히 합스부르크 가문의 경우는 더욱더 그러하다. 스페인의 찰스 2세(1661~1770, 왼쪽)는 합스부르크 가문 중에 가장 큰 어려움을 겪었다고 한다. 심지어 음식을 제대로 먹지 못했다.

혈우병: 왕족의 병

유전자가 세대를 거쳐 전해 내려가는 과정을 통해 질병 역시 유전된다는 점을 이해할 수 있다. 과거 빅토리아 여왕과 혈우병이라는 유전병에 관한 특이한 사례가 있다. X 염색체에 의해 발생하는 혈우병은 피가 응고되지 않아 출혈이 계속되는 병이다. 여성들은 X 염색체 두 개를 갖고 있으며, 이 둘 중 하나라도 정상이면 혈우병의 증상이 나타나지 않는다. 하지만 남성은 X 염색체와 Y 염색체를 하나씩 가지고 있기 때문에 혈우병 유전자를 가진 X 염색체를 물려받는 경우 이 질병에 걸리게 된다. 빅토리아 여왕은 혈우병 유전자를 지닌 X 염색체 한 개를 갖고 있으며, 그 유전자를 그녀의 아들, 딸과 손자, 손녀에게 물려주었다. 이들 중 많은 사람들이 유럽 지역에 걸쳐 다양한 왕족의 구성원이 되었다. 빅토리아 여왕 이후, 4세대가 지나서야 더 이상 혈우병을 보이는 후손들이 나타나지 않게 되었다. 오늘날 왕족들은 이러한 증세를 보이지 않고 있다.

알프레드Alfred(1844~1900)
러시아의 마리 공주와 결혼

앨리스
Alice(1843~1878)
헤세–다름슈타트의 루이스 왕자와 결혼. 혈우병 보유자. 러시아의 알렉산드라 황후의 어머니

빅토리아 공주
Victoria(1840~1901)
프러시아의 프레더릭과 결혼

루이스
Louise(1848~1939)
론 후작과 결혼

빅토리아 여왕의 후손 아홉 명은 모두 유럽의 왕족, 또는 귀족 가문들과 혼인을 했다. 세 명은 혈우병 유전자를 물려받았고, 그중 두 명은 유럽 왕실의 아홉 명의 사람에게 이 유전자를 전달하였다.

DNA와 로마노프 왕조

빅토리아 여왕의 혈우병으로 가장 잘 알려진 후손은 러시아의 황제 니콜라이 2세의 아내이자 빅토리아 여왕의 손녀인 알렉산드라와 그녀의 아들 알렉세이였다. 이들 가족들은 1918년 볼셰비키 러시아 혁명 이후 모두 처형되었다. 니콜라이 2세와 알렉산드라, 그리고 자녀들의 유물은 1991년 얕게 매장된 그들의 무덤 속에서 발견되었다. 2007년 뼛조각들을 가지고 DNA 검사를 실시하였으며, 알렉세이와 마리의 것으로 밝혀졌다.

생체 해부와 우생학

1896년 작가 H.G. 웰스Wells는 『닥터 모로의 섬The Island of Dr. Moreau』이라는 소설을 발표했다. 그 소설은 동물과 인간의 발생 과정에서 외과적인 시술을 하는 내용을 담고 있다. 하지만 그의 소설은 메리 셸리의 소설『프랑켄슈타인』이 만들어낸 악몽을 단지 재현한 것이었다. 이러한 소설에 등장한 과학자들은 마치 신의 입장에서 인류의 운명을 바꾸는 능력을 가지고 있다. 당시는 외과적인 실험, 즉 생체 해부의 정당성이 사회적으로 심각하게 의문시되던 시점이었다. 어쨌든 이러한 소설들로 인해 사람들은 인류라는 종을 유전적으로 조작하는 우생학eugenics이라고 하는 아주 위험한 유사과학이, 사회적 신뢰를 얻기 위해 유전학을 어떻게 활용할 수 있을지에 대해 충분히 깨닫게 되었다. 하지만 웰스 자신은 "유전자 조작의 성공 사례를 선택하는 것이 아니라 실패의 사례를 제거하는 것"이라는 말을 남기면서 여기에 찬성하는 입장을 보였다.

앨버트 왕자
Albert(1819~1861)

베아트리체
Beatrice(1857~1944)
바텐베르크의 헨리 왕자와 결혼. 혈우병 전달자

빅토리아 여왕
Victoria(1819~1901)
혈우병 보유자

앨버트 에드워드 웨일즈 왕자
Albert Edward(1841~1910)
덴마크의 알렉산드라 공주와 결혼

헬레나Helena(1846~1923)
슐레스비히-홀슈타인의 크리스천 왕자와 결혼

아서Arthur
(1850~1942)
프러시아의 루이스 공주와 결혼

레오폴드
Leopold(1853~1884)
발데크-피에모테의 헬레나 공주와 결혼. 혈우병 환자

나치 정부는 안락사를 통한 사회적 개량을 지지했다. 학살 캠프가 건설되기 한참 전부터, 나치 정권은 '지능이 모자란 사람'이나 '타락한 사람'들을 '안락사'시켜야 한다고 홍보했다. 그들은 이러한 사람들을 먹여 살리기 위해 정부가 6만 마르크나 되는 비용을 지출하고 있다고 주장하면서 이렇게 외쳤다. "독일인들이여, 그것은 곧 당신의 돈입니다."

유전자 코드 활용

왓슨과 크릭 그리고 영국 케임브리지의 캐번디시 연구소(170쪽 참조)의 여러 연구자들의 발견은 이후 DNA와 관련된 유전자의 작용 원리뿐만 아니라 그보다 훨씬 중요한 업적을 세운 것으로 드러났다. 즉, 1980년대 인간 게놈 프로젝트가 케임브리지뿐만이 아니라 미국, 중국, 프랑스, 독일, 일본에서도 시작되었다. 또한 이 시점은 서열 분석 방법을 활용하여 인간 유전자의 완벽한 '지도'를 그리기 위해 필요한 컴퓨터 기술이 충분히 발전한 때이기도 하다. 2000년, 유전자 '지도'의 완성을 알리는 예비 발표가 나왔다. 그리고 2006년 마침내 마지막으로 남은 염색체가 밝혀졌고, 드디어 지도는 완성된 모습을 드러냈다. 그 여파는 실로 어마어마했다. 사실 1980년대부터 범죄 예방을 위해 개인의 고유한 DNA 정보를 사용하고 있었음에도 불구하고(왼쪽), 유전자 지도의 완성으로 건강, 보험, 유전자 조작, 생체 여권, 데이터베이스 보안과 관련된 다양한 윤리적인 문제들이 제기되었다. 인류는 이제 피할 수 없는 자신들의 코드에 갇혀버렸다.

DNA와 범죄와의 전쟁

1980년대 영국의 경찰이 과학수사대를 처음으로 도입한 이후, 범죄 현장에서 용의자의 흔적을 확인하기 위해 DNA 정보를 사용하는 사례가 급속도로 증가하고 있다. DNA 코드를 통해 모든 사람들의 고유한 '지문'을 확인할 수 있다. 범인이 범죄 현장에 실수로 남긴 침, 머리카락, 땀, 기타 분비물 등을 이후 용의자의 목구멍에 면봉을 발라 얻은 타액이나 점점 증가하고 있는 엄청난 데이터베이스의 기록들과 비교, 분석한다. 그리고 매우 정확한 DNA 프로필을 수사관에게 제공한다.

1987년, DNA 샘플링을 활용한 최초의 범죄 수사가 영국의 레스터셔에서 이루어졌다. 1983년, 1986년에 비슷한 형태의 강간 살인사건이 두 건 일어났고, 경찰은 17세의 리처드 부클랜드를 용의자로 지목했다. 그는 심문을 받던 중 결국 한 건의 살인사건을 자백했다. 당시 레스터셔 대학의 DNA 연구원들이 나머지 한 건의 범죄를 증명하기 위해 두 사건 현장에서 얻은 잔류물들을 비교하자는 제안을 했다. 두 사건의 범인이 동일 인물임을 밝혀내기는 하였으나 부클랜드의 DNA와는 일치하지 않았다. 그 이후 해당 지역에 거주하는 5,000명의 남성들로부터 샘플을 채취하여 분석하였으나 유효한 결과를 얻지 못했다. 그러던 중, 어떤 사람이 당시 제빵업자였던 콜린 피치포크의 부탁을 받고 자신의 샘플을 대신 제출했다는 제보를 해왔다. 경찰은 즉시 피치포크를 체포하고 검사를 했다. 마침내 사건 현장의 DNA와 그의 것이 일치한다는 사실을 밝혀냈다. 결국 그는 자신의 범죄를 시인할 수밖에 없었으며, 종신형을 선고받았다.

분석용 DNA

염색체로부터 얻은 DNA를 조각으로 나눈다. 이 조각들을 따로 분리한 뒤 복제하여 다양한 용액들을 만든다. 각 용액에는 4,000개의 염기쌍에 해당하는 길이를 가진 DNA의 동일한 가닥들이 들어 있다. 용액들을 가열하여 DNA의 이중 구조를 해체한 뒤, 그중 하나의 가닥을 원본 DNA로 사용한다. 여기에 효소, 프라이머(유전자 복제 시발 물질-역자 주), 그리고 네 가지의 염기 A, G, C, T(170쪽 참조)와 '특수' 형태의 염기를 첨가하여 복제를 시작한다. 그런 다음 성장하는 가닥으로 합쳐지고 특정 조건을 의미하는 표시가 나타날 때, 특수 염기들을 통해 복제 과정은 중단된다. 복제는 원본 가닥과 똑같은 위치에 항상 정확하게 부착되는 프라이머로부터 출발한다. 그리고 '특수' 염기가 연결되어 복제 과정이 중단될 때까지 염기쌍의 결합은 지속된다. 이러한 과정을 거쳐 표시된 '특수' 염기와 같은 지점에서 시작하고 같은 지점에서 끝나는, 다양한 길이의 수십억 가지 조합을 포함하는 용액이 얻어진다.

코드 해석

다음으로 겔 전기이동의 과정을 거쳐 용액에 담긴 DNA들을 그 길이에 따라 구분하게 된다. 그리고 겔을 전기장으로 가져간다. 여기서 DNA는 음전하를 띠고 있기 때문에 DNA가 들어 있는 용액을 음극에 대면 DNA는 겔을 통해 양극으로 이동한다. DNA의 이동 속도는 그 길이에 반비례한다. 즉, 길이가 짧을수록 더 빨리 이동한다. 그리고 길이가 같은 DNA들은 함께 움직인다. 동일한 DNA들이 응집된 덩어리는 특수 염기에 붙어 있는 표지marker를 보고 판독할 수 있다. 가령 레이저를 주사하면 A는 형광 녹색을, G는 빨간색을 나타낸다. 자동화 시스템의 도움으로 DNA 덩어리들이 지나갈 때 판독기가 색깔에 따라 해독을 하고, 그 결과를 컴퓨터에 기록한다. 겔을 따라 이동하던 DNA 덩어리들의 움직임을 멈추려면 전기장의 스위치를 내리면 된다.

겔 전기이동gel electrophoresis으로부터 자동 방사선 사진autoradiogram을 사용하여 두 개의 DNA를 비교하는 방법이 나왔다. 네 가지 염기C, A, T, G를 위한 각각의 용액을 준비하고, 이를 겔의 평행 통로로 흘려보낸다. 두 가지 DNA의 동일한 부분에서 염기 위치의 차이를 파악하기 위해 두 샘플 용액을 나란히 흐르게 한다. 이러한 과정을 거쳐 두 DNA가 한 사람의 것인지를 밝혀낼 수 있다.

코헨 미스터리

과학자들은 유전자들의 관계를 밝혀내기 위해 수만 년 전으로 거슬러 올라가기도 한다. 물론 종종 논쟁거리를 만들어내기도 한다. '코헨Cohen'이라는 성을 가진 유대인은 유대인 성직자 계급이자 모세의 형인 아론의 후예인 '코하님Kohanim'과 관련이 있다고 하는 주장은 오래전부터 이어져 내려왔다. 1998년 과학자들은 코헨이라는 성에 관한 유전적인 관계를 밝히기 위해 코헨이라는 성을 가진 남성 수백명의 DNA를 분석하였다. 그 결과, 분명히 연관성이 있는 것으로 드러났다. 하지만 그 연관성의 특성들은 레반트 지역과는 동떨어진, 3,000년 전의 아라비아 반도로 거슬러 올라갈 수 있다는 사실도 보여주었다. 그리고 이러한 사실이 성경의 기록과 과연 일치하는지에 대한 의문이 제기되었다.

오리너구리의 수수께끼
최근 이 특이한 동물의 유전자 배열을 연구한 결과, 포유류, 파충류, 조류의 고유한 특성을 모두 갖고 있는 것으로 밝혀졌다.

샘플 1의 A가 샘플 2의 T와 동일한 염기 위치를 차지하고 있다.

샘플 2의 C가 샘플 1의 A와 동일한 염기 위치를 차지하고 있다.

샘플 2의 T가 샘플 1의 C와 동일한 염기 위치를 차지하고 있다.

샘플 2의 G가 샘플 1의 C와 동일한 염기 위치를 차지하고 있다.

C A T G C A T G
샘플 1   샘플 2

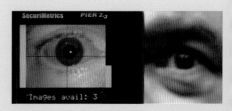

경찰과 DNA

범인 추적을 위해 지문을 분석하는 방법은 개인의 유전자적 정보를 활용하는 초기 단계에 속한다(138쪽 참조). 이에 비해 DNA 정보를 활용하는 방법은 완전히 다른 차원에서 보안 시스템을 바꾸어놓고 있다. 최근 40여 개 국가에서는 본인의 이미지를 담은 작은 칩이 포함된 생체 여권을 발급하고 있다. 그리고 여권에 지문과 홍채 스캔(위) 정보까지 담는 사례가 증가하고 있다. 또한 DNA 정보까지 담아야 한다는 목소리가 높아지고 있다. 이렇게 된다면 여권 위조는 아예 불가능하게 되는 셈이다. 이와 같은 맥락에서, 경찰 당국과 보안기관 역시 국가적인 차원에서 여권뿐만이 아니라 신분증의 칩을 포함하는 DNA 데이터베이스를 구축해야 한다고 주장하고 있다. 하지만 시민운동단체는 이를 개인의 사생활에 대한 중대한 위협이라고 반대하고 있다.

보험 및 의료 분야

인간의 유전자를 해독하는 기술이 보급되면 보험회사들은 당뇨병, 심장병, 알츠하이머, 암과 같은 질병의 위험이 높은 유전자를 보유한 사람들의 보험 가입을 제한할 것이라는 우려의 목소리가 나오고 있다. 그 결과, 많은 사람들이 DNA 검사를 꺼리거나, 아니면 비밀리에 받고 있다. 이러한 문제는 중대한 법적, 윤리적 의미를 담고 있다. 오늘날 '유전자 보안'에 관한 다양한 법률이 제정되어 있으며, 새로운 법안들도 계속 등장하고 있다.

유전자 조작

식물과 동물의 생산성을 높이기 위해 유전공학을 활용하는 시도가 최근 심각한 사회적 논쟁을 불러일으키고 있다. 대부분의 사람들이 장기적 효과에 대해 의심스러운 눈초리를 보내고 있음에도 불구하고, 일부에서는 유전자 개량으로 작물의 생산성을 높이면 점점 증가하는 세계의 인구를 먹여 살릴 수 있을 것이라는 비전을 내놓고 있다. 1996년 최초의 유전자 복제 사례인 복제양 돌리(아래)로부터 시작된 동물과 인간의 유전자 조작에 대한 시도는 오늘날 수많은 윤리적, 도덕적, 법적 논쟁을 불러일으키고 있다.

문명화 코드

문화적 집단화로 인해 종종 언어적, 문자적, 도해적 차원에서 축약 형태가 발달한다. 여기서 축약 형태란 각각의 의미는 살아 있지만 그 기원은 종종 잊혀져버린 공유된 역사에 깊이 배어 있는 개념이나 메시지를 주고받는 방식을 말한다.

축약 형태는 분명하지만 복잡한 개념을 전달해야 할 때 주로 사용한다. 종종 비유나 도상학적인 언급의 형태로 나타난다. 종교적 믿음이나 사회적 가치 체계의 공유로 강한 연속성을 갖고 있는 집단 내부에서는 이들 중 많은 부분이 존재하고 사용되고 있다. 하지만 그 부분들 역시 세월에 따라 점차 희미해지기 마련이다.

건축 코드

20세기에 모더니즘이 등장하면서 서양 건축은 정반대의 건축 양식들이 지배하기 시작하였다. 각각 자신만의 공식적인 언어와 구조화된 양식을 갖고 있다. 그 전통은 너무나 강력하여 오늘날에도 뚜렷하게 남아 있다. 그중 하나는 그리스와 로마 시대에 형성되고 발전한 고전적인 기둥–인방(벽을 지지하기 위해 출입구나 창문 위에 가로놓은 나무나 돌로 된 수평재)의 전통이다. 이는 BC 1000년 이전의 로마네스크 양식을 단순화한 형태로 남아 있다. 그러나 르네상스 골동품 애호가와 인문주의자들이 다시 그 언어를 사용하고 개발하였다. 그리고 또 다른 하나로, 중세시대 유럽에서 발전했던 우아하고 유기적이고 골격적인 형태를 이루고 있는 고딕 양식을 들 수 있다.

석공들의 표시

로마 시대 이후로 석공들은 돌 위에다가 마크, 결합문자 또는 상징들을 새겨넣었다. 그리고 중세시대에 들어서면서 매우 일반적인 관습으로 자리 잡았다. 하지만 아직 그 목적과 의미는 정확히 밝혀지지 않았다. 이러한 형태에는 크게 두 가지가 있는 것으로 보인다. 하나는 배열 마크로서 돌들이 어디에 위치해 있는지를 설명하고 있다. 그리고 다른 하나는 서명 마크로서 누가 작업을 했는지를 표시하고 있다. 아마도 어떤 석공이 얼마만큼의 작업을 했는지 나타내기 위해 표시를 했을 것이다. 실제로 그 마크들은 이중 코드로 기록되어 있다.

방향

고전적 양식이나 고딕 양식에 상관없이 일반적으로 기독교 교회당은 십자가 형태의 평면도를 따르고 있다. 그리고 동쪽을 향해 있는 행렬 형태로 이루어져 있다. 이에 비해 메카를 향해 절을 하는 방향을 가리키는 정교한 벽감, 미라브(사원의 네 벽 중 메카 방향의 벽에 있는 벽감, 아래)의 존재에도 불구하고, 모스크의 방향 형태는 좀 덜 엄격하다.

고딕 양식

베네딕트회 아베 쉬제르Abbé Suger(약 1081~1151)의 지원을 바탕으로 추진된 파리 근교의 세인트 데니스 수도원의 복구 사업은 유럽에 걸쳐 빠르게 전파되었던 새로운 건축 양식을 불러일으켰다. 첨두 아치, 혹은 부채꼴 둥근 천장의 방식은 원래 건축적 요소를 최소화하여 채광을 살리는 양식이었지만, 보는 이에게 하늘을 우러러보는 듯한 놀라움과 경외심을 안겨다주었다. 즉, 이 양식은 하늘을 닮은 건물을 의미했다. 솔리스베리 대성당(위)처럼, 처음에는 형태와 장식을 단순화하였으며 교회 건물에만 적용하였지만, 점차 고딕 양식은 정교해져 갔으며, 15세기에는 모든 종류의 건물로 확대되었다. 또한 고딕 양식은 독특한 용어들을 낳았다(오른쪽).

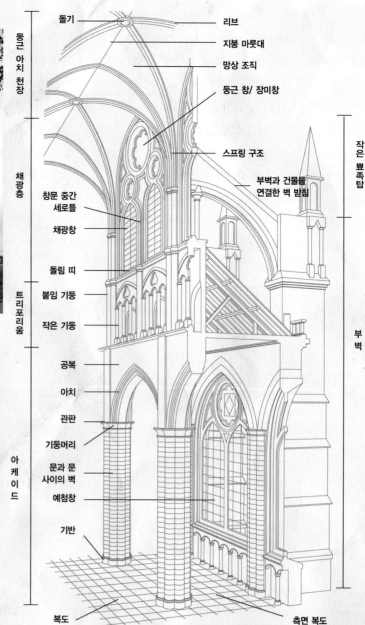

둥근 아치 천장 · 채광층 · 트리포리움 · 아케이드

돌기 — 리브
지붕 마룻대
망상 조직
둥근 창/ 장미창
스프링 구조
창문 중간 세로틀
채광창
돌림 띠
붙임 기둥
작은 기둥
공복
아치
관판
기둥머리
문과 문 사이의 벽
예첨창
기반
복도 · 측면 복도

작은 뾰족탑
부벽과 건물을 연결한 벽 받침
부벽

고전주의

그리스와 로마의 건축 양식은 크게 두 채널을 통해 르네상스로 이어졌다. 그것은 첫째, 크게 훼손된 고전주의 건물들의 유적과, 둘째 로마 건축가 비트루비우스Vitruvius(BC 약 80~15)가 남긴 저작들이다. 비트루비우스는 그의 저서 『건축 10서Ten Books on Architecture』에서 사원 건축에서 도시공학 및 조경에 이르는 분야까지 다루고 있다. 레온 바티스타 알베르티(Leon Battista Alberti(1404~1472)는 비트루비우스의 저작들을 편집하고 이를 세상에 널리 알렸다. 또한 그 이후 세를리오, 비뇰라, 안드레아 팔라디오와 같은 이탈리아 건축가들에 의해 크게 알려졌다. 1500년경 고전주의 건축 양식은 공공건물, 왕궁, 심지어 사택에까지 수용되었으며, 프랑스, 영국, 미국 등 북부 지역으로도 전파되었다. 비트루비우스는 고전주의의 건축적 요소들이 갖고 있는 비례, 특성, 사용법에 대해 설명하고 있다. 그리고 그중에서 가장 중요한 것은 그리스 기둥 또는 '주식orders' 양식과 그 건물들을 조직하고 '표현'하는 정확한 방식이었다.

판테온은 로마에서 보존 상태가 우수한 건물들 중 하나이다. 비례적인 아름다운 외형, 우아한 원형 지붕, 뚜렷한 조각으로 인해 판테온은 수많은 르네상스 및 포스트 르네상스 건축물들의 영감이 되었다.

히프네로토마키아

『히프네로토마키아Hypnerotomachia』는 르네상스 시대의 건축 서적 중 가장 영향력 있는 책이다. 이 신비스런 그림책은 프란체스코회 수도사 프란체스코 콜로나Francesco Colonna가 썼다고 전해지고 있다. 1400년 베니스의 알두스 마누티우스는 이 책을 특별히 우아한 방식으로 인쇄하였다. 이 책은 고전주의 세계뿐만 아니라 이집트나 중동 지역에서 유래한 부유한 건축적 환상으로 장식된 다양하고 마법적인 이교도적 환경에서 폴리피우스가 꾸는 성적인 꿈에 관한 이야기이다. 이 책에 등장하는 건물들 중 많은 부분이 파괴되었으며, 대부분 수수께끼와 같은 구원의 조각들을 가지고 있다.

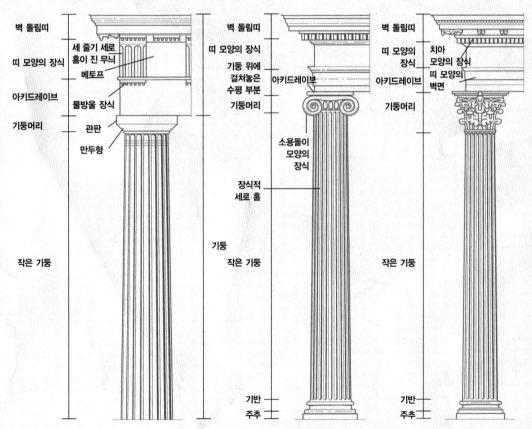

도리스 양식 가장 오래된 고대 건축 양식. 초석 또는 토대가 없음. 6/7:1의 비율. 남성적, 원시적인 단순함, 진지한 목적성, 고귀한 절제미. 공공건물 및 공공시설

이오니아 양식 8:1의 비율. 여성적이고 기품 있음. 우아함과 권위. 도서관, 법원, 대학 건물

코린트 양식 8/9:1의 비율(인체의 이상적인 비율과 가장 비슷함). 우아한 여성성, 장식적이고 근엄함. 정부기관 또는 공연 장소

세빌리아 성당

유럽에서 가장 규모가 큰 세빌리아Seville 성당은 이슬람, 고딕, 포스트 르네상스의 건축 양식을 혼합한 고유한 형태를 갖고 있다. 수세기에 걸쳐 하나씩 쌓아 올려 건축하였다.

도가의 신비주의

BC 6세기경 중국의 철학자이자 신비주의자인 노자는 도가 사상의 창시자로 알려져 있다. 도가 사상은 일종의 물활론적인 철학으로서 하늘과 땅, 질서와 혼돈, 남자와 여자 같은 반대되는 두 측면 사이의 합일을 추구한다. 도가 사상의 특징은 모든 것을 수용한다는 점이다. 중국에서 도가 사상은 때때로 억압을 받았음에도 불구하고, 다양한 형태로 이어져 유교 혹은 공산주의의 정치적 이미지에도 영향을 주었다. 도가의 예술은 색, 모양, 재료, 그리고 서예의 측면에서 내부적으로 상징적인 의미를 갖고 있다. 용이 가져다주었다고 믿는 옥과 같은 재료의 사용과 같이 널리 알려져 있는 부분도 있는 반면, 거의 알려지지 않은 것도 있다.

왕실 장식품의 중앙에 새겨진 음양의 상징은 하늘(신성)과 땅(현세)이 갖고 있는 구분하기 어려운 힘들의 상호작용을 나타내고 있다.

풍경화

도가 사상은 자연의 웅장함과 이를 표현한 풍경화를 최고의 것으로 칭송한다. 정교한 붓질로 신중하게 묘사된 풍경화는 실제의 관찰에 의존한 지형도가 아니라 모든 것을 받아들이는 자연의 포용력을 상징하는 그림이다. 일반적으로 물질적인 에너지를 상징하는 구불구불한 '힘찬' 선은 솟은 바위, 강, 폭포를 묘사한다. 그리고 인간과 집은 이를 에워싼 자연 풍경에 압도되어 있는 듯하다. 또한 그림의 완성은 종종 시구와 함께 이루어진다.

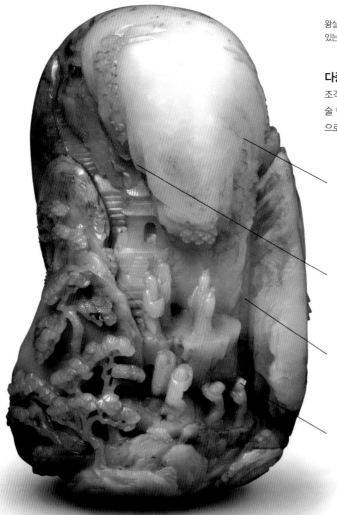

다중적 의미

조각은 도가의 핵심 사상을 다양하면서도 완벽하게 표현하는 예술 형태이다. 조각 작품에서 상징 체계를 여러 층에 걸쳐 다중적으로 나타낸 모습을 볼 수 있다.

작품의 재료

옥은 매우 중요한 재료이면서 상징적인 의미를 갖고 있다. 특히 작거나 중간 크기의 조각 작품에서 가장 우수한 재료라고 여겨지고 있다. 옥은 조물주, 창조, 용의 세계와 직접적으로 연결되어 있다고 믿고 있다.

전체적인 형태

콩팥 모양으로 이루어진 이 조각 작품은 의도적으로 그 표현을 숨기고 있다. 전체적인 모양에서 남근을 암시하고 있으며, 깊게 새긴 부분은 여성의 성기를 연상케 한다.

자연적 효과

이 작품에서 옥의 암맥 부분을 그대로 살리고 있다. 이를 통해 조각가는 자연 에너지와 역동성을 나타내는 선을 강조하고 있다. 물질적이면서도 영적인 느낌을 전달한다.

형상적 표현

역시 남근을 상징하는 조그마한 순례자는 갈라진 금으로 표현된 여성적인 존재의 위압에 눌려 있는 것처럼 묘사되어 있다. 그리고 웅장한 배경이 이들을 감싸고 있다.

하늘
양 어깨 위에 그려진 이 괘는 하늘 또는 창조를 의미한다.

학
신의 전령사

용
도가에서 용이라고 하는 환상적인 동물은 하늘과 땅의 중재자로 여겨지고 있다.

달
강력한 괘로서, 물을 상징한다.

옷단
상징적인 꽃으로 장식을 했다. 조화harmony와 동음이의어인 연꽃, 부와 명예를 나타내는 모란, 그리고 지혜와 덕을 상징하는 난을 볼 수 있다.

태양
달과 균형을 이루고 있는 이 괘는 불을 상징한다.

공식적 예복
도가주의 상징들은 종종 화려한 왕실 예복에서 확인할 수 있다. 이 14세기 예복에는 입는 이의 신분을 상징하는 수많은 기호화된 메시지가 들어 있다.

비밀 문자
신비주의 도가 사상의 문자 형태는 신비로운 분위기를 통해 사람들을 매혹시키고 주술을 건다. 그리고 이러한 형태는 다양한 서예 양식으로 이어졌다. 극단적으로 문자를 흘려 적음으로써 교육을 받은 엘리트 계층만이 알아볼 수 있다.

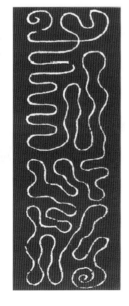

마술적 도형
하나의 구불구불한 선(오른쪽)으로 마술적인 형태를 표현하고 있다. 이 곡선의 형태는 도가 사상의 양의 기운을 직관적으로 나타내고 있다.

흘림체
중국 상형문자를 극단적인 흘림체로 쓴 이 작품(왼쪽)은 마술적인 의미를 담고 있다. 이 글자는 수壽로서, 크게 왜곡된 형태로 쓰여 있다. 1863년에 만들어졌으며, 작가인 옌치의 서명을 확인할 수 있다.

주역
주역은 도가 사상의 핵심적이고 보편적인 신비적 기호이다. 이것은 예언, 점 및 자연 현상에 대한 주문을 위해 사용하는 복잡하게 기호화된 방식으로서 일련의 신탁의 형태를 띠고 있다. 가장 기본적인 주역 점은 작은 막대기 혹은 동전 세 개를 던져 괘를 만드는 것이다(아래). 각 괘들은 아주 다양한 의미를 갖고 있다.

하늘, 창조; 에너지, 충돌, 강함; 옥, 얼음; 아버지, 머리, 말

바람, 나무; 부드러움; 물건; 수평아리

심연, 달; 물; 그물; 귀; 돼지

산, 시작/끝; 탄생/죽음; 씨앗; 멈추어 있음; 손; 부리가 검은 새, 개

지구, 수용적인, 영양 공급, 생산; 어머니; 배; 소

천둥, 자극적인; 땅의 함; 푸른 대나무; 발; 용

태양, 불, 빛, 들러붙는, 의식; 눈; 암꿩

호수; 즐거운, 폭발; 첩; 입; 양

점괘
점괘들을 조합하여 아래와 같이 도식적인 별 모양을 만들 수 있다. 점쟁이들이 그 점괘를 읽고 해답이나 예언을 풀기 위해 이 도표를 사용한다.

인도 지역의 신성한 상징들

인도 지역에서 탄생한 위대한 종교인 힌두교, 불교, 자이나교, 시크교들은 도상학적 측면에서 공통된 요소들을 갖고 있다. 이중 일부는 BC 1000년경의 베다 시대의 종교로까지 거슬러 올라갈 수 있다. 이러한 상징들은 아주 복잡하며 다양한 해석의 여지를 남겨두고 있다. 힌두교 신자들은 그들의 종교적 상징을 신성이 실제로 나타난 것이라고 생각하고 있다. 그렇기 때문에 그들에게 상징이란 그 자체로 신성한 것이다.

신성한 상징들

인도 지역의 종교에서 다양한 상징들을 찾아볼 수 있다. 물론 힌두교의 상징들이 가장 널리 알려져 있다. 힌두교 탄생 한참 뒤에 나타난 불교는 힌두교의 여러 상징들을 가지고 왔다. 가령 발자국이나 연꽃을 들 수 있다. 불교는 이러한 상징들을 통해 우상 숭배를 거부하고자 하였다(184쪽 참조). 남아시아 종교에서 반복적으로 사용되고 있는 주요 상징들은 다음과 같다. 일반적으로 다양하게 양식화되어 있고, 지역에 따라 변형된 형태를 취하고 있다.

램프
이슬람 역시 이 상징을 사용하고 있다. 깨달음을 나타낸다.

삼지창
시바 신의 힘을 상징한다.

코코넛
망고 잎으로 감싼 뒤 항아리에 넣은 코코넛은 가장 흔히 사용되던 의례적인 제물이다. 다산을 기원한다.

소라 껍데기
이 상징은 비슈누 신과 밀접한 관련이 있다. 전쟁을 부르는 것으로 알려져 있으며, 현세뿐만 아니라 영적인 세계도 나타내고 있다.

남근석
크기와 형태의 면에서 남근상은 매우 다양하다. 일반적으로 추상적인 형태로 표현하는 경향이 있다.

덮개
머리가 일곱 개 달린 코브라인 '나가'가 거대한 남근석을 철저하게 지키고 있다.

여음상
남근상을 받치고 있는 여음상은 일반적으로 뱀의 모습이나 천을 말아놓은 모양을 하고 있다.

신성한 관습

인도 대륙에 걸쳐 종교적 의무는 몸치장으로부터 일상적 의식에 이르기까지 많은 사람들의 일반적인 생활 패턴의 일부를 차지하고 있었다. 자신의 몸을 치장하고 부적을 만드는 것은 종교적 의무와 헌신의 표현일 뿐만 아니라 신성한 행위라고 생각되었다.

남근상과 나가

힌두교에서 남근상은 남근 숭배의 상징이며 시바 신, 그리고 출산과 관련이 있다. 남근상은 일반적으로 여성의 성기, 즉 요니를 의미하는 받침대에 놓여 있다. 남근상의 형태와 비율에 대한 구체적인 규범이 있지만, 종종 고도로 양식화되어 다른 사람들은 알아보기 힘든 것도 있다. 왼쪽 그림의 남근상은 레팍시 지역에 있는 것으로서, 머리가 일곱 개 달린 코브라 나가naga가 지키고 있다. 나가는 시바 신과 관계가 있으며 죽음을 상징한다. 또한 우주적인 힘을 나타내기도 한다. 그리고 베다의 화신인 아그니의 현현으로서 수호신이기도 하다. 나가는 또한 비슈누와도 관계가 있으며 지식, 지혜 그리고 영원을 의미한다. 나가는 스스로 신성함을 가지고 있으며, 완전한 인간, 완전한 뱀 또는 코브라의 머리를 하고 두건을 쓴 모습으로 묘사되어 있다.

시바 신
시바 신은 삼지창을 든 채로 그의 아내 파르바티와 코끼리 머리를 한 가네샤 신과 함께 있다.

의식적 장식
시바 신과 파르바티는 각각 틸락과 빈디라고 하는 이마 장식을 하고 있다.

옴

천지 창조의 소리를 의미하는 목소리를 내는 것 역시 아주 중요한 의식의 일부이다. 이를 위해 수많은 기도, 주문, 의식이 등장하였으며, 종종 왼쪽 그림과 같이 성스러운 장소 위에 그려진다. 초월 명상과도 관계가 있지만, 그 기원은 힌두교의 의식에 기반을 두고 있다. 남아시아의 주요 종교들은 대부분 이를 공유하고 있다.

틸락과 빈디

이마 가운데에 표시를 하는 것은 인도 지역에서 매우 일반적인 일이다. 남자들의 경우, 의식에 참여하거나 특정 신을 모시는 신자들이 틸락을 한다. 틸락은 성화, 소똥, 심황, 숯과 같은 것으로부터 얻은 재를 사용하여 그리는 것이다. 파괴의 신 시바를 따르는 사람들은 가끔 장례식용 장작의 재를 사용하여 이마에 세 줄을 그리거나 또는 삼지창이나 초승달을 그리기도 한다. 비슈누를 믿는 사람들은 자신의 발자국을 의미하는 U와 같은 상징을 표현하기 위해 백단을 사용한다. 여자들의 경우, 가장 일반적인 것은 미간 사이에 점을 붙이는 빈디이다. 이 위치는 종종 '제3의 눈'이라고도 불리며, 신을 그린 그림에서 종종 볼 수 있다. 전통적으로 결혼한 여자들이 붙이는(과부가 되면 도로 떼어버린다) 빈디는 오늘날 종종 장식용 액세서리로 취급받고 있다. 그래서 결혼하지 않은 소녀들도 이를 붙이고 다니기도 한다. 결혼식이나 축제의 날, 기쁨을 나타내기 위해 그리는 것으로 '쿰쿰'이 있다. 이는 풍요와 건강을 기원하는 주홍색으로 가르마 속에 그려넣는다.

콜람

전통적으로 남인도 여인들은 매일 아침 쌀가루를 가지고 집 앞에 정교한 기하학적 문양을 그린다. 이를 콜람이라고 하는데, 주로 복을 기원하는 기호와 신의 상징으로 이루어져 있다. 하지만 이 예술 작품은 하루 사이에 점차 허물어져 다음날 아침 새로운 그림으로 탄생한다. 이상적인 콜람은 중단 없이 단 한 번에 그려야 하며 집중과 손재주, 그리고 기술의 차원에서 오랜 훈련과 배움을 통해 다양한 문양이 만들어진다. 축제나 종교 행사의 경우, 종종 많은 여인들이 사원에 모여 색깔을 입힌 거대한 콜람을 그린다. 오늘날에도 집이나 사원의 문 앞에 단순화된 형태의 콜람을 그린다.

콜람을 그리는 것은 강한 집중력을 필요로 한다. 그렇기 때문에 콜람은 일상의 종교적 의식으로 여겨지고 있다.

불교의 언어

불교 탄생의 '심장부'는 인도의 북부 히말라야 기슭이다. 불교의 창시자인 고타마 싯다르타(기원전 약 566~483년)는 이 지역을 중심으로 활동을 했으며, 불교는 여기서 인도의 기성 종교들과 상징 언어들을 어느 정도 공유할 수 있었다. 그중 대표적인 것이 힌두교라 할 수 있다. 불교 수도승들은 1세기경부터 포교 활동을 시작하였다. 그 범위는 북쪽으로는 히말라야, 티벳, 중국, 한국, 일본이며 남쪽으로는 스리랑카, 동남아시아, 말레이시아 열도에 이르고 있다. 이처럼 광범위한 지역에 뿌리를 내리기 시작하면서, 불교는 지역의 사상체계와 함께 고유한 양식과 상징들을 창조했다. 하지만 이러한 모든 지역에서도 불교의 핵심 상징들은 공통적으로 나타나고 있다.

불교의 무드라

무드라는 힌두교와 불교의 그림에서 발견되는 특유의 손동작을 말한다. 무드라는 각각 붓다의 가르침을 상징하고 특정 이미지를 떠올리게 한다. 7세기의 한 경전에는 130개의 무드라가 하나씩 소개되어 있다. 지역에 따라 약간씩 차이가 있기는 하지만, 불교 신자들은 처음 보는 무드라라고 하더라도 그 의미를 짐작할 수 있다.

디야니 무드라
명상의 자세

다르마차크라 무드라
윤회의 바퀴를 돌림

비타르카 무드라
가르침을 전달함

압하야 무드라
용기와 헌납

바라다 무드라
연민과 기원

잠자는 붓다

일반적으로 붓다는 다음의 네 가지 자세를 취하고 있다. 앉아서 가르침을 주는 자세(왼쪽 위), 서있는 자세, 걸어 다니는 자세, 그리고 기대거나 드러누운 자세. 누워있는 자세는 깨달음을 얻고 열반에 이른 붓다를 상징한다. 스리랑카 또는 베트남이나 라오스와 같은 동남아시에서는 거대한 자연 암석을 원래 장소에서 그대로 조각해 만든 기대어 있는 붓다의 모습을 쉽게 발견할 수 있다.

윤회의 바퀴

바바카크라라고 하는 이 바퀴는 불교의 중심적인 소재이다. 이는 삼사라samsara, 즉 출생, 삶, 죽음이 계속 순환을 한다는 의미로 영원과 존재의 영속성을 상징한다. 이러한 윤회의 사슬은 깨달음을 통해서만 깨뜨릴 수 있다. 바퀴에 달려 있는 여덟 개의 살은 팔정도라고 하는 불교의 기본 교리를 의미한다. 이 바퀴는 숫자의 형태로 나타나기도 하고 다른 상징들과 함께 쓰이기도 한다.

만다라

만다라mandalas는 불교의 그림으로서 '원'을 의미하는 산스크리트어로부터 나왔다. 또한 '연결'이나 '완성'이라는 의미도 갖고 있으며, 이러한 모든 의미는 불화를 바퀴(와)라고 하는 불교 개념으로 연결시키고 있다. 만다라의 정교한 상징은 '신성한 공간'을 만들고 명상을 도와준다. 일반적으로 만다라의 중심에는 붓다나 연꽃과 같은 붓다의 상징이 그려져 있다. 원과 그 내부에 있는 여러 층의 정사각형들은 현세와 깨달음의 여정을 의미한다. 만다라를 그리는 것은 수도승의 훈련이면서 탄트라의 비밀스런 의식을 나타내기도 한다. 하나의 만다라를 완성하려면 수백 시간이 걸리기도 한다. 가끔 색깔 있는 모래나 놀가루로 그리기도 하는데, 완성 후 그 그림을 지워버림으로써 현세의 공허함에 대한 가르침을 드러낸다. 한편 물감으로 그리는 경우, 각각의 색은 상징적인 의미를 갖는다(오른쪽).

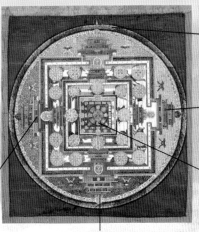

녹색
북방, 공기, 불공성취불을 의미. 질투가 창조로 바뀜.

파란색
동방, 물, 부동여래를 의미. 분노가 지혜와 평화로 바뀜.

흰색
중심, 하늘, 대일여래를 의미. 무지가 지혜로 바뀜.

빨간색
서방, 불, 아미타불을 의미. 집착이 통찰력으로 바뀜.

노란색
남방, 땅, 보생불을 의미. 자만이 극기로 바뀜.

불교의 상징

불교의 초기에는 붓다의 모습을 그리는 것이 금지되었다. 그래서 그의 삶과 가르침의 여정을 표현하기 위해 다양한 상징들을 사용했다. 이러한 상징들의 많은 부분이 힌두교에 기원을 두고 있다(182쪽 참조).

만자문(스와스티카)

스와스티카라는 말은 원래 산스크리트어로 '모든 것이 좋다'라는 의미이다. 만자문은 불교와 자이나교가 함께 사용하고 있으며 기타 다른 문화권에서도 찾아볼 수 있다. 오른쪽으로 도는 만자문은 우주와 태양, 빛을 지키는 비슈누 신의 상징으로 좋은 행운을 의미한다. 그리고 왼쪽으로 도는 만자문은 죽음과 파괴, 어둠의 세력을 나타내는 무시무시한 신 칼리의 상징이다.

발자국

불교는 처음에 우상 숭배를 금지하였다. 고타마 스스로가 자신이 우상으로 그려지는 것을 원치 않았기 때문이다. 그래서 주로 발자국을 통해 붓다를 나타냈다.

연꽃

불교 신자들에게 연꽃은 붓다를 의미한다. 그리고 뿌리는 땅을, 줄기는 물을, 잎은 공기를, 꽃은 불이라고 하는 네 가지 요소를 나타내기도 한다. 또한 진흙(물질)으로부터 물(경험)을 거쳐 꽃(깨달음)으로 이르는 과정을 의미한다. 꽃잎의 수 역시 중요하다. 팔정도를 나타내는 8개 꽃잎으로부터, 궁극적인 존재를 의미하는 1,000 또는 10,000에까지 이르기도 한다. 그리고 색깔 또한 중요하다.

흰색
보리 – 깨달음, 팔정도를 의미

빨간색
관세음보살 – 연민을 의미

파란색
문수보살 – 지혜, 감각을 초월한 영혼의 승리를 의미

분홍색
역사상 실제 붓다를 의미

붓다는 이처럼 연꽃 위에 앉아 있는 경우가 많다. 그리고 그 뒤에는 정교한 모양의 잎이 받치고 있다.

이슬람 문양

기하학적인 패턴의 기원은 장식하고 치장하고자 하는 인간의 욕망이 탄생한 시점으로 거슬러 올라갈 수 있다. 바구니 세공이나 바느질과 같은 작업은 그 자체로 기하학적 패턴을 담고 있다. BC 645년경 니네베 지방의 아슈르바니팔 왕궁에서 나온 융단의 문양을 본떠서 조각한 돌로 만든 입구와 같이 복잡하고 다양한 형태의 패턴들이 나타나기 시작했다. 이러한 패턴들은 데이지 그림을 가지고 서로 교차하는 원의 형태를 만들고 있다. 이러한 양식은 이슬람 문화의 기하학적 장식의 초기 형태라고 할 수 있다. 서로 다른 재료와 디자인 사이에는 언제나 연관성이 있으며, 서로 다양한 소재들을 공유하고 있다.

무한한 패턴

모스크의 벽면은 타일, 돌, 벽토, 벽돌 등 조밀한 패턴으로 구성된 장식들이 가득 메우고 있다. 끝이 없는 다양함으로 차 있는, 다각형이나 구획을 단위로 아주 복잡한 공간을 채우고 있는 패턴이 과연 어떻게 만들어졌는지 아직 정확하게 밝혀지지는 않았다. 그리고 수학자들이 장인들을 위해 설계함으로써 이슬람 세계의 미학적 재산이 된 것인지, 아니면 장인들이 스스로 정성들여 제작한 것인지는 여전히 분명치 않다. 이러한 패턴들은 더 이전에도 등장하였지만 이슬람 세계를 통해 연속적으로 나타나고 있다는 주장으로 인해 이슬람 문화의 일부로서 받아들여지게 되었다. 또한 이러한 패턴으로 기하학적 연구에 대한 훌륭한 교과서가 만들어지게 되었다.

이슬람의 우상 파괴

7세기경 이슬람의 등장과 함께 기하학적 패턴의 중요성이 크게 높아졌다. 이러한 패턴은 필수적인 장식으로부터 전반적인 상징으로까지 확대되었다. 이는 이슬람이 살아 있는 동물을 그리는 것을 금지했기 때문이기도 하다. 그래서 끊임없이 반복되는 객관적이고 기하학적인 패턴들을 통해 알라신은 무한한 존재이며 세상 어디에나 존재한다는 점을 나타내고자 했다. "무한히 반복되고 신성한 단어들로 장식된, 아름답게 배열된 대칭적인 구조를 만들어나감으로써 무한함을 깨닫게 될 것이다"라는 말은 잘랄라딘 무하마드 루미Jalal ad-Din Muhammad Rumi가 한 말이라고 여겨지고 있다.

대칭

이슬람에서 대칭은 완벽함을 나타낸다. 오늘날 수학자들은 아랍 장인들이 어떻게 돔 천장과 공복 위에 이러한 패턴을 계산하고 그릴 수 있었는지 여전히 궁금해하고 있다.

꽃 문양

인간의 모습을 그리는 것을 금했기 때문에, 조물주인 알라신의 영광을 숭배하기 위해 고도로 양식화된 꽃 문양을 사용하였다.

이슬람의 상징들

이슬람은 모든 형태의 표현에 대해 엄격했기 때문에 상징의 사용을 크게 제한하였다. 모든 존재는 알라신의 이름 또는 경건한 문구로만 표현해야 했다. 이로 인해 수많은 문서들에서 장식적인 흘림체를 사용했으며, 특히 코란의 표지에 이러한 장식을 많이 활용하였다. 이슬람 문화와 크게 관련이 있는 이러한 형태의 장식들은 비교적 늦게 유입된 것도 있었으며, 민속적인 관습의 일부가 된 경우도 있었다. 하지만 이슬람 정통파는 두 가지 경우 모두 승인을 하지 않았다.

두 알파카르

예언자 무하마드가 알리에게 선사한 날이 두 개 달린 칼은 특히 시아 파 신도들에게 아주 중요한 상징적 의미를 갖고 있다. 예를 들어 사우디아라비아 국기에도 칼은 등장하는데, 이러한 칼은 다른 종교를 믿는 사람들에 대한 전쟁, 즉 지하드라고 하는 이슬람의 의무를 상기시키는 의미가 있다.

캄사(다섯)

'파티마의 손'이라고도 알려져 있는 이 상징은 특히 북아프리카 지역에서 유명하며 가장 고풍스러운 보호의 상징이기도 하다. 특히 무시무시한 '악마의 눈'으로부터의 보호를 의미한다. 때때로 물고기나 눈, 즉 오늘날까지 존속하고 있는, 보호를 의미하는 이슬람 이전의 상징과도 관련이 있다.

모든 것을 보는 눈

이것 역시 보호를 의미하는 초기의 상징들 중 하나이다. 오늘날에도 널리 사용되고 있으며, 특히 터키와 지중해 동쪽 지역에서 많이 나타나고 있다. 가령 '악마의 눈'에 대항하는, 모든 곳에 존재하는 푸른 유리 구슬의 형태로 발견된다. 터키옥이라고 하는 돌과 그 색깔 역시 보호를 상징한다고 여겨지고 있다.

녹색

여러 색깔 중 녹색은 특히 이슬람 문화와 관련이 깊다. 그리고 녹색 의류를 착용하는 것은 예언자 무하마드의 후손이 누릴 수 있는 특권이라고 인식되고 있다.

초승달

초승달 역시 이슬람 문화와 밀접한 관계를 맺고 있다. 원래 이교도적인 신성의 상징이었으나 별과 더불어 동정녀 마리아의 상징으로 사용되었다. 이후 비잔틴 제국은 이를 콘스탄티노플의 상징으로 삼았다. 그리고 1453년, 오스만 투르크가 콘스탄티노플을 차지하면서 이 상징을 그대로 사용하였다. 이슬람 세계가 음력을 사용했기 때문에 그들에게 달은 아주 중요한 존재였을 것이다. 그래서 모스크나 다양한 깃발 위에 주요한 상징으로 사용했을 것이다.

별

종종 초승달과 함께 등장하는 별 문양 역시 이슬람의 기하학적 디자인에서 아주 중요한 위치를 차지하고 있다. 그 이유는 상징적인 가치 때문에, 또는 얼마든지 변형이 가능하기 때문에, 그리고 반복적인 문양에서 완벽한 중심을 만들어주기 때문이었을 것이다. 예를 들어, 돔의 맨 꼭대기나 벽의 중간에서 별의 문양을 확인할 수 있다.

북유럽의 미스터리

무역, 침략, 식민지 개척으로 유명한 스칸디나비아, 바이킹, 바랑인 등 북유럽의 사람들은 BC 1세기부터 기독교로 전환하게 되는 1000년경에 이르기까지 그들만의 독특한 문화를 유지했다. 소위 켈트 문명과도 관련된 이 문명의 많은 부분이 그들의 다양한 전설, 그리고 고유한 표기 형태, 즉 룬문자에 간직되어 있다. 이들은 무역 상인으로서 세계를 누비고 다녔고, 수많은 다른 문화와 접촉하였다. 유라시아 지역뿐 아니라 최초로 북미 지역에 유럽인들의 거주지를 형성하기도 했다. 하지만 그들 문화가 갖고 있는 많은 의미들이 오늘날 잊혀져 있으며, 또한 많은 부분이 미스터리로 남아 있다. 아마도 룬문자의 마술적인 특성이 앵글로색슨 족의 기독교적 이미지로 나아가게 되었을 것이다. 그리고 톨킨J. R. R. Tolkien(262쪽 참조)의 소설에서와 같이 현대적인 예언이나 추측 속에 살아남아 있을 것이다.

룬문자는 약 1100년까지도 사용되었다. 그 이후 19세기 후반, 나치 정권이 스칸디나비아 지방의 신화와 더불어 독일의 민족주의적 관심을 불러일으켰다. 예를 들어, 나치는 1933년부터 지그룬Sig rune 기호를 공식적으로 SS 배지에 사용하였다.

케닝

스칸디나비아의 조상이나 신전과 관련된 신화적 모험에 대한 구전 전설(9세기 이후부터 대부분 음성으로 표기되기 시작했다)에는 '케닝' 이 풍부하게 들어 있다. kenna(know)라는 오래된 노르웨이어에서 온 케닝kenning이라는 말은 노르웨이의 시에서 자주 등장하는 완곡한 비유적인 표현들을 말한다. 케닝을 듣는 사람이나 읽는 사람은 이를 즉시 이해할 수 있었다.

고래의 길 바다

숲의 슬픔 도끼

지구의 겨울 옷 눈

상처를 내는 것 칼

화난 벌때 화살 발사

늑대의 슬픔을 치료해 주는 이 전쟁터에서 시체로 남아 늑대의 밥이 되는 용감한 전사

그는 까마귀에게 먹이를 주었다 그는 많은 사람들을 죽였다. 전사의 비석에 룬문자로 새겨진 경우를 종종 볼 수 있다.

피의 독수리를 조각 고문 또는 처형 도구

발키리 늑대를 타고 독수리와 까마귀들을 몰고 모든 전쟁터에 참가하는 여인들. 발키리는 원래 '죽을 사람을 결정하는 자' 라는 뜻이다. 발키리들이 짠다고 알려진 '전쟁 그물' 은 죽은 자들의 내장을 꺼내어 만든다.

발더의 죽음 오딘의 아들 발더를 죽일 수 있는 유일한 존재인 겨우살이

애그리스의 딸 해신의 아홉 딸인 웨이브

마차의 여신의 눈물 금 또는 가끔은 호박을 의미함. 여기서 여신은 사랑과 죽음의 여신인 프레야이다. 프레야에 대한 케닝은 '죽은 자를 소유하는 사람' 이다. 야생 고양이들이 그녀의 마차를 끈다.

뱀 집의 불 금을 의미한다. 예전에는 용이 금을 옮긴다고 믿었다.

룬문자

룬문자는 북유럽 지역에 걸쳐 150년 이후로 사용되던 문자 체계이다. 룬문자는 시대와 지역별로 다양한 형태로 존재하고 있으며, 마법적인 의미를 담고 있는 것처럼 보인다. 로마의 역사학자 타키투스는 1세기경 나무로 만든 조각들을 사용하여 점을 치는 게르만 사람들의 모습을 묘사하였다. 이는 아마도 오늘날 일본 사원에서 발견되는 오미쿠지와 같은 점술용 막대기와 비슷한 종류일 것이다. 나무 조각 위에 적힌 기호가 룬문자인지 밝혀지지 않았지만, 이후 전설에서 나오는 '룬 캐스팅' 에 관한 자료들로 볼 때, 룬문자와 유사한 기호가 사용되었음을 짐작할 수 있다. 어떤 경우에서든 이 기호들은 성직자나 아니면 기호의 의미를 알고 있는 사람들이 해석하였다.

오딘의 전설을 보면, 오딘은 위그드라실이라고 하는 세계수Tree of the World에 지혜를 얻고 룬문자를 배우기 위해 아홉 낮과 밤을 매달려 있었다고 한다. 이 이야기는 단순히 글을 읽고 쓰는 능력에 대한 것이 아니다. 룬문자는 분명 주문으로서의 의미를 가지고 있었으며 상징적인 힘과 보호라는 개념도 담고 있었다.

문자를 새기는 작업에서도 룬문자를 활용하였다. 특히 비석이나 기념비에서 많이 발견되며 지극히 실용적인 차원에서 사용되었다. 그러나 스칸디나비아에서 발견된 많은 기록들을 보면 완전한 기록이라기보다 단지 몇 글자를 나열한 것에 불과하다. 기원, 저주, 기도와 같이 잘 알려진 단어나 문구들이 등장하는 것으로 보아 약자나 기호로 여겨진다.

군데스트럽 가마솥

덴마크 토탄 습지대에서 발굴된 이 거대한 가마솥은 BC 1세기경에 제작된 것이다. 은으로 만들어진 이 그릇은 아직까지도 미스터리에 싸여 있다. 만약 이 은그릇이 의식적인 용도로 사용되었다면 정교한 장식들은 입회식과 관련된 기호화된 의미를 담고 있다고 볼 수 있다. 아직까지 장식들의 의미를 해석하지 못하고 있지만 여러 요소들을 조합해 봄으로써 문화적 기원, 그리고 이를 만든 이, 또는 소유자가 갖고 있던 영향력에 대한 일련의 실마리를 얻을 수 있다.

뿔 달린 신
머리에 뿔이 난 신이 오른손에는 뱀을, 왼손에는 목걸이 같은 것을 들고 있다. 이는 풍요의 신 세르누노스의 모습이라고 여겨지고 있다.

입회식
신 혹은 거인이 한 전사를 솥에 담고 있다. 그 밖의 다른 전사들은 말을 타고 전쟁터로 향하고 있다.

그리핀
그리핀의 상징은 페르시아 및 스키타이 문화권에서 공통적으로 나타나고 있다. 그리핀은 현재와 신의 세계를 오가는 전령사로 여겨지고 있다.

켈트 족의 수수께끼

아직도 이 가마솥에 대해 치열한 논쟁이 이어지고 있지만 켈트 족 문화권의 드루이드교에서 사용하기 위해 제작된 것임이 분명하다. 하지만 이 작품이 흑해 주변의 트라키아 지방에서 사용되었는지는 정확하게 밝혀져 있지 않다. 이 가마솥을 통해 유라시아 지역으로부터의 다양한 영향을 추측할 수 있으며 다양한 형상들은 잠정적으로 확인이 되고 있다.

수염이 난 신
수염이 난 신이 작은 시종과 함께 있는 모습은 여러 번 등장하고 있다. 이는 아마도 바다의 신인 마나난을 나타내고 있는 듯하다.

중세의 시각적인 설교

오늘날 종교가 없는 사람이 교회에 들어가면 아마도 그 교회의 역사와 예술적인 특징에 대해 관심을 가질 것이다. 하지만 교회를 장식하고 있는 그림이나 조각 하나하나가 각각의 의미를 갖고 있다는 사실은 대부분 잘 모를 것이다. 400년경, 성 바울리누스는 볼거리를 제공하고 글을 못 읽는 농부들도 기독교의 교리를 익히고 얘기할 수 있도록 하기 위해 성 펠릭스를 모시는 성골함을 많은 그림들로 장식하였다. 중세의 교회들은 모두 벽화, 모자이크, 조각, 제단 장식, 우아한 스테인드글라스 창문(192쪽 참조)으로 장식되었다. 일반적으로 벽화에는 성경이나 최후의 심판에 관한 이야기들이 담겨 있었고, 이를 통해 사람들에게 교훈적인 설교를 효과적으로 전달하였다. 조각이나 제단 장식은 성인을 기리고 있으며, 특히 제단 뒤의 장식은 예수 그리스도나 동정녀 마리아, 또는 순교자들을 숭배하고 있는 성인들을 주로 묘사하고 있다. 기독교적 전통의 범주 안에서 복잡하고 다양한 상징들이 등장하였다. 이러한 상징들을 통해 더욱 심오한 의미를 전달하고 있지만, 오늘날 사람들에게는 그 의미가 다소 애매모호하다.

전도사
네 명의 전도사를 나타내는 상징은 가톨릭 세계 어디서든 발견할 수 있다. 네 상징 동물들은 각각 해당하는 성인과 완전히 떨어져서 나타나기도 한다. 이들은 믿음에 관한 네 가지 핵심 교리의 상징으로서 그 역할을 하고 있다. 이는 이스라엘의 네 민족과도 관련이 있다.

마태 천사, 성육신, 르우벤

마가 사자, 부활, 유다

누가 황소, 희생, 에브라임

요한 독수리, 승천, 댄

성인과 그들만의 특징
예전에 대부분의 사람들은 성인들의 고유한 특징을 통해 그들을 구별하였다. 또한 종종 성인의 특징만이 강조되어 드러나곤 했다. 그중 일부는 오늘날에도 남아 있다. 예를 들어, 성 조지와 용, 십자가와 같은 칼로 용을 짓밟고 있는 성 미카엘, 긴 머리를 하고 향유 단지를 들고 있는 마리아 막달레나, 어린 예수를 강 건너 옮겨주고 있는, 여행자를 보호하는 성 크리스토퍼 등을 들 수 있다. 하지만 이러한 성인들의 특징들과 그들과 관련된 이야기들도 많이 잊혀져 버렸다. 수많은 성인들의 이미지는 순교의 승리와 기쁨을 담고 있다.

닻
성 클레멘트. 목에 닻을 달고 물에 빠져 죽었다.

벌
성 암브로스. 그의 말은 꿀과 같았다고 한다.

바퀴
알렉산드리아의 성 캐서린. 참수형을 당하기 전에 수레바퀴에 치어 죽었다. 수학자, 교수, 법률가의 수호성녀

빵과 꽃을 나르는 앞치마
성 카실다. 죄수들과 함께 일한 사람과 자선의 수호성녀

조가비
성 제임스. 산티아고 데 콤포스텔라에 있는 그의 성당에 찾아온 순례자들과 연합

반으로 잘린 망토
프랑스 투르의 성 마틴. 거지와 망토를 나눠 입은 젊은 로마 군인. 군인과 다른 이를 돕는 사람들의 수호자

깃발을 든 양
세례 요한

석쇠
달구어진 석쇠 위에서 순교를 한 산 로렌초

화살
성 세바스티안. 화살에 맞는 고문을 당한 로마 병사

열쇠
사도 성 바오로. 천국의 문지기

눈
성 루치아. 순교를 당하기 전, 두 눈이 뽑혔다고 한다. 장님들의 수호성녀

잘려진 가슴
성녀 아가타. 화형을 당하기 전, 가슴을 도려내는 고통을 받았다.

개, 전염병
성 로크. 전염병을 물리치는 능력이 있다고 알려져 있다.

돈 가방, 금으로 된 세 개의 공
성 니콜라스. 소녀들을 사창가에서 구하기 위해 지참금을 나누어주었다. 전당포 업자들의 수호성인이기도 하다.

종종 옷차림으로 성인들을 구분하기도 한다. 왼쪽 사진은 파리의 노틀담 성당의 북문에 있는 성인들의 모습이다. 여기에는 로마 병사와 비슷한 옷을 입고 창을 들고 있는 성 모리스, 머리를 깎고 가톨릭 부제 예복을 입은 최초의 순교자 성 스테판, 막대기를 들고 주교의 관을 쓰고 있는, 로마의 네 번째 주교 성 클레멘트, 그리고 성 스테판과 같이 부제의 모습을 하고 있는 산 로렌초가 있다. 이들은 종종 함께 등장한다.

북쪽의 장미창: 영광의 동정녀

샤르트르 성당의 북쪽 장미창 중심에 동정녀 마리아가 앉아 있다. 그리고 12개로 구성된 각기 다른 그림들이 성모 마리아를 둘러싸고 있다. 중세 기독교에서 12는 매우 중요한 상징이었다. 이는 열두 제자와 이스라엘의 열두 부족을 나타낸다. 또한 이원성을 의미하는 2, 삼위일체를 의미하는 3, 네 명의 전도사를 나타내는 4, 그리고 6으로 모두 나누어진다. 장미창의 여러 그림들은 사람들의 시선이 성모 마리아로 향하도록 배치되어 있다.

흰 비둘기 네 마리
성모 마리아 바로 위에 있다. 이 네 마리 비둘기들은 네 가지 교의를 전달하는 성령을 의미한다.

이스라엘 왕
네모 그림들은 이스라엘 열두 왕들의 이름과 모습을 나타내고 있다. 성 마태는 요셉의 선조라고 나와 있다.

예언자
장미창의 맨 가장자리에는 열두 명의 구약성서 예언자들이 자리 잡고 있다. 그들 역시 이름이 표기되어 있다. 보는 이의 시선이 장미창의 가장자리로부터 중앙을 향해 자연스럽게 이동할 수 있도록 배치되어 있다. 또한 백합 장식이 그들을 둘러싸고 있다.

천사
나머지 여덟 개의 그림에는 동정녀 마리아를 둘러싸서 보호하고 있는 천사장들과 각자 다양한 특징을 가진 천사들이 그려져 있다.

르네상스 시대의 도상학

고대의 문화를 재발견함으로써 유럽 세계가 '부활' 혹은 르네상스로 나아갈 수 있는 원동력이 탄생했다. 이로 인해 세속적인, 그리고 때로는 불경스러운 새로운 상징 체계와 예술가, 건축가, 시인들이 사용하는 암시의 기술이 등장했다. 르네상스가 미친 중대한 영향으로 인문주의의 부활과 경험 과학에 대한 재조명을 들 수 있다. 하지만 이러한 움직임은 신성함을 지키고자 하는 교회의 입장과 불편한 관계를 낳았다. 그럼에도 불구하고, 교회는 예술의 주요한 후원자 자리를 지키고 있었다. 그러나 교회 세력과 더불어 부를 통해 새롭게 등장한 계급과 막강한 권력을 가진 왕권이 등장했다. 이러한 새로운 세력들은 거창한 예술적 프로젝트를 통해 자신의 부, 존재, 지식을 드러내고 싶어했다.

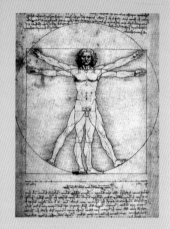

비트루비안 맨

르네상스 시대의 특징 중 한 가지는 과학과 예술을 따로 구분하지 않았다는 점이다. 르네상스 최고의 인문주의자, 화가, 조각가, 과학자, 발명가인 레오나르도 다빈치 역시 분명히 이 둘이 다르지 않다고 생각했다. 인체의 모습을 그림과 조각으로 정교하게 표현하기 위해, 그는 인체가 움직이는 방식을 연구하였고, 또한 해부학적 연구를 추진했다. 그리고 전쟁 무기를 만들기 위해(76쪽 참조) 기계들도 연구하였다. 르네상스 개념의 중심에는 이상을 향해 나아가기 위한 탐구 정신이 있다. 이러한 차원에서 다빈치는 플라톤과 아리스토텔레스의 저작들을 다시 꺼내들었고, 연금술(52쪽 참조)과 현자의 돌에 대한 연구로부터 방법을 발견하였다. 또한 다빈치는 인간의 형태를 표현할 수 있는 이미지를 만들었다. 이 이미지는 원과 사각형으로 인체의 원형을 이상적인 비율로 나타내고 있다. 다빈치는 로마의 건축가 비트루비우스의 이론을 기반으로 하여 비트루비안 맨을 완성하였다(179쪽 참조).

세 왕들의 숨겨진 메시지

종교적 그림을 개인적, 정치적 목적으로 이용하는 것을 엄격히 금지했던 반종교개혁이 일어나기 전까지 위탁을 받아 제작된 예술 작품들은 아주 강한 당대의 메시지를 담고 있었다. 그 세부적인 의미는 오늘날 많이 잊혀졌지만 베노초 고졸리Benozzo Gozzoli의 〈동방박사의 행렬Procession of the Magi〉(플로렌스의 메디치 왕궁 예배당)이라는 작품은 부분적으로나마 많이 밝혀졌다. 이 그림에서는 당대의 인물들이 성경 속의 유명한 인물들을 나타내고 있다. 선두로 말을 타고 있는, 세 명의 동방박사 중 한 사람인 카스파르는 바로 메디치 가의 로렌조이다. 이 그림은 세 개의 벽에 걸쳐 그려져 있는데, 옆 벽면에는 또 한 명의 동방박사 발타사르가 비잔틴 제국 황제의 모습으로 그려져 있다(오른쪽 위). 그리고 마지막 동방박사 멜키오르는 전 신성로마 제국의 황제 지기스문트의 모습으로 그려져 있다. 또한 시에니스의 교황 피우스 2세는 로렌조의 수행원으로 나와 있다. 이 작품의 배경은 상상의 성지가 아니라 메디치 가문이 통치하는 토스카니 지방의 실제 장소이다.

발타사르는 비잔틴 황제인 요하네스 8세의 모습으로 그려져 있다. 요하네스 8세는 동방과 서방의 기독교 세력을 화해시키기 위해 1438년 이탈리아를 방문했다.

경쟁 세력
막강 권력을 휘두르던 말라티스티와 스포르차 가문의 왕자들. 로렌조 바로 뒤를 따르고 있다.

자화상
고졸리는 수많은 군중들 사이에 자신의 모습을 숨겨 놓았다.

통풍병 환자 피에로
로렌조의 아버지 피에로는 로렌조를 따라 걷고 있다. 메디치 가문의 다른 구성원들은 로렌조의 뒤를 따르고 있다.

카스파르
메디치 가의 젊은 로렌조를 이상화하여 그린 초상화. 나이의 서열을 무시한 대담한 표현이다. 로렌조를 동방과 서방의 황제들과 메디치 가에 빚을 지고 있는 교황과 나란히 배열해 놓고 있다.

외국 사절들

이 그림은 영국 헨리 8세의 왕실에 사절로 가 있던 두 명의 프랑스 관료, 장 드 댕트빌Jean de Dinteville(왼쪽, 이 그림을 의뢰한 사람)과 조르주 드 셀브Georges de Selves(프랑스 라부르 교구의 주교)의 초상을 그린 한스 홀바인이 1533년 그린 〈외국 사절들The Ambassadors〉이라는 작품이다. 이 그림을 그린 당시는 영국의 헨리 8세가 로마 가톨릭과 결별을 선언하겠다고 위협하고 있던 종교개혁의 급박한 상황이었다. 이 그림에는 암호와 같은 메시지들이 많이 있다. 이 그림은 두 귀족의 지적인 수준을 드러내려고 한 것이 아니라 당시의 위급한 정치적 상황을 묘사한 것이다.

이 지구의는 영토와 외교적 사안에 대한 프랑스의 관심을 나타내고 있다. 댕트빌이 출생하고 활동했던 프랑스의 폴리시 지역을 확인할 수 있다.

그리스도 수난상

십자가는 뒤쪽에 거의 숨겨져 있다. 이것은 이 그림에 등장한 모델의 삶에서, 그리고 당시의 당면한 정치적 갈등 상황에서 기독교가 갖고 있는 의미를 나타내고 있다.

천구의

천구의에 달린 청동 틀은 런던이 아닌 로마의 위치에 맞추어져 있다. 당시 영국은 두 가지 측면에서 로마 가톨릭을 외면하고 있었다.

해시계

1533년 4월 11일임을 나타내고 있다. 이날은 영국이 로마와 결별을 선언한 날이다.

책

오른쪽 팔꿈치 아래에 놓은 책의 모서리에는 셀브의 나이가 적혀 있다.

류트

류트는 조화의 상징이다. 하지만 이 류트는 줄이 끊어져 있다. 이는 신교와 구교의 갈등을 의미한다. 옆에 놓은 플룻 세트에는 하나가 빠져 있다. 이것은 조화가 위협받고 있는 상황을 의미한다.

찬송가책

구교와 신교가 모두 사용하는 페이지가 펼쳐져 있다. 한쪽은 〈성령이여, 오소서〉의 악보이고, 다른 한쪽은 〈십계〉의 악보이다. 마틴 루터는 라틴어 가사를 독일어로 번역했다.

삼각자

이 삼각자는 상인들을 위한 응용수학을 다룬 독일 논문집에 꽂혀 있다. 그리고 그 페이지는 '분할'에 대한 내용을 다루고 있다. 테이블 위에 놓여 있는 다른 과학 도구들과 함께 그림 속의 모델들이 최신 지식에 대해서도 정통해 있음을 보여주고 있다.

단검

라틴어 약자로 댕트빌의 생일이 적혀 있다.

해골

왜곡된 원근법을 사용하여 그린 이 그림은 메메토 모리(죽음을 기억하라)를 숨기고 있다. 이것은 댕트빌이 사용하던 개인적 휘장의 일부이기도 하다.

코스마티 모자이크

웨스트민스터 성당의 바닥에 새겨진 정교한 문양. 코스마티 모자이크는 로마 교회에서 공통적으로 찾아볼 수 있다.

이성의 시대

1600년에서 1900년 사이에 유럽 세계에는 종교, 과학, 정치 등 모든 분야에서 일련의 혁명이 일어났고, 이를 계기로 근대의 막이 열렸다. 합리주의가 각광을 받았으며, 이는 예술 분야에도 다양한 형태의 영향을 주었다. 그리고 법률 및 정치기관들을 제어하기 위해 새로운 코드들이 개발되었다. 한편으로, 자연과학에서 응용과학에 이르기까지 세상의 모든 현상을 설명하기 위한 일련의 코드들도 등장했다(154~161쪽 참조). 이러한 변화는 계몽주의와 함께 시작되었고, 이로 인해 인류는 이성의 시대에 한 발 더 다가섰다.

새로운 단순함

16세기 유럽 세계에서 신교의 종교개혁과 구교의 반종교개혁 세력들은 모두 상징을 교묘하게 사용하는 예술 기법을 인정하지 않았다. 신교의 입장에서 이러한 태도는 모든 종류의 종교적 이미지 사용에 대한 금지를 의미했다. 그리고 구교의 입장에서는 직접성과 단순성을 강조하는 종교적 예술에 대한 집중을 의미했다. 이탈리아의 화가 카라바조는 그의 작품을 통해 단순성과 자연주의를 추구하였다. 그는 극적인 빛의 사용, 당시의 실제 복장, 그리고 성스러운 모습을 표현하기 위해 노동자들을 모델로 사용하는 방법을 배제하지 않았다. 〈엠마오의 저녁식사 Supper at Emmaus〉(1601)의 장면은 나폴리의 여관으로 생각된다.

로마를 방문한 관광객들은 그림, 조각 및 건축 작품에 전혀 어울리지 않는 상징이 놓여 있는 것을 보고 의아해할 것이다. 이러한 경우, 현직 교황의 가문을 나타내는 상징인 경우가 많다. 가장 유명한 사례로, 교황 우르반 8세의 가문인 바르베리니를 상징하는 벌을 들 수 있다.

호가드: 도덕적 혼란

브뤼겔 작품 이후로, 자연주의적인 시선으로 당시의 사회를 묘사하는 작품은 한동안 거의 나타나지 않고 있었다. 하지만 17세기에 들어서면서 새로운 양식의 세속적 예술이 다시 등장했다. 그 주인공은 영국의 화가이자 판화 제작자인 윌리엄 호가드William Hogarth(1697~1764)라는 인물로, 새로운 형태의 세속주의 양식을 창조하였다. 보수적인 교육환경에서 자랐지만 그는 정치적, 사회적 비판에 관심이 있었고, 복잡하게 구성된 자신의 작품 속에 현실적이면서도 역사적인 암시를 삽입하였다. 다양한 도덕 시리즈 중, 〈결혼식 후〉(약 1743년, 아래)라고 하는 작품에서 그는 이야기를 하는 듯한 기법을 사용하고 있다. 그리고 수많은 암시들이 그의 작품 속에 담긴 이야기를 더욱 풍성하게 하고 있다.

빛
행색이 초라한 집사가 지불해야 할 청구서를 들고 퇴장하고 있다.

유흥
악기와 넘어진 의자는 지난 밤의 여흥을 말해 주고 있다.

부러진 코
코가 부러진 흉상은 발기 불능을 의미한다.

칼과 개
모두 헌신과 욕망의 상징이지만, 다른 사람의 손수건 냄새를 맡는 강아지와 부러진 칼은 신의 없는 남편을 의미한다.

신고전주의

17세기 중반에 이루어진 고고학적인 발굴로 인해 고전시대의 이상향에 대한 새로운 열정이 나타나기 시작하였다. 특히 스토아 철학이 주목을 받았고, 신고전주의 양식은 유럽의 모든 예술 분야에 걸쳐 발전하였다. 그리고 더욱 중요한 것은 진보적인 프랑스와 독립을 추구하는 미국까지 이러한 경향을 받아들였다는 것이다. 이러한 흐름은 정치적, 도덕적 정직성을 특히 강조했다. 다비드Jacques Louis David(748~1825, 위)의 그림을 보면 이를 확실하게 알 수 있다. 그는 고전적 규범과 관련된 주요한 장면을 마치 그 시대의 배경이 살아난 듯한 착각이 들 정도로 현실적으로 묘사하고 있다.

잠자는 이성이 괴물을 만든다

이성주의에 대한 반동으로 등장한 것은 낭만주의였다. 윌리엄 블레이크나 헨리 푸젤리와 같은 예술가들은 꿈의 이야기들을 파헤쳤다. 그리고 스페인 화가 프란체스코 고야(1746~1828)는 나폴레옹 군대가 자신의 조국을 침략하여 잔혹한 행위를 저지르는 모습을 보면서 '새로운 사상'이라고 하는 것의 실체를 파악했다. 그의 작품들은 정상적인 것과 혐오스러움 사이에서 나타나는 이분법적인 모순을 드러내고 있다.

나폴레옹 코드

1799년 집정부 해산 이후, 나폴레옹은 프랑스와 정복 지역에 기관들을 설치했다. 이는 전통과 기존 특권에 의지하기보다 부와 강점을 기반으로 새로운 사회를 건설하기 위해서였다. 그리고 나폴레옹 법전the Code Napoleon의 실용적인 개념은 서구 사회의 정치적인 사고 발전에 엄청난 영향을 주었다. 이집트, 일본, 오트만 제국, 그리고 19세기 후반 남미 지역의 독립 국가들이 이 법전을 도입하였다.

십진법 혁명

수많은 기득권 세력들을 단두대에서 처형한, 혁명 이후의 프랑스 집정부가 추진한 극단적인 사회적 합리주의와는 별도로, 보다 온건한 방식으로 세상을 새롭게 기호화하는 많은 시도들이 등장했다. 그중 십진법 체계의 구축은 아주 이성적인 해결책으로 여겨졌으며, 프랑스 정부는 사회적으로 다양한 차원에서 과학적으로 적합한 체계를 구축하기 위한 조사를 실시했다. 이렇게 탄생된, 길이와 무게를 측정하는 계량 시스템은 오늘날에도 사용되고 있다.

프랑스 혁명 달력

오랜 고민 끝에 프랑스 정부는 1792년 1월 1일부터 시작되는 새로운 공화국 달력을 만들었다. 십진법을 기준으로 통일을 했음에도 불구하고, 달과 태양의 주기 때문에 1년을 열두 달로 만드는 것은 피할 수 없었다. 하지만 모든 월의 이름을 바꾸었으며, 1년은 추분으로부터 시작된다. 일주일은 10일로 이루어져 있고, 3주, 즉 30일로 이루어지도록 바뀌었다. 하루는 10시간으로, 1시간은 100분으로, 그리고 1분은 100초로 구성되었다. 이러한 십진법을 기반으로 한 시계도 제작되었다. 또한 공화국 설립의 '원년'으로 만들기 위해 새로운 날짜 시스템이 만들어졌다.

가을

방드미에르Vendemiaire 포도 수확의 달(9월 22/23/24일부터)

브뤼메르Brumaire 안개의 달(10월 22/23/24일부터)

프리메르Frimaire 서리의 달(11월 21/22/23일부터)

겨울

니보즈Nivôse 눈의 달(12월 21/22/23일부터)

플뤼비오즈Pluviôse 비의 달(1월 20/21/22일부터)

방토즈Ventôse 바람의 달(2월 19/20/21일부터)

봄

제르미날Germinal 새싹의 달(3월 20/21일부터)

플로레알Floréal 꽃이 피는 달(4월 20/21일부터)

프레리알Prairial 목초의 달(5월 20/21일부터)

여름

메시도르Messidor 수확의 달(6월 19/20일부터)

테르미도르Thermidor 또는 Fervidor 열기의 달(7월 19/20일부터)

프뤽티도르Fructidor 열매의 달(8월 18/19일부터)

빅토리아 시대

공개적으로 말할 수 없는 것들이 너무나 많았기 때문에, 그리고 거대한 사회적 변화가 시작되고 있었기 때문에 빅토리아 시대의 사람들은 기호와 상징, 그리고 '정해진' 사람만이 이해할 수 있는 암호화된 메시지에 집착을 했는지도 모른다. 순수 예술에서 자수 문양에 이르기까지, 그리고 비석이나 정원 설계에서부터 장신구에 이르기까지 빅토리아 시대 예술 전반에 걸쳐 이러한 상징들은 반복적으로 등장하고 있다.

죽은 이를 위한 상징

1861년 빅토리아 여왕이 사랑하던 남편 앨버트 왕자가 죽은 이후, 영국에는 죽은 자를 위한 상징들이 널리 사용되었다.

닻
로마의 기독교 탄압 시대에 십자가를 위장하기 위한 상징. 오늘날에도 뱃사람의 무덤 앞에 희망의 상징으로 남아 있다. 쇠사슬과 함께 구원에 대한 믿음을 나타내고 있다.

부러진 기둥
잃어버림과 슬픔

아기 천사
아이의 무덤

장식된 항아리
일반적으로 노인들의 무덤에 사용된다.

손
맞잡은 손은 사랑과 우정을 나타낸다. 여자의 소매에 화려한 장식이 달려 있고, 한 손이 다른 손을 잡고 있는 것은 먼저 하늘나라로 간 배우자의 무덤을 상징한다. 심장을 쥐고 있는 손은 자선을 의미하고, 아래를 가리키고 있는 손은 프리메이슨의 상징이며, 엄지손가락으로 대고 있는 손은 유대교 가문을 가리킨다.

모래시계/ 램프
인생의 무상함/ 지식, 희망, 안내, 불멸

공작새
불멸, 그리스도 이전 시대의 상징

가리비
순례자의 무덤. 특히 콤포스텔라 산티아고로 순례를 간 사람들을 위해 사용한다. 하지만 북미 지역의 청교도들도 이를 사용했다.

보석

빅토리아 시대의 다른 물건들과 마찬가지로 보석 역시 형태적인 측면과 선택의 차원에서 그 안에 코드를 담고 있었다. 닻은 희망과 변치 않음, 담쟁이덩굴은 변하지 않는 기억을, 그리고 맞잡은 손은 우정을 상징하고 있다. 고대의 이미지들 역시 일부 되살아났다. 나비는 영혼을, 뱀은 영원을, 왕관을 쓴 심장은 사랑의 승리를, 그리고 파리는 겸손을 나타내고 있다. 실제로 빅토리아 여왕이 앨버트로부터 받은 약혼 반지는 뱀 모양으로 되어 있었다.

보석들도 코드를 갖고 있다. 특정 단어를 나타내기 위해 이니셜을 사용하는 경우도 있었다.

Diamond	다이아몬드
Emerald	에메랄드
Amethyst	자수정
Ruby	루비

꽃

빅토리아 시대의 상징에 대한 관심은 꽃이 갖고 있는 정교한 언어로 이어졌다. 그리고 당시 젊은 여인들이 숨겨진 의미를 담아 정성스럽게 부케를 만드는 것은 좋은 일로 여겨졌다. 꽃다발을 의미하는 터지머지Tussie-Mussies란 단어는 사실 15세기부터 사용되었지만 이후 다소 노골적인 의미를 갖게 되었다. 하지만 여인들은 전혀 개의치 않았다. 꽃에 담긴 의미 중 일부는 고대시대로부터 내려왔다. 그러나 그 외에는 19세기에 새롭게 등장한 것들이다.

꽃은 그 색깔에 따라서도 다른 의미를 갖는다. 예를 들어, 노란색은 질투, 흰색은 순수, 빨강은 정열이나 때로는 분노를, 자주는 변덕, 그리고 파란색은 신의를 상징한다.

다이아몬드   루비

자수정

에메랄드

마노 건강
자수정 헌신, 과격한 열정을 누그러뜨리다
홍옥수 불운을 막음
옥수 슬픔을 없앰
다이아몬드 순수, 변치 않음
에메랄드 희망, 진실한 사랑을 지킴
석류석 꾸준함, 충실
벽옥 용기, 지혜
월장석 행운
줄무늬가 있는 마노 행복한 결혼
오팔 변덕
사파이어 참회, 충성

붉은 줄무늬 마노 결혼의 행복
황옥 우정
터키옥 번영, 자아

아카시아 비밀스러운 사랑
아네모네 저버림
월계수 죽을 때까지 변치 않음
베고니아 주의
블루벨 겸손, 성실
동백꽃 완벽, 숭배
양취란화 애수
수선화 존경

꽃피는 갈대 천국에 대한 믿음
네잎 클로버 나의 사람이 되어주세요

제라늄 당신은 유치해요
풀 동성애
인동덩굴 헌신적인 애정
무애화 이해하지 못하겠어요
금잔화 슬픔
페튜니아 원한
앵초 당신 없이는 살 수 없습니다
스위트피 잘 가시오
계란풀 역경 속의 신념

빅토리아 시대의 예술

빅토리아 시대의 사람들은 이야기를 들려주는 듯한, 그리고 '문제'를 제기하는 그림들을 특히 좋아했다. 일반적으로 이러한 그림들은 도덕적인 메시지를 화폭에 담고 있었으며, 그림을 보는 이가 여러 가지 코드를 풀어 나가면서 이해해야만 했다. 라파엘 전파Pre-Raphaelite Brotherhood의 화가들은 홀만 헌트의 〈깨어나는 양심The Awakening Conscience〉(1854)과 같은 섬세한 그림 묘사에 정통해 있었다. 그들의 그림들은 종종 바람피우는 남편과 타락한 아내와 같은 수치스런 감정을 다루고 있었기 때문에 그 화가들은 표면적으로는 완벽하게 도덕적인 생활을 해야만 했다.

벽에 걸린 그림
벽난로 위에 걸려 있는 그림은 성경을 소재로 한 '간음한 여인과 그리스도'이거나 아니면 '회개하는 막달라 마리아'일 것이다. 두 그림 모두 여인의 방에 어울리는 작품은 아니다.

시계
젊음이 지나가면 버림을 받을 것이라는 것을 암시하고 있다. 하지만 순결을 상징하는 천사의 모습으로 장식이 되어 있다. 이 말은 그녀가 지금의 운명을 얼마든지 피할 수 있다는 뜻이다.

피아노 위에 놓인 꽃
아네모네로 보인다. 그 꽃말은 버림을 의미한다. 참새발톱꽃처럼 보이기도 하는데, 이 꽃의 의미는 변덕과 간음이다.

벽지
포도와 밀은 영성체 의식을 상징한다. 하지만 야생의 새들이 쪼아 먹을 수 있도록 방치되어 있다.

노래
피아노 위에 있는 악보는 무어의 〈적막한 밤에 때로는Oft in the Stilly Night〉이라는 곡이다. 이 곡의 가사에 등장하는 여인은 어린시절의 순수함에 대해 회상하고 있다.

반지
반지를 끼고 있지만 결혼 반지는 아니다. 즉, 그녀는 아직 결혼을 하지 않았다.

드레스
그녀가 입고 있는 옷은 속치마이다. 빅토리아 시대의 관점에서 매우 충격적인 장면이다. 이를 통해 그녀가 품행이 바른 여자가 아니라는 것을 직접적으로 말하고 있다.

헌트는 이 그림을 그리기 위해 세인트존스 우드에 있는 적당한 집을 빌렸다. 이 집은 도시적인 삶, 세계화, 자본의 힘을 상징한다. 젊은 남자의 옷에서 이러한 분위기를 느낄 수 있으며 방 안의 가구는 윤기가 있다. 거울로 보이는 반대편의 정원 역시 상징적인 의미를 갖고 있다. 거울에 비친 정원은 햇살이 가득하고 흰 장미가 피어 있다. 이는 순결과 순수, 그리고 잃어버린 에덴동산 또는 최고의 낙원을 뜻한다.

테이블 위에 놓인 모자
여기에 모자가 놓여 있는 것으로 보아서 이 남자는 자신의 집이 아니라 여인에 집에 들렸다는 사실을 알 수 있다.

테니슨의 시 「눈물, 부질없는 눈물Tears Idle Tears」
과거의 순수함과 현재의 슬픔에 관한 시

새를 가지고 장난치고 있는 고양이
음흉한 남성의 도움을 받고 있는 여성에 대한 고전적 이미지

장갑
바닥 위에 떨어져 있는 장갑은 버림받은 여자를 상징한다.

얽혀 있는 실타래
거짓이 가정을 파괴하고 혼란으로 이끈다.

직물, 카펫, 자수

오늘날 사람들은 직물의 문양을 패션이나 장식 또는 독창성의 관점에서만 바라보는 경향이 있다. 그러나 과거에는, 그리고 전통적인 지역에서는 아직도 직물에 담긴 모든 요소와 소재가 그 의미를 담고 있다. 그 기원이 오래전에 잊혀졌다고 하더라도 특정 색상이나 디자인은 마을, 부족, 계급, 지위, 종교 등에 관한 관련성을 직접적으로 표현하고 있으며, 문양에 담긴 각 요소들은 저마다의 의미를 가지고 있다.

자주 등장하는 소재들

고대시대의 수많은 문양들은 유라시아 지역에 걸쳐 공통적으로 사용되었다. 양식이나 구체적인 적용에서는 차이를 보이기는 하지만 카펫과 융단의 디자인에서 이슬람 문화의 흔적을 분명하게 찾아볼 수 있다. 오래된 전통적 상징들과 더불어, 이슬람 사원의 벽감과 램프, 종교적 기록을 포함한 다양한 이슬람적 소재들이 자주 등장하고 있다.

동물
지역적으로 유형화되어 나타나는 동물들은 부족의 전통적인 생활 모습을 나타내주고 있다. 가령 걸어다니는 사람은 방랑하는 삶의 패턴이나 역사적인 이주 과정을 의미하고 야생 동물은 사냥에 대해 알려주고 있다.

보테
물방울 패턴은 페이즐리 직물이나 여러 카펫에서 사용되고 있다. 물방울 패턴이 의미하는 것은 보호와 기쁨이다. 생명의 나무, 또는 악마의 눈을 물리치기 위한 상징이라고 생각된다.

빗
카펫이 지참금의 일부라는 사실을 알려준다. 그리고 알라신은 청결을 원한다는 사실을 무슬림에게 상기시켜 준다.

세안용 물주전자
기도 전에 몸을 씻어야 한다는 점을 무슬림에게 상기시켜 준다.

만자문
아시아 대부분의 지역에서 행운을 상징한다. 유형화된 형태로 다양하게 나타난다.

카펫

오늘날까지도 '카펫 무늬'에 고스란히 남아 있는 아메리카의 원주민 전통은 발칸 동쪽 지역으로부터 중국의 서쪽까지 보급되었다. 그러나 카펫은 이와는 달리 경계로 둘러싸인 주요 지역을 중심으로 비교적 표준적인 디자인 형태로 수렴되는 현상을 보였다. 가장 일반적인 카펫 디자인으로 낙원과 낙원에 흐르는 네 강을 상징하는 십자가 모양의 '정원'을 들 수 있다. 최근에 이르기까지 마을 또는 부족의 구성원들은 가족끼리 사용하기 위해 카펫을 만들었다. 이를 사용하는 사람들은 자동적으로 문양의 의미를 '해석'할 수 있었다. 하지만 이방인은 여기서 단지 기하학적인 무늬만을 보게 될 것이다.

색상
풍부한 원색들이 나열되어 있는 경우가 많다.

동물, 인간, 지형과 같은 실제 이미지들은 종종 기하학적인 모양으로 변환된다.

북아메리카
밝은 색상을 폭넓게 사용한, 역동적이면서도 토착적인 전통 기법은 종종 고도로 기하학적인 추상적 문양과 유형화된 동물의 형태를 함께 사용한다(위).

코카서스 지역
'카펫 무늬'의 최고봉에 서 있는 코카서스 카펫들은 아주 강한 지역적 특성을 드러내고 있다. 고도로 기하학적인 추상 형태를 담고 있으면서도 장식적 소재도 잘 표현하고 있다(아래).

겔
추상적인 다각형 무늬. 아마 과거 부족의 문양으로 추측된다.

헤라티
다이아몬드와 나뭇가지 무늬. 페르시아어로 '물고기'라고 불리는 톱니 모양 네 잎들과 함께 등장한다.

굽이치는 강
변두리 무늬는 영원과 통일을 의미한다. 꽃이나 열매와 함께 등장하며 풍요를 상징하는 포도나무와도 종종 같이 사용된다.

중국의 자수 중국의 자수 역시 매우 촘촘한 형태로 이루어져 있다. 하지만 식물 및 동물의 그림, 만자문과 같은 행운의 상징, 그리고 원형 그림이 자주 등장한다.

용 중국 자수에는 12지신에 해당하는 동물들이 자주 등장한다. 용은 그중에서 가장 중요한 상징이다.

구름 자주 등장하는 상징으로 영원을 의미한다.

중국의 문양

중국의 상징 코드는 매우 복잡하다. 상징들이 동음이의어의 역할도 동시에 하기 때문이다. 이러한 용법은 중국 예술 전반에 걸쳐 통용되는 언어 체계로 발전하였다. 특히 자수나 도자기에서 많이 활용되고 있는데 이러한 체계는 여러 가지 형태로 체계적으로 구축되었다. 가령 다섯 개의 발톱을 가진 용은 황제의 상징이며, 왕족만이 이 문양을 노란색과 더불어 사용할 수 있다. 그리고 관료나 군인 계급은 예복 앞부분에 있는 자수의 크기에 따라 식별이 가능하다. 동물 상징들 중 일부는 중국의 별자리와도 관련이 있다. 이와는 달리 그 발음으로서 의미를 표현하는 동물 상징들도 있다. 예를 들어, 박쥐의 중국 발음인 'fu'는 조화로운 행복을 의미한다. 또한 '붉은 박쥐'의 발음은 '크나큰 행복'이라는 단어의 발음과 비슷하다. 그리고 일부 상징들은 토속 신앙과도 관련이 있다. 가령 부부가 평생을 함께 한다고 알려진 원앙새는 결혼의 행복을 나타낸다. 이러한 상징들 중 표준적인 형태로 꽃과 식물들이 많이 있다.

버섯 장수

수선화 새해

난 학자, 덕

복숭아 장수

모란 '부와 명예의 꽃' – 행복하게 결혼을 한 여인

겨울의 세 친구 오랜 우정을 나타내는 일련의 상징들

서양자두 용기, 겨울에도 꽃이 핀다.

대나무 탄력

소나무 인내와 충성

경계와 가장자리 종종 행운의 나비와 꽃 문양이 있다.

스페인 숄

19세기 초, 유럽 지역에서 숄은 패션 아이템으로 유행하기 시작했다. 캐시미어 숄은 단순히 옷의 개념을 넘어섰으며, 오늘날 '스패니시' 또는 '피아노' 숄이라고 부르는 비단으로 만들어진 숄은 중국에서부터 필리핀에 이르기까지 크게 유행하였다. 실로 숄의 유행은 엄청난 성공이었다. 하지만 서양의 여성들이 중국적인 소재들을 모두 달가워한 것은 아니었다. 예를 들어, 중국에서 행복을 상징하는 박쥐는 기쁨을 상징하는 나비로 금세 바뀌었다. 게다가 금을 뱉는 마법 두꺼비나 바퀴벌레와 같은 상징들은 완전히 외면을 당했다. 하지만 다른 수많은 상징들은 다른 모습으로 바뀌었다. 가령 혈기 왕성한 부자를 의미하는 들쥐는 다람쥐로 바뀌었고, 장수를 상징하는 버섯의 이미지에서는 구름만 남았다.

중국 내부에서 혁명이 일어나기 시작한 1911년 이후로, 스페인에서 이와 같은 숄들을 생산하기 시작하였다. 스페인 남부 안달루시아 지방의 여인들은 기존의 중국 상징들을 수정하여 그들만의 새로운 코드로 완성하였다. 가령 모란은 사랑의 상징인 장미로, 장수와 다산을 의미하는 주렁주렁 열린 조롱박은 포도나무로, 쌀 또는 잡초의 볏단들은 밀로 대체되었다.

'지하 철도' 퀼트

19세기 미국의 남부 진영을 탈출하여 북부나 캐나다로 도망 온 노예들은 많은 사람들과 단체, 특히 퀘이커(17세기에 등장한 기독교의 한 종파) 교도들의 도움을 받을 수 있었다. 한 번도 공식적으로 조직되지 않은 이들의 네트워크는 이후, '지하 철도'라고 알려졌으며, 이와 관련된 다양한 용어들이 코드의 형태로 사용되었다. 예를 들어, '안전한 집'은 '역'으로, '안내'는 '차장'으로, '노예 자신들'은 '화물'이라는 암호로 표현했다.

1990년대에 들어서 퀼트가 노예의 탈출에 큰 역할을 했다는 소문이 퍼지기 시작했다. 하지만 그 소문의 내용은 애매모호했다. 탈출 지도가 퀼트의 형태로 만들어졌으며, 서로 메시지를 전달하기 위해 퀼트를 특정 장소에 놓아두었으며, 퀼트에 담긴 각각의 문양들은 '안전한 집', '북쪽 방향' 등 저마다 특정한 의미를 담고 있었다는 내용이었다. 1980년대에 수공예가 다시 부활하면서 퀼트 산업은 수백만 달러짜리의 비즈니스로 발전하였다. 이와 함께 '퀼트 코드'에 관한 주장이 등장했으며 흑인이나 노예, 또는 여자들에 관한 연구는 수익성 높은 산업으로 성장하고 있었다. 퀼트 코드에 관한 얘기는 점점 더 풍성해졌으며 더욱 정교한 스토리로 발전하였다. 이에 관한 책도 나왔으며 '퀼트 코드'와 관련된 용품 세트들이 등장했다. 골동품 상인들은 노예들이 직접 만들었다고 하는 '코드 퀼트' 제품을 비싼 값을 주고 사들였다. 하지만 이러한 퀼트가 실제로 존재했다는 증거는 없다. 실제 노예가 이러한 퀼트에 대해 직접적으로 언급한 적도 없다. 아주 중요한 의미를 담고 있는 것처럼 보이는 퀼트의 패턴들 역시 실제로는 1920년대에 나타난 것들이다. 또한 오늘날까지 존재하는 희귀한 퀼트들 대부분은 대규모 농장에서 제작된 것들이다. 아마도 노예들이 스스로를 위해 만들었을 것이다. 이러한 퀼트들은 오늘날 우리가 생각하는 정교하고 값비싼 그런 제품이 결코 아니다.

오늘날 퀼트가 '예/아니요', '안전함, 들어오시오/위험함, 들어오지 마시오'와 같은 메시지를 전달하기 위해 일부러 창문에 걸어놓았다고 증명하는 것은 불가능하다. '퀼트 코드'는 더 이상 흥미로운 이야기가 아니라 오늘날 상업 자본이 지어낸 허구에 불과하다.

978-0-09-192

0091 922

상업 코드

거래, 재무, 산업, 그리고 이러한 분야를 지원하는 기술적 역량들을 바탕으로 기업의 효율성을 높이기 위해 코드 체계 및 관련 언어들이 진화하고 있다. 현대사회의 상업 거래와 제품들은 브랜드, 등록상표, 바코드 및 판매 유효기간에 관한 정보들을 담고 있는 카탈로그 또는 제품 목록상의 모든 종류의 코드로 묶여 있다. 이러한 코드들은 공급자, 판매자, 소비자 사이의 정보 흐름을 원활하게 하기 위해 계속 진화하고 있다. 또한 품질, 일관성, 가용성을 높이기 위해 개발되고 있다. 하지만 불행하게도 다른 코드 체계와 같이 상업 코드 역시 취약점을 갖고 있다.

상업 코드

최초의 숫자와 문자 체계들은 물건의 개수와 거래 내역을 기록하기 위한 것이었다(20쪽, 26쪽 참조). 그 후, 무게, 길이, 동전, 그리고 분석 시스템들이 빠른 속도로 뒤따라 등장했다(212쪽 참조). 하지만 재고, 운영비, 실무적 회계에 관한 개념은 금융 시스템, 주식 거래, 그리고 17세기 이후 나타난 대륙 간 무역 거래가 형성된 이후로 본격적으로 현실화되었다. 그리고 21세기 초, 세금 환급으로부터 동네 상점에서 비누를 구매하는 행위에 이르기까지 모든 활동에 적용되는 코드 체계의 깊이와 유연성은 상업과 행정의 모든 측면이 코드의 거미줄에 묶여 있다는 사실을 의미한다.

ZIP 코드

우편번호의 개념은 1943년 미국에서 처음으로 도입되었다. 이 우편번호 시스템은 한 자리 혹은 두 자리 숫자를 기반으로, 대도시의 지역을 구분하기 위해 사용되었다. 하지만 1963년, ZIP(지역 개선 계획, Zone Improvement Plan) 코드라는 이름으로 보다 확장된 우편번호 시스템이 등장했다. 다른 국가들, 특히 유럽 국가들 역시 이 시스템을 도입하기 시작했다. 당시 미국 ZIP 코드의 첫 세 자리는 수취 지역의 우체국을 의미하며, 나머지 두 자리 숫자는 해당 우체국에서 편지를 분류하는 과정에서 사용된다. 1983년, ZIP+4 시스템은 코드를 더 추가하였다. 즉, 해당 우체국의 관할 지역 내부에서 더욱 세부적으로 집을 찾기 위해 별도의 네 자리 숫자들을 부가적으로 사용했다. 이후, 이 독창적인 지리 정보 시스템(Geographical Information System, GIS)은 개인 식별, 타깃 메일링, 소비자 조사, 인구 조사, 신문 배달, 가계보험 평가와 같은 다양한 분야에서도 활용될 수 있는 귀중한 데이터 원천임이 드러났다. 오늘날 ZIP 코드는 점차 디지털화되어 포스트넷(Postnet)이라고 하는 바코드 체계로 바뀌어 가고 있으며 우편 분류를 위한 광학식 문자 판독 업무를 가능하게 하고 있다.

전신 코드

19세기 중반 원거리 상업 거래를 추진하기 위한 기업들의 요구에 따라 전자적 전보 시스템이 빠른 속도로 보급되기 시작했다(94쪽 참조). 하지만 전보는 긴 문장들을 한꺼번에 보내야 한다는 숙제를 떠안게 되었다. 그리고 얼마 지나지 않아 기업들은 메시지의 길이를 줄이는 것이 경제적인 해결책이라는 사실을 깨닫게 되었다. 이러한 개념에서 다양한 시스템들이 등장했으며, 그중 'A. B. C. 전신 코드'와 '벤틀리 2차 프레이즈 코드' 시스템이 유명했다. 이러한 시스템들을 기반으로 섬유 및 선적 분야의 기업들은 비즈니스상 많이 사용하는 단어와 문장들을 정해진 코드 요소로 변환하여 사용하였다. 또한 기업 보안을 위해 암호 체계를 사용하여 메시지를 전달할 수도 있었다. 기업들은 가령 'ATGAM(그들이 승인을 받았음)' 또는 'OYFIN(재보험을 들지 않았음)'과 같은 코드를 포함한 벤틀리의 5비트 코드 시스템을 사용할 수 있었다.

텔레프린터

자동 텔레프린터의 개발로, 타이핑한 메시지를 모스 부호로 변환하지 않고서 주고받을 수 있게 되었다. 대역폭의 효율성을 높이기 위해 당시 메시지들은 1874년 개발된 '보도 부호(Baudot code)' 체계를 기반으로 고정된 5비트 문자열로 압축해야 했다. 하지만 사람들은 계속적으로 더 많은 양의 문자를 보내고 싶어했으며, 이에 따라 6비트의 '전송식 식자기(TeleTypeSetter, TTS)'와 웨스턴 유니온(Western Union)의 '국제 텔레그래프 알파벳 No.2(ITA2)' 시스템이 등장했다. 이 시스템들은 7비트 ASCII와 16비트 유니코드의 전신이라고 할 수 있다(273쪽 참조).

할리우드 영화에 따르면 에디슨(Thomas Alvar Edison(1847~1931)은 전구에서부터 전화에 이르기까지 모든 것을 발명하였다. 종이 띠 위에 상업 코드로 된 메시지를 인쇄하는, 그리고 축하 행렬을 위한 휘황찬란한 색종이 조각들을 만들 수 있는 티커 테이프 역시 에디슨이 남긴 유산이다. 그리고 그가 남긴 기업은 오늘날 TV 뉴스 시간에 등장하는 주식 현황판에 아직까지 살아 있다.

티핀

인도 뭄바이에서는 매일 수백만 명의 사무실 직원들이 티핀이라고 하는, 집에서 만든 도시락의 배달을 받는다. 지역 단위로 한 팀을 구성하여 각 가정의 티핀을 모으고 이를 기차에 실어 뭄바이 시내로 보낸다. 그중 3분의 1은 바로 책상 위에까지 배달된다. 그리고 빈 티핀은 다시 수거하여 집으로 되돌려 보낸다. 이것은 일종의 기적의 서비스 시스템이다. 모든 사람들이 이 시스템의 효율성을 100% 인정하고 있으며, 수천 명에 달하는 다바왈라스라고 하는 배달원에게 일자리를 제공하고 있다. 그 코드 체계는 정교하면서도 다소 애매모호한 형태를 띠고 있다. 각각의 티핀 상자들은 색깔이 있는 원 또는 꽃으로 표시를 하고 고유 번호를 부착한다. 예를 들면, 다음과 같다.

K-BO-10-19/A/15

K 다바왈라스의 고유 코드
BO 티핀을 수거한 지역
10 티핀을 배송할 뭄바이의 목적지
19/A/15 세부 주소, 건물, 층, 최종 목적지
빈 티핀 상자를 회수하여 집으로 다시 보낼 때에는 위 코드들을 거꾸로 읽으면 된다.

항공화물 서비스와는 달리, 티핀 시스템은 고유한 효율성을 갖고 있다. 심지어 빌 클린턴과 빌게이츠도 이 시스템의 방식에 대한 프레젠테이션을 요청했다고 한다.

세탁 화물
세탁물들을 조심스럽게 포장하여 개인별 코드 라벨을 붙이고 있다.

세탁물 표식
오늘날 일상생활에서 벌어지고 있는 미스터리 중 하나로 세탁소 표기 방식을 들 수 있다. 이 표기 방식은 세탁소 주인이 손님들의 옷을 정확하게 돌려주기 위해 고안된 것이다. 하지만 아직까지 이렇다 할 표준화된 표식 규범은 나와 있지 않다. 19세기에 들어서면서 미국, 유럽 또는 열강들의 식민지 지역으로 이민을 간 중국인들이 그 지역에서 세탁소를 차리기 시작하면서 세탁물 표기 방식도 발달하게 되었다. 그들은 조그마한 라벨에 고유 숫자나 문자를 조합하여 적고, 때로는 갖가지 색깔을 활용해 표기하기도 하였다. 그리고 이러한 표기 방식을 기반으로 모든 세탁 의류들을 배송하였다. 오늘날 인도에서는 잘 보이지 않는 곳에 점을 찍거나 구멍을 내어 표시하는 '핀 코드pin code'를 활용하고 있다.

티핀 컨테이너
티핀을 가득 실은 배달원들이 뭄바이 시내를 이동하고 있다.

바코드

재고 관리 업무를 효율적으로 기록하기 위해 제품에 적용하는 바코드의 개념은 1952년 특허권을 승인받았다. 그러나 1960년대 중반이 되어서야 상업적으로 도입되었으며, 1980년대에 이르러서야 비로소 일반적으로 사용되기 시작하였다. 맨 처음에는 철도 차량을 확인하고 추적하기 위해 바코드를 사용하였다. 그 이후, 대교를 이용하는 차량들에게 요금을 징수하기 위해 사용하였다. 처음으로 바코드를 붙여 판매한 제품은 1974년 오하이오 트로이 지역에 있는 마시 슈퍼마켓의 껌이었다. 바코드 리더기를 사용하는 판매 시스템의 개발로 유통산업 분야의 효율성이 크게 증가하였다. 또한 이로 인해 다양한 비즈니스 기회들이 나타났다. 예를 들어, 신용카드나 고객 회원카드 시스템에 바코드를 적용할 경우, 개별 소비자의 구매 패턴을 추적하여 타깃 마케팅을 추진할 수 있다.

바코드 시스템

0	0001101	3	0111101	6	0101111	9	0001011
1	0011001	4	0100011	7	0111011		
2	0010011	5	0110001	8	0110111		

가장 널리 알려진 바코드 체계는 UPC(통일상품코드, Universal Product Code)로서 북미 지역에 걸쳐 사용되고 있다. UPC는 완전한 디지털 방식으로서, 12자리로 코드화되어 있으며 총 95비트로 이루어져 있다. 그리고 시작과 끝 부분에 바가 있으며 그 중간에도 중간 바, 혹은 가드 바가 있다. 각 자릿수는 7비트로 코드화되어 있으며 프란시스 베이컨의 코드와 크게 다르지 않다 (82쪽 참조).

바코드의 작동 원리

6 = 0101111

4 = 0100011

036000 291452

시작 101   중간/가드 01010   끝 101

왼쪽에서 오른쪽
중간 바 왼쪽 코드는 왼쪽에서 오른쪽으로 읽는다. 바(검은 막대)는 1을, 그리고 스페이스(흰 막대)는 0을 의미한다.

바와 스페이스
중간 바 오른쪽 코드 역시 왼쪽에서 오른쪽으로 읽는다. 하지만 여기서 바는 0이고, 스페이스는 1이다.

바코드 읽기
중간 바 왼쪽 코드에서 바는 1을, 스페이스는 0을 나타내지만 보호 바 오른쪽에서는 반대로 나타난다. 국가 혹은 무역 지역마다 약간의 차이가 있기는 하지만 기본적인 원칙은 동일하다.

브랜드와 상표

오늘날 우리를 둘러싸고 있는 코드들 중 가장 두드러진 것은 바로 '브랜드'이다. 브랜드라는 개념은 옛날에 소유권을 표시하기 위해 가축이나 노예의 피부 위에 지워지지 않게 낙인을 찍는 행위에서 유래하고 있다. 품질과 스타일 같은 제품의 핵심 가치와 기업의 윤리적 측면들을 단순한 이미지와 상표로 표현하는 오늘날의 브랜드 개념은 치열한 경쟁을 바탕으로 대량생산과 대량소비로 발전하기 시작하던 19세기 후반에 형성되었다. 일본의 경우, 봉건시대에 사용하던 '몬'을 이미 현대적인 상업 브랜드로 채택하여 사용하고 있다(130쪽 참조). 하지만 브랜드를 구축하는 일은 기억하기 쉬운 디자인이나 로고를 그냥 만들어내는 것보다 훨씬 더 복잡한 과제이다. 다양한 기업 가치를 하나의 추상적 이미지로 성공적으로 나타낼 수 있다는 사실은 마케팅의 긍정적인 역할에 대한 증거라고 할 수 있다.

피어스 비누

상업적인 브랜드를 구축한 초기의 시도로서 피어스 비누를 들 수 있다. 그들은 1886년에 당시 유명한 영국 화가 밀레이John Everett Millais가 그린 독특한 로고 모양과 이미지를 함께 사용하였다. 또한 피어스는 각각의 개념 및 아이디어에 걸맞은 제품을 포지셔닝함으로써 '브랜드 확장'을 시도하였다. 그리고 당시 매년 발행되던 유명한 백과전서를 후원함으로써 피어스 비누의 이미지를 가정에서 자신을 가꾸는 빅토리아 시대의 소중한 미덕과 연결시키고자 하였다.

알브레히트 뒤러

뒤러는 이름의 이니셜을 조합하여 간단한 디자인을 만들었다. 이 디자인은 출판사 마크의 초기 형태이다.

출판사의 브랜드

유럽에서 최초의 대량생산은 인쇄 기술의 등장과 더불어 시작되었다. 그리고 얼마 지나지 않아 독일의 화가이자 판화가인 알브레히트 뒤러Albrecht Dürer(1471~1528)는 고유한 서명을 통해 인쇄 분야에서 브랜드를 만들어보겠다는 아이디어를 내놓았다. 그 이후로 출판사와 인쇄업자는 단순한 이미지나 마크를 가지고 브랜드를 구축하기 위해 노력하였다. 이러한 시도와 관련하여 가장 성공적인 사례로서 영국의 펭귄 출판사를 꼽을 수 있다. 비록 그들이 종이 표지 서적, 또는 보급판 서적에 대한 개념을 직접 내놓은 것은 아니었지만 펭귄이라는 이름과 로고는 '품질'이 우수하면서도 가격이 저렴한 문학 서적을 상징하게 되었다. 그리고 펭귄 출판사는 계속해서 다양한 브랜드와 컬러 코드를 시장에 출시했다.

펭귄 출판사의 상표는 다양한 형태로 발전했다. 예를 들어, 펠리컨은 과학이나 논픽션 서적을, 에투피리카는 어린이용 책을 나타낸다. 또한 문학 장르를 구분하기 위해서 다양한 색깔들을 사용한다. 가령 순수 문학은 오렌지색, 범죄나 미스터리는 녹색, 공지를 위한 책은 파란색, 그리고 여행 서적은 보라색을 사용한다.

개념에서 이미지로

오늘날 브랜드 구축의 최고 목표는 제품과 관련된 '메시지'를 가장 압축하여 코드화하는 것이다. 이러한 시도는 다양한 형태로 나타나고 있다. 가령 코카콜라의 독특한 병 모양이나 '역동적인 곡선을 그리며 흘러가는' 로고, 그리고 맥도날드의 골든아치를 들 수 있다. 1970년대에 나이키는 고대 그리스 승리의 여신을 기업의 이름으로 삼음으로써 최고의 브랜드를 만들어냈다. 그리고 1988년 특별한 의미 없이도 영감을 불어넣는 'Just Do It' 이라는 문구를 통해 신속함이라는 브랜드 이미지를 아주 짧은 형태로 각인시켰다.

브랜드 밴드

음반사 및 아티스트들도 앨범 디자인상에서 브랜드를 추구했다. 가령 블루노트 레이블의 '멋진' 디자인이나 프로젝트 밴드 '버티고Vertigo'의 사이키델릭한 나선형 디스크 문양, 그리고 영국 록 그룹 '더 후The Who'의 앨범에 실린 특이한 '복장 스타일'을 들 수 있다. 또한 일부 아티스트들은 자신의 밴드 이미지를 단순한 시각적 코드로 표현했다. 예를 들어, 롤링스톤즈가 인기의 절정을 누리던 1970년에 믹 재거는 그 유명한 '혀와 입술' 로고를 주문 제작했으며, 이 로고는 오늘날 전 세계적으로 알려져 있다. 레드 제플린은 이보다 더 앞서 나갔다. 그들은 4집 앨범 뒷면에 제목이나 아티스트 이름을 빼고 단지 네 개의 로고들만 인쇄해 놓았다. 각각의 로고는 네 명의 멤버들을 의미한다.

상표와 제품

1875년 이후로 기업, 혹은 제품의 이름으로서 상표trademark, TM 역시 특허권과 같은 권리를 인정받게 되었다. 그리고 혁신적인 제품의 상표가 일반 명사로 사용되는 경우도 종종 발생하였다. 가령 '후버'라는 브랜드를 진공청소기의 의미로 사용하는 사례를 들 수 있다. 최근에는 제품 자체의 가치보다 '디자이너 라벨'의 가치에 더욱 집착하면서 암시장(오른쪽)에서 불법 복제 산업으로까지 이어지고 있다.

지미 페이지   존 폴 존스   존 본햄   로버트 플랜트

기타를 맡고 있는 지미 페이지는 제품 번호도 아예 빼 버리자고 주장했다고 한다. 하지만 제품 번호가 없으면 상인들이 주문을 할 수 없다는 말에 취소해 버렸다.

과거 프린스라는 가수는 자신의 인기가 시들해지자 스스로를 상징하는 로고를 만들었다. 하지만 이 로고는 오래가지 못했다.

생산자 마크

캐럿

'캐럿'이라는 용어는 귀금속이나 진주의 무게를 나타내거나, 혹은 금의 순도를 표현하는 단위이다. 금을 나타내는 경우, 가장 순도가 높은 24캐럿이 되기 위해서는 99.9% 이상의 순도를 가져야 한다. 그리고 22캐럿은 91.6% 이상, 20캐럿은 83.3% 이상, 18캐럿은 75% 이상의 순도를 보유해야 한다. 금으로 만들어진 제품에 CCM 홀마크를 부착하기 위해서는 18캐럿보다 순도가 높은 금으로 만들어야 한다. 반면 귀금속을 나타내는 경우, 1캐럿은 200mg을 의미하는 단순한 무게 단위이다. 즉, 품질이나 순도와는 아무런 상관이 없다. 여기서 캐럿은 단지 무게를 측정하는 단위이며, 이러한 의미에서 전 세계적으로 사용되고 있다. 캐럿은 100분의 1 단위(2mg)로 사용할 수 있다. 24캐럿짜리 다이아몬드는 4.8g을 의미한다.

귀중한 물건의 품질을 보증하는 수단으로서 코드의 형태로 된 다양한 마크들이 1,500년이 넘는 기간 동안 사용되었다. 이는 또한 상인들에게 물건의 가치나 기준을 확신할 수 있는 방법을 제공함으로써 소비자를 보호하는 최초의 장치를 마련하기도 했다. 이러한 품질 보증 마크가 최초로 사용된 것은 4세기경 비잔틴 왕국 시대였다. 이 기간 동안 제작된 다양한 은 제품들을 보면 작은 구멍이 다섯 개 뚫려 있는 모습을 쉽게 볼 수 있다. 아직까지 고고학자들이 그 정확한 의미를 밝혀내지는 못했지만 당시 은이 가지고 있던 경제적 중요성을 감안할 때, 오늘날 품질 인증 마크의 전신인 것처럼 보인다. 이와 같은 최초의 원시적 코드가 사용된 이후로, 주로 은이나 그리고 이후에 금에 이르기까지 값비싼 금속의 값을 매기는 평가 시스템들이 크게 발전하였다. 이후 몇 세기 동안 이러한 시스템은 도자기 작품으로까지 확대되었으며, 오늘날에는 총기류에도 품질 마크를 사용하고 있다.

홀마크

비잔틴 제국이 사라지고 몇백 년이 흘러 1275년 프랑스는 유럽 국가들 중 최초로 은 제품에 관한 표준 평가 체계로서 '생산자 마크'를 도입하였다. 이후, 1313년에는 금 제품에도 적용하였다. 1300년 영국 에드워드 1세는 모든 은 제품은 '법정 순은Sterling Silver', 즉 최소 92.5%의 순은을 포함해야 하는 기준을 공표하였다. 그리고 이를 위해 사자 문양의 로고를 사용하였다. 이 기준을 통과한 은 제품은 런던의 금 세공 회사Worshipful Company of Goldsmiths의 골드스미스 홀Goldsmith Hall에 있는 시금소에서 표범의 머리 모양을 한 마크를 받을 수 있었다. '홀마크hallmark'라는 단어는 바로 골드스미스 홀의 이름에서 유래한 것이다. 그 이후 영국 내 아홉 개 도시 지역에 추가적으로 시금소가 더 설치되었다. 홀마크 이외에도 생산자의 정보를 알려주는 '생산자 마크'가 제품에 표기되었다. 생산자 마크는 일반적으로 알파벳 소문자 형태의 이니셜이나 문장, 또는 '날짜 표시'로 이루어졌다. 날짜 표시는 시금소마다 다양한 형태를 취하고 있었다. 또한 1784년에서 1890년 사이에 영국에서 제작된 은 제품들은 당시 군주의 얼굴을 담은 '의무 마크duty mark'를 사용했다.

가장 오래된 네 개의 시금소들은 각기 고유한 문양을 갖고 있다. 런던 시금소는 표범의 머리, 버밍엄은 닻, 셰필드는 요크셔 장미, 그리고 에딘버러는 성을 사용하였다. 그 외에도 체스터, 엑서터, 요크, 뉴캐슬, 글래스고, 더블린 지역의 시금소들 역시 각기 문양을 갖고 있었다. 그리고 사자가 정면으로 보고 있는 문양은 법정 순은 기준을 통과했음을 의미하는 것이다.

일반적으로 영국 홀마크는 소문자 알파벳으로 생산자 마크, 시금소 마크, CCM(아래) 또는 사자 문양, 날짜 표시(왼쪽으로부터 순서대로)를 포함하고 있다. 가끔 새로운 마크가 추가되기도 한다. 예를 들어, 2000년도에는 밀레니엄 마크를 추가하였다.

표준화

수세기에 걸쳐 각 국가들은 자신들 나름대로의 고유한 인증 시스템 및 상징 체계를 개발해 왔다. 하지만 1973년에 이르러 비로소 표준화를 위한 시도가 이루어졌다. 유럽의 주요 30개국들은 값비싼 상품들의 품질과 홀마크 시스템의 관리에 관한 비엔나 협정Vienna Convention에 서명을 하고 금, 은, 백금과 관련하여 CCM(공동관리 마크, Common Control Mark) 제도를 실시하였다. CCM을 통해 귀금속을 위한 표준화된 마크 시스템을 어떠한 형태로든 추진하였음에도 불구하고, 기준과 집행의 차이로, 그리고 국가 내부적, 또는 국가들 간의 차이로 인해 국제적인 홀마크 시스템은 아직까지 완성되지 못하고 있다.

오늘날의 CCM

오늘날 CCM은 금, 은, 백금의 순도를 나타낸다. 위 기호들은 순서대로 75% 순도의 금, 92.5% 순도의 은, 그리고 95% 순도의 백금을 의미한다.

섬세한 도자기

수준이 높은 도자기는 16세기부터 중국에서 생산되어 유럽으로 건너왔다. 당시 명나라의 도자기에는 중국 글씨로 된 마크가 찍혀 있었다. 하지만 1620년대에 들어서서 무역에 차질이 생기자 네덜란드의 무어스 헤드Moor's Head 공장에서는 중국 도자기의 색채와 패턴을 흉내낸 델프트도기Delftware를 만들어내기 시작했다. 독일의 연금술사 뵈트거Johann Friedrich Böttger가 마침내 중국 도자기의 광택과 품질을 재현하는 비법을 발견하자 1710년 독일 드레스덴의 마이센 지역의 공장들이 생산을 하기 시작하였으며, 또한 그 비법은 순식간에 프랑스와 영국으로 넘어갔다. 이후, 아주 품질이 우수하고 화려한 도자기 비즈니스가 발전하였다. 도자기에 사용된 마크는 귀금속 홀마크와는 조금 다른 형태를 띠었다. 귀금속처럼 도자기의 순도를 표기할 필요도 없고 시금소의 승인을 받아야 할 필요도 없었기 때문이다. 대신에 도자기에 들어간 마크는 주로 장인이나 생산 공장에 관한 정보를 담고 있었다. 즉, 이러한 마크를 통해 판매자는 소비자에게 그 도자기가 메이슨, 민튼, 로열 크라운 더비Royal Crown Derby, 또는 웨지우드Wedgwood와 같은 오랜 역사를 가진 유명한 공장에서 만든 것이라고 홍보할 수 있었다. 또한 도자기 마크에는 정확한 생산 시기에 대한 정보도 담겨 있었다. 공장들은 대부분 고유한 날짜 표기 방식을 사용하였다. 이와는 달리 가끔 작품을 만든 장인에 대한 정보를 표시하기도 했다. 일반적으로 도자기 마크들은 홀마크보다 더욱 화려한 형태로 표기되었다. 그리고 새겨넣기, 도장 찍기, 색칠하기, 인쇄하기와 같이 크게 네 가지 방식으로 표현되었다. 새겨넣기 방식은 도장 방식보다 고유하고 자연스러운 느낌을 준다. 그리고 색칠하기 기법은 다소 단순하지만 인쇄 방식에 비해 더욱 고유한 인상을 준다. 19세기에는 대부분 인쇄 방식을 사용하였고, 일반적으로 유약을 칠하기 전 푸른 색상으로 표기하였다.

중국 도자기는 유럽에서 엄청난 인기를 끌었고 유럽의 장인들은 중국의 품질, 색상, 유약의 빛깔뿐 아니라 생산자 마크의 체계까지 모방하고자 했다. 프랑스에 있는 샹티Chantilly 공방에서는 중국 문자를 따라 한 마크들을 개발하기도 하였다. 하지만 칼을 엇갈려 놓은 보Bow의 마크처럼 곧 지역적인 상징들이 등장하였다.

명나라의 중국식 마크　　**챈틸리**　　**보**

드레스덴 지방의 마이센 공방은 최초로 중국 도자기의 우수한 기술을 완벽하게 재현하였다. 그리고 중국 도자기의 엄청난 인기에 편승하여 악기 연주자와 같은 중국적 소재를 기반으로 수많은 도자기 작품들을 생산하였다. 18세기 중반에 이르러 다른 공방들 역시 그 기술을 익혔으며, 이로 인해 독특하고 지역적인 양식이 많이 등장하였다. 그럼에도 불구하고, 아직까지도 '차이나'라고 하는 단어는 도자기를 총칭하는 말로 사용되고 있다.

도자기 마크

유럽 공방들은 각자 고유한 생산자 마크를 개발하여 사용하였다. 일부의 마크는 인쇄 방식을 사용하였지만 대부분은 장인들 스스로 그려넣었다. 이러한 수작업 방식의 마크들은 전혀 표준화되지 못했으며 짧은 시간 동안 아주 다양한 형태가 등장했다. 그리고 이러한 마크는 날짜에 관한 정보를 거의 담고 있지 않았기 때문에 오늘날의 골동품 수집가들은 다양한 마크에 대한 정보를 담은 카탈로그의 도움을 받아야 한다.

중국을 모방한 우스터 지역 공방

민튼 지역 공방

더비 지역 공방

첼시 지역 공방

생산자 마크의 색상과 스타일은 더비 공방의 왕실 보증 마크와 같이 작품의 생산 연대를 추정하는 과정에 도움을 준다.

총기류 마크

총기의 표면에 작은 마크들이 새겨져 있다. 일반적으로 총기류 마크는 분해하기 이전에는 보기 힘든 총신 부분에 찍혀 있다. 검사필증을 나타내는 이 보증 마크는 총기류의 안정성을 증명하기 위한 것이다.

업무용 코드

수세기 동안에 걸쳐 건축업자 및 건축 기술자들은 자신들의 생각과 설계를 내부적으로, 그리고 관련된 사람들과 함께 주고받아야 했다. 특히 건축 분야에서는 건축물에 대한 설계를 벽돌공이나 노동자들이 이해할 수 있는 형태로 코드화할 방법을 마련해야만 했다. 그리고 건물 내부에 점차 배관이나 전기 회로와 같은 통합적인 시스템이 들어가기 시작하면서 도형적인 코드들을 새롭게 개발해야만 했다. 그리고 이러한 작업은 건물과 회로 및 내부 시스템이 어떻게 작동하는지를 이후의 세대들에게 알려주기 위해서라도 반드시 필요했다. 최근 150년 동안 새로운 기술들이 폭발적으로 쏟아져 나왔고, 이로 인해 다양한 장인적 기술들이 등장했다. 이로 인해 건축 분야의 폐쇄적인 코드 언어를 더욱 잘 이해해야만 했다.

세인트 폴 대성당
세인트 폴 대성당은 1666년 런던 대화재 이후, 가장 야심차게 추진된 건축 프로젝트로 탄생하였다. 건축가 렌 Christopher Wren이 설계와 감독을 맡았으며 1675년에 시작되어 1710년에 완성되었다. 건축가가 현장에서 작업 지시를 보다 분명하게 전달하기 위해 정교한 평면도, 입면도(오른쪽)와 더불어 건물 모형을 미리 제작했다(위).

건축 도면
로마네스크와 고딕 양식의 건물들을 짓기 위해 그린 주요 건축 도면은 거의 남아 있지 않지만 구체적인 기본 도면과 입면도를 기반으로 건물을 묘사하는 르네상스 시스템의 접근 방식은 수준 높게 발전하였다. 건물의 세부사항을 확인하기 위해 종종 이러한 도면들과 함께 건물의 축소 모형을 사용하였다. 초기 전근대시대에 나타난 놀라운 성과 중 하나로, 1666년 런던 대화재 이후 벌어진 재건축 사업을 들 수 있다. 처참하게 무너진 도시를 복원하기 위해 렌, 깁스James Gibbs, 호크스무어 Nicholas Hawksmoor와 같은 건축가들은 교회를 포함한 다양한 건물들의 세부적인 디자인을 새롭게 그렸다.

정면도
정교한 돔을 절단한 도면을 통해 건물의 내부를 들여다볼 수 있다.

평면도
평면도를 통해 세인트 폴 대성당의 중요한 구조적 요소들의 전반적인 배치 형태를 확인할 수 있다. 또한 대리석 바닥 장식까지 보여주고 있다.

남쪽 수랑
수랑(십자형 교회당의 좌우 날개 부위) 부분에 설치된 정교한 아케이드 구조를 확인할 수 있다.

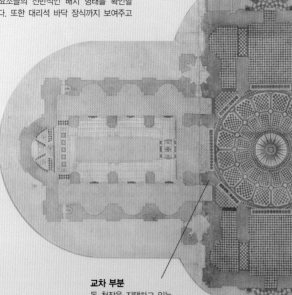

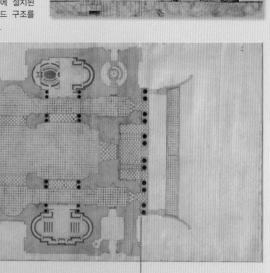

교차 부분
돔 천장을 지탱하고 있는, 문과 문 사이의 벽을 분명하게 확인할 수 있다.

문과 문사이의 벽
붉은색으로 표시되어 있다.

기둥
외부 기둥들은 다른 색깔로 표시되어 있다.

주요 회선 및 배관

국가마다 전기 회로와 배관 설계 형태는 다양하게 나타나기는 하지만 주요 폐쇄회로 시스템 구조를 설계, 구축하고 실제 작동 방식을 설명하기 위해 널리 사용하고 있는 지역적인 기준 및 협약을 기반으로 한 기본적인 상징 및 용어가 있다.

전기

전기 회로에서 주의해야 할 측면은 양극과 음극을 나란히 설계해야 한다는 것이다. 오른쪽 그림은 회로를 구성하는 여러 가지 주요 기호들을 나타내고 있다.

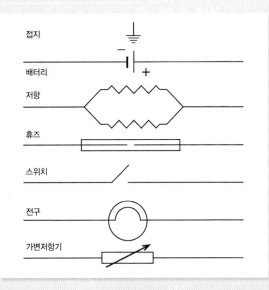

접지
배터리
저항
휴즈
스위치
전구
가변저항기

속기

19세기 중반 이후에 나타난 2차 산업혁명은 시스템과 통신 기술의 발전을 낳았다. 그리고 타자기와 전보가 등장하면서 메시지를 신속하고 효율적으로 처리할 수 있는 비서에 대한 수요가 급증했다. 1837년에 개발된 피트먼Pitman 속기 시스템으로 인해 말로 한 것을 정식으로 타이핑을 치기 전에 신속하게 기록하는 것이 가능해졌다. 이후 프랑스에서는 듀프로이 시스템이 재빨리 등장했으며, 1888년에는 그렉Gregg 시스템이 등장했다. 13세기에 베이컨 역시 신속하게 기록할 수 있는 다양한 속기법을 개발했다. 피트먼 시스템은 발음을 기반으로 한 체계이며 타이핑으로 기록하는 자음, 점과 선으로 표기하는 모음, 그리고 네 개의 이중모음으로 구성되어 있다. 널리 사용하는 다양한 약자들도 포함하고 있다.

배관

수도 배관, 특히 중앙 난방 및 다양한 설비와 통합되어 있는 배관 시스템들은 정확하게 표기해야 한다. 배관 도면은 주로 중계 및 교차가 이루어지는 설비들의 복잡한 배치 상태를 고유한 기호를 통해 나타내고 있다. 이 도면에서 중요한 사항은 어떤 파이프가 어떠한 물질을 운반하고 있는지를 정확하게 표기하는 것이다.

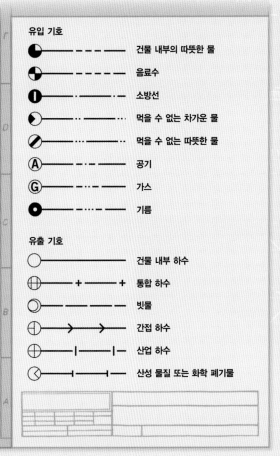

유입 기호

건물 내부의 따뜻한 물
음료수
소방선
먹을 수 없는 차가운 물
먹을 수 없는 따뜻한 물
공기
가스
기름

유출 기호

건물 내부 하수
통합 하수
빗물
간접 하수
산업 하수
산성 물질 또는 화학 폐기물

산업 및 가정 배관 시스템에서 유체가 흘러가는 방향, 밸브 및 수도꼭지와 같은 제어 장치, 그리고 각 파이프의 기능을 정확하게 파악하는 것은 매우 중요한 일이다.

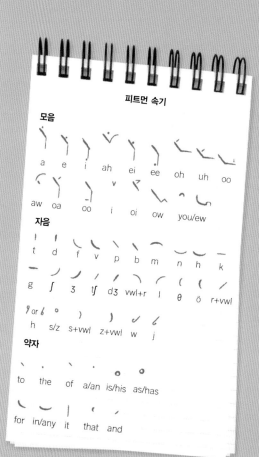

피트먼 속기

모음

a e i ah ei ee oh uh oo
aw oa oo i oi ow you/ew

자음

t d f v p b m n h k
g ∫ ʒ t∫ dʒ vwl+r l θ ö r+vwl
ⱷ or ƃ h s/z s+vwl z+vwl w j

약자

to the of a/an is/his as/has
for in/any it that and

화폐와 위조

고대시대로부터 원거리 무역 거래망이 점차 발달하면서 기존의 물물교환 방식 대신 화폐 거래라고 하는 새로운 방식에 대한 필요성이 나타나기 시작했다. 이것이 바로 통화의 기원이다. 17세기에 들어서자 대륙 간 무역회사들은 화폐 가치를 국제적인 차원에서 제어해야 할 필요성을 느끼기 시작하였다. 가령 17세기 초반에 설립된 영국과 네덜란드의 동인도 회사들이 그러했다. 그들은 무역 거래 시 가급적이면 금괴를 사용하여 지불하는 방식을 피하고자 했다. 오늘날 지폐의 기원이라고 할 수 있는, 지불을 나타내는 증서가 금융 시장 및 무역 시장 전반에 걸쳐 활용되기 시작하였다. 하지만 이러한 움직임과 함께, 그 가치를 보증하고 위조를 방지하기 위해 그 증서를 코드화하는 작업이 필요하게 되었다.

예전부터 오랫동안 지폐를 위조하는 범죄는 사형에 해당한다고 인식되었다.

최초의 동전
BC 7세기 리디아인들은 최초로 동전을 만들어 사용하였다. 그리고 이 동전들은 아시아와 지중해 지역을 거쳐 재빨리 퍼져나갔다. 일반적으로 동전들은 정해놓은 무게와 가치를 기준으로 만들어졌으며 공공적인 권한을 나타내는 표장이 새겨져 있다. 주로 통치자의 얼굴이나 동전을 발행한 도시의 상징이 적절한 표어와 함께 새겨져 있다.

조폐국과 위조 지폐 감시
금속 함유량에 따라 '액면'를 정해서 화폐를 주도하던 근대시대 초기, 위조 화폐는 매우 거대한 비즈니스였다. 금이나 구리를 녹이는 작업과 금이나 은을 깎은 뒤 값싼 합금을 사용하여 다시 주조하는 '잘라내기' 기술은 널리 알려졌다. 오늘날에도 화폐를 잘라내고 녹이는 행위는 국가적 범죄이다. 사실 뉴턴은 과학적인 업적으로 기사 작위를 받은 것이 아니라 영국 조폐국의 국장으로서 뛰어난 성과 때문에 받은 것이다. 뉴턴은 영국 조폐국에서 행정적, 주조적 기술을 발휘하여 영국의 화폐 주조를 면밀하게 감시하였다.

화폐 인쇄
종이 화폐의 등장과 함께 화폐 위조는 새로운 국면을 맞이했다. 초기 보안 기술은 지폐 종이의 특성을 기반으로 하고 있었다. 일반적으로 단일 보안 기술을 사용하였으며 정교한 투명 무늬를 도입했다. 그리고 조판 기술, 잉크, 인쇄의 품질도 활용하였다. 20세기 후반에 들어서면서 더욱더 정교한 보안 기술이 나타났다. 하지만 그럼에도 불구하고, 오늘날 디지털 스캔 기술의 발달로 화폐 위조는 더욱더 쉬운 일이 되었다.

달러
달러 지폐의 디자인과 형태는 거의 변하지 않는다. 달러의 보안 암호 방식은 상당히 제한되어 있다. 하지만 2008년에 발행된 5달러나 10달러짜리 지폐에는 더 많은 암호 방식이 들어있다.

최초의 지폐
최초의 지폐는 9세기 후반 중국에서 등장했다. 당시 송나라에서는 국제적 상거래가 활발하게 벌어지고 있었다. 송나라 정부는 금괴와 교환이 가능한 지폐를 발행하였다. 13세기경에는 인쇄된 지폐가 널리 사용되었다.

오늘날의 동전
1998년 영국에서 구리 동전의 실제 가치가 그 동전의 액면가보다 훨씬 높았다고 한다. 그래서 실제 가치와 액면 가치를 다시 조정하기 위해 새로운 합금을 사용했다고 한다. 새로 만들어진 동전에 자석을 갖다 대면 금방 표시가 날 것이다. 2008년, 영국 조폐국은 더 작은 단위의 동전에서도 이와 같은 문제가 발생하였다는 사실을 인정하였다.

미세 인쇄
일부 문양들은 아주 세밀하게 인쇄되어 있어 복제하기가 매우 까다롭다. 여기에는 노란색 '5'가 연속적으로 인쇄되어 있다.

금속성 보안 문양
지폐 양면에서 'USA'와 '5'가 번갈아가면서 나타나는 것을 볼 수 있다. 자외선을 비추면 가느다란 푸른 실선이 나타난다.

투명 무늬
기존의 링컨 초상화 대신 '5'가 투명 마크에 사용되었다. 그리고 더 작은 '5'로 이루어진 투명 마크가 전체 디자인을 이루고 있다.

유로화

지폐 및 동전과 관련하여 최근에 일어난 가장 큰 사건은 유로화의 발행이다. 2002년에 처음으로 출시된 유로화는 최근 유럽 국가 대부분이 사용하고 있다. 비교적 단위가 큰 동전들은 두 가지 금속을 사용하여 만든다. 그리고 지폐의 경우, 20여 개의 보안 장치를 심어 놓았다.

체크섬

다른 화폐들과 마찬가지로 유로화 역시 고유 일련번호가 적혀 있다. 일련번호의 맨 앞자리 알파벳은 발행한 나라를 가리킨다. 그리고 1에서 9 사이의 검사 숫자check digit로 끝난다. 이니셜 문자를 알파벳 자리에 따라 숫자로 전환한 뒤, 각 자리의 숫자들을 두 자리 숫자가 될 때까지 더한다. 그 합계를 9로 나눈 뒤, 그 나머지가 두 자리 숫자로 모든 자리수를 합하였을 때, 그 두 자리 수의 합계와 일치하는지 확인한다.

양면 인쇄

이 지폐의 금액은 앞뒷면에 각각 부분적으로 인쇄되어 있다. 빛에 비추어 보면 완전한 금액을 확인할 수 있다.

두툼한 인쇄

지폐의 특정 부분이 보다 두껍게 인쇄되어 있다. 다른 부분에 비해 도드라져 보인다.

투명 무늬

기존의 투명 무늬 방식은 물론 디지털 방식의 투명 무늬도 들어 있다. 기존의 적외선이나 자외선에 노출되었을 때만 나타나는 것처럼, 디지털 투명 무늬는 스캐닝과 사진으로는 확인이 불가능하다.

스마트 잉크

단위가 큰 지폐에는 각 도마다 색이 변하는 특수한 잉크를 사용한다. 이러한 잉크로 인쇄된 일부 부위는 특정 각도에서만 보인다. 더 작은 크기의 화폐는 마그네틱 잉크를 사용한다.

홀로그램

보다 작은 단위의 지폐에는 홀로그램 띠가 있다. 50유로 또는 이보다 더 큰 단위의 지폐에는 홀로그래픽 방식으로 전사한 그림이 들어 있다.

적발된 위조 지폐의 수나 그 금액을 공식적으로 발표한 나라는 거의 없다. 처음으로 유로 화폐를 발행한 해에 50만 개 이상의 위조 지폐가 발견되었다. 그리고 위조 지폐의 전체 집계는 매년 지속적으로 증가했다.

신용카드

1930년대 초반 이후로 신용카드는 초기 단계에 계속 머물러 있었다. 그리고 한참 후인 1970년대에 들어서 본격적으로 널리 사용되기 시작하였다.

홀로그램

홀로그램은 똑같이 만들어내기가 쉽지 않기 때문에 신용카드나 지폐에서 종종 사용하고 있다.

자기 띠

자기 띠에는 트랙 2 데이터가 들어 있다. 여기에는 개인 식별 번호PIN와 같은 개인 정보들이 포함되어 있다. 자기 띠의 데이터를 통해 카드 소지자의 계좌에 접근할 수 있다.

사용자 내역

이례적인 거래가 발생하는 경우, 은행은 이를 확인하기 위해 자동 시스템을 통해 카드 소지자의 내역들을 확인할 수 있다. 카드 소지자가 그 전에 사용했던 적이 없는 ATM으로부터 한꺼번에 너무 많은 금액을 인출하려고 하는 경우, 은행들은 그 카드의 계좌를 동결시킨다.

스마트카드

최근 많이 사용되고 있는 스마트카드는 집적회로가 부착되어 있는 신용카드 또는 직불카드를 말한다. 스마트카드는 휴대전화의 SIM(가입자 인증 모듈, Subscriber Identity Module)과 똑같은 원리로 작동을 한다. 스마트카드는 주로 추가적인 데이터들을 전자적인 방식으로 접근, 교환, 저장하기 위해 사용된다. 일부 스마트카드들은 회로 내부에 디지털 서명이 들어 있는 3DES나 RSA와 같은 암호화 기능도 포함하고 있다.

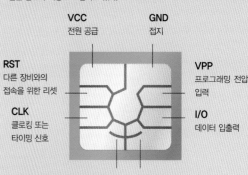

VCC
전원 공급

GND
접지

RST
다른 장비와의 접속을 위한 리셋

VPP
프로그래밍 전압 입력

CLK
클로킹 또는 타이밍 신호

I/O
데이터 입출력

C4, C8
암호 알고리즘과 같은 다른 응용 프로그램을 위한 두 개의 예비 접점

새로워진 스마트 카드는 RFID 방식의 카드 리더기를 거치지 않는 비접촉 방식을 택하고 있다.

네 자리로 된 PIN(개인식별번호, personal identification numbers)은 신용카드나 직불카드 거래 시 사용하는 가장 보편적인 코드 인증 방식이다. 그렇다면 PIN 방식은 과연 안전할까? 네 자리 숫자에는 1만 가지의 조합이 가능하다. 하지만 다른 암호, 또는 암호 문자 시스템에 비해 상당히 부족한 경우의 수이다. 가령 여덟 자리 알파벳 암호는 약 1천억 개의 조합이 가능하다. 하지만 일반적으로 PIN을 입력할 수 있는 기회는 세 번에 불과하다. 즉, '억지 시도brute-force attack(가능한 조합을 임의로 넣어보는 것)'는 불가능하다. 임의적인 세 번의 시도가 성공할 확률은 1/3333에 불과하다.

당신이 지금 들고 있는 책

오늘날 대부분의 제품들은 다양한 코드를 통해 정의하고 구분할 수 있다. 예를 들어, 브랜드, 일괄 식별자batch identifier(페인트나 약품과 같이 다양한 첨가물을 포함한 제품에서 중요), '판매 및 사용 유효기간(약품과 식품에서 중요)', 일반적으로 전자 및 기계 제품에서 소비자 권리 보호와 보험을 위한 제품 일련번호, 그리고 재고 관리용 바코드 등을 들 수 있다. 하지만 이러한 코드로 둘러싸인 제품들 중에서 가장 중요한 제품은 다름 아닌 책이다. 이 특별한 발명품은 아직까지도 거리와 시간의 벽을 넘어 가장 오랫동안, 그리고 가장 멀리 메시지를 전달할 수 있는 수단으로 남아 있다. 책은 전적으로 코드로 이루어진 제품이며, 그중 일부는 수세기 전에 만들어진 것이다.

책

1450년 독일인 구텐베르크Johannes Gutenberg(약 1398~1468)가 가동 활자(낱낱으로 독립된 활자)식 인쇄 방법을 발명한 이후로, 놀랍게도 책의 기본 구조는 거의 변하지 않았다. 구텐베르크가 그의 유명한 성경(위)을 출판하기 위해 개발한 유기적인 기술 대부분은 오늘날에도 사용되고 있다. 이렇게 오랜 기간 동안 책의 형태가 변하지 않았다는 사실은 지금 들고 있는 책이든, 스테이플러로 찍은 만화책이든, 종이 표지로 제본된 책이든, 소설, 백과전서, 사전, 지도책, 또는 우리가 의심 없이 읽고 있는 한정판 교과서든 간에 사람들이 편하고 익숙하게 책을 접하고 있다는 뜻이다. 그리고 이러한 형태로 만들어진 오늘날의 책은 무역 거래, 장인의 기술, 분류, 문학적, 다양한 코드적 요소들이 긴밀하게 상호작용을 해서 탄생된 것이기도 하다.

출판 인가
일반적으로 판권이라고 하는 이 부분에는 출판, 판권, 그리고 책과 관련된 기타 정보가 기재되어 있다.

제본
일반적인 제본 방식에는 페이지들을 '모아서 철을 하는' 방식과 '완전히 붙이는' 두 가지가 있다. 후자는 종이 표지로 된 책에서 주로 사용되며 접힌 부분을 모두 잘라서 각 페이지들을 책등에 직접 붙이는 방식이다.

2절판
오늘날 대부분의 책은 정판imposed page을 접고 자른 뒤 제본하는 순서로 만들어진다. 2절판은 16페이지로 이루어져 있다.

출판사

Published by Weldon Owen Inc.
415 Jackson Street
San Francisco, CA 94111
www.weldonowen.com

Weldon Owen Inc.
Executive Chairman, Weldon Owen Group John Owen
CEO and President Terry Newell
VP, Sales and New Business Development Amy Kaneko
Senior VP, International Sales Stuart Laurence

VP and Publisher Roger Shaw
Assistant Editor Sarah Gurman

VP and Creative Director Gaye Allen
Art Director Tina Vaughan

Production Director Chris Hemesath
Production Manager Michelle Duggan
Color Manager Teri Bell

Conceived and produced for Weldon Owen Inc. by Heritage Editorial
Editorial Direction Andrew Heritage, Ailsa C. Heritage
Senior Designers Philippa Baile at Oil Often, Mark Johnson Davies
Additional Design Bounford.com
Illustrators Andy Crisp, Philippa Baile at Oil Often, David Ashby,
Mark Johnson Davies, Peter Bull Art Studio
Picture Research Louise Thomas, cashou.com
DTP Manager Mark Bracey

Consultant editors
Dr. Frank Albo MA, MPhil.,
Ph.D. candidate History of Art, University of Cambridge
Trevor Bounford
Anne D. Holden Ph.D. (Cantab.)
23andMe Inc., San Francisco, CA
D.W.M. Kerr BSc. (Cantab.)
Richard Mason
Tim Streater BSc.
Elizabeth Wyse BA (Cantab.)

A Weldon Owen production
© 2009 Weldon Owen Inc.

Cataloging-in-Publication data for this title is on file
with the Library of Congress
isbn 978-0-520-26013-9 (cloth : alk. paper)

Manufactured in China

18 17 16 15 14 13 12 11 10 09
10 9 8 7 6 5 4 3 2 1

판권 기호
ⓒ마크는 출판사가 본 서적의 내용 및 디자인에 대해 소유권을 갖고 있음을 나타낸다.

국회 도서관 목록 번호
이 코드는 다양한 데이터를 담고 있다. 책 제목과 ISBN뿐만 아니라 날짜 및 저자의 출생지까지 포함하고 있다.

표지
외판
뒤표지
ISBN

ISBN
1966년 영국에서 인쇄 출판물에 아홉 자리 숫자 코드를 부여하는 체계가 등장했다. 그러나 1970년, 국제적으로 ISBN(국제표준도서번호, International Standard Book Number)라고 하는 10자리 코드를 채택하였다. 2007년 이후로 ISBN 코드는 13자리로까지 늘어났으며, 정기간행물에는 ISSN(International Standard Serial Number, 국제표준연속간행물번호) 코드가 별도로 사용되고 있다. ISBN에는 국가번호, 출판사번호, 서식명별 번호, 체크 기호 등에 관한 정보가 담겨 있다.

바코드
ISBN(왼쪽)을 포함한 전체 바코드(204쪽 참조)는 일반적으로 뒤표지에 실려 있다.

책등

앞표지

앞 모서리

판본
책을 몇 회에 걸쳐 인쇄하였는지, 그리고 언제 인쇄를 하였는지에 대해 보여주고 있다. 책을 새롭게 인쇄할 때마다 날짜와 숫자는 지워진다.

왼쪽 페이지(verso)

페이지 사이의 여백. 책을 제본하는 부분

책을 검색하기
지금 이 책과 같이 다양한 그림들이 복잡하게 들어 있는 책들은 고려해야 할 수많은 전통적인 핵심 요소들을 담고 있다. 이들 중 많은 부분들은 그 스스로의 자체 '언어'를 만들어내고 있다.

활자 모양
강조 사항, 문맥, 서로 다른 정보의 수준을 바탕으로 다양한 서체와 크기를 활용해야 한다.

레이아웃
디자이너가 따라야 할 기본적인 선, 혹은 템플릿

책 모서리 표제
일반적으로 그 장의 제목이 적혀 있다.

이탤릭체
주로 책 내에서 상호 참조를 의미한다.

지시선
설명이 어떤 그림이나 도표에 해당하는 것인지를 알려준다.

페이지 번호

텍스트 참조
책 속에서, 특히 학술 서적에서 많이 사용하고 있는 약자나 기호들은 일반적으로 라틴어로부터 온 것이다.

cf. confer, 비교
e.g. exempli gratia, 예를 들어
et al. et alia, 그리고 다른 사람들
etc. et cetera, 기타 등등
ff. 그리고 다음
fl. floruit, 활동하던 시기
ibid. ibidem, 같은 책, 페이지, 주석 등을 참조
id./idem. 앞에서 말한 바와 같음
i.e. id est 즉, 다시 말하면
loc.cit. loco citato, 앞의 인용문 중에
non obs. non obstante, ~에도 불구하고
non seq. non sequitur, 불합리한 추론
viz. videlicet, 말하자면

교정 부호
저자가 쓴 원문은 모두 교정을 거쳐야 한다. 편집자와 식자공(활자를 원고대로 조판하는 사람)들은 교정 부호를 코드 언어의 형태로 개발해 왔다. 인쇄하기 몇 분 전에 식자공이 신속하게 수정할 수 있도록 인쇄물의 교정을 보는 과정에서, 이러한 교정 기호의 표기는 마치 예술과도 같다. 일반적으로 교정 담당자는 교정쇄(교정을 위해 임시로 찍어낸 인쇄물) 위에 교정 부호들을 그려 넣는다.

오른쪽 페이지(recto)

차례
차례에서는 책의 전체적인 구조에 관한 필수 정보를 확인할 수 있다. 차례 이외에 다른 검색 정보들이 들어 있는 경우도 있다. 예를 들어, 특정 단어를 쉽게 찾아볼 수 있는 색인, 책에서 사용하고 있는 단어의 뜻을 풀이한 용어집, 유용한 참고자료를 소개하고 있는 부록, 그리고 참고서적이나 추가적으로 읽어야 할 도서 목록을 제공하는 관련서적 목록이 있다.

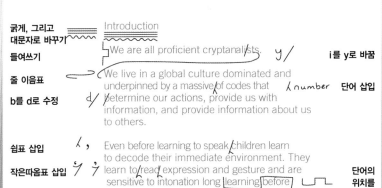

굵게, 그리고 대문자로 바꾸기

들여쓰기

줄 이음표

b를 d로 수정

쉼표 삽입

작은따옴표 삽입

소문자로 바꾸기

단어 삭제

새로운 단락 (들여쓰기 아님)

대시 부호 삽입

i를 y로 바꿈

number 단어 삽입

단어의 위치를 바꿈

글자를 삽입

빈칸 없애기

마침표 삽입

글자를 지우고 빈칸을 없앰

Introduction

We are all proficient cryptanalysts.

We live in a global culture dominated and underpinned by a massive of codes that determine our actions, provide us with information, and provide information about us to others.

Even before learning to speak children learn to decode their immediate environment. They learn to read expression and gesture and are sensitive to intonation long learning before to speak. Learning to speak is an enormously complex process, not only involving mastery of a set of sounds, but the rules that govern them, along with all the gestures, intonations, and facial expressions that convey meaning. How we can do this remains a mystery. It is nothing short of miraculous that all humans are able to do this, and that none of us even remembers or is even conscious of this arduous act of decoding. We all continue to decode for the rest of our lives, 'reading' our environment and assessing those around us, almost always without being fully conscious of what we are doing We even learn to listen to what is not said for language is used as much for concealment as it is for communication.

인간 행동의 코드

인간 사회가 원활하게 움직이기 위해서는 암묵적인, 정의하지 않은, 그리고 지적이지는 않으나 일반적으로 받아들여지는 행동과 태도의 코드가 제대로 기능해야 한다.

사회적 관습, 전통, 태도의 겉모습 아래에는 너무나도 자주 이성적인 제어를 넘어서는, 그리고 다른 이들에게 드러내고 싶지 않은 스스로의 모습에 대해 너무나도 많은 것을 알려주는 인간적인 조건으로부터 유래한 기호와 신호들이 놓여 있다.

생존 신호

음성 언어보다 시각적인 신호, 또는 수신호가 더욱 명확하게 의사전달을 해주는 경우가 있다. 아주 오랜 옛날부터 사냥꾼들은 소리 없이 의사전달을 해야만 했다. 군인들 역시 아주 가까운 거리에서도 적에게 들키지 않게 의사소통을 해야만 했다(16쪽 참조). 이러한 상황에서 간단하면서도 분명한 신호는 매우 중요하다. 특히 의사소통에 생명이 달려 있는 경우는 더욱 그러하다. 그러나 일상적인 생활 속에서도 코드로 신호를 보내는 일이 삶과 죽음을 결정하는 문제인 경우도 많이 있다.

도와주세요! 조난을 당했습니다.
외딴곳에서 조난을 당한 경우, 사용할 수 있는 국제적 지대공 코드 신호가 있다. 주로 항공 수색 구조요원들에게 구조 신호를 전달할 수 있도록 고안된 것이다. 간단하게 몸을 사용하여 신호를 전달할 수 있는 방법도 있다. 항공이나 선박은 섬광을 사용하여 더욱 효율적으로 주목을 끌 수 있다. 또한 바닥에 담요를 깔아놓아 하늘을 향해 신호를 보내는 방법도 있다.

 태워주세요

 기술적 도움이 필요함

 의료 지원이 필요함

 즉각 진행할 수 있음

 착륙하지 마시오

 메시지를 떨어뜨리시오

 착륙 가능

 비행 가능, 도구가 필요함

 옷이 필요함

 구급용품이 필요함

 의료 지원이 필요함

 식량과 물이 필요함

지대공 신호

⌐ 문제 없음

L 이해하지 못했음

V 도움이 필요함

X 의료 지원이 필요함

F 식량과 물이 필요함

N NO

Y YES

↑ 이 방향으로 진행

지대공 신호에 대한 대답

메시지를 받고 이해한 경우

낮 : 좌우로 날개를 흔들어 보임

밤 : 녹색 불빛을 비춤

메시지를 받았으나 이해하지 못한 경우

낮 : 오른쪽 방향으로 회전

밤 : 빨간색 불빛을 비춤

산악 구조
세계의 모든 산악 구조대들은 아래의 신호들을 사용하고 있다. 이 신호들은 빛과 소리를 통해 메시지를 전달한다.

메시지	신호	경적 또는 불빛
SOS	빨간색	경적 또는 불빛을 짧게 세 번, 길게 세 번 보낸다. 1분 간격으로 반복
도움이 필요함	빨간색	경적 또는 불빛을 빠른 속도로 여섯 번 보낸다. 1분 간격으로 반복
메시지를 받았음	흰색	경적 또는 불빛을 빠른 속도로 세 번 보낸다. 1분 간격으로 반복
본부로 귀환	녹색	경적 또는 불빛을 계속적으로 보냄

인간 행동의 코드

인간 사회가 원활하게 움직이기 위해서는 암묵적인, 정의하지 않은, 그리고 지적이지는 않으나 일반적으로 받아들여지는 행동과 태도의 코드가 제대로 기능해야 한다.

사회적 관습, 전통, 태도의 겉모습 아래에는 너무나도 자주 이성적인 제어를 넘어서는, 그리고 다른 이들에게 드러내고 싶지 않은 스스로의 모습에 대해 너무나도 많은 것을 알려주는 인간적인 조건으로부터 유래한 기호와 신호들이 놓여 있다.

보디랭귀지

말로 하는 의사소통 방식 이외에 얼굴 또는 신체를 활용하여 감정이나 분위기를 표현하고 인식하는 잠재적인 방식은 엄청나게 방대하다. 윙크, 찡그림, 흔들기와 같은 보디랭귀지들을 자세하게 살펴보면 그 뒤에 숨겨진 복잡한 의미와 때로는 의도하지 않은 무의식적인 메시지를 이해할 수 있다. 우리는 이러한 형태의 어마어마한 정보를 본능적으로 이해할 수 있다. 즉, 어떤 사람이 나에게 관심이 있는지, 혹은 지켜워하는지, 그리고 불편해하는지, 또는 '뭔가를 숨기고' 있는지를 쉽게 알 수 있다. 오늘날 정신과 의사와 정신 분석가들은 보디랭귀지를 해독하는 방식에 대한 풍부한 지식을 갖고 있다. 그리고 이러한 지식은 입사 채용이나 인터뷰, 그리고 심문 등의 과정에 활용되고 있다.

의식적인, 그리고 무의식적인 의사소통

보디랭귀지를 두 종류로 나눈다면 표정과 제스처로 구분할 수 있을 것이다. 하지만 감정을 표현하는 과정에서 제스처보다는 얼굴 표정이 더 풍부한 의미를 담고 있다는 점은 분명한 사실이다. 사람들은 웃음, 찌푸림, 찡그림, 또는 놀람을 의미하는 표정에 대해 아주 잘 알고 있다. 그리고 성인이 되면 우리의 뇌는 이러한 표정들을 고정적인 것으로 만들어버린다. 또한 손과 팔의 움직임으로도 많은 정보를 얻을 수 있다. 이러한 행동은 이야기의 주제에 대한 말하는 이의 태도를 반영하는 것이거나, 또는 관심을 고조시키는 무의식적인 제스처이다. 특히 스페인어나 이탈리아와 같은 로망스어에서 이 점이 두드러지게 나타나고 있다.

무의식적인 보디랭귀지의 의미

다리나 팔을 꽉 꼬는 경우
흥미 없음, 짜증이 남, 방어적 자세

앞으로 기대거나 턱을 만짐
경청하는, 흥미 있는, 열정적인

편안하게 다리를 꼬거나 발을 까닥거림(여성의 경우)
관심을 보이는, 성적 호기심

눈동자가 왼쪽을 향함
아주 불편한 상황, 종종 거짓말을 하는 순간, 면접 시 좋지 않은 상황

눈동자가 오른쪽을 향함
진상 조사, 고려 중, 면접 시 좋은 상황

고개를 들고 멍한 눈을 보임
그저그런 관심, 아마 다른 것을 생각 중

머리가 한쪽으로 기울고 눈이 좁아짐
관심, 긍정적 고려

이를 앙다문 상태
혼란스러움, 화가 남

제어할 수 있는 신체

우리들은 모두 우리 몸이 보내고 있는 신체적인 메시지를 조정하기 위해 노력한다. 하지만 제어가 불가능한 경우도 많이 있다. 예를 들어, 얼굴이 붉어지거나 땀을 흘리거나 울음을 터뜨리거나 고통에 즉각 반응하는 모습에서 이러한 경우를 확인할 수 있다. 우리의 눈 역시 많은 신호를 보내고 있다. 눈을 크게 부릅뜬 모습은 흥미나 매력을 느끼고 있음을 나타낸다. 반면, 시선을 피하는 행동은 당황스럽거나 정직하지 못함을 의미한다.

표정 만들기

고전시대 이후로 예술가들은 그들의 작품 속에서 감정을 전달하기 위해 인간의 표정과 자세를 관찰하고 묘사해 왔다. 하지만 오스트리아 조각가 메서슈미트Franz Xaver Messerschmidt(1736~1783)는 뮌헨의 정신병원에서 나온 연구를 기반으로, 인간 표정의 종류를 50개가 넘는 흉상 조각으로 최초로 분류하는 작업을 시도하였다. 극단적으로 표현된 것들도 있지만, 이러한 연구는 인간 행동의 모든 측면에 관한 계몽주의적인 관심을 반영하고 있다.

포커는 '말한다.'

포커에는 카드만큼이나 중요한 기술들이 있다. 그리고 그중 많은 부분이 게임 도중에 자신의 감정을 숨기고 다른 사람의 심리 상태를 '읽는' 능력에 달려 있다. 반대로 포커 게임 중에 'tells'라고 말하면 그 판을 포기한다는 뜻이다. 영화 〈카지노 로열〉(2006)에서 제임스 본드는 자신의 전문가적인 직관을 통해 악당 두목 '르시프르'가 거짓 베팅을 할지를 알아챈다. 즉, 르시프르는 무의식적으로 눈을 깜박였던 것이다. 르시프르는 결국 그의 실력을 인정하고 한쪽 눈에서 피를 흘리면서 게임을 포기하고 만다. 도박 테이블에서 미묘한 정보를 알려주는 몇 가지 사례들을 살펴보도록 하자.

손 떨기

베팅을 할 때 절대는 손을 떨지 않도록 주의해야 한다. 초보자들이 베팅 시 손을 떠는 것은 좋은 패를 잡았거나 승리를 기대하고 있다는 표시이다. 허세를 부릴 때 손을 떠는 사람도 있다.

눈을 내리깔기

포커에서 처음 카드 세 장을 받자마자 자신의 칩을 흘깃 보는 행동은 일반적으로 금방 포기하겠다는 뜻이다. 반대로 무언가를 찾듯이 세 장의 카드를 노려보는 것은 그들이 실수를 했다는 표시이다. 또는 조만간 허세를 부려보겠다는 의미이기도 하다. 이러한 시선을 숨기기 위해 전문가들은 종종 선글라스를 착용한다.

침묵의 순간

침묵의 시간이 길어진다는 것은 긴장이 고조된다는 의미이다. 껌을 씹는 사람은 허세를 부릴 때 종종 껌 씹기를 중단하기도 한다. 이와 비슷하게, 자신의 순서가 돌아왔을 때 순간적으로 숨을 참는 사람들도 있다.

말을 많이 한다

노련한 도박사들은 자신감이 넘치는 어조로 말을 하고 편안하게 게임을 즐긴다. 반대로 망설이는 태도나 긴장한 태도로 말을 하는 것은 초보자임을 의미한다.

들어가겠소

베팅을 하려는 욕심으로부터 많은 것을 읽어낼 수 있다. 일반적으로 노련한 도박사들은 판돈이 큰 경우에 베팅을 한다. 자신의 차례를 기다리다가 아무런 표정 없이 재빨리 베팅을 하는 사람들에게서 많은 정보를 읽어낼 수 있다. 물론 자신의 계략을 숨기거나 나머지 참여자들을 불안하게 만들기 위해 시간을 끄는 경우도 있다.

유혹의 부채

19세기 스페인의 부유한 집안의 젊은 여인들은 집 밖으로 나갈 경우, 항상 샤프롱(사교계에 나가는 젊은 여성의 보호자)과 함께 다녔다. 샤프롱들은 지극히 열성적이었다. 그들은 젊은 여인들의 행동을 감시하는 역할도 맡았으며 그들이 자라는 동안 조신한 태도를 몸에 익히도록 가르쳤다. 그리고 날씨, 예술, 문학, 정치와 같은 수준 높은 이야기 외에 젊은 남자와 얘기를 나누지 못하도록 막았다. 이로 인해, 이러한 집안의 여인들은 부채를 가지고 의사를 전달하는 고유한 표현을 만들어냈다. 그리고 은밀한 연애나 유혹을 위한 제스처 목록이 등장하기도 하였다. 여기 담긴 내용들 중 대부분은 직관적인 것들이었다. 그러나 19세기 후반, 부채 생산업자들은 부채 언어에 관한 '가이드 북'을 출판하기까지 했다. 이는 부분적으로 판매를 올리기 위한 수단이었을 것이다.

가슴 위로 부채를 천천히 흔든다. 저는 싱글입니다.

가슴 위로 손목을 사용하여 부채를 재빨리 흔든다. 저는 남자친구(혹은 파트너)가 있어요.

부채를 폈다가 접은 뒤, 볼에 갖다 댄다. 당신이 맘에 들어요.

부채를 관자놀이에 갖다 댄 후 하늘을 바라본다. 밤낮으로 당신을 생각합니다.

부채로 코 끝을 건드린다. 여기서는 좋은 냄새가 나지 않는군요(그 남자는 그녀를 불쾌하게 만들고 있다. 아마 다른 사람과 장난을 치면서).

옆길로 걸으면서 부채를 가지고 손바닥을 두드린다. 조심해요. 내 샤프롱이 오고 있어요.

부채를 폈다가 접은 뒤, 가리킨다. 거기서 기다려요. 금방 갈게요.

부채로 입을 가리고 넌지시 바라다본다. 키스를 보냄.

부채를 접어서 왼손에 매달고 다닌다. 남자친구를 찾고 있어요.

부채질을 빨리 한다. 당신에 대해 확신이 없습니다.

부채를 휙 접는다. 제 아버지께 얘기하세요.

부채를 접어 가슴 앞으로 가져간다. 당신을 매우 사랑합니다.

부채를 펴서 가슴 앞으로 가져간다. 당신과 결혼하고 싶습니다.

남자에게 부채를 준다. 내 마음은 당신의 것입니다.

남자로부터 부채를 도로 가지고 온다. 당신을 더 이상 원하지 않습니다.

부채를 펴서 얼굴을 조금 가린다. 우린 끝났어요.

부채를 떨어뜨린다. 내 마음은 아프지만 당신을 사랑해요.

부채로 왼손을 친다. 당신을 좋아해요.

밖을 바라본다. 생각 중이에요.

부채로 오른손을 친다. 당신이 싫어요.

부채로 드레스를 친다. 질투가 나는군요.

부채를 접어 왼쪽 뺨에 갖다 댄다. 저는 당신의 것입니다.

생존 신호

음성 언어보다 시각적인 신호, 또는 수신호가 더욱 명확하게 의사전달을 해주는 경우가 있다. 아주 오랜 옛날부터 사냥꾼들은 소리 없이 의사전달을 해야만 했다. 군인들 역시 아주 가까운 거리에서도 적에게 들키지 않게 의사소통을 해야만 했다(16쪽 참조). 이러한 상황에서 간단하면서도 분명한 신호는 매우 중요하다. 특히 의사소통에 생명이 달려 있는 경우는 더욱 그러하다. 그러나 일상적인 생활 속에서도 코드로 신호를 보내는 일이 삶과 죽음을 결정하는 문제인 경우도 많이 있다.

도와주세요! 조난을 당했습니다.

외딴곳에서 조난을 당한 경우, 사용할 수 있는 국제적 지대공 코드 신호가 있다. 주로 항공 수색 구조요원들에게 구조 신호를 전달할 수 있도록 고안된 것이다. 간단하게 몸을 사용하여 신호를 전달할 수 있는 방법도 있다. 항공이나 선박은 섬광을 사용하여 더욱 효율적으로 주목을 끌 수 있다. 또한 바닥에 담요를 깔아놓아 하늘을 향해 신호를 보내는 방법도 있다.

태워주세요

기술적 도움이 필요함

의료 지원이 필요함

즉각 진행할 수 있음

착륙하지 마시오

메시지를 떨어뜨리시오

착륙 가능

비행 가능, 도구가 필요함

옷이 필요함

구급용품이 필요함

의료 지원이 필요함

식량과 물이 필요함

지대공 신호

⌐	문제 없음
L	이해하지 못했음
V	도움이 필요함
X	의료 지원이 필요함
F	식량과 물이 필요함
N	NO
Y	YES
↑	이 방향으로 진행

지대공 신호에 대한 대답

메시지를 받고 이해한 경우
낮 : 좌우로 날개를 흔들어 보임
밤 : 녹색 불빛을 비춤

메시지를 받았으나 이해하지 못한 경우
낮 : 오른쪽 방향으로 회전
밤 : 빨간색 불빛을 비춤

산악 구조
세계의 모든 산악 구조대들은 아래의 신호들을 사용하고 있다.
이 신호들은 빛과 소리를 통해 메시지를 전달한다.

메시지	신호	경적 또는 불빛
SOS	빨간색	경적 또는 불빛을 짧게 세 번, 길게 세 번 보낸다. 1분 간격으로 반복
도움이 필요함	빨간색	경적 또는 불빛을 빠른 속도로 여섯 번 보낸다. 1분 간격으로 반복
메시지를 받았음	흰색	경적 또는 불빛을 빠른 속도로 세 번 보낸다. 1분 간격으로 반복
본부로 귀환	녹색	경적 또는 불빛을 계속적으로 보냄

수중 신호

하강   상승   OK   두통

뭔가 잘못되었음   천천히   빨리   이해하지 못했음

물속에서는 대화가 불가능하다. 하지만 다이버들도 반드시 의사소통을 해야 한다. 이를 위해 주로 많이 사용하는 메시지를 전달하기 위한 신호 체계가 등장했다.

노상 신호

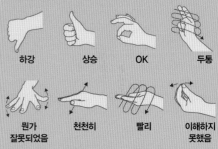

천천히   빨리   교차 주행

엔진 정지   통과   전방 위험물

오늘날 오토바이 운전자들은 수신호를 거의 사용하지 않는다. 하지만 사이클 선수들이나 집단적으로 오토바이를 주행하는 경우 반드시 필요하다.

현장 신호

감아 올리시오   내리시오   중심 붐 사용

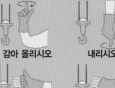

붐을 들어 짐을 아래로 내리시오   붐을 내려 화물을 올리시오   천천히 움직이시오

크레인 운전자와 지상 근무자가 수신호를 명확하게 주고받아야만 복잡한 건설 현장에서 무거운 짐을 안전하게 운반할 수 있다.

스포츠 코드

스포츠 경기에서 선수나 관중, 혹은 기록관에게 메시지를 전달하기 위해 다양한 시각적 코드를 사용하고 있다. 야구, 축구, 럭비, 크리켓과 같이 넓은 지역에서 이루어지는 경기의 경우, 의미를 즉시 전달하기 위해 다소 과장된 제스처들이 개발되었다. 오늘날 첨단 기술장비를 활용할 수도 있지만 이러한 방법이 불편한 경우도 많이 있다. 그렇기 때문에 아직까지 수신호의 체계가 사용되고 있다.

승률 신호

오늘날에는 휴대전화 때문에 거의 사용되고 있지 않지만 영국의 고유한 수신호로, '틱택Tic-tac' 이라는 승률 베팅을 위한 신호 체계가 있다. 베팅을 받는 도박업자들은 승률이 계속 변화하는 혼란한 상황에서도 베팅의 변화와 경향을 계속적으로 주시하고 있어야만 한다.

4-1　　5-2

6-4　　7-4

필드게임

크리켓에도 무수한 룰과 신호들이 있듯이 모든 필드게임에는 특별한 필요성에 따라 개발된 다양한 신호들이 있다. 그리고 스포츠 특히 축구의 세계화로 인해 오늘날 심판들 역시 국제적인 기준을 따라야만 한다. 언어가 다른 선수들끼리 시합을 벌이기 위해서는 공식적인 판단을 나타내는 신호 체계가 반드시 필요하다. 특히 관중 소리 때문에 가까이에서도 대화를 나누기 힘든 경우, 이러한 신호 체계는 특히 중요하다.

크리켓 룰은 아마도 많은 사람들에게 미스터리이다. 그리고 심판의 신호도 대부분은 크리켓을 잘 모르는 사람에게는 전혀 의사전달이 되지 않는다. 그러나 그것들은 최종 판정의 결정을 피치의 중간에서 심판이 기록관과 관중들에게 전달할 수 있다. 신호 코드는 오랫동안 구축되어 왔지만 심판이 그들 자신의 특유의 버릇을 도입할 수 있는 여지는 남아 있다.

 반칙 투구　　식스 런　　투수의 폭투

아웃, 위킷　　포런　　바이

야구 경기의 신호들

야구와 같이 심판이 정해진 장소에서 판정을 내려야 하는 필드 경기의 경우, 선수들은 물론 기록관과 관중들 및 시청자들까지 심판의 신호를 쉽고 정확하게 이해할 수 있어야 한다. 심판이 공을 던지거나 받는 사람 바로 뒤에 있다는 사실은 야구 경기에서 심판의 판정이 얼마나 중요한지를 단적으로 말해주고 있다.

볼카운트

플레이볼

스트라이크

스트라이크 또는 아웃

세이프

타임아웃, 파울, 몸에 맞는 볼

축구 경기의 신호

축구 경기에서 사용하는 기호들은 다른 경기에 비해 그 중요성은 낮은 편이다. 축구의 룰은 비교적 간단하고 전반적으로 명확하기 때문이다. 득점을 하거나 반칙이 주어지는 경우, 선수들이나 관중들은 대부분 그 이유를 쉽게 이해할 수 있다. 그렇기 때문에 축구 심판들이 사용하는 신호들은 대부분 경기의 흐름을 원활하게 하기 위한 것이다.

패널티킥

노골

프리킥

오프사이드

코너킥

경기 계속

럭비 경기에서 판정은 주심과 선심의 합의하에 내려지는 경우가 많다. 주심은 선수, 기록관, 관중들에게 그들의 판정 결과를 신속하게 전달해야 한다.

트라이

프리킥

페널티

홀딩

높은 태클

포워드 패스

낫스트레이트

어드밴티지

에티켓

문화적인 오해는 인사, 선물, 테이블 매너, 옷 입는 방식, 일상적인 행동과 같은 사소해 보이는 관습으로부터 발생한다. 에티켓이란 사회적 행동들을 코드 형태로 규정한 것이다. 즉, 사회 내부적으로 올바른 행동 방식을 정의한 기호인 셈이다. 에티켓 중 일부는 타인의 편리와 감정을 배려하기 위한 것인 반면, 어떤 에티켓은 왕실과 같은 고상하고 계급적인 환경에서 발달한 정교한 형태를 띠고 있다. 이러한 세련된 유형의 에티켓과는 달리, 사회적 에티켓들은 수백 년에 걸쳐 진화해 왔다. 사회적 에티켓들은 일반적으로 받아들이는 행동 양식, 즉 '훌륭한 매너'라고도 알려져 있다. 일반적으로 이러한 에티켓들은 지난 100년 동안 훨씬 단순하고 실용적인 형태로 바뀌었다. 하지만 사회적인 유대관계를 돈독히 하는 특정한 관습들은 여전히 남아 있다. 가령 'please', 'thank you', 'execuse me'와 같은 표현들은 영어 문화권에서 절대 없어지지 않을 것이다.

왕실 에티켓

복잡한 귀족들의 에티켓은 루이 14세(1638~1715)가 다스리던 프랑스 왕실에서 최고조에 이르렀다. 왕실에서 바른 행동을 하는 것은 사회적 지위에 관한 자격을 의미했다. 왕실의 엄격한 에티켓은 사회적 계급 체계를 강화하는 역할도 하였다.

입장

왕이 있는 방의 문은 절대 노크해서는 안 된다. 대신 왼쪽 새끼손가락으로 문을 긁어야 한다. 이로 인해 수많은 관료들이 비정상적으로 손톱을 길게 길러야만 했다.

남과 여

숙녀는 절대 신사의 손을 잡거나 팔짱을 껴서는 안 된다. 대신 신사의 팔 위에 얹어야 한다.

의자에 앉는 법

숙녀와 신사는 공공장소에서 다리를 꼬아서는 안 된다. 신사는 왼발을 오른발 앞으로 미끄러지게 하면서 앉아야 한다. 그리고 손은 의자의 양옆에 놓아야 하고 반드시 천천히 착석해야 한다.

인사하기

신사는 길거리에서 아는 사람을 만나면 모자를 높이 들어 인사를 해야 한다.

에티켓은 왕실에서 서열을 나타내는 도구이다. 당시 왕실의 사람들은 복잡한 에티켓에 따라 말을 해야 하고, 또한 왕이 왔을 때 누가 앉고 누가 일어서야 하는지를 결정해야 한다.

공격적인 행동

태평양의 섬나라에서 중동 지역에 이르기까지 서구 지역을 벗어난 나라에서 발은 공격적인 의미를 갖고 있다. 집에 들어가기 전, 반드시 신발을 벗어야 한다. 특히 모스크나 절과 같은 성스러운 장소에서 신발을 신는 것은 예의에 어긋난 행동이다. 발은 일반적으로 불결한 부위라고 여겨지고 있기 때문에 발바닥을 함부로 보여서는 안 된다는 금기사항들이 많이 있다. 가령 모스크에 들어가서는 발바닥이 메카를 향하지 않도록 주의해야 한다. 그리고 절에서는 부처님을 향하지 않도록 해야 한다. 인도 사람들은 머리를 영혼이 머무는 장소라고 생각한다. 그렇기 때문에 다른 사람의 머리를 만지는 것은 매우 불쾌한 행동이 될 수 있다. 어린이라고 해서 함부로 머리를 쓰다듬어서는 안 된다. 한국 사람들은 코를 푸는 행위를 꺼린다. 특히 식사 중에 코를 푸는 것은 매우 혐오스러운 행동이다.

인사법

미국인이나 유럽인들은 처음 만나는 사람과 인사를 할 때 일반적으로 악수를 한다. 하지만 아시아인들은 보다 정성스러운 방식으로 인사를 한다. 가장 엄격한 인사를 하는 사람들은 아마도 일본인들일 것이다. 그들은 존경과 겸손을 나타내기 위해 인사를 한다. 일본 남자들은 팔과 손바닥을 펴서 다리에 붙인 채로 고개를 숙인다. 여자들은 손을 허벅지 앞으로 모아 살짝 쥔 채 고개를 숙인다. 인사의 각도 역시 매우 중요하다. 각도는 사회적 지위의 차원에서 미묘한 차이를 드러낸다. 한편, '와이'라고 하는 태국 전통 인사법은 두 손을 기도하듯이 모아서 한다.

선물하기

선물을 주는 것은 마치 지뢰밭을 지나가는 일과 같다. 일본이나 태평양 섬나라들과 같은 문화권에 사는 사람들은 선물을 받는 것을 당연한 것이라고 여긴다. 그렇기 때문에 선물을 주지 않은 것은 실망감을 안겨주는 일이다. 하지만 북유럽과 같은 문화권의 경우, 값비싼 선물을 하는 것은 결코 일반적인 일이 아니다. 오히려 부적절한 행동으로 취급받을 수 있다. 중국에서는 선물을 반드시 두 손으로 주고받아야 한다. 그리고 선물을 받기 전에 세 번은 사양을 해야 한다. 이러한 행동은 자신의 욕심을 드러내지 않는 방법이다. 또한 선물한 사람이 뜯어보라고 하기 전에 면전에서 개봉해서는 안 된다. 많은 아시아 국가에서 포장은 선물만큼 중요하다. 중국 사람들은 포장지로 빨간색과 노란색을 선호한다. 반면, 검은색과 흰색, 파란색은 피해야 한다. 남아시아 사람들은 녹색, 빨간색, 노란색을 행운의 상징으로 여긴다. 여기서는 검정색과 흰색을 피해야 한다.

꽃으로 의미를 전달한다?

집주인을 위한 선물로 꽃을 사는 것은 안전한 선택으로 보인다. 하지만 문화권마다 꽃의 의미가 다르다는 점을 간과해서는 안 된다. 미국에서 백합과 글라디올러스는 장례식과 연관이 있다. 일본의 경우, 동백꽃은 불운을 의미하며, 노란 또는 하얀 국화는 중국에서와 마찬가지로 장례식을 연상시킨다. 프랑스인들은 국화를 장례식에서 사용하며, 모든 성인들의 축일인 11월 1일에 무덤 위에 놓아둔다. 스위스에서는 하얀 카네이션이 슬픔의 의미를 담고 있다. 일본에서 네 송이, 혹은 아홉 송이의 꽃다발은 불운의 상징이다. 반면, 중국 사람들은 4를 제외한 짝수를 액운이라고 멀리한다. 하지만 유럽 사람들은 13송이 꽃다발을 그렇게 생각한다.

19세기 영국에서 발행된 사회적 행동 지침서와 가정 소책자에서는 이동이 점차 잦아지는 사회에서 올바른 예절들을 분류해 놓고 있다. 그리고 저녁 파티를 열거나 참석하는 방법에 대해 항목별로 자세하게 설명해 놓고 있다. 여기에는 초대를 하는 법, 테이블 장식 요령, 코스 주문 또는 손님 안내에 관한 정보들도 담겨 있다.

> "세상은 나의 굴oyster이었지만
> 나는 잘못된 포크를 사용하고 말았다."
>
> – 오스카 와일드Oscar Wilde

롤빵
나이프 대신 손으로 잘라서 먹는다.

곁들이는 요리
옆사람들에게 먼저 권한 뒤 먹어야 한다.

앙트레(생선과 고기 사이에 나오는 요리)
서빙이 모두 끝날 때까지 기다려야 한다. 그리고 집주인이 권한 뒤 먹어야 한다. 유럽의 경우, '앙트레'는 주 요리에 반드시 포함되지는 않는다.

포크 사용법
포크가 단 하나인 경우가 아니라면 대부분 끝이 아래로 향한 포크를 사용한다. 디저트용 포크도 마찬가지다.

냅킨
식당용 '냅킨serviette' 처럼 생각해서는 안 된다. 반드시 무릎 위에 깔아야 하며 옷깃에 꽂아서는 안 된다.

나이프, 포크, 스푼 등
나이프, 포크, 스푼 및 여러 도구들이 앞에 놓여 있다. 요리가 나올 때마다 바깥쪽에 있는 것부터 사용한다.

노블리스 오블리제

1954년 미트퍼드Nancy Mitford는 『영국의 귀족The English Aristocracy』이라는 제목의 에세이를 발간했다. 그녀는 여기서 영국의 계급의식이 언어에 스며든 방식, 그리고 부적절한 용어 사용이 부실한 가정교육을 드러내는 방식에 대해 자세하게 설명하고 있다. 이 책에서 U는 상류층의 언어이며, Non-U는 그 외의 언어를 말한다.

U	Non-U
bike or bicycle	Cycle
Die	Pass on
Dinner jacket	Dress suit
Drawing room	Lounge
Good health	Cheers
House	Home
How d' you do?	Pleased to meet you
Lavatory or loo	Toilet
Looking glass	Mirror
Napkin	Serviette
Notepaper	Writing paper
Pudding	Sweet
Rich	Wealthy
Scent	Perfume
Sick	Ill
Sofa	Settee or couch
Spectacles	Glasses

잔
각 코스에 따라 전용 잔을 사용하여 음료수나 와인을 마신다. 자기 스스로 따라 마시면 안 된다.

양념통
건네달라는 요청을 받지 않은 이상, 옆자리로 손을 뻗어서는 안 된다. 정중하게 부탁을 해야 한다.

수프 스푼
수프 그릇을 입에 가까이 대고 먹어서는 안 된다. 수프 그릇을 기울여서도 안 되며 빵을 찍어 먹어서도 안 된다.

메시지를 입다

오늘날 서구 사회에서는 자신을 드러내기 위해 무엇을 입어야 할지, 어떻게 그리고 어디서 입어야 할지에 대해 매우 신중하게 결정한다. 브룩스 브라더스Brooks Brothers 브랜드로 온몸을 치장할 수도 있고 트위드tweeds 소재의 옷이나 가죽으로 만든 신발을 착용할 수도 있을 것이며, 스틸레토힐stiletto heels이나 코트 슈즈(끈 없는 여성용 구두), 아니면 그냥 티셔츠와 청바지 또는 운동복 차림을 할 수도 있을 것이다. 전통적인 사회에서는 패턴, 재질, 그리고 의류 선택에 관한 엄격한 법칙이 코드화된 언어로 형성되어 있다. 이러한 코드들은 한 사람의 정체성, 지위를 드러내고, 심지어 그 사람이 어디 출신인지를 말해주기도 한다. 어떤 사람이 착용한 옷이나 장신구들이 다른 지역에서는 종교적, 문화적으로 큰 의미를 갖고 있을지 모를 일이다.

유니폼
구성원 각자의 개성을 없애버리는 유니폼에는 다음과 같이 다양한 의미가 담겨 있다. 구성원의 업무와 서열에 대한 정의(군인, 경찰, 응급실, 성직자), 위생상 이유(의료인, 주방 종사자), 속한 단체를 알림(학교, 스포츠 팀), 또는 브랜드 홍보(특정 기업이나 체인점 직원). 이러한 의미들은 종종 중복되기도 한다. 개인이 특정한 역할을 맡고 있다는 사실을 알리는 유니폼은 다른 사람들에게 매우 구체적인 메시지를 전달한다.

마야 문명의 전통
이베리아 반도의 가톨릭 문명 유입과 더불어, 다양한 라틴아메리카 문화의 융합으로 인해 수많은 기호와 상징들이 결합된 고유한 형태가 나타났다. 특히 그들이 입는 옷에서 이러한 특징을 찾아볼 수 있다. 마야 문명의 후손들이 많이 살고 있는 라틴아메리카 국가들 중 하나인 과테말라의 떠들썩한 시장은 단지 회화적이고 다채로운 장소가 아니라 수많은 사람들이 옷을 구매함으로써 자신에 관한 정보를 드러내는 장소이기도 하다.

남녀의 차이
오늘날 과테말라 남자들은 서양식 캐주얼을 입는다. 그러나 특정 모임에서는 남자와 여자 모두 실로 짠 상의나 스커트를 입어야 한다. 하지만 성별에 따라 스타일과 마름질 모양은 확연히 구분된다.

물감이나 문신, 또는 상처를 내는 방식으로 몸을 치장하는 관습은 역사적으로 아주 다양한 문화권에서 널리 이루어져 왔다. 로마 역사학자 타키투스는 영국 지역의 부족들이 몸에 청색 염료를 사용하여 그림을 그린 모습을 설명했다(위). 북미와 아프리카 지역의 다양한 원주민들도 물감을 사용하여 몸을 치장하였다. 더욱 영구적인 장식인 문신은 북미 지역에서 사용되었으며 뉴질랜드 마오리 족의 상징이기도 하다.

흰색 모자
지역의 주요 인사들, 또는 집안의 가장들이 쓴다.

관습의 변화
아내는 남편 마을에서 사용하는 무늬나 스타일에 따라 옷을 고른다.

사회적 지위
시골 사람처럼 보이지만 아주 화려한 색상의 옷을 입고 있다. 여기서는 나이 많은 사람이나 결혼한 여자들이 더욱더 비싸고 화려한 옷을 입는다.

무늬가 들어간 숄
실로 짠 숄, 상의 및 기타 의류에 들어가는 무늬들은 모두 각 마을의 특성을 담고 있다. 이 사람들은 자신들이 입고 있는 옷이 자신의 출신을 정확하게 드러낸다는 사실을 잘 알고 있다.

금지된 옷

성직자들이 입는 예복은 물론, 개인적인 옷들까지도 종교적인 기준에 따라 선택해야 하는 경우도 있다. 가령 시크교의 경우, 남자들은 터번을 써야 하고, 머리카락이나 수염을 절대 깎지 않는다. 무슬림 여인들은 몸을 가려야 하고 공공장소에서는 얼굴까지 덮어야 한다(위).

보수적 프로테스탄트 교파 중 하나인 아미시Amish 신도들은 미국의 북동부 지역에서 폐쇄적인 공동체를 이루며 살고 있다. 그들은 전자제품이나 기계장치를 사용하지 않는다. 또한 장식이나 겉치레를 삼가는 독특한 드레스 코드를 갖고 있다. 일반적인 단추 대신, 걸이식 단추나 똑딱단추, 또는 핀으로 고정하는 방식을 더 즐겨 쓴다. 그리고 무늬가 들어간 옷은 입지 않는다. 일반적으로 여인들은 평범한 스타일의 종아리까지 내려오는 파란색 옷들을 즐겨 입고, 집에서는 흰색 앞치마를 두르고 있다. 외출할 때는 짙은 색 망토나 보닛 모자를 착용한다. 남자들은 짙은 색 바지나 멜빵, 조끼, 모자 등을 착용하고, 결혼을 하면 턱수염을 기른다(단, 콧수염은 금물). 여름에는 어린이들은 물론 일부 어른들도 맨발로 돌아다닌다.

아미시들은 말이 끄는 수레를 탄다. 그리고 사진 찍는 것을 싫어한다.

문장

중세 유럽 사회에서 가문의 문장coats of arms은 신분을 나타내었다. 문장은 원래 전쟁에 참가한 군인들의 방패를 장식하던 것이었다. 이를 통해 그가 속해 있는 봉건 영주를 확인할 수 있다. 하지만 오직 영토를 소유한 지주 계급들만 문장을 만들 권리가 있었다. 중세 문장은 특히 엄격하게 계급화된 봉건사회를 반영하였다. 중세 사회의 복잡한 계급 구조 속에서 이러한 문장은 세습적으로 유지되었으며, 유럽 지역에 걸쳐 부와 권력에 대한 상징적인 의미를 갖게 되었다.

문장 언어

엄격한 문장 언어는 진보하여 색상 패턴 그리고 방패 위에 나타나는 도구까지 묘사하게 되었다. 이것은 'blazonry(문장 묘사법)'라고 알려져 있는데, 언어의 많은 부분이 옛날 프랑스어(또는 노르만 프랑스어. 당시 영국에서 사용되고 있던)로부터 유래되었다. 대부분의 유럽 국가들은 문장의 형태와 디자인의 차별적인 스타일을 가지고 있었다.

문장의 색조

Agent 은색(여성)

Azure 푸른색

Gules 붉은색

Murrey 암자색

Or 금색(남성)

Purpure 자주색

Sable 검은색

Sanguine 선홍색

Tenné/ tawny 오렌지색

Vert 녹색

문장의 전통

12세기 중반, 영국과 프랑스에서 문장은 세습적으로 이어졌다. 그리고 13세기 이후, 가문의 인장 속에도 문장이 나타나기 시작했으며 짐과 무덤에도 등장하였다. 하지만 문장은 한 가족의 것이지 전체 가문의 소유가 아니었다. 나이에 상관없이 문장을 사용할 수 있었지만 문장은 종종 변형되기도 하였다. 또한 문장을 가진 두 가문의 남녀가 결혼을 할 경우, 남편의 문장은 왼쪽에, 그리고 아내의 문장을 오른쪽에 배치하여 새로운 문장이 탄생하였다. 아내가 아버지의 후계자인 경우, 그녀 집안의 문장에 대한 권리는 남편 집안으로 넘어갔다. 이러한 경우 문장은 사등분된다. 이러한 측면에서 문장이란 가문이라고 하는 나무의 구조를 이루고 있다고 할 수 있다.

문장 디자인Heraldic designs

방패 위에 그려진 문장의 기본적인 디자인은 '일반 무늬 ordinaries'라고 한다.

Bars 많은 가로 선들

Battled 흉벽 형태 중 수평 구분

Bend 왼쪽 위에서 오른쪽 아래로 내려오는 넓은 띠. 'bend sinister'는 반대방향을 의미한다.

Canton 왼쪽 위 사분면

Charges 장식을 메우고 있는 고유한 디자인

Checky 체크 무늬

Chevron 역 V자형

Daunce 지그재그 모양의 띠

Dexter 보는 이의 방향에서 방패의 왼쪽

Engrailed 가리비 장식

Fesse 굵은 가로 띠

Field 방패의 면

Fretty 도형 무늬가 들어간 얇은 띠

Gobony 사각형 모양으로 구분된 부분

Gyron 삼각형 모양의 무늬

Lozenge 다이아몬드 모양의 무늬

Nebuly 구름 가장자리 모양의 무늬

Orle 방패 모서리와 나란한 띠

Pale 수직 방향의 굵은 띠

Party 수직 분할

Quarterly 세로 선과 가로 선으로 사등분한

Roundel 원형 무늬

Saltire 대각선 교차

Sinister 보는 이의 방향에서 방패의 오른쪽

Tressure 방패 모서리와 평행하게 그은 얇은 띠. 흔히 꽃 장식이 들어 있다.

Vair 문장의 깃털

Voided 윤곽만 남기고 가운데를 없앤

문장에 등장하는 동물들

문장에 사용하는 동물들은 다음과 같은 용어들을 사용하여 설명한다.

Accosted 나란히 있는

Addorsed 등을 맞대고 있는

Attired 뿔이 달린

Couchant 누워 있는

Courant 달리는/ 전속력으로 질주하는

Dormant 잠자고 있는

Salient 껑충 뛰는

Sejant 앉아 있는

Statant 서 있는

Vulned 상처 입은

케임브리지 대학 내 다양한 문장들은 후원자 또는 설립자의 문장들이 합성된 경우가 많다. 또한 성 캐서린과 같이 그 이름을 받은 사람들의 특성을 나타낸 경우도 있다.

문장의 발전

마을, 성직자 및 대학들도 문장을 만들어 사용했으며 다양한 액세서리도 제작하였다. 예를 들어, 헬멧에 붙이는 문양, 모토, 그리고 방패를 떠받치는 인물 또는 동물들이 있다. 이를 두고 문장의 완전한 '성취achievement'라고 한다. 문장에서 시각적인 즐거움을 주기 위해 그림 맞추기 등을 집어넣은 것을 캔팅canting이라고 한다. 가령 독일 작센 지방 헤너버그의 언덕 위의 암탉이나 붕장어, 사자, 그리고 영국 콩글턴Congleton의 술통을 들 수 있다.

영국의 귀족

영국의 귀족 체계는 전 세계적으로 가장 복잡하면서도 잘 보존되어 있다. 소환장이나 전매 특허증에 의한 세습 귀족은 그 귀족 계급이 없어지기 전에는 그 장자에게 세습된다. 1999년까지 모든 세습 귀족들은 상원의원의 자격을 부여받았다. 정당 또는 상원이사위원회의 추천에 의한 종신 귀족life peer은 자신의 귀족 계급을 세습할 수 없다. 종신 귀족의 기원은 상소관할권 법령Appellate Jurisdiction Act(1876)으로 거슬러 올라갈 수 있다. 영국 귀족의 정확한 명칭과 순위는 다음과 같다.

Duke 공작(대화 중에는 His Grace, 또는 Your Grace로 표현)
Marquess 후작
Earl 백작
Viscount 자작
Baron 남작

공작 이하 모든 순위는 대화 중에 'Lord'라고 부른다.

준남작의 작위는 세습된다. 준남작 작위를 받은 사람은 이름 앞에 '경Sir'이 붙고 이름 뒤에 'Bt'가 붙는다. 한때 특정 지역의 이름이 붙은 귀족들(요크 공작, 앵글시 후작 등)은 그 지역을 관리하기도 하였으나 중세 이후에는 이러한 사례가 없다. 다만 웨일즈의 왕자와 군주에 각각 붙여진 콘웰 공작과 랭카스터 공작은 그 예외라고 할 수 있다. 그럼에도 불구하고, 아직까지 작위 명칭에는 지역 이름이 따라 붙고 있다.

러시아 로마노프 왕조의 왕실 문장. 머리가 둘 달린 독수리가 매우 화려하게 장식되어 있다.

문장에 등장하는 동물들

다음은 문장에서 찾아볼 수 있는 신비로운 신화 속의 동물들이다.

영양 톱니 모양의 뿔과 사슴의 다리를 한 '타이거tyger'의 모습과 흡사하다. 사나움과 용기의 상징
카멜로파드 기린
카멜로파르델 길고 휘어진 뿔이 두 개 달린 기린
켄타우로스 고대 신화에 등장하는 반인반마. 관능의 상징
용 머리에는 뿔이 달리고 혀에는 가시가 돋고 등에는 비늘이 있으며 가슴에는 철갑을 두르고 박쥐의 날개를 달고 독수리의 발톱과 네 다리, 그리고 뾰족한 꼬리를 가진 상상의 동물
엔필드 여우의 머리와 귀, 늑대의 몸, 독수리의 다리를 가진 동물. 앞발엔 갈고리 발톱이 있다.
그리핀 독수리의 머리, 가슴 발톱, 그리고 사자의 하반신을 가진 동물
하피 여자의 머리와 가슴을 가진 독수리를 닮은 새
히포그리프 말의 몸통, 독수리의 머리와 날개를 가진 괴물. 여자 그리핀의 상반신과 말의 하반신으로 이루어져 있다.

히드라 머리가 일곱 개 달린 용
루선 꼬리가 짧은 점박이 고양이. 귀에 술이 달려 있다.
뮤지맨 뿔이 네 개 달린 숫양과 염소가 섞인 동물
피닉스 불 위를 나는 독수리. 부활을 상징
파이든 날개 달린 뱀. 지혜를 상징
해구 비늘과 물갈퀴가 난 개. 등에 지느러미가 있다.
바다사자 사자의 몸과 물고기의 꼬리로 이루어져 있다. 비슷한 동물로 바다늑대와 해마가 있다. 해운협회의 상징
타이거 사자와 비슷하게 생겼지만 코 끝에 아래로 뻗은 긴 엄니가 있다. 실제의 호랑이는 문장에서 '벵골 호랑이'로 등장한다.
유니콘 말의 몸통과 기다란 외뿔, 사자의 꼬리, 술이 달린 무릎, 갈라진 발굽, 수염을 가진 상상의 동물. 달 또는 달의 힘을 상징한다. 종종 사자와 함께 등장한다.
비룡 발이 둘 달린 용. 원래 색깔은 녹색이며 가슴, 배, 뒷날개는 빨간색이다.

공식적인 드레스 코드

옷은 자신의 사회적 지위, 재산, 직업, 종교적 관계를 직접적으로 드러낸다. 또한 역사적으로 볼 때, 자신을 차별화시키는 방법으로도 활용되어 왔다. 이러한 모습은 특별히 자주색 예복을 입을 수 있었던 고대 로마의 원로원들로부터 중국 황제만이 입을 수 있었던 다섯 개의 발톱을 가진 용이 그려진 의상, 그리고 튜더 왕조의 털로 장식된 예복에 이르기까지 찾아볼 수 있다. 옷은 입는 사람의 사회적 관계 및 소속에 대해 알려준다. 스코틀랜드 사람들이 입는 체크 무늬 옷은 그들의 가문, 배경, 혈통을 상징한다. 이슬람 여인들이 눈만 빼고 몸을 완전히 감싸는 부르카를 입는 것은 자신이 이슬람의 엄격한 율법을 따르고 있다는 것을 나타내는 것이다. 전통적인 드레스 코드를 고수하려는 사람들의 태도는 사회적인 규범을 따르고자 하는 의지를 표현하고 있다.

사치 규제법과 전통

드레스 코드를 법으로 규제하는 경우도 있다. 예를 들어, 영국의 튜더 왕조는 옷에 대한 지나친 과소비를 막기 위해 사치 규제법을 제정하였다. 영국 사회가 중세의 소박함에서 점차 멀어지기 시작하면서 신분에 맞지 않게 옷에 대해 지나치게 많은 돈을 쓴다는 사회적인 우려가 나타나기 시작했다. 아주 구체적인 조항들로 이루어진 '영국 복장 규정English Statutes of Apparel(1574)을 보면 사회적 지위에 따라 입을 수 있는 옷을 정해 놓았다. 가령 모피는 고위 귀족들만이 입을 수 있으며, 벨벳은 기사 작위의 아내들에게만 허용된다. 공작으로부터 노동 계층까지 모든 사회적 구성원들의 순위를 정하는 이 규정은 옷의 소재, 색상, 디자인 등 눈으로 바로 확인할 수 있는 사항에 관한 것이었다. 이 규정은 영국의 의회개회연설The State Opening of Parliament과 같은 전통적인 행사들을 통해 오늘날에까지 영향을 미치고 있다.

에든버러 공작인 필립스 왕자
여왕의 남편(공식적인 명칭은 아님)이 모든 장식들을 매달고 가장 높은 군인 계급의 의복을 입고 있다.

퀸 엘리자베스 2세
여왕은 금색 레이스로 장식된 진홍색 벨벳 의회 예복을 입고 있으며 우아한 대관식 벨벳과 조화를 이루고 있다. 그리고 1937년 조지 6세의 대관식을 위해 만든 영국 왕실 왕관을 쓰고 있다. 이 왕관은 별도의 수송을 통해 웨스트민스터 궁전에 도착하였으며 여왕은 로빙룸Robing Room(왕이 의식에 참석하기 위해 예복을 입는 방)에서 이 왕관을 머리에 썼다.

법관 의복
이처럼 특별한 의식에서는 재판관과 QC(Queen's Council, 상급 재판소를 담당하는 재판관들은 긴 가발을 머리에 쓰고 검은색 반바지와 실크 스타킹을 착용하며 주름 장식 모양의 타이를 맨다. 고등법원 판사들은 주홍색 털로 만든 외투도 입어야 한다. 수석 재판관은 여기에다가 금장 체인까지 매야 한다. 한편, 항소법원 판사는 검은색 비단과 금색 레이스 가운을 착용한다.

인상을 주는 복장
영국에서 사교적인 모임은 아직까지 형식의 근원지로 남아 있다. 결혼식, 저녁식사, 파티, 그리고 애스컷 경마(오른쪽)나 국제 보트경기 Henley Regatta에 초대를 받으면 어쩔 수 없이 그에 알맞은 정확한 드레스 코드를 따라야 한다. 하지만 이를 무시하거나 정확한 드레스 코드를 모른 채 등장한다면 아마도 심각한 사회적 혼란을 야기할 것이다.

모닝 드레스
결혼식장이나 낮에 열리는 공식 행사에 참여하기 위한 전통적인 드레스 코드는 다음과 같다. 남자는 검은색 또는 회색 모닝코트를 입어야 한다. 그리고 회색이나 회색-검정으로 된 줄무늬 바지를 입어야 한다. 또한 일반적인 흰색 셔츠, 양복 조끼, 넥타이를 착용해야 한다. 애스컷에 있는 왕궁Royal Enclosure에 들어가기 위해서는 반드시 실크해트를 써야 한다. 여자들은 드레스나 무릎까지 오는 스커트를 입거나 재단이 잘 된 정장을 입어야 한다. 애스컷에서는 남자, 여자 모두 정수리를 가릴 수 있는 모자를 써야 한다.

여성 수행원들
여왕을 보좌하는 여성 수행원들은 발목 아래까지 내려오는 공식적인 흰색 가운을 입는다.

왕실 경호원
연설을 하는 동안 직권 상징을 들고 있다. 무릎 반바지와 긴 코트를 입고 검을 들고 서 있다.

흑장관(내대신부, 상원에 속한 궁내관)
흑장관의 의전관이 상원에서 왕이 참석한 자리에 하원의원들을 소집하였다. 흑장관의 복장은 하원이 상원으로부터의 독립을 주장했던 16세기 중반으로 거슬러 올라갈 수 있다. 흑장관은 검은색 긴 코트와 넥타이, 가터를 착용하고 있으며 뾰족한 구두를 신고 있다.

상원의원
왕실 귀족들은 7.5cm 넓이로 털 장식이 된 금색 오크 잎 레이스 장식이 달린 진홍색 예복을 입는다. 상원의원들이 입는 예복의 기원은 15세기까지 거슬러 올라간다. 털과 금으로 장식된 선의 숫자는 그 사람의 지위를 상징한다. 공작들은 네 줄, 후작은 세 줄 반, 백작은 세 줄, 자작은 두 줄 반, 그리고 남작은 두 줄로 장식된 예복을 입는다.

블랙 타이
남자들은 검은색 디너자켓, 실크로 된 양복 옷깃, 검은 바지, 흰색 이브닝 셔츠를 입고 검은색 나비넥타이를 매야 한다. 여자들은 최소한 무릎을 가릴 수 있는 드레스나 치마를 입으면 된다.

화이트 타이
가장 엄격하면서 드문 드레스 코드이다. 남자들은 검은색 연미복에 검은색 바지를 맞춰 입고 흰색 셔츠에다가 뗄 수 있는 빳빳한 칼라, 커프스 및 장식 단추, 가는 흰색 나비넥타이와 이브닝 조끼를 착용해야 한다. 여자들은 긴 이브닝 드레스를 입어야 한다.

먼저 모자를 써라!
20세기 전반, 런던과 같은 주요 도시의 거리들은 검은 중산모자의 물결로 가득했다. 가는 세로줄무늬 정장, 그리고 잘 접은 우산과 함께 중산모자는 사무직 근로자들의 복장에서 필수적인 부분을 차지하고 있었다. 오늘날 대부분의 지역에서 이러한 복장은 이미 낡아빠진 것이 되었으며 사무직 근로자들은 비즈니스 정장보다 '스마트 캐주얼'을 더 선호하고 있다. 일부 직장에서는 보다 자유로운 복장을 입을 수 있는 '캐주얼 금요일dress-down Friday' 제도를 실시하고 있다.

무의식의 코드

마음의 역사

1900년 비엔나에서도 '무의식'의 개념은 완전히 그 모습을 드러내지 못했다. 수백 년 동안 수많은 저자, 예술가, 신학자, 의사, 철학자들이 인간의 정신을 정의하기 위해 노력을 기울였다. 셰익스피어는 자신의 연극 속에서 무의식에 관한 연구를 했다(이후 프로이트는 햄릿을 정신분석의 차원에서 연구한 바 있다). 그리고 소크라테스로부터 칸트와 그 이후에 이르기까지 많은 철학자들이 보이지 않는 인간의 마음을 잡기 위해 노력하였다. 고대 그리스, 로마 의사인 갈레노스Galen(약 129~200년)는 네 가지 '체액humor'의 구성으로 개인의 성격을 해석하는 시도를 하였다. 이 이론은 르네상스 시대에 다시 주목을 받았다.

그늘에 가려진 우리의 '무의식'은 의식적 사고의 범위를 넘어서 일어나고 있는 정신적 활동이다. 무의식에 대한 정의는 심리학자들과 정신과 의사들 사이에서 아직까지 논쟁을 불러일으키고 있다. 하지만 의식이란 단지 표면에 불과하며 의식적인 생각은 사라지는 것이 아니라 무의식 속에 저장된다는 주장은 오늘날 일반적으로 받아들여지고 있다. 그런데 무의식이 인간이 의식하지 못하는 부분이라면 도대체 어떻게 무의식의 존재를 알 수 있는 것일까? 무의식은 흔히 애매모호한 형태로 우리의 행동을 통해 모습을 드러낸다. 그리고 우리의 의식적인 사고에 영향을 미치며 정신적인 질환으로서 신체적인 증상을 나타낸다. 20세기 인류에게 이러한 무의식의 개념을 가져다준 핵심 인물은 바로 지그문트 프로이트Sigmund Freud(1856~1939)와 칼 융Carl Jung(1875~1961)이었다.

심리학의 시작

수세기 동안 유럽 사회에서 정신적인 질환은 오직 호기심의 대상이었다. 런던에 있는 베들레헴 병원 역시 문명사회의 흥미거리 가운데 인기 높은 한 분야에 불과했다. 그러나 19세기에 들어서 뇌가 인간의 마음과 직접적인 연관을 갖고 있다는 사실이 밝혀졌다. 그 이후 골상학은 인간의 성격 및 의식을 해석하기 위한 가장 인기 있는 분야로 자리 잡았다. 골상학자들은 인간성이라고 하는 지도를 만들고 의식의 코드를 해석하기 위해 두개골의 튀어나온 부분과 들어간 부분을 집중 연구했다. 그리고 비슷한 시기에 프란츠 안톤 메스머Franz Anton Mesmer(1734~1815)라고 하는 의사는 최면을 통해 인간의 의식을 억압할 수 있는 기술을 발견했다.

네 가지 체액

황담즙
화를 금방, 자주 냄

점액
둔하고 무딤

흑담즙
우울함, 애수

혈액
정열적이고 활발함

기관 4
자기 방어와 용기를 위한 본능. 공격 성향

기관 5
육식동물의 본능. 살인의 성향

기관 1
생식 본능

기관 3
사랑과 우정의 감정을 느낌

프랑스 해부학자 갈Franz Joseph Gall(1758~1828)은 뇌를 구체적인 기능별로 27개 '기관'들로 나눌 수 있다는 골상학을 개발하였다. 이후 골상학자들은 여기에 '기관'을 더 추가하여 나중에는 총 43개가 되었다.

프로이트와 '상담치료'

지그문트 프로이트에 의해 무의식이 유명해졌지만(사실 프로이트가 무의식을 발견한 것은 아니다. 19세기경 그의 동료들 역시 무의식의 중요성에 대해 잘 알고 있었다), 프로이트의 진정한 공로는 정신분석이라고 할 수 있다. 그는 정신분석을 통해 무의식에 담긴 코드를 해독하려고 했다. 프로이트는 무의식에 관한 많은 이론들을 발표했고 정신병리학적 치료법들을 제시하였다. 비엔나에서 근무할 당시 많은 논쟁을 불러일으켰지만 그의 '상담치료'(프로이트의 환자 'Anna O'에 의해 생겼다)의 골격은 아직까지도 정신질환 및 신경증을 치료하는 중요한 수단으로 활용되고 있다. 프로이트 이론을 반대한 사람들조차 상담치료라고 하는 혁신적인 방식을 사용하였다(정신적인 문제를 가진 환자와 대화를 나누는 것은 당시 아주 이례적인 일이었다). 프로이트는 상담 과정에서 환자의 무의식적인 문제를 의식의 세계로 끌어올리기 위해 노력하였다. 프로이트는 요셉 브로이어Dr. Josef Brauer와 함께 '상담치료'를 시작했으며, 이를 발판으로 정신분석 체계를 구축하였다.

런던 연구실에 있는 지그문트 프로이트. 정신분석에 관한 그의 사례들은 이후 어마어마한 영향을 미쳤다.

프로이트가 무의식을 해독한 방법

아마네시스

해석을 위한 프로필을 구성하기 위해 환자가 다시 수집한 사적인 과거

자유연상

프로이트는 기존의 가설 대신에 자유연상법을 선택하였다. 일상 속에서 벌어진 혼란스러운 모든 일들을 얘기하는 과정에서 환자의 의식은 자유롭게 흘러간다. 그리고 이 흐름은 환자의 기억을 뚫고 길을 만들어낸다. 이 길을 통해 억압된 기억들을 끄집어낼 수 있다.

'프로이트적 실수'의 의미

프로이트는 사람들이 말을 할 때 실수를 하거나 이름을 잊어버리는 일은 결코 우연이 아니라고 믿었다. 그리고 이러한 '프로이트적 실수'를 분석하고 해석할 수 있다고 생각했다. 예를 들어, 어떤 남자가 실수로 그의 애인을 전 여자친구 이름으로 불렀다면 전 여자친구에 대해 아직 풀리지 않은 그의 감정을 드러내는 것이라고 볼 수 있다.

꿈의 해석

프로이트에 따르면, 꿈이란 코드화된 무의식적 사고 또는 욕망(234쪽 참조)이다. 다른 코드와 마찬가지로, 그는 이를 해석할 수 있다고 믿었다.

정신기제

무의식에 관한 프로이트의 마지막 이론은 의식과 무의식의 경계를 허물었다. 그는 인간의 정신을 이른바 '정신기제psychic apparatus'라고 하는 세 부분으로 나누었다.

에고

인간의 의식적인 세계

이드

단순하면서 기본적인 충동을 불러일으키는 원초적인 무의식의 세계

초자아

더욱더 조직적으로 구성된 2차적 무의식 세계. 주로 인간의 양심으로서 역할을 한다. 에고는 이드와 초자아를 연결하고 균형을 잡는 역할을 한다.

윌리엄 호가드의 도덕 시리즈 〈탕아의 인생A Rake's Progress〉(1732)이 런던 베들레헴 병원에 걸려 있다. 신경증 환자의 정신착란이 우스꽝스러운 모습으로 그려져 있다.

공상가

융은 초기에 프로이트 학파의 일원이었으며, 한동안 프로이트와 서신을 주기받기도 했다. 그러나 융은 무의식에 대해 주요한 개념에서 프로이트와 크게 다른 자신만의 고유한 이론을 내놓았다. 그는 무의식을 개인적 무의식, 그리고 그가 정의한 '집단적인 무의식'으로 구분하였다. 그는 이후에 이를 '객관적 정신objective psyche'이라고 이름 붙였다. 집단적 무의식이란 가장 깊은 곳에 파묻혀 있는 정신의 영역을 말하며 인류의 유전적 경험들을 모두 포함하고 있다. 융은 집단적 무의식의 개념을 뛰어넘어, 이후 신비주의와 심령술에 대한 관심으로 뻗어 나갔다. 하지만 논리와 과학이 지배하는 20세기 사회는 이를 곱게 바라보지 않았다. 융의 이러한 관심은 집단적, 개인적 무의식의 다양한 측면을 의미하는 원형archetype 체계로 이어졌다.

아니무스

여성 속의 남성적 무의식

아니마

남성 속의 여성적 무의식. 예술 작품에서 흔히 부정적으로 그려지고 있다.

자아

'정신의 중심을 이루고 있는 핵'을 의미한다. 여성의 경우, 자아는 주로 여신 또는 마녀와 같은 '우월한 여자'로서 나타난다. 남성의 경우, 현자 또는 노련한 마법사와 같이 '남자다운 지도자나 수호자'로 등장한다.

그림자

그림자는 일반적으로 우리가 무시하려고 하는 인간성의 특징이나 측면을 말한다. 또한 우리가 인정하려고 하지 않는 단점이 의인화된 것이다.

칼 융은 인류의 공통적인 기억에 관한 상징들을 정의하였다.

꿈의 언어

모든 사람을 꿈을 꾼다. 우리가 깨어났을 때 그 내용을 기억하든 기억하지 못하든 간에. 꿈은 수면의 한 부분이다. 고대, 근대와 마찬가지로 현대인들도 꿈에 매력을 느낀다. 정확하게 표현하자면 꿈이 우리에게 던지는 말에 매력을 느낀다. 꿈은 다양한 의미로 해석된다. 예언자로서 꿈, 초월적인 존재가 보여주는 꿈, 무의식의 세계에 들어가는 열쇠로서의 꿈, 치유하는 꿈, 전혀 의미 없는 생각들의 나열로서의 꿈 등이 있다. 역사적으로 다양한 시대에, 그리고 다양한 장소에 살았던 사람들은 저마다 꿈의 의미를 이처럼 다양하게 해석했다. 꿈에 관한 이렇게 모순된 개념들이 난무하고 있다는 사실은 많은 시도에도 불구하고 꿈의 언어를 정리할 수 있는 표준적인 사전을 만들어내지 못했다는 뜻이기도 하다.

꿈의 사원

고대 그리스에서 의술의 신이라고 불리는 아스클레피오스를 위해 지은 사원들을 일컬어 아스클레피아asclepieia라고 한다. 당시 사람들은 치료를 받기 위해 이 사원들을 찾았다. 치료를 받기 위해서 환자는 먼저 사원에서 하룻밤을 보내야 한다. 그리고 다음날 수도승에게 그날 밤 꾼 꿈에 대해 얘기를 한다. 그러면 수도승은 꿈을 해석하고, 이를 바탕으로 치료 방법을 정한다. 아스클레피오스를 따르는 사람들에게 꿈의 언어는 치료를 위한 중요한 지침이다. 이처럼 꿈을 통해 치료를 하는 관습은 세계적으로 널리 발견되고 있다.

> "꿈의 해석은 무의식의 활동을 이해할 수 있는 가장 좋은 방법이다."
>
> – 지그문트 프로이트, 『꿈의 해석』(1900)

토끼 굴로 떨어지다

역사적으로 예술 작품에서 꿈과 꿈꾸는 사람이 얼마나 자주 등장하는가를 보면 꿈의 중요성을 이해할 수 있을 것이다. 꿈과 꿈의 해석은 구약성서와 신약성서에서도 중요한 부분으로 등장하고 있다(창세기에서 요셉이 꿈을 꾸고 해석한다. 그리고 마태복음에서 빌라도 아내의 꿈이 나온다). 그리고 호머의 일리아드와 오비드의 변신에서도 찾아볼 수 있으며, 로마 황제 콘스탄티누스는 꿈에 예수를 보고 기독교로 개종했다고 한다(43쪽 참조). 또한 꿈에 대한 시도 중세 유럽에서 크게 유행하였다. 특히 초서Geoffrey Chaucer의 「공작부인의 책Book of Duchess」과 단테의 「신곡Divine Comedy」, 그리고 「히프네로토마키아 폴리필리Hypnerotomachia Poliphili」를 들 수 있다. 이와 같은 꿈에 관한 시들은 종종 우화적인 목적의 역할을 하기도 했다. 이후, 작가들은 루이스 캐럴의 『이상한 나라의 엘리스』(1865)와 같이 꿈의 형태로 소설을 쓰기도 했다.

『이상한 나라의 엘리스』는 꿈을 이야기하는 형태로 되어 있다. 루이스 캐럴은 수학자로서의 경험을 살린 전반적인 논리 구조와 초현실적인 상상력을 함께 묶고 있다.

꿈의 심리학

프로이트는 꿈을 해석할 수 있다는 주장을 이론화하였다. 프로이트에 따르면, 모든 사람들은 자신을 꿈을 해석할 수 있는 자신들만의 '열쇠'를 갖고 있으며, 이를 통해 무의식의 세계로 들어갈 수 있다. 프로이트는 모든 꿈은 비록 그 표현은 이상하고 애매모호하기는 하지만, 결국 의식의 세계에서 이루지 못한 소망을 무의식의 세계에서 성취하는 것이라고 믿었다. 또한 이러한 주장은 모든 종류의 꿈, 심지어 낮에 꾸는 꿈에도 똑같이 적용할 수 있다고 생각했다. 프로이트에 비해, 융은 꿈과 꿈을 꾸는 행위에 더욱 큰 의미를 부여하였다. 물론 프로이트와 마찬가지로 꿈을 무의식의 표현으로 보았지만, 그것은 무의식의 세계로 들어가는 열쇠 이상의 중요한 의미를 갖고 있다고 생각했다. 영혼에 보다 많은 관심을 가졌던 융에게 꿈의 세계는 현실의 세계만큼 의미 있는 공간이었다.

퓨젤리Henry Fuseli의 〈악몽the nightmare〉(1781). 잠든 시간에 말을 타고 와서 여인들을 범한다고 알려진 악령, 그리고 악몽을 꾸고 있는 여인.

꿈의 의미

꿈에서 특히 혼란스러운 부분은 이상한 행동을 한다는 점이다. 프로이트와 융은 이러한 꿈을 억압된 욕망의 분출이라고 해석했다. 실제로 꿈에 자주 등장하는 장면이나 행동은 분명 존재한다.

춤 추기

행운을 상징한다.

날기

높이 나는 것은 결혼생활의 어려움을 예고하는 것이며 낮게 나는 것은 질병을 암시한다. 날다가 추락하는 것은 행운이 불운으로 바뀌는 것을 의미한다. 그러나 땅에 떨어지기 전에 깨어나는 것은 좋은 징조이다.

나체

꿈에서 나체로 있는 것은 수치스런 일이 다가오고 있음을 말한다.

수영

일반적으로 긍정적인 암시를 뜻한다. 점점 물속으로 가라앉는다면 앞으로 펼쳐질 투쟁을 의미한다. 물속에서 수영하는 것은 앞으로 등장할 걱정과 고난을 의미한다.

치아

이가 빠지는 꿈은 불길하다. 맞아서 치아가 부러지면 갑작스런 재난의 징조이다. 치아를 검사하는 꿈은 주변의 사건들을 잘 정리해야 한다는 경고의 메시지이다.

꿈에 나타나는 동물들

헤어진 친척이나 오랫동안 떨어져 있던 친구가 꿈속에서 아주 생생한 모습으로 등장하고, 그 꿈에서 깨어난 뒤 기분이 심란하다면 그 의미를 추측하기란 그리 어렵지 않을 것이다. 흥미롭게도 대부분의 문화권에서 꿈에 등장하는 동물의 의미들은 서로 비슷하다. 그럼에도 불구하고, 꿈에 등장한 동물들을 해석하는 과정에서 많은 논란이 벌어진다.

벌

긍정적인 암시, 벌은 풍요와 성공, 그리고 행복한 삶을 상징한다.

고양이

불운의 의미가 담겨 있다. 검은 고양이는 불운, 그리고 어둠의 힘과 관련이 있다. 흰 고양이는 앞으로 다가올 역경을 의미한다.

악어

앞으로 다가올 숨겨진 위험을 의미한다.

개

죽은 개나 죽어가는 개를 보는 경우, 친한 친구의 죽음을 말해주는 것이다. 또는 지인의 배신을 의미하기도 한다.

말

흑마는 신비, 또는 초자연적 힘을 상징한다. 백마는 성공과 행운을 의미한다.

사자

힘 있고 성공한 사람이 미래에 당신을 도와줄 것이다.

올빼미

올빼미를 죽이거나 혹은 죽은 올빼미를 발견하는 경우, 위험한 상황에서 살아남을 것임을 의미한다.

고래

행운의 상징

초현실주의의 과학

잠들었을 뇌가 만들어내는 이미지를 코드화하기 위해 정해진 '텍스트' 같은 것은 존재하지 않는다. 그러나 퓨젤리, 고야, 블레이크와 같은 환상적인 낭만주의자들은 분명 꿈으로부터 영감을 받았다. 20세기 초현실주의 운동은 살바도르 달리(위), 르네 마그리트, 호안 미로와 같은 예술가들을 낳았다. 그들은 사람들 대부분이 알고 있는 꿈의 '언어'를 본능적인 차원에서 정의하였다. 초현실주의자들은 '자동기술법'을 가지고 새로운 실험을 하였다. 자동기술법이란 모든 종류의 숨겨진 무의식적 '진실', 또는 '의미'을 밝혀내기 위해 한 가지 글자 이미지를 자동적으로 촉발되는 반응과 더불어 배열하는 연상 게임과 관계가 있다. 미국의 작가인 윌리엄 버로스 William S. Burroughs는 그의 꿈을 세밀하게 기록하였다. 그리고 독자들로부터 자동적이지만 시적인 반응을 일깨우기 위해 무작위로 텍스트 단편들을 조합하는 '커트업cut-up' 기법을 연구하기 이전에 그 기록들을 악명높은 〈벌거벗은 점심The Naked Lunch〉(1959)의 구성 도구로 활용하였다. 초현실주의자들은 루이 부뉴엘, 페데리코 펠리니, 데이비드 린치와 같은 영화감독들이 꿈 같은 정경을 화면으로 만들어내기 위해 사용한 환상적인 기술에 깊은 인상을 받았다.

〈안달루시아의 개Un Chien Andalou〉(1928)
부뉴엘 감독이 살바도르 달리와 함께 연출한 초현실주의적인 전위영화. 수많은 악몽 장면들이 연속적으로 연결되어 있다.

시각적 코드

세계화가 진행될수록 언어로 표현하기 힘든 정보를 전달하는 방법의 중요성이 점차 증가하고 있다. 그중 가장 대표적인 형태는 시각적이고 그래픽적인 코드이다.

이와 관련하여 다양한 문제들이 등장하고 있다. 물리적인 한계와 더불어 교육이나 의사소통에 관한 장벽을 뛰어넘을 수 있는지, 응급상황, 고속도로 위, 국적을 초월한, 또는 가정용 사용설명서에서 기본적인 정보를 제공할 수 있는가? 동물들 역시 메시지를 전송하기 위해 시각적인 기호를 포함한 다양한 방법에 의존하고 있다.

기호와 신호계

문자 대신에 시각적 기호로 의사소통이 가능한 기호 체계를 구축하기 위해 고대 이집트 상형문자와 같은 차원에서 인간과 자연을 포함한 다양한 형태를 유형화한 것은 최근에 와서이다. 20세기에 들어서서 세계화와 자동차의 증가라는 두 가지 요인이 비문자적 방식으로 주요한 메시지를 주고받을 수 있는 기반을 구축하였다. 그리고 시각적인 형태로 신속하게 전달해야 하는 구조 신호의 필요성이 증가하면서 그래픽과 디자인 산업이 싹트기 시작했다.

Aa	Aa
아방가르드 고딕체	바우하우스체
Aa	Aa
21세기체	길 산스체
Aa	Aa
록웰체	타임스 뉴로만체

그래픽 디자인

20세기 첫 20년 동안 추상적인 순수예술, 그리고 건축 및 제품 디자인의 미니멀리즘의 발전과 함께 그래픽 디자인 개념에 대한 새로운 시도가 활발하게 일어났다. 그리고 1907년에서 1927년 사이에 사실상 국가적 경계를 초월한 시각적 언어의 기반이 완성되었다. 입체파 예술가들이 인쇄된 하루살이를 콜라주로 붙인 작품은 분명 숨겨진 메시지를 담고 있다. 하지만 시각 예술, 특히 포스터 디자인 분야에 새로우면서 정치적인 그래픽 의미를 가져다준 주체들은 볼셰비키 혁명과 연관을 맺고 있는 러시아의 구성주의 및 절대주의 예술가들이었다. 1919년 이후 독일의 바우하우스 그룹의 설립과 더불어, 예술 전반에 걸쳐 특정한 정보를 전달하기 위한 그래픽 코드 개념은 중심적인 존재가 되었다. 이와 관련하여 중요한 한 가지 사실은 다양한 새로운 활자체(위)가 많이 개발되었다는 점이다. 많은 활자체들 중 특히 산스 세리프 서체는 복잡하지 않으면서도 시각적으로 명확하고 강한 인상을 줄 수 있는 포스터 및 간판에 널리 사용되고 있다.

"예술에서 산업으로"

−바우하우스 슬로건

그래픽 언어: 아이소타이프

20세기 초에 오스트리아 철학자 노이라트Otto Neurath(1882~1945)는 비음성적이고 시각적인 언어를 사용하여 가능한 한 널리 정보를 전달한다는 구체적인 목표를 가지고 아이소타이프isotype: International System of Typographic Picture Education 운동을 벌였다. 그는 부가적인 언어이지만 애매모호함을 최소한으로 줄이고 주요한 정보를 사회적으로 소외받는 계층들에게도 골고루 전달하기 위해 아이소타이프를 개발하였다. 아이소타이프는 차트와 도표, 여러 가지 그래픽 조합들로 이루어져 있다. 노이라트는 이후 아이소타이프의 언어적 정확성을 높이기 위해 규칙들을 강화해야 할 필요성을 느꼈다.

아이소타이프 해석 아이소타이프의 의사전달 능력은 그 기호들을 인식하는 사람에게 어느 정도 달려 있다. 오른쪽에 나와 있는, 역사 교과서에 실린 '무거운 돌 옮기기' 그림을 보자. 이 그림을 이해하기 위해서 독자는 각 기호들의 의미를 알고 있어야 한다. 각 코드의 의미와 관계적인 의미를 전달하기 위해 불필요하고 주변적인 혼란스런 사례들이 아니라 단순하면서도 시각적인 연상 부호만을 제시하고 있다. 여기 등장하는 아이콘들은 모두 세계 어디에서나 사용할 수 있는 분명한 의미를 지니고 있다.

Radio, Telephone, Automobiles

United States and Canada	Europe	Soviet Union
Latin-America	Southern Territories	Far East

정량적인 도표

노이라트는 특히 차트와 아이콘을 활용하여 물건의 수를 표현해야 한다고 강조했다. 이 차트에서 같은 모양의 아이콘을 더 많이 그려넣을수록 더 많은 양을 표시할 수 있다. 1939년에 작성한 이 차트에서 각 아이콘 하나는 라디오, 전화 또는 자동차 100만 대를 의미한다. 상징 구조에서 아이소타이프 운동은 눈으로 확인할 수 있는 대상에 적용되었으며, 의견에는 사용할 수 없다고 규칙을 정했다. 1928년과 1940년 사이, 권한을 가진 차트를 위해 개발된 다양한 아이콘을 기반으로 '상징 사전'이 제작되었다.

올림픽 게임

올림픽 경기는 최초로 열린 진정한 국제적 스포츠 행사라고 할 수 있다. 근대 올림픽은 1896년 아테네에서 시작되었다. 당시 오륜기 상징이 함께 등장하였으며, 영어와 프랑스어가 올림픽 공식 언어로 사용되었다. 그러나 195개국으로부터 온 운동선수들이 모여들면서 의사소통의 문제가 대두되었다. 1964년 이후 각 올림픽 대회마다 경기 종목을 소개하는 특별히 디자인된 그림문자들이 등장했다. 그러나 1936년 베를린 올림픽에서도 이러한 그림문자들은 찾아볼 수 있다. 행사를 보다 확실하게 알리기 위해 디자이너들이 활약을 했고 주최국마다 고유한 시각적인 상징들을 개발하였다. 1964년 도쿄 올림픽의 경우, 예술감독인 마사루 카츠미의 지휘 아래, 그래픽 디자이너 요시로 야마시타가 고도로 양식화된 강력한 일련의 상징들을 선보였다.

뮌헨 1936 / 수영 / 체조
도쿄 1964 / 수영 / 체조
멕시코 1968 / 수영 / 체조
바르셀로나 1992 / 수영 / 체조

언어의 장벽을 뛰어넘다

국제적인 무역 거래와 여행이 급증하면서 문자 대신 시각적인 기호를 통해 의사소통을 하는 기술이 더욱더 중요해졌다. 제품을 다양한 나라들로 수출하기 위해서는 조립, 사용, 운송에 관해 다양한 언어로 설명서를 만들어야 했다. 번역 비용을 줄이기 위해, 그리고 번역 과정에 실수나 의미 전달의 애매모호함을 피하기 위해 포장 및 내용물 속에는 문자가 아니라 즉시 알아볼 수 있는 상징이나 그림의 형태로 설명이 들어 있다.

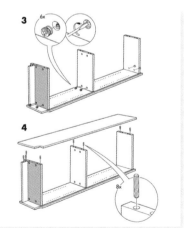

가구 및 기타 조립식 제품 설명서에는 종종 글자가 전혀 없는 경우가 많이 있다. 그 대신 단계별로 조립할 수 있도록 쉽고 자세한 그림이 들어 있다.

세탁 기호

    (생략)

따뜻한 물로 세탁시 사용 / 염소 표백 금지 / 회전식 건조기 사용 / 뜨거운 온도로 다리미질 / 드라이 클리닝 금지

의류업체들은 일반적으로 여러 국가에 걸쳐 공급업체와 매장을 보유하고 있다. 그렇기 때문에 세탁에 관한 설명은 상징 형태로 표기한다.

배송 기호

유해 폐기물 / 전염성 생체 위험 / 이 방향이 위를 향하도록 / 깨질 위험이 있음 / 취급 주의

육로, 해상, 항공 등 운송수단에 관계없이 운송품의 포장 위에는 취급자에 대한 주의사항이 기재되어 있다.

PC에 등장하는 상징

개인용 컴퓨터와 휴대전화 기술의 혁명은 스크린상의 그림문자를 통해 직관적으로 정보와 설명을 전달하기 위해 고안된 아이콘의 등장으로까지 이어졌다. 첨단 집약적 예술 형태라고 할 수 있는 아이콘 대부분은 애플 컴퓨터 디자이너인 수잔 케어Susan Kare가 만든 것들이다. 그녀는 오늘날 수많은 유명 컴퓨터 회사들을 대상으로 더욱더 복잡하고 의인화되고 화려한, 그리고 때로는 유머러스한 아이콘들을 개발하고 있다. 그녀의 접근 방식은 길거리 간판(240쪽 참조), 그리고 컴퓨터 인터페이스를 '인간화' 해야 하는 필요성으로부터 영감을 받아 이루어졌다. 그녀가 만든 손 모양의 포인터, 쓰레기통, 시계는 오늘날 세계적으로 사용되고 있다. 하지만 애플이 그녀가 개발한 끓는 폭탄 모양의 알람 아이콘을 회전하는 '죽음의 비치볼' 로 대체한 것은 유감스러운 일이다.

환영합니다 / 위급한 폭탄 / 디스크 / 그림 도구
노트패드 / 문서 / 질문 / 메일
쓰레기통 / 폰트함 / 기능 시계 또는 로딩 중 / 프린터

아이콘 언어

아이콘을 언어처럼 사용하는 것은 오늘날 얼마든지 가능하다. 바로 알아볼 수 있고, 쉽게 익힐 수 있는 아이콘들을 배열하여 하나의 문장으로 만들 수 있다. 이와 관련한 기본적인 문법 체계까지 만들어져 있다. 회색 아이콘들은 성별, 유형, 소유격 표시와 같은 수식어의 역할을 하고 검은색 아이콘은 강조를 할 때 사용한다. 아래의 차와 도로는 명사가 아니라 동사의 역할을 하고 있다. 화살표는 전치사 기능을 하고 있으며 단순한 만화들은 활동이나 감정을 나타내고 있다.

경찰관이 뉴욕에 있는 법정으로 차를 몰고 가고 있다.

나는 당신을 안고 키스하고 싶어요.

춤추는 여인

정교한 아이콘 언어는 그로스Jochen Gros에 의해 탄생되었다. 그는 의인화된 그림문자를 가지고 감정을 표현하기 위해 미니멀리스트들의 아이콘, 그리고 '아이콘 쓰기' 의 체계를 갖고 있는 수많은 재치 있는 '이모티콘' 을 결합하였다.

도로표시

선과 다른 디자인이 도로 표면 위에 그려져, 운전자에게 필수적이면서 즉각적인 정보를 제공한다. 대부분 명령적이고 설명적이며, 나라들마다 비슷한 경향이 있다.

도로 중앙 실선 침범 금지
도로 중앙 점선 진입 시 주의
도로 가장자리의 실선 주차 제한
도로 가장자리에 두 개의 실선 주차 금지
도로를 가로지른 평행선 횡단보도
가는 선들을 그려 넣은 구획 진입 금지
대각선을 그려 넣은 구획 정체 시 진입 금지

필요없는 표지판

도로표지가 넘쳐나고 있음에도 불구하고, 새로운 표지에 대한 필요성은 계속 증가하고 있다. 이로 인해 불편한 발명들이 계속되고 있다. 2008년 프랑스에서 새로 지어진 유료 도로를 위해 개발한 일련의 표지 체계는 그다지 유용하지 않은 정보까지 담고 있다. 위의 표지는 근처에 삼림 지역이 있다는 것을 말해주고 있는 듯하다.

고속도로 코드

1909년 국제 자동차운전협회가 파리에서 열렸다. 거기서는 그림으로 된 일련의 도로표지에 대한 합의를 이끌어내고자 하였다. 하지만 거기서 결정된 사항은 위험한 교차로에 대한 표지뿐이었다. 그들은 위험 지역 250m 전방에 도로 표면과 수직으로 표지를 세워야 한다고 결정했다. 오늘날 역시 국제적인 도로표지에 대한 필요성이 증가하고 있다. 하지만 아직까지 표준적인 시스템이 정립되지 않았다. 게다가 각국들은 지속적으로 자신들만의 고유한 형태를 개발해 나가고 있다. 언어의 장벽을 넘어서서 공공시설이나 비상구 등에 대한 신호 체계를 필요로 하고 있는 국가들 역시 대부분 의료 및 안전과 관련된 분야에 있어서도 서로 다른 스타일을 만들어 나가고 있다. 게다가 문화적, 성별 차이, 패션 및 첨단 기술의 증가와 발달로 인해 시각적인 의사소통의 문제는 앞으로 계속 새로운 문제들과 부딪히게 될 것이다.

지시/명령 표지

진입 금지(프랑스)

정지(프랑스)

좌회전 금지(영국)

자전거 출입 금지(영국)

도로표지

장소 이름과 같은 표지는 분명 문자로 표기를 해야 한다. 하지만 그 밖의 표지들은 이미지를 사용하여 일단 한 번 각인이 되면 더욱더 빨리 인식할 수 있다. 도로표지에는 두 가지 코드 체계가 존재하고 있다. 첫 번째는 유용한 정보와 경고 및 설명과 같은 메시지의 내용에 관한 코드이다. 이러한 코드에서는 주로 기하학적 상징이 사용된다. 일반적인 이미지가 세부사항을 나타낸다고 하면 원이나 육각형과 같은 기하학적인 상징은 금지나 제한을 나타낸다. 그리고 다이아몬드나 삼각형은 주로 경고를 의미한다. 두 번째 코드 체계는 색상이다. 색상은 이와는 또 다른 차원의 정보를 알려준다. 예를 들어, 빨간색 테두리는 지시 혹은 위험을 나타낸다. 노란색이나 파란색은 일반적으로 추가적인 정보를 알려준다. 일부 지역에서는 아주 고유한 표지를 사용하기도 한다. 가령 호주의 캥거루 경고판이나 노르웨이의 순록 경고판을 들 수 있다. 이러한 표지들은 대부분 아주 명백한 의미를 드러내고 있기는 하지만, 사실 운전자들이 운전 과정에서 지속적으로 학습함으로써 더 쉽고 빠르게 인식할 수 있다. 대부분의 도로표지는 이미지를 통해 분명한 의미를 전달할 수 있지만 추가적으로 설명을 해야 하는 경우도 종종 있다. 영국의 둥근 다리 표지는 문자를 병기해야만 하는 경우이다. 하지만 사람들이 오랫동안 그 이미지를 보아왔기 때문에 오늘날까지 그 이미지 단독으로 표지로서의 역할을 해내고 있다. 최근 '경고: 노인 횡단' 표지판은 연령 차별과 관련하여 영국 사회에 비판 여론을 형성시키고 있다.

위험 경고

경사(노르웨이)

경사(일본)

위험한 곡선 도로(호주)

위험한 곡선 도로(아일랜드)

위험한 곡선 도로(영국)

위험한 곡선 도로(노르웨이)

터널(대만)

터널(독일)

달리고 있는 차안에서 운전자가 그 의미를 인식해야 하기 때문에 도로표지는 단순한 이미지와 개념만을 담고 있어야 한다. 자전거 출입 금지와 같이 대각선으로 그어진 이미지는 금지 표시라는 것을 쉽게 인식할 수 있다. 하지만 다른 것들은 한눈에 판단하기가 쉽지 않다.

정보 표지

로터리(영국)

로터리(미국)

횡단보도(폴란드)

횡단보도(미국)

횡단보도(스웨덴)

노인 횡단(영국)

캥거루 주의(호주)

사슴 주의(일본)

순록 주의(노르웨이)

소 주의(영국)

사슴 주의(영국)

두꺼비 주의(영국)

긴급 신호

국제공항, 대중교통, 유명한 여행지를 통한 교통의 증가로 인해 특별히 제작된 표지 체계가 폭발적으로 늘어나고 있다. 도로표지만큼 중요한 비상구, 화재 대피, 결합 지점에 대한 표시는 오늘날 전 세계의 공공, 또는 일반 건물들이 반드시 갖추어야 할 사항이 되었다. 이러한 표지들은 주로 녹색이나 파란색, 가끔은 붉은색 기호들을 사용하며 눈에 잘 띄고 의미가 분명하고 이해하기 쉬운 형태를 취하고 있다.

편리함을 위해

다른 언어와 마찬가지로 이미지 및 그림 기호들은 그 의미가 분명해야 한다. 하지만 그 의미를 습득하고 문화적인 차원에서 학습해야 할 필요도 분명히 있다. 호텔이나 공항과 같은 공공장소에 그려진 여성과 남성의 이미지는 주로 공중화장실을 의미한다. 이 기호는 서구 문화의 드레스 코드, 즉 남자는 바지를 입고 여자는 치마를 입는 관습을 기반으로 하고 있다. 하지만 일부 지역에서는 여성의 다리를 보이지 않게 하는 것이 문화적인 혼란을 예방하는 방법이 될 수 있다. 어쨌든 남성과 여성의 이미지 간에 충분한 차이점을 표시하는 것이 중요하다.

신호들이 그 기능을 발휘하기 위해서는 어느 정도 시간이 필요하다. 위에서 살펴본 화장실 기호에서도 국제적으로 통용되는 디자인으로 바꾸기가 쉽지 않다는 사실을 알 수 있다. 전화기의 경우에도 마찬가지다. 오늘날의 전화기 모습은 다이얼 방식의 기존 전화기와는 크게 다르다. 하지만 구식 전화기 모양이 시각적인 측면에서 더 정확한 의미를 전달하기 때문에 구식 모델의 이미지가 아직까지도 사용되고 있으며 현대 전화기 이미지를 포괄하고 있다.

장애인을 위한 코드

청각적, 시각적 장애를 가진 사람들의 의사소통을 위한 코드 체계들은 특정 시기에 존재하고 있었다. 말을 하고 듣는 데 장애가 있는 사람들은 자연스럽게 제스처나 알아볼 수 있는 행동을 따라 함으로써 의사소통을 하였다. 이러한 방법들은 공식적으로 체계화된 마카톤Makaton이라고 하는 특수 언어에서도 사용되었다. 하지만 장애인들 사이에 의사소통의 범위를 넓히려면 최소한 같은 언어를 사용하는 사람들끼리 사용할 수 있는 공식적인 신호 체계를 개발해야만 한다. 시각적인 장애가 있는 사람들은 듣고 말하기에는 불편함을 느끼지 않지만 읽고 쓰는 일에는 분명 문제를 갖고 있었다. 하지만 19세기에 점자 체계인 브라이Braille가 등장함으로써 이러한 문제점이 해결되기 시작했다.

조용히 하세요

트라피스트회와 베네딕트회 같은 많은 중세 수도원의 수도사들은 완전, 혹은 부분적인 침묵 의식을 행하였으며, 이를 위해 수화를 개발하였으며 이는 오늘날에도 사용하고 있다. 제스처는 예술 분야에서도 매우 중요하다. 스페인 화가 데 나바레테 Juan Fernández de Navarrete(1526~1579)는 듣지도 말하지도 못했다. 그는 베네딕트회에서 교육을 받았으며 필립 2세의 왕실 화가가 되기 위해 효율적인 수화 체계를 개발한 것으로 유명하다. 그의 작품(아래)을 보면 특히 제스처가 두드러지게 나타나 있는 모습을 확인할 수 있다.

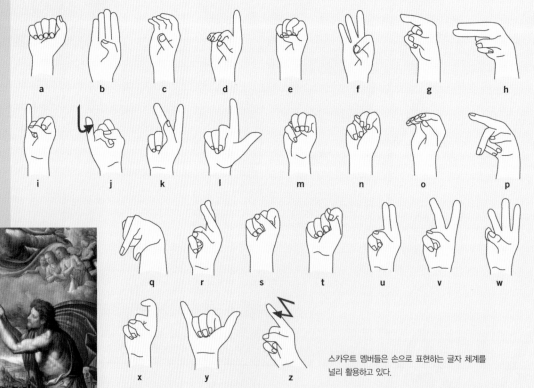

스카우트 멤버들은 손으로 표현하는 글자 체계를 널리 활용하고 있다.

수화 체계

지역 언어를 기반으로 알파벳 또는 단어를 시각적으로 표시하고 나타내는 신호 체계들이 개발되었다. 영어 문화권의 경우, 조금씩 다른 다양한 체계들이 존재하고 있다. 가령 미국 체계와 영국 체계를 들 수 있다. 둘 사이에 유사성이 있기는 하지만 차이점들이 분명 존재하기 때문에 쉽게 의사소통을 하기는 힘들다. 오늘날 시각적인 신호 체계는 손동작뿐만 아니라 입 모양이나 다른 보디랭귀지도 포함하고 있다. 이러한 체계들은 알파벳보다는 단어에 더 큰 비중을 두고 있다. 물론 단어에 한계가 있는 경우, 알파벳 체계를 사용해야 한다. 국제적인 수화 체계인 제스투노Gestuno가 이미 개발되어 있지만 문화적, 교육적 사안들을 살펴볼 때, 국가적인 주도권이 더욱더 성장했다는 사실을 알 수 있다. 이러한 상황은 '국제어'인 에스페란토어의 경우와도 비슷하다.

점자 체계

브라이 시스템은 프랑스인 루이 브라이Louis Braille에 의해 1821년 개발되었다. 그 전에 샤를 바르비에Charles Barbier는 '야간 문자night writing' 시스템을 개발하였다. 야간 문자는 군인들이 밤에 소리를 내지 않고 의사소통을 하기 위해 나폴레옹이 개발을 지시한 것이며, 이후 수기 신호로도 사용되었다. 야간 문자 시스템은 여섯 개로 된 두 줄에 12개의 점을 찍은 격자를 사용하였다. 카드보드 위에 찍힌 점의 형태를 손으로 만져서 읽는 방식이었지만 배우기가 너무 어렵다는 단점을 갖고 있었다. (특히 글을 모르는 군인에게는 더욱 힘들었다.) 이로 인해 야간 문자는 사라지게 되었다. 이를 접한 브라이(1809~1852, 왼쪽)는 여섯 개의 점만 가지고 표현이 가능한 단순한 체계를 만들어냈다. 이를 통해 보다 쉽게 글자를 파악할 수 있는 길이 열렸다. 브라이 시스템은 점자 체계에 일대 혁신을 가져 왔다.

브라이(위) 체계는 오늘날 속기, 수학 기호, 악보에 이르기까지 확대되었다. 또한 여덟 개의 점으로 된 디스플레이 장치를 통해 컴퓨터에도 적용되고 있다.

문 체계

1845년 영국인 윌리엄 문William Moon 박사는 브라이 체계에 대한 대체안으로 새로운 체계를 개발하였다. 그는 브라이 체계의 점 형태를 곡선과 사선 모양으로 바꾸었다. 이는 알파벳과 더욱 가까운 형태를 띠고 있다.

브라이 시스템

브라이는 12개의 점을 사용하는 바르비에의 시스템이 손가락으로 읽기에는 너무 어려우며, 글자 하나를 읽기 위해서도 손가락을 움직여야 한다는 사실을 깨달았다. 그래서 그는 최대 여섯 개의 점들을 단위로 활용하여 모든 알파벳과 숫자를 표현하기 위해 노력했다.

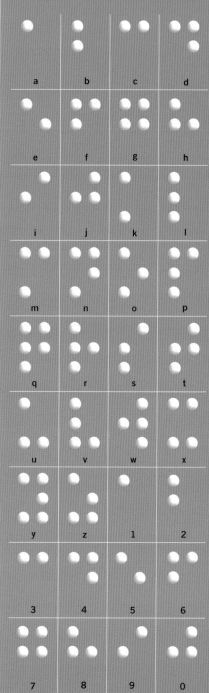

발음 신호

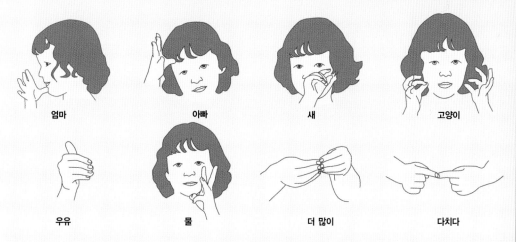

| 엄마 | 아빠 | 새 | 고양이 |
| 우유 | 물 | 더 많이 | 다치다 |

발음에 장애를 가진 사람들 역시 신호 체계를 사용하여 의사소통을 할 수 있다. 가령 다운증후군을 갖고 있는 사람들은 자기가 말하고자 하는 바를 정확하게 알고 있다고 하더라도 근긴장muscle tone으로 인해 발음에 어려움을 겪는다. 발음이 서툰 어린이들 역시 자신이 알고 있는 사물을 발음으로 표현하는 과정에서 비슷한 어려움을 갖고 있다. 이러한 어려움을 해결하기 위해 만들어진 마카톤은 영어를 기반으로 한 특수화된 신호 체계이다. 마카톤에는 '마시다', '우유', '냅킨' 과 같이 모양이나 행동을 따라 함으로써 전달할 수 있는 동작들도 있다. 하지만 다른 언어권에서는 의사소통에 제한을 받는다.

음악을 그리다

오늘날 기보법은 상당히 표준화된 언어 체계를 형성하고 있다. 음악가들은 악보를 통해 음표와 쉼표를 쉽게 인식할 수 있다. 그러나 역사적으로 항상 그랬던 것은 아니다. 음의 연결 패턴을 정확하게 표기하기 위한 기호를 개발하는 것은 음악가들에게 골치 아픈 숙제였다. 기보법을 구성하고 있는 요소들은 다양한 시대와 지역에 걸쳐 변형되고 진화되었지만, 세로줄 및 박자 기호와 같이 오늘날 사용하고 있는 악보체계는 1350년대에 이르러 비로소 완성되었다.

악보의 발전

'네우마neumes'(위)라고 하는 최초의 악보는 1,000년 전부터 사용되었다.

800~1200년 '네우마' 악보를 사용하여 음악을 기록함. 작은 곡선이나 점을 가지고 음 또는 음표 그룹을 표기하였다. 네우마는 1,100년 상대적인 음 높이를 나타내기 위해 수직적인 형태로 표기하였다.

1020년경 귀도 다레초Guido d' Arezzo(약 995~1050)가 보표의 선과 칸, 그리고 음자리표에 해당하는 임시 기호를 사용함으로써 기보법의 기반을 마련했다.

1260년 음표의 모양과 음의 관계를 공식화하려는 노력이 나타났으며, 현대적인 모습으로 진화하였다.

1350년 박자 기호와 세로선의 등장

1400년대 올림표와 내림표, 그리고 제자리표를 사용하기 시작

1500년대 빠르기와 강약을 나타내는 기호 등장

1520년대 덧줄, 붙임표, 이음표를 사용

1600년대 하프시코드 악보에서 높은음자리표를 사용

1700년대 운궁법(현악기 활을 다루는 방법)과 운지법의 등장

1770년대 피아노의 페달 기호 사용

1780년대 높은음자리표와 낮은음자리표가 보편화

1800년대 빠르기, 박자, 강약의 범위가 더욱 세분화됨. 악구phrasing, 음의 높낮이, 표현에 대한 관심이 높아짐. 그리고 장식 기법이 양식화되었으며, 완전한 형태로 악보에 표기됨.

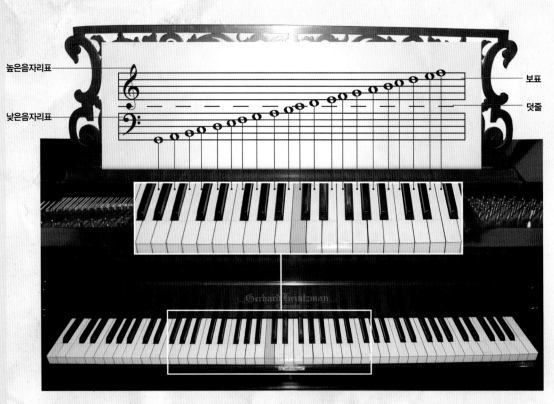

높은음자리표 · 낮은음자리표 · 보표 · 덧줄

기보법의 원리

서양 음악의 기보법은 음의 높이와 길이라고 하는 두 가지 주요 요소로 구성되어 있다. 그리고 각각의 줄 또는 칸이 어떤 음에 해당하는지 지정하기 위해, 보표의 맨 왼쪽에는 '음자리표clef' 라고 하는 기호가 그려져 있다. 주요 음자리표에는 높은음자리표와 낮은음자리표가 있다. 높은음자리표G-clef는 가온 다(C4) 위의 사(G)에 해당하는 선에서 시작하여 감아 돌아가는 모양을 하고 있다. 그리고 낮은음자리표F-clef는 가온 다(C4) 아래에 있는 바(F)에 해당하는 선 아래 위로 점을 두 개 찍은 모양을 하고 있다. 높은음자리표는 주로 높은 음조의 곡을, 낮은음자리표는 낮은 음조의 곡을 위해 사용한다. 플루티스트, 바이올리니스트, 소프라노는 대부분 높은음자리표의 보표를 사용하고, 바수니스트, 첼리스트는 낮은음자리표 보표를 사용한다. 피아니스트는 보통 둘 다 사용한다. 아주 높은 음이나 낮은 음을 표기하기 위해서는, 음자리표의 아래나 위로 '덧줄'을 표기한다. '악보'(246쪽 참조)에 그려진 각각의 음표들은 보표 상에서 위치와 '음자리표'에 따라 음의 높이를 나타낸다. 그리고 음표의 형태는 음의 길이를 나타낸다. 즉, 음표의 머리가 검은색인지 아니면 흰색인지, 또는 세로줄이 있는지 없는지에 따라 각각 다른 음의 길이를 표현한다. 그리고 다섯줄로 이루어진 보표 상에 기록된 음표들은 가~사(A~G)라는 이름으로 불리며, 각각 서로 다른 음 높이를 나타낸다.

음의 높이와 기보법

피아노 건반에서 가온 다 자리에서 그 위의 도까지 또는 그 아래의 도까지 총 여덟 개로 이루어진 흰 건반들이 하나의 '옥타브'를 구성한다. 하나의 옥타브를 구성하고 있는 '온음계'는 모두 일곱 음들로 이루어져 있다. 여기에 검은 건반까지 더하면 총 열두 음이 들어 있으며 열두 음계를 '반음계'라고 한다. 두 음 사이의 간격은 '음정'이라고 한다. 피아노의 검은 건반들은 '올림표(#)'와 '내림표(b)' 역할을 한다. 즉, 올림표는 반음을 높이고, 내림표는 반음을 낮추라는 의미이다. 가령, 바(F)와 사(G)는 '온음'이지만, 바(F)와 올림 바(F#)는 '반음'이다. 음계에는 장조와 단조가 있다. 각 장조에는 이에 대응하는 '관계 단조'가 있다. 모든 음계는 온음과 반음의 조합으로 이루어져 있으며, 장조와 단조에 따라 그 조합이 달라진다. 모든 장조들은 동일한 조합으로 이루어져 있으며, 단조 역시 마찬가지이다. 관계 음계에 해당하는 장조와 단조는 같은 조합으로 구성되어 있으나, 서로 다른 음에서 시작하여 다른 음으로 끝난다. 아래에서 몇 가지 사례들을 살펴보자.

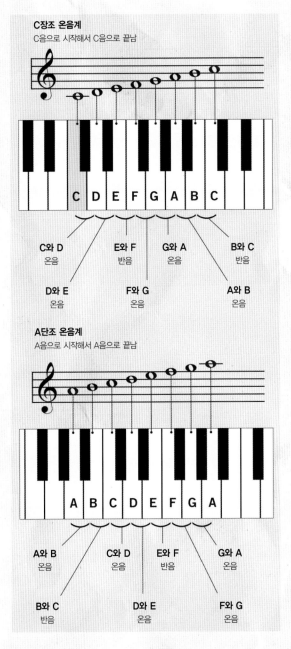

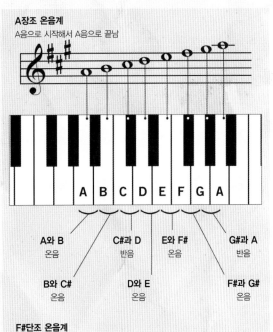

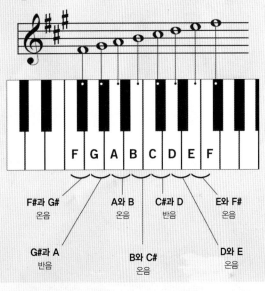

박자와 빠르기

장단과 박자, 빠르기를 나타내는 용어들은 일반적으로 이탈리아어로 되어 있다. 아래는 박자와 빠르기를 가리키는 용어들이다.

Grave(그라베) 매우 느리게
Lento(렌토) 느리게
Largo(라르고) 느리고 폭넓게
Larghetto(라르게토) 조금 느리게
Adagio(아다지오) 여유 있게
Andante(안단테) 걸음걸이의 빠르기로
Moderato(모데라토) 보통 빠르게
Allegretto(알레그레토) 조금 빠르게
Allegro(알레그로) 빠르게
Vivace(비바체) 생동감 있게
Presto(프레스토) 아주 빠르게
Prestissimo(프레스티시모) 최대한 빠르게

셈여림

연주에 필요한 강약과 음의 크기를 표기하는 용어들도 이탈리아어를 사용한다. 일반적으로 약자로 표기한다.

Pianissimo(pp. 피아니시모) 아주 여리게
Piano(p. 피아노) 여리게
Mezzo piano(mp. 메조 피아노) 조금 여리게
Mezzo forte(mf. 메조 포르테) 조금 세게
Forte(f. 포르테) 세게
Fortissimo(ff. 포르티시모) 아주 세게
Crescendo(<, 크레센도) 점점 크게
Diminuendo(>, 디미누엔도) 점점 약하게

파이프 오르간에서 음의 높이는 파이프의 길이에 달려 있다.

악보 체계

작곡가들은 악보를 통해 교향곡이나 합주곡 등을 기록한다. 이러한 악보에는 악기별 연주법에 관한 자세한 설명이 담겨 있다. 볼프강 아마데우스 모차르트(1756~91)가 기록한 아래의 악보는 그의 마지막 교향무곡인 〈Il Trionfo delle Donne(K607)〉의 일부이다. 여기서 모차르트는 악기별 연주 부분과 연주에 필요한 음계 및 빠르기를 표시해 두었다.

기보법
악보에는 작곡가들이 연주자들에게 음악적인 의도를 자세하고 정확하게 전달하기 위해 필요한 복잡하고 추상적인 개념이 담겨 있다. 천재 작곡가이자 뛰어난 피아니스트인 모차르트는 자신의 재능을 다양한 음악적 양식과 장르를 통해 발휘했다. 그중 오페라는 모차르트가 가장 좋아했던 분야였다. 그는 독립적이면서 세계적인 슈퍼스타로 이름을 날린 최초의 작곡가들 중 한 사람이다.

짧은 생애에도 불구하고, 모차르트는 무려 655곡에 이르는 음악을 작곡했다. 여기에는 교향곡 59곡, 실내악 176곡, 오페라 23곡이 포함되어 있다.

조표
곡의 음계를 나타내기 위해, 음자리표 뒤에 올림표나 내림표를 표기한다. 올림표나 내림표에 해당하는 음들은 특별한 지시가 없는 한, 곡이 끝날 때까지 지속적으로 반음을 올리거나 내려야 한다. 이러한 방식으로 작곡가는 전반적인 곡의 '조성tonality'을 표기한다. 이러한 방식으로 모차르트의 악보는 내림마장조(E♭)임을 나타내고 있다. 조성을 표현하는 방식은 다음과 같다.

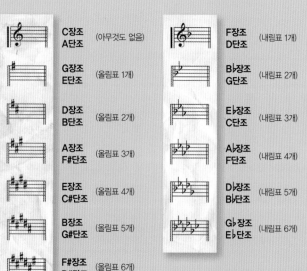

C장조 A단조	(아무것도 없음)
G장조 E단조	(올림표 1개)
D장조 B단조	(올림표 2개)
A장조 F#단조	(올림표 3개)
E장조 C#단조	(올림표 4개)
B장조 G#단조	(올림표 5개)
F#장조 D#단조	(올림표 6개)
F장조 D단조	(내림표 1개)
B♭장조 G단조	(내림표 2개)
E♭장조 C단조	(내림표 3개)
A♭장조 F단조	(내림표 4개)
D♭장조 B♭단조	(내림표 5개)
G♭장조 E♭단조	(내림표 6개)

조표
내림마장조임을 나타내고 있다.

2분 음표

8분 음표

16분 음표

N. 22.

해당 악기
악기별로 서로 다른 악보가 있다.

빠르기
이 곡은 2/4박자이다. 즉, 한 마디 안에 4분 음표가 두 개 들어간다.

4분 쉼표

박자표

모든 음악은 '박자' 라고 하는 일정한 단위로 이루어져 있다. 그리고 박자는 마디라고 하는 단위로 구성되어 있다. 박자표는 2/2, 2/4, 3/4, 4/4, 3/8, 6/8, 9/8 등과 같이 음자리표와 조표 뒤에 분수의 형태로 표기한다. 분자는 한 마디 안에 들어가는 박자의 수를 의미하고, 분모는 기준이 되는 박자의 길이를 나타낸다. 예를 들어, 2/4박자는 한 마디에 4분 음표가 두 개 들어간다는 뜻이다. 첫 번째 보표 앞에 있는 'C' 는 4/4박자를 뜻하고, ¢는 2/2박자를 의미한다.

4분 음표   8분 쉼표

음표와 쉼표

	음표	쉼표
온음표/ 온쉼표		
2분 음표/ 2분 쉼표		
4분 음표/ 4분 쉼표		
8분 음표/ 8분 쉼표		
16분 음표/ 16분 쉼표		
32분 음표/ 32분 쉼표		

위 기호들은 음표 혹은 쉼표의 길이를 가리키고 있다. 박자표는 한 마디를 기준으로 하기 때문에, 4/4박자에서 온음표는 4박자를 나타내며 4분 음표는 한 박자를 의미한다.

그 밖의 음표들

임시표에는 올림표, 내림표, 제자리표가 있다. 조표에 따라 다양한 형태로 나타난다.

올림표   내림표   제자리표

붙임줄은 설명하기 어려운 음가들을 표현하기 위해 사용한다. 여기서 붙임줄로 연결한 두 음의 전체 길이는 5/16(=1/4+1/16)이다. 하나의 음처럼 연주해야 한다.

이음줄은 여러 가지 음들을 부드럽게 '연결' 하라는 의미이다. 이음줄 안에 들어있는 모든 음들은 끊임없이 연속적으로 연주해야 한다.

스타카토는 이음줄과 정반대의 의미이다. 각각의 음들을 짧고 분명하고 뚜렷하게 끊어서 연주한다.

탭 악보

현대 록 음악 작곡가 프랭크 자파Frank Zappa(1940~93)는 대중음악을 연주하는 사람들도 악보를 '읽을' 줄 알아야 한다고 주장했다. 하지만 그는 사실 예외적인 부류에 속한다. 오늘날 대중 음악가들은 대부분 독학으로 음악 공부를 하며, 귀로 듣고 연주하는 방식을 주로 사용한다. 대중음악에서 기타가 차지하는 중요성이 높아지고 인터넷이 발달함으로써, 오늘날 대중음악 악보은 대부분 운지법의 패턴을 기록한 '탭 악보' 의 형태를 취하고 있다.

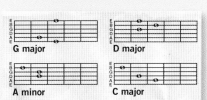

| G major | D major |
| A minor | C major |

오늘날의 새로운 과제

가수의 목소리, 관현악단, 전자 장비 등 공연을 위한 도구적 관점에서, 그리고 현악 사중주, 교향곡, 협주곡, 카덴차 그리고 목소리, 악기 또는 멀티미디어를 활용한 공연에서 나타나고 있는 현대의 실험적 · 기술적 관점에서 기보법과 관련된 다양한 기술적 진화가 이루어지고 있다. 현대 음악가들은 혁신적인 방식으로 악기를 연주하거나 다루고 있다. 그 대표적인 사례로 존 케이지John Cage의 피아노곡을 들 수 있다.

존 케이지 곡 '4분 33초' 의 악보는 〈녹음을 위한 곡Composition for a Tape Recorder〉(위)과 4분 33초 동안의 완벽한 침묵으로 이루어져 있다.

동물들의 언어

비가 오는 숲에서 주위에서 들려오는 여러 가지 소리를 들으며 걷는 것은 놀라운 일이다. 따뜻한 지역의 연못을 장악하고 있는 개구리들은 엄청나게 큰 울음소리를 들려준다. 동물이 사는 곳이면 어디에나 소리, 색깔, 움직임, 그리고 냄새가 있다. 동물들은 모든 형태로 대화를 나눈다. 인간이 만약 그들의 합창을 이해할 수 있다면 우리를 둘러싼 자연 환경의 많은 부분을 이해할 수 있을 것이다. 동물들이 대화를 위해 내는 다양한 소리는 본능적으로 물려받은 것이다. 그럼에도 불구하고, 그들의 소리는 기묘하고 서로 조화를 이루고 있으며 놀라우리만치 아름답다.

인간과 동물

인류가 동물을 훈련시키고 길들이기 시작한 것은 약 2만 년 전으로 거슬러 올라갈 수 있다. 이 과정에서 인간과 동물들 간의 의사소통은 매우 중요하다. 그러나 인간이 어느 정도로 동물들과 대화할 수 있는지에 대해서는 아직도 의견이 분분하다. 개나 고양이는 인간의 감정을 읽을 수 있는 비상한 재주를 가지고 있다. 영장류 및 고래와의 의사소통 가능성 역시 비교적 많이 밝혀져 있다. 하지만 놀랍게도 새들 역시 인간과 높은 수준의 대화를 나눌 수 있다고 한다. 애리조나 대학의 페퍼버그 Irene Pepperberg 박사는 알렉스라고 하는 아프리카 회색 앵무새에게 30년 동안 훈련을 시켰다. 알렉스는 50개 물건들의 이름은 물론, 일곱 가지 색깔, 다섯 가지 모양, 상대적 크기(더 크다, 더 작다), 그리고 물건의 재료 및 여섯까지의 수를 알고 있다. 또한 동일함, 차이, 없음의 개념도 이해하고 있다. 이 앵무새는 단어들을 순서대로 배치하여 짧은 문장을 만들 수도 있으며, 새로운 문장을 창조하기도 한다. 심지어 단어에 음절을 붙여 새로운 합성어를 만들어내기까지 한다. 예를 들어, 즙이 많은 빨간 사과를 주자 바나나banana와 체리cherry를 조합하여 바네리banerry라는 단어를 만들었다. 새들은 결코 머리 나쁜 동물이 아닌 셈이다. 알렉스는 2007년 갑자기 죽었지만, 페퍼버그 박사는 또 다른 아프리카 회색 앵무새를 데리고 연구를 계속하고 있다.

소리

종종 동물들이 소리를 낼 때, 우리는 그들의 존재를 알아차린다. 하지만 많은 동물들이 인간이 들을 수 없는 소리를 내고 있다. 과거에 사람들은 코끼리가 텔레파시를 이용하고 있다고 생각했다. 아무런 의사소통이 없는데도 시야의 범위를 벗어나 평행한 대열을 유지하고 있는 수많은 동물들이 갑자기 동시에 돌아보는 경우가 있다. 우리는 많은 동물들이 사람이 듣지 못할 정도의 낮은 주파수(초저주파)를 통해 의사소통을 한다는 사실을 밝혀냈다. 초저주파는 고주파보다 훨씬 더 멀리 가고 장애물의 방해도 덜 받는다. 코끼리는 수 마일 떨어진 위치에서도 그들의 소리를 들을 수 있다. 하마 역시 초저주파를 수중과 육지에서 사용할 수 있다. 초저주파의 속도는 육지보다 물속에서 더 빠르다. 초저주파를 사용한다고 알려진 동물로는 코뿔소, 기린, 악어, 사자, 호랑이, 오카피 및 일부의 새들이 있다. 동물들이 낮은 주파수에 더욱 민감하다는 사실은 지진이나 쓰나미와 같은 자연재해에 보다 빨리 대처하는 능력을 설명해 주고 있다. 이러한 동물들 반대편에는 돌고래, 박쥐, 새, 벌레 등 아주 높은 주파수(초음파)를 내고 추적할 수 있는 많은 동물들이 있다. 이들은 반사된 초음파를 통해 위치를 파악하는 기술echolocation을 갖고 있다.

진동 신호

진동을 이용하여 의사를 전달할 수도 있다. 진강도래stone fly 수컷이 나뭇가지 위에 앉아 리듬에 맞춰 진동을 시작하면 암컷은 여기에 상보적인 리듬으로 반응을 한다. 일부 수컷 거미들은 짝짓기를 위해, 그리고 잡아먹히지 않기 위해 암컷의 거미줄에 올라가 진정을 시키는 사랑의 노래를 연주한다. 점프 거미와 늑대 거미는 스스로 진동을 한다. 또는 짝짓기를 위해 다리를 떨어 신호를 보낸다. 수컷 매미의 떨리는 '진동막'은 가까운 거리에서 120데시벨에 이르는 엄청난 소음을 만들어낸다. 이는 인간의 통증 역치를 넘어서는 크기이다. 귀뚜라미는 날개를 서로 비벼서 뚜렷하게 '소리'를 내는 같은 종의 귀뚜라미하고만 짝을 맺는다. 일부 종들은 구성원들끼리 너무 동조되어 있어서 부모로부터 받은 혈통 대신 잡종 개체와 짝짓기를 하고자 한다. 하지만 소리는 종종 침입자를 불러들이기도 한다. 가령 다른 곤충에 기생하면서 사는 오르미아라는 곤충은 울고 있는 수컷 귀뚜라미 위에 알을 낳기 위해 민감한 고막을 진화시켜 왔다.

납작하면서도 지방질이 많은 코끼리의 발바닥 역시 고주파를 감지하는 민감한 감각기관이라고 생각된다.

넓은 바다에 사는 고래들은 다양한 소리를 만들어낸다. 민물에 비해 바닷물은 초음파를 더욱 잘 전달한다. 대왕고래의 울음소리는 대양을 통해 수천 마일의 거리를 뻗어 나간다. 돌고래들 역시 자신의 이름 역할을 하는, 저마다의 고유한 울음소리를 갖고 있다. 수컷 혹등고래(아래)는 번식을 하는 곳에서 길고 복잡한 노래를 부른다.

극락조는 짝짓기를 할 때 밝고 화려한 깃털을 자랑한다. 일반적으로 새의 지저귐은 의사소통을 하기 위한 '학습'의 결과물이다. 따로 떨어져 자란 아기 새들은 제대로 노래하는 법을 알지 못한다. 암컷들은 부모들로부터 들은 노래를 자신 있게 부르는 수컷에게 매력을 느낀다. 그리고 동료들에게 음식이나 경고를 위한 신호를 보내기 위해서는 그들끼리 사용하는 사투리도 배워야 한다.

시각적인 의사소통
동물들은 대부분 시각적인 정보를 사용하여 의사를 전달한다. 개는 이빨을 드러내고 목털을 세움으로써 위협을 한다. 영장류들은 몸짓, 소리, 표정들을 조합하여 의사를 표현한다. 수컷 농게는 암컷을 유혹하기 위해 발을 흔든다. 오징어의 눈은 아주 발달하였으며 몸의 색깔을 주변의 색깔과 다르게 빠른 속도로 변화시킴으로써 메시지를 전달한다.

냄새와 페로몬
많은 동물들은 화학적인 방식으로 의사소통을 할 수 있는 고도의 감각기관을 갖고 있다. 개미들은 동료 개미에게 음식물의 위치를 알려주기 위해 페로몬을 남긴다. 침략자를 함께 물리치기 위해서는 공격적인 행동을 자극하는 경고 페로몬을 발산한다. 일부 개미들은 라이벌 동료와 싸우기 위해 자극적인 페로몬을 배출하기도 한다. 포유류들은 주로 자신의 영역을 표시하기 위해 배설물들을 남긴다. 또한 배설물을 통해 집단에서의 서열, 성, 양육 조건 및 건강 상태에 관한 메시지도 전달할 수 있다. 스컹크나 오소리는 자극적인 냄새를 통해 '떨어져 있어라'라고 하는 강력한 메시지를 전달한다. 그들을 공격하는 동물은 좀처럼 찾아보기 힘들다.

독이 있는 동물들은 적들에게 경고를 주기 위해 종종 화려한 색깔을 하고 있다. 하지만 독이 없는 동물들도 이러한 모양을 모방한다. 즉, 그들의 방어 방식만 '빌려'온 동물들이 있다. 가령 말벌, 물결넓적꽃등에, 산호뱀(위), 독 없는 작은 회색뱀 등이 그러한 동물들이다.

꿀벌들의 춤
아리스토텔레스의 시대에서 오늘날에 이르기까지 자연주의자들은 꿀벌이 그들의 동료들에게 식량의 위치를 알려주는 방법에 대해 궁금하게 생각해 왔다. 하지만 이 수수께끼는 20세기 초반 프리슈Karl von Frisch라고 하는 동물학자에 의해 밝혀졌다. 그는 꽃가루와 꿀을 발견한 벌이 집으로 돌아와서 일렬로 춤을 춘다는 사실을 발견했다. 춤을 춘 뒤, 처음에는 왼쪽, 다음은 오른쪽으로 8자를 그리면서 제자리로 돌아가기를 반복한다. 그러면 이들을 '구경'하기 위해 몰려든 동료들은 촉수를 세워 공기의 흐름을 감지한다. 춤을 추는 일직선의 방향이 식량이 있는 위치를 가리킨다. 그리고 흔드는 속도와 1분당 회전수는 벌집으로부터의 거리를 나타낸다. 프리슈의 연구 결과는 최근에 복제 벌집을 가져다놓고 관찰함으로써 다시 한 번 확실하게 확인되었다. 이를 통해 식량 정보를 전달하기 위한 꿀벌들의 경이로운 춤을 관찰할 수 있었다.

방향
정찰벌은 식량이 있는 위치와 일직선 방향으로 춤을 춘다.

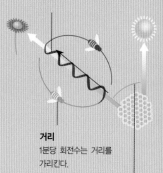

거리
1분당 회전수는 거리를 가리킨다.

위치
태양으로부터 왼쪽 혹은 오른쪽 각도를 의미한다.

우주인

스필버그가 만든 ET가 지구에 사는 어린 친구와 쉽게 대화하는 방법을 발견하는 동안 외계 생명체가 우리에게 연락할 수 있는 방법을 미리 찾아보려는, 또는 그 반대의 현실적인 시도는 과학자, 천문학자, 공상과학 소설가들의 마음을 반세기 동안 빼앗았다. 그리고 인류가 우주에 첫발을 내디디면서 그 열망은 더욱더 강해졌다.

퀘이사와 펄사

1950년대 전파 천문학의 발전으로, 태양계 너머로부터 감지되는 전파 중계 메시지가 많은 과학자들의 이목을 사로잡았다. 과연 이 메시지들이 정말 외계에 존재하고 있는 지능을 가진 생명체들로부터 오는 것일까? 오랜 시간 동안 그렇다고 생각되었다. 그리고 많은 사람들이 그 메시지를 해독하기 위해 노력하였다.

그러나 1960년, 원천은 여전히 확인되지 않았지만 펄사라고 불리는 이 전파는 전자기적 에너지 방출의 적색편이원에 의해 생긴 것이라는 사실이 밝혀졌다. 그리고 이러한 에너지 방출은 은하가 탄생할 때 형성되는 엄청난 질량을 가진 블랙홀, 즉 퀘이사라고 알려진 '항성상 전파원quasi-stellar radio source'에 의해 발생되는 것이다. 처음으로 정확하게 확인된 것들 중 3C 273은 약 24억 4천만 광년 정도 떨어져 있다. 이 전파 메시지가 도착할 시점에 그 은하는 아마 탄생하였다가 이미 사라지고 없었을 것이다.

우주로 보내는 메시지

'범우주적' 차원에서 사용할 수 있는 코드의 형태로 지구상의 존재, 우리의 위치, 그리고 우주에 대한 우리의 지식을 요약하려는 수많은 시도는 우주를 향해 뻗어 나갔다. 하지만 각각의 시도는 그 당시의 기술적 수준에 의해 제한을 받았다.

파이어니어 명판

우주 여행, 그리고 태양계를 벗어나기 위한 목적으로 개발한 무인 우주탐사선 파이어니어 10(1972)과 파이어니어11(1973)에는 천체물리학자 칼 세이건Carl Sagan과 프랭크 드레이크Frank Drake가 만든 명판이 붙어 있다. 금으로 도금된 알루미늄에 새긴 이 명판의 크기는 23×15cm이며 선체의 받침대 위에 부착되어 있었다.

"작고 먼 나라에서
온 선물입니다…"

– 미국 대통령 지미 카터가 보이저 호의
골든 레코드 위에 쓴 메시지

수소

지구상에 가장 풍부한 물질인 수소의 대략적인 초미세 구조 그림. 이진법으로 표기된 1은 크기와 시간의 단위를 표시하는 전자적 상태로부터 수소 원자의 스핀 반전 전환을 가리키기 위해 사용되었다.

우주선

인간의 상대적인 크기를 표시하기 위해 파이어니어 우주선의 개략적인 그림을 실었다.

인류

처음에는 남자와 여자가 손을 잡고 있는 그림이었으나, 하나의 개체로 오해할 수도 있다는 지적에 따라, 손을 놓은 그림으로 대체되었다. 전형적인 인류의 모습은 아니지만, 코카서스 사람처럼 보인다. 남성은 손을 들어 인사를 하는 모습을 취하고 있다. 또한 그의 손은 엄지손가락이 다른 네 손가락들과 닿을 수 있는 영장류의 특성을 표현하고 있다. NASA의 건의로 여성의 성기는 최종 수정안에서 삭제되었다.

은하

이 평면도는 14개의 펄사와 주파수 주기와 함께 은하의 중심에 대한 태양의 위치를 가리키고 있다. 외계에 지적 생명체가 있다면 이를 가지고 태양계 위치를 계산할 수 있을 것이다.

태양계

태양계는 선형으로 그려져 있다. 그리고 태양을 돌고 있는 행성을 순서대로 표현하고 있다. 파이어니어의 궤도 역시 여기에 나와 있다.

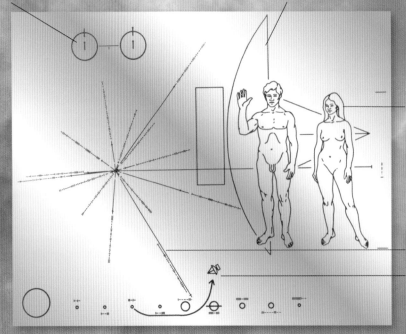

아레시보 메시지

1974년 전파 망원경 아레시보가 25,000광년 떨어진 성운 M13을 조준하여 다시 가동을 시작하였을 때, 전파가 발사되었다. 이 전파는 인간이 만들어낸 신호 중 가장 강력한 것이었다. 이 전파는 이진수 1,679가 들어 있다. 이 숫자는 두 개의 소수인 73과 23(준소수)으로 이루어진 것이기 때문에 오직 73과 23으로만 나누어진다. 23열과 73행은 실제로 메시지를 해독할 수 있는 정확한 알고리즘이다. 대신에 전파는 정확하게 1,679초 지속되었으며, 반복되지 않았다.

우주로 보낸 메시지

1999년, 그리고 2003년, 총 아홉 번의 메시지가 다양한 성운들을 향해 우주 공간으로 전송되었다. 이 메시지에는 원래의 아레시보 메시지와 다양한 디지털 문자, 영상, 그리고 이미지 파일들이 함께 들어 있었다. 또한 캐나다 물리학자 이반 듀틸Yvan Dutil과 스티븐 듀마스Stephane Dumas가 폭넓은 수학적 함수, 공식, 절차를 담아 만든 '로제타석'도 들어 있었다.

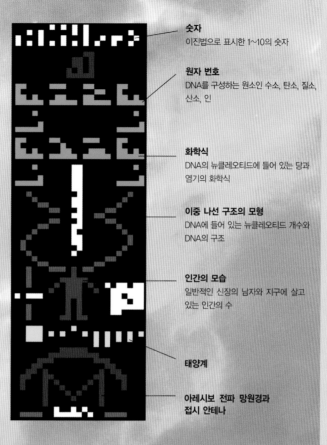

숫자
이진법으로 표시한 1~10의 숫자

원자 번호
DNA를 구성하는 원소인 수소, 탄소, 질소, 산소, 인

화학식
DNA의 뉴클레오티드에 들어 있는 당과 염기의 화학식

이중 나선 구조의 모형
DNA에 들어 있는 뉴클레오티드 개수와 DNA의 구조

인간의 모습
일반적인 신장의 남자와 지구에 살고 있는 인간의 수

태양계

아레시보 전파 망원경과 접시 안테나

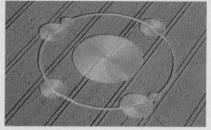

미스터리 서클

외계인을 만나거나 유괴를 당했다는 보고는 주로 미국의 남서부 지방에서 발생했던 반면, 미스터리 서클은 영국에서 나타났다. 1970년대 중반 이후, 봄과 초여름에 걸쳐 평평한 농장에서 특이한 형태의 상징들이 나타나기 시작했다. 1990년대에 들어서면서 이 패턴들은 더욱 더 정교해졌으며 러시아, 일본, 북미 지역으로까지 퍼지기 시작했다. 이에 여기저기서 다양한 주장이 제기되었다. 우주선이 지나갔거나 착륙을 해서 생긴 흔적이 아닐까? 또는 지구의 농부들에게 비밀스럽게 코드화된 메시지를 남긴 것은 아닐까? 미스터리 서클은 목초지에 나타난 선이나 원을 그리며 쌓여 있는 돌과 같은 여러 가지 '수수께끼'의 일부가 되었다. 하지만 영국 범인들이 신발에 널빤지를 붙여 곡식을 압축하는 방식으로 미스터리 서클을 그렸다고 자백함으로써 모든 것은 장난으로 밝혀졌다.

보이저 호에 실린 골든 레코드

파이어니어 명판 디자인을 담당했던 팀이 1977년에 띄운 보이저 1호와 2호 우주선에 탑재한 디스크도 제작하였다. 데이터를 새기는 방식으로 제작된 이 디스크는 115개의 아날로그 이미지, 세계의 언어들 중 55개의 샘플, 90분의 음악(불행히도 EMI는 비틀즈의 〈Here Comes the Sun〉의 삽입을 반대했다) 전파 신호, 그리고 모스 부호로 된 메시지들을 담고 있다. 그리고 제작 연도를 추정할 수 있도록 우라늄 238로 코팅하였다. 디스크 재킷 위에는 다양한 사용 안내서가 들어 있다.

스타워즈Star words

외계인과 직접적으로 대면하는 일은 아마도 상당히 어려울 것 같다. H.G. 웰스는 그의 소설 『우주 전쟁The War of the Worlds』(1898)에서 바로 이 문제를 다루었다. 1960년대 인기 TV 드라마인 〈스타트렉〉에 나오는 주인공들은 공상과학 소설에 장난감처럼 종종 등장하는 우주적 번역 시스템을 사용한다. 과학자들은 다양한 언어들을 만들어냈다. 예를 들어, 수학에 기반한 시스템인 아스트라글로사Astraglossa(1953), 링코스Lincos; Lingua cosmica(1960), 알고리즘적 메시지, 기본 프로그래밍 언어를 구성하고 있는 수학적, 논리적 상징 체계가 있다. 이들은 모두 '우리'와 '그들' 간의 양방향 의사소통을 목표로 하고 있다.

상상력의 코드

과거의 문서로부터 최근에 벌어진 사건에 이르기까지, 점쟁이 그리고 음모 이론가들은 그 속에 숨겨진 모든 가치를 발견하기 위해 힘을 쏟았다. 그리고 색다른 방식의 언어를 개발하고 메시지를 숨기기 위해 사기꾼뿐 아니라 미스터리, 판타지 작가들도 많은 관심을 기울였다. 가짜와 진짜의 구별이 애매모호할수록 숨겨진 메시지는 더욱더 매력적으로 보였다.

근대 마법의 유행

종교적 비난과 산업사회의 합리주의 흐름에도 불구하고, 19세기 후반 마법(56쪽 참조)은 심령술spiritualism이라는 흐름을 타고 급속하게 퍼져나갔다. 빅토리아 시대의 사람들은 그럴듯해 보이는 강령술 지단(오른쪽)과 영매, 그리고 귀신에 관한 이야기에 현혹되었다. 이와 관련된 사기 사건들이 계속해서 밝혀졌음에도 불구하고, 심령술은 의사, 대학교수, 성직자, 주부 및 다양한 지식인들의 마음을 사로잡았다. 여기에는 코난 도일, 그리고 노벨상을 수상한 물리학자 레일리Rayleigh와 같은 유명인들도 포함되어 있었다. 그들은 심령술을 대체 종교로 받아들였다. 중세의 연금술사 및 강령술사와 마찬가지로, 열성 멤버들은 마법적인 특성이 강한 비밀문자 및 코드에 집착했다. 이러한 현상은 당시 지배적인 분위기를 조성하고 있던, 실용적이고 과학적인 문화적 흐름에 대한 영적인 차원의 반발이기도 하였다. 이 시대에 등장한 비밀의식, 숨겨진 메시지, 마법적인 코드 언어들에 대한 관심은 오늘날까지 다양한 형태로 이어져 내려오고 있다.

심령술과 신지학
1848년 뉴욕의 하이즈빌에서 당시 십대였던 폭스 시스터즈들이 죽은 사람들과 얘기를 나누고 있었다. 심령술의 기원은 바로 여기서 시작된다. 그리고 미스터리한 러시아 귀족이자 영매였던 블라바츠키 부인Madam Blavatsky(1831~91)이 등장했다. 그녀는 온 세계를 돌아다니는 여행자였으며 현대 오컬트 부활의 용감한 선구자이기도 하다. 그녀에 대한 평판들은 서로 엇갈리고 있지만, 블라바츠키는 1870년대에 신지학회를 설립하였으며, 이후 수많은 뉴에이지 종교들의 시초가 되었다.

황금여명회
19세기가 끝나갈 무렵, 다시 떠오르기 시작한 마법에 관한 관심은 황금여명회Hermetic Order of the Golden Dawn로 이어졌다. 황금여명회는 영국에서 시작해서 짧은 시간에 다른 지역으로 급속하게 퍼져나갔다. 그들은 황금 장미십자회(58쪽 참조), 타로, 점성술, 흙점의 원리를 신입 회원이 배워야 할 기본 교리로 중요하게 여겼다. 황금여명회의 회원 중에는 고위 공무원이자 시인인 예이츠W. B. Yeats도 포함되어 있었다. 황금여명회는 아그리파의 디반Theban 알파벳(57쪽 참조), 그리고 생생한 상징 묘사와 의식 도구, 마법적인 가입 의식을 다루고 있는, 히브리어로 기록된 60여 장의 모음집인 일명 『암호 문서Cipher Manuscripts』를 근간으로 삼았다. 『암호 문서』의 기원은 아직도 논란을 불러일으키고 있지만 호기심을 자극하는 코드화된 난센스들로 이루어진 19세기 중후반 작품으로 보인다.

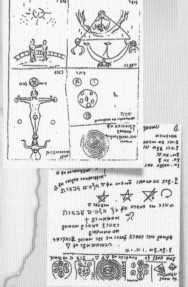

『암호 문서』는 마법 공식들을 암호로 적어놓은 듯하다.

장미십자가
십자가 중앙에 루터교의 장미 상징이 있다.

마법 문자
히브리어 및 다른 문자들을 교묘하게 조합하여 문양 전체에 걸쳐 전략적인 배치를 해놓았다.

마법의 펜타그램
여러 가지 펜타그램, 혹은 다비드의 별이 남성과 여성을 나타내는 상징들과 함께 있다.

황금여명회 회원들은 장미십자회의 교리를 적극 수용했다. 그리고 그 '중요성'을 알리기 위해 비밀 상징들을 모은 책을 출판했다.

007의 모든 것

놀랍게도 아주 이성적인 사람들이 비밀 단체에 연루되어 있는 경우가 종종 있다. 영국의 스릴러 작가 데니스 휘틀리Dennis Wheatley 역시 신비의 인물 알리스터 크로울리Aleister Crowley와 동시대의 인물이자 경쟁자였다. 또한 그는 제2차 세계대전 당시 영국 비밀정보국SIS의 회원임과 동시에 오컬트 전통의 추종자였다. 그의 소설 『They Devil Rides Out』 『The Ka of Gifford Hillary』에는 악마 숭배와 강령술에 관한 의식이 치러지는 장면이 등장한다. 그리고 이후 작품 『The Used Dark Forces』에서는 히틀러를 악마 숭배자로 묘사하고 있다.

베일에 가려진 군인이자 제임스 본드를 만든 이안 플레밍Ian Fleming 또한 그의 작품 안에 비밀스럽고 마법적인 요소들을 코드의 형태로 심어놓았다는 주장도 있다. 이러한 주장에 따르면, 제임스 본드의 코드번호 007에는 주술적인 의미가 담겨 있다. 그리고 〈007 두 번 산다You Only Live Twice〉에 등장하는 업그레이드된 코드 번호 7777 역시 마법적인 뜻이 담겨 있다고 한다. 또한 제임스 본드가 일본으로 건너가서 사용하는 'Magic 44' 코드도 등장한다. 더불어 제임스 본드의 상관인 M의 실제 모델이 알리스터 크로울리의 일원인 M15의 맥스웰 나이트라고 알려져 있다. 해군정보부에서 근무할 당시, 플레밍은 크로울리를 통해 위조한 별점을 나치의 주요 인물인 헤스Rudolf Hess에게 전달하고, 에노키안 알파벳(57쪽 참조)을 암호 도구로 사용해야 한다는 의견을 내놓기도 하였다.

베스트셀러 스릴러 작가

데니스 휘틀리(1897~77)와 이안 플레밍(1908~64, 아래)은 모두 제2차 세계대전 당시 첩보활동과 관련을 맺었다. 그리고 이후 오컬트와 더불어 당시 독자층의 마음을 사로잡고 있었던 주제들을 가지고 소설을 썼다.

위대한 야수

'세계에서 가장 사악한 사람.' 이것은 언론뿐만 아니라 크로울리(1875~1947) 스스로 자신을 부르던 말이다. 그는 종교적으로 엄한 특권 계층의 집안에서 자랐다. 하지만 케임브리지 대학 시절 황금여명회를 알게 되면서 그의 인생은 마법과 마약의 세계로 빠져들었다. 이후 그는 황금여명회를 탈퇴했으며, A∴A나 O.T.O(Ordo Templi Orientis)와 같은 조직활동을 통해 자신만의 길을 개척해 나갔다. 또한 그는 여러 가지 오컬트 자료들을 출판했다. 『텔레마의 서Book of Thelema』를 집필하였으며, 『암호 문서』(맞은편)를 직접 번역하였다. 크로울리는 자신만의 고유한 펜타그램(아래)을 사용했다.

A	B	C	D	E	F	G
H	I	J	K	L	M	N
O	P	Q	R	S	T	U
V	W	X	Y	Z		

크로울리는 마법 의식에서 영혼들을 부르기 위해 '대거dagger' 알파벳을 개발하였다. 이는 아그리파와 존 디(57쪽 참조)가 고안한 마법 알파벳을 연상시킨다.

성경 코드

ELS

간단하게 말해, ELS 기술은 시작 지점(어떠한 문자도 가능)과 스킵 넘버(skip number, 문자 사이를 건너뛰는 간격)를 정하고, 이를 기준으로 동일한 간격을 이루고 있는 문자들을 모두 뽑아낸다. 이러한 방법을 책 전체(WRR 논문은 창세기를 활용)에 적용하면 어마어마하게 긴 문자열을 얻을 수 있다. 게다가 출발점과 스킵 문자의 값을 바꾸면, 무한에 가까운 문자열을 만들 수 있다. 이제 그 문자열을 특정한 형태로 정리한 뒤, 가로, 세로, 대각선 및 반대방향으로 읽어 내려가면 이름이나 날짜는 물론 자신이 얻고자 하는 모든 내용을 발견할 수 있다. 컴퓨터 프로그램을 활용하면 더욱 쉽게 얻을 수 있다.

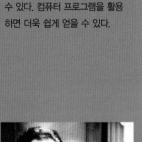

대런 아로노프스키(Darren Aronofsky)의 1998년 작품 〈파이(π)〉. 이 영화의 주인공인 수학자 맥스는 토라를 가지고 수학적 연구를 하고 있는 하시딕을 만난다. 여기서 하시딕은 토라는 신이 선물한 코드 형태의 숫자들로 이루어져 있다고 맥스에게 얘기한다.

성경 코드 또는 토라Torah 코드에 대한 새로운 관심과 여기에 담긴 비밀을 해독하려는 노력은 과거로부터 이어져 내려온 집착의 시대적 해석이라고 할 수 있다. 이러한 집착은 중세시대의 카발리스트(54쪽 참조)로부터 영국의 과학자 뉴턴, 그리고 프랑스의 신학자이자 철학자인 파스칼(Blaise Pascal, 1623~62)에게까지 이르고 있다. 유대인이자 성경학자인 뉴턴과 파스칼은 구약성경에 코드화된 메시지가 담겨 있다고 믿었다. 최근 학계 상황을 보면, 그들의 주장이 아직까지 언론의 주목을 받고 있으면서, 동시에 신학자, 과학자, 수학자, 사이에서 논쟁을 불러일으키고 있다는 사실을 확인할 수 있다.

성경 코드의 기원

예수살렘 히브리 대학의 세 명의 수학자들은 「창세기 등거리 문자 서열Equidistant Letter Sequences in the Book of Genesis」이라는 논문을 1988년 「왕실통계학회지The Journal of the Royal Statistical Society」와 1994년 「통계학Statistical Science」이라는 학술잡지에 발표하였다. 비츠툼Doron Witztum, 로젠버그Yoav Rosenberg, 립스Eliyahu Rips 세 사람은 컴퓨터 프로그램들을 통해 유대교 토라의 첫 경에서 코드화된 '의미 있는' 메시지들을 추출했다. 모세 5경으로 알려진 토라는 창세기, 출애굽기, 레위기, 민수기, 신명기로 이루어진 히브리어 기록이다. 세 사람의 성을 따서 WRR이라고도 하는 이 논문은 학생 시절 토라에 담긴 코드를 하나씩 분석했던 바이스만들Michael Dov Weissmandl(나치 학살로부터 슬로바키아 유대인 구출로 유명)의 연구에 기반을 두고 있다. 이 논문에 따르면, ELS(등거리 문자 서열, Equidistant Letter Sequences)는 오직 토라에만 적용이 가능하며 유대교나 기독교 성경의 영어 번역본에는 적용할 수 없다.

모세 5경에 ELS 방식을 적용하여 밝혀낸 다양한 예언들 중 미국식 날짜 표기 형태의 1945년 히로시마 원폭공격 예언을 들 수 있다.

형태	단어	번역	성서의 절	위치	건너뛰기
	יפן	일본	민수기 25:13	230779	6266
	שואהאטומים	원자 대량 학살	민수기 25:9	237020	−3133
	יפן	일본	민수기 29:9	237042	3
	רשת	8/6/1945	신명기 8:19	265216	−1

성경 코드북

1992년 미국 기자 드로스닌Michael Drosnin은 성경 코드를 분석하기 시작한다. 그리고 1997년 마침내 악명 높은 베스트셀러의 최고봉 『바이블 코드The Bible Code』를 출간한다. 2002년에는 『바이블 코드 II』를 출간하여 엄청난 돈을 번 드로스닌은 유대인에 관계된 것뿐만 아니라, 전 세계에 영향을 준 주요 역사적 사건들을 예측하기 위해 ELS를 활용하였다고 주장했다. 그의 말에 따르면, 성경에는 케네디 가문과 라빈 총리의 암살에 대한 예언도 담겨 있다고 한다. 하지만 그의 이론은 ELS의 창시자 립스, 퇴역한 국방성 암호 전문가 해롤드 갠즈Harold Gans, 이스라엘 성경 전문가 메나헴 코헨Menachem Cohen 교수, 그리고 호주 국립대학 컴퓨터 사이언스 학부의 브렌든 멕케이Brendan McKay 교수에 의해 혹독한 비판을 받는다. 멕케이 교수는 그의 논문 「Tolstoy Loves Me」에서 자신의 이름과 생일에도 연결고리를 찾을 수 있다는 사실을 증명하기 위해 『전쟁과 평화War and Peace』의 히브리 번역판에 ELS를 적용했다. 그는 드로스닌이 사용한 방법은 완전히 비과학적인 것이며, 영어 또는 히브리어로 기록된 어떠한 책이라도 ELS를 사용하면 그가 발견한 것들을 찾을 수 있다고 주장하였다.

"어떤 비평가가 모비딕에서 수상의
암살에 관한 암호화된 메시지를 발견했다면
나는 그의 말을 믿을 것이다."

– 마이클 드로스닌, 「뉴스위크」(1997년)

모비딕이 예언한 암살

바이스만들과 WRR(반대편 참조)의 저자들은 ELS 기술은 오직 히브리어로 기록된 토라에만 사용해야 한다고 주장하였다. 하지만 그 외 다양한 책에 ELS를 적용하면 다양한 '숨겨진' 메시지들을 발견할 수 있다. 멕케이는 드로스닌이 사용한 방법을 멜빌의 소설 『모비딕』(1851)에 적용해 보았다. 그리고 다음과 같은 암살 예언을 발견했다.

간디 수상
소련 망명자 트로츠키
마틴 루터 킹 목사
링컨 대통령
라빈 총리
다이애나 공주

하지만 멕케이가 이러한 발견을 했다고 해서 실제로 『모비딕』이 위 사건들을 예언한 것은 결코 아니다. 그 반대로 드로스닌의 방법을 적용하면 어떤 책에서건 자신이 발견하고자 하는 모든 메시지를 찾아낼 수 있다는 사실을 증명해 보인 것이다.

빌 페이퍼

전설

1817년 한 일행이 미국 남서부 지역에서 버팔로 사냥을 하고 있었다. 어느 날 저녁 요리를 하던 중, 일행 중 한 사람이 우연히 금이 묻혀 있는 장소를 발견했다. 그들은 이후 다시 그 자리로 돌아와서 18개월 동안이나 금을 캤다. 그들은 실로 어마어마한 양의 금과 은을 발견했다. 하지만 그곳은 무법천지의 지역이라 그들은 점차 재물에 대한 위협을 느끼기 시작했다. 결국, 보물을 다른 안전한 장소로 옮기기로 결정하고 빌Thomas J. Beale을 포함한 몇몇이 적당한 장소를 물색하기 위해 동쪽으로 떠났다. 그리고 마침내 버지니아의 린치버그에 도착한 것이었다.

1862년 버지니아 린치버그에 있는 워싱턴 호텔의 전 주인이었던 로버트 모리스라고 하는 노인이 그의 친구에게 한 다발의 편지를 맡긴다. 그 편지의 첫 장에는 빌Beale이라는 사람이 미국 남서부에서 금덩어리를 캤으며 이를 버지니아의 안전한 장소에 묻어 두었다는 내용이 적혀 있었다. 그리고 나머지 세 장은 숫자 치환 암호로 가득 차 있었다. 1885년 모리스 친구의 '대리인', 제임스 워드는 린치버그에서 이 편지를 23쪽 분량의 소책자로 출판했다. 이 책자는 반세기 전에 일어난 숨겨진 보물과 이에 관한 복잡한 사연들을 다루고 있다. 그리고 빌에 관한 이야기와 미스터리의 핵심인 암호를 해석하기 위한 유일한 단서이기도 하다. 하지만 아직까지 세 암호 중 두 가지는 수수께끼로 남아 있다. 두 번째 암호가 밝혀지자 수많은 사람들이 첫 번째와 세 번째 암호를 풀기 위해 노력하였지만 아무도 성공하지는 못했다. 대신 무성한 추측들만이 나돌았다. 그렇다면 이 모든 것이 소책자를 출판한 사람의 장난에 불과했던 것은 아닐까?

빌의 암호

세 장의 암호문 중 두 번째 암호는 모리스의 익명의 친구가 완벽하게 해독을 하였다. 그는 암호문의 숫자들이 모두 알파벳을 의미한다고 가정했다. 하지만 너무나 방대하고 복잡한 알파벳 치환 암호였기 때문에 쉽게 풀리지가 않았다. 그렇다면 혹시 책 암호(79쪽 참조)는 아닐까? 만약 그렇다면 어떤 책일까? 그리고 어느 페이지일까? 소책자를 출판했던 사람은 수년간 돈을 모으고, 유명한 책들을 가지고 다양하게 시도를 하던 중, 결정적인 책을 발견했다. 그것은 바로 미국 독립선언문이었다. 즉, 암호를 만든 사람은 독립선언문의 모든 단어에 연속적으로 번호를 매기고, 각 단어들의 첫 알파벳을 해당 숫자로 치환하였던 것이다. 마침내 암호문에서 원문의 메시지가 떠오르기 시작했다.

보물이 묻힌 장소가 기록되어 있다고 알려졌기 때문에 사람들은 첫 번째 암호에 제일 많은 관심을 기울였다.

세 번째 암호에서는 보물을 차지할 사람들과 그들의 가족들을 확인하기 위해서 반드시 그 장소를 찾아야 한다는 내용이 담겨져 있다고 한다.

소책자를 출판한 사람이 두 번째(위) 암호를 완벽하게 해독했다. 보물의 존재에 대해서 언급하고는 있지만 그 밖의 자세한 사항은 들어 있지 않다(반대편).

미스터리 속의 빌

소책자에서 모리스는 1820년 키가 크고 가무잡잡한 토머스 빌이 그의 호텔에 묵은 경위에 대해 설명하고 있다. 빌은 그 해 겨울을 이 호텔에서 보냈다. 그는 다양한 지방색이 드러나는 인물이었으며 모리스에게는 매우 친절했다고 한다. 그는 이듬해 봄에 호텔을 떠났으며, 그 이후 2년 만에 다시 돌아왔다. 그리고는 다시 겨울을 호텔에서 묵었으며, 봄이 되자 버팔로와 회색곰을 사냥하러 떠났다. 하지만 떠나기 전, 모리스에게 쇠로 만든 튼튼한 박스 하나를 맡겼다. 그리고 앞으로 10년 동안 자기가 돌아오지 않으면 이 박스를 열어보라고 당부했다. "그 안에는 당신에게 쓴 편지 한 통, 그리고 열쇠가 없으면 도저히 풀 수 없는 암호가 적힌 종이가 들어 있습니다. 그 열쇠는 이곳에 사는 내 친구가 가지고 있으며, 1832년 6월이 되어야 당신에게 봉인하여 보낼 것입니다." 그러나 빌은 다시는 돌아오지 않았다.

모리스는 수년 동안 박스를 열고 싶은 호기심을 억눌러야만 했다. 하지만 오기로 되어 있던 '열쇠'는 그가 말한 시점이 지나도 도착하지 않았다. 1845년 결국 모리스는 가방을 열어보았으며, 네 장의 종이를 발견했다. 첫 장은 빌 자신이 직접 쓴 것으로, 남서부 지역에서 금과 은이 묻힌 곳을 발견한 것과 동료들과 함께 버지니아의 안전한 곳으로 옮기는 계획에 대해 개략적으로 설명하고 있었다. 그리고 다른 세 장의 종이에는 암호처럼 보이는 숫자들로 가득 차 있었다.

THE BEALE PAPERS,
CONTAINING
AUTHENTIC STATEMENTS
REGARDING THE
TREASURE BURIED
OF
1819 AND 1821,
NEAR
BUFORDS, IN BEDFORD COUNTY, VIRGINIA,
AND
WHICH HAS NEVER BEEN RECOVERED.

PRICE FIFTY CENTS.

LYNCHBURG:
VIRGINIAN BOOK AND JOB PRINT.

1885년 출판된 소책자 표지

독립선언문의 비밀

독립선언문의 첫 문단을 분석함으로써 암호 원리를 발견했다.

"When, in the course of human events, it becomes necessary for one
1   2   3   4   5   6   7   8 9   10   11   12

people to dissolve the political bands which have connected them with
13   14   15   16   17   18   19   20   21   22   23

another, and to assume among the powers of the earth, the separate and equal
24   25   26 27   28   29 30   31 32 33   34 35   36   37

station to which the laws of nature and of nature's God entitle them, a decent
38   39 40   41   42   43 44   45 46 47   48   49   50   51 52

respect to the opinions of mankind requires that they should declare the causes
53   54 55 56   57 58   59   60 61 62   63   64 65

which impel them to the separation."   처음에 등장하는 숫자들 몇 개만 적용해도 원문의 형태가 드러난다.
66   67   68   69 70 71

두 번째 암호문의 첫 부분에서도 'deposited'라는 단어를 발견할 수 있다.

Taking the first few numbers of the ciphertext, a pattern emerges:

115, 73 24, 807, 37, 52, 49, 17, 31, 62, 647, 22, 7, 15, 140, 47,
- - a - e d e p o s - t e d - n

29, 107, 79, 84, 56, 239, 10, 26, 811, 5,
t - - - o - n t - o

Even in this sample the beginnings of a message emerge with the word 'deposited.'

두 번째 암호의 해독문

"I have deposited in the county of Bedford, about four miles from Buford's, in an excavation or vault, six feet below the surface of the ground, the following articles, belonging jointly to the parties whose names are given in [cipher] number 3, herewith:

The first deposit consisted of one thousand and fourteen pounds of gold, and three thousand eight hundred and twelve pounds of silver, deposited November, 1819. The second was made December, 1821, and consisted of nineteen hundred and seven pounds of gold, and twelve hundred and eighty-eight pounds of silver; also jewels, obtained in St. Louis in exchange for silver to save transportation, and valued at $13,000.

The above is securely packed in iron pots, with iron covers. The vault is roughly lined with stone, and the vessels rest on solid stone, and are covered with others. Paper number 1 describes the exact locality of the vault so that no difficulty will be had in finding it".

미스터리와 상상력

특히 문학 장르에서 비밀 메시지는 더욱더 매력적이다. 19세기 이후로 암호나 코드를 해독하여 실마리를 풀어나가는 추리소설들이 많이 등장했다. 당시 대중매체도 급속도로 보급되었으며, 특히 신문은 지면에 퍼즐난을 싣기도 하였다. 추리소설의 대명사 에드거 앨런 포Edgar Allan Poe와 아서 코난 도일 Arthur Conan Doyle 역시 코드, 암호, 비밀 메시지의 매력에 빠져 있었다. 그들은 이러한 요소들을 적극 활용하여 작품을 썼다.

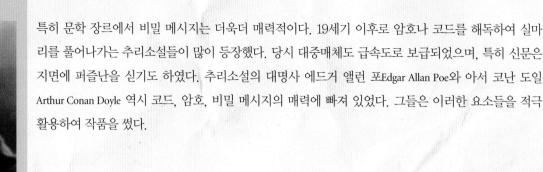

보물지도

예전에 사라진 보물을 찾아 떠나는 여행, 그리고 이를 찾기 위한 알쏭달쏭한 실마리는 수많은 작가들이 사용했던 공통적인 소재들이다. 로버트 루이스 스티븐슨Robert Louis Stevenson(1850~94, 위)은 그의 작품 『보물섬』(1883)에서 이러한 소재들을 완벽하게 활용하였다. 그는 바르톨로뮤 에딘버러 지리 연구소 Bartholomew Edinburgh Geographical Institute(아래)에서 작성한 보물섬 지도도 독자들에게 함께 제공했다. 이 지도에는 보물의 위치를 찾아내기 위해 주인공들이 풀어야 하는 수수께끼도 들어 있다. 이 지도는 예전에 나온 보물 위치를 기록한 상상 지도 중 하나이다. 그 이후로 톨킨의 『중간계Middle Earth』, C. S. 루이스의 『나니아Narnia』, 프랫쳇 Pratchett의 『디스크월드Discworld』 등 다양한 작품에서 가상의 지도들이 등장하였다.

미스터리 또는 상상력?

미국 소설가 애드거 앨런 포(1809~1849)는 단편소설, 공포소설, 탐정소설, 미스터리 및 공상과학 소설 등 다양한 문학 장르의 아버지로 여겨지고 있다. 포는 당시 눈부신 과학 발전에 매료되어 작품 속에 과학적인 소재들을 많이 등장시켰다. 하지만 가장 비중 있게 다루었던 소재는 암호 해독이었다. 심지어 그는 필라델피아의 「알렉산더 위클리 메신저Alexander's Weekly Messenger」 독자들로부터 암호 퀴즈를 받아서 풀어내는 경쟁도 벌였다. 포는 치환 암호 방식만으로도 독자들이 보낸 모든 퀴즈를 풀어냈다. 독자들이 보낸 100개의 암호 풀이에 모두 성공한 후, 두 가지 암호 문제를 제시했다. 그는 독자가 낸 퀴즈라고 주장했지만 사실 그가 스스로 고안한 문제처럼 보인다. 그는 독자들과 이 암호를 놓고 경쟁을 벌였다. 하지만 그가 낸 암호는 인터넷을 통해 해답을 얻어내기까지 150년 동안 수수께끼로 남아 있었다.

애드거 앨런 포는 암호 해독에 엄청난 관심을 보였다.

풍뎅이

포의 소설 『풍뎅이The Gold-Bug』(1843, 1845년에 수정)는 잃어버린 보물, 광기, 집착에 관한 이야기를 담고 있다. 키드 선장의 잃어버린 보물의 위치를 찾기 위해서 주인공은 괴기한 지도 정보와 복잡한 암호를 모두 해독해야만 한다. 이 암호는 양피지 위에 보이지 않는 잉크로 적혀 있다. 이 소설의 우울한 주인공 르글란드는 바닷가에서 우연히 이 양피지를 발견한다.

```
"53‡‡†305) ) 6*;4826)4‡.)4‡) ;806*;48†8¶(60) )85;1‡(;:‡*8†83(88)
5*†;46(;88*96*?;8)*‡(;485);5*†2:*‡(;4956*2(5*—4)8¶8*;40692 85)
;)6†8)4‡‡;1(‡9;48081;8:8‡1;48†85;4)485†528806*81(‡9;48;(88
;4(‡?34;48)4‡;161;;188;‡?;"
```

이 소설 속의 화자는 아무런 정보도 말해주지 않고 있다. 게다가 한 줄로 나열된 숫자와 상징으로 독자들은 더욱 혼란에 빠져든다. 주인공 르글란드는 특정 알파벳을 확인하기 위해 빈도 분석(68쪽 참조)을 통해 메시지를 풀어가는 과정을 독자들에게 한 단계씩 보여준다. 그리고 이중 상징들과 암호문에서 반복적으로 등장하는 글자들을 분석함으로써 마침내 메시지를 해독하였다.

"악마의 자리에 있는 주교의 호스텔의 좋은 유리 북동쪽 41도 13분, 북쪽의 중심 가지를 향해 일곱 번째 가지 동쪽 발사 죽음의 머리의 왼쪽 눈으로부터 50피트 밖에서 발사를 통해 나무로부터 벌의 줄"

하지만 이 해독문 역시 암호문과 별로 차이가 없다. 르글란드는 이 해독문을 다시 분석한다. 그리고 '유리'는 망원경을, 주교의 호스텔은 주변의 튀어나온 바위를 의미한다는 사실을 알아낸다. 악마의 자리는 망을 보는 장소를 말한다. 이러한 힌트를 바탕으로 다시 메시지를 해석한다.

나뭇가지에 박혀 있는 해골을 가지고 멀리 보이는 나무를 확인할 수 있다. 해골의 왼쪽 눈을 통해 무거운 줄을 떨어뜨리면 키드의 보물이 있는 곳에서 15m 위의 지점을 가리킨다.

셜록 홈즈의 탄생

코난 도일이 만들어낸 주인공들 중 가장 돋보이는 인물은 단연 뛰어난 암호 해독가 셜록 홈즈이다. 해결이 거의 불가능해 보이는 상황에서도 홈즈는 암호 분석을 통해 모든 사건을 마무리짓는다.

춤추는 인형

소설 『춤추는 인형The Adventure of the Dancing Men』에서 홈즈는 설명하기조차 힘든 논리를 펼치며 그의 동료 왓슨 박사를 또 한번 놀라게 한다. '160개 암호 해독에 관한 별볼일없는 논문'을 썼음에도 불구하고, 홈즈는 빈도 분석을 활용하여 사건을 풀어나가고 있다. 그러나 불행하게도 시간을 너무 지체한 나머지, 이야기 속에서 암호를 썼던 사람을 구해내지는 못한다. 코드 메시지는 겉보기에 크게 위협적이지 않았기 때문에, 암호의 양이 너무나 많았기 때문에, 또는 각각의 코드를 통해 전체적인 의미를 분석하기 쉽지 않았기 때문에 해결에 이르기까지 많은 시간이 걸렸을 것이다. 이 소설에서 의뢰인은 춤추는 성냥개비 인형 모양의 코드를 홈즈에게 가져다준다.

아서 코난 도일(1859~1930)

그가 만든 세계적인 스타 셜록 홈즈는 사건을 풀어 나가는 과정에서 암호 분석이라고 하는 과학수사 접근 방식을 활용한다. 하지만 그의 소설에서 실제로 암호를 사용한 적은 거의 없다.

1. 첫 번째 메시지

홈즈는 '춤추는 인형'이 알파벳을 의미한다고 가정한다. 그리고 가장 많이 등장하는 인형 모양이 e에 해당하는 것이라고 잠정적으로 결론을 내린다. 더불어 깃발을 흔들고 있는 인형은 단어를 구분하는 특수 문자라고 생각한다.

홈즈는 가장 많이 등장하는 인형 자리에 e를 채워넣는다. 그리고 주변의 빈칸들을 다양한 방식으로 채워넣어 본다.

A M/ H E R E/ A ·· E/ ···· A · E ··

그러던 중 마지막 두 단어는 암호를 보낸 자의 이름이라는 생각이 떠올랐다. 그의 예감이 정확하다면 범인의 이름은 'Abe'이며 미국인일 것으로 추정된다.

2. 두 번째 메시지

도무지 의미를 알 수 없는 인형들이 일렬로 늘어서 있다. 홈즈의 추측에 따르면 **A ··/E ·· R ··· E ··**와 같은 문장이 될 것이다. 홈즈는 이 메시지가 범인의 위치를 의미하는 것이라고 생각한다.

홈즈는 의뢰인의 아내 이름이 엘지Elsie라는 말을 듣고, 위와 같이 빈칸에 I, L, S를 채워넣어 보았다. 그리고 그 앞의 단어에 대해 곰곰이 생각해 보았다. 범인이 엘지와 만나고 싶어한다면 첫 번째 단어는 아마도 come일 것이다. 이제 그 문장은 다음과 같다.

C O M E/ E L S I E

이 발견으로 홈즈는 많은 힌트를 얻었다. 이제 첫 번째 메시지는 다음과 같다.

A M/ H E R E/ A B E/ S L A · E ··

홈즈는 당장 경찰에 연락하여 아베 슬레이니Abe Slaney라는 인물의 조회를 의뢰했다. 드디어 목표가 보이기 시작한다.

3. 세 번째 메시지

세 번째 메시지는 엘지의 답장처럼 보인다. 홈즈는 이 메시지에서 V에 해당하는 인형을 알아냈다.

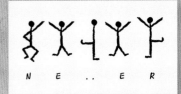

4 마지막 메시지

위의 세 가지 메시지를 바탕으로 홈즈는 네 번째 메시지 해독에 성공한다. 하지만 그가 베이커 가에 도착했을 때, 사건은 이미 벌어져 있었다.

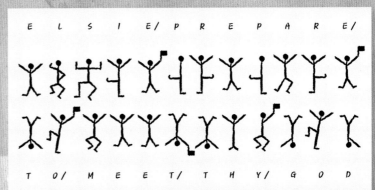

홈즈가 네 번째 메시지를 받았을 때, 모르는 기호들도 들어 있었지만 충분히 그 의미를 파악할 수 있었다. 그러나 홈즈가 현장에 도착했을 때, 암호를 보낸 이는 이미 총을 맞고 쓰러져 있었다. 게다가 미국의 갱스터 아베 슬레이니는 엘지와 의뢰인을 살해한 뒤였다. 슬레이니는 엘지의 예전 동료로서, 협박편지를 보내기 위해 그녀에게 접근했던 것이다. 그가 사용했던 암호는 주로 시카고 지하세력이 사용하던 것이었고, 이에 홈즈는 그가 쫓기는 몸이었다고 짐작하고 있었다.

판타지 코드

20세기에 접어들면서 수많은 작가, 영화제작자, 게임개발자들이 새로운 문자, 역법, 숫자체계, 그리고 코드로 가득 찬 미스터리 세계를 창조함으로써, 판타지 및 공상과학에 대한 관심이 급속하게 증가했다. 톨킨(J. R. R. Tolkein, 1892~1973)은 그의 소설 『중간계The Middle Earth』에서 여러 가지 새로운 언어들을 선보이고 있다. 그리고 이러한 언어들을 기반으로 창조적 판타지 소설의 최고봉에 올랐다.

16세기 아이슬란드 탐험가 아르네 사크누셈 Arne Saknussemm을 룬문자로 표기한 것. 소설 『지구 속 여행Journey to the Center of the Earth』은 사크누셈이 남긴 암호를 사건 해결의 실마리로 등장시키고 있다.

초기 공상과학

코드 메시지(260쪽 참조)를 사용하여 추리 소설을 쓴 최초의 작가는 일반적으로 에드가 알렌 포라고 알려져 있다. 하지만 이러한 형태의 작품은 19세기에 이미 등장했다. 프랑스 작가 쥘 베른 Jules Verne의 1864년 소설 『지구 속 여행』은 아이슬란드 룬문자로 기록된 암호를 발견하는 장면으로 시작한다. 그리고 무려 네 단원 동안 암호를 풀어가는 이야기가 이어진다. 처음으로 린덴브록 교수가 룬문자들의 번역을 시도하지만 해석은 뒤죽박죽이 되어버리고 결국 암호임을 알아챈다. 수직 방향으로 문자들을 배열한 뒤, 행을 따라 읽어나가는 시도를 해보지만 아무런 성과가 없다. 린덴브록 교수는 각 문자 그룹에서 첫 글자만을 떼어내어 읽어 보고, 또 다시 두 번째 글자를, 그리고 계속적으로 그 다음의 글자를 떼어내서 읽어보는 시도를 한다. 그래도 아무런 의미가 떠오르지 않는다. 그리고 마침내 이를 거꾸로 읽으면 라틴 문자의 형태로 메시지가 나타난다는 것을 발견한다. 이제 탐험대는 해독한 메시지를 가지고 지구의 중심으로 들어가는 길로 들어선다. 작가 쥘 베른은 30년이 지난 1885년, 소설 『혁명가 마티아스Mathias Sandorf』에서 그릴 암호(80쪽 참조)를 소재로 사용하고 있다.

톨킨의 룬문자

프랑스 솜Somme 전쟁의 참전 용사이자 옥스퍼드 대학의 앵글로색슨 및 영문학 교수를 역임한 톨킨은 『반지의 제왕』 3부작을 완성한 인물이다(1954~1955). 그는 학술적인 기반 위에서 이야기를 그려나감으로써 더 높은 신뢰성을 구축할 수 있었다. 나약한 선과 강력한 악이 벌이는 최후의 전쟁에 대한 그의 상상력은 『중간계』에서 나타나는 일관적인 비전, 다양한 룬문자, 그리고 『호빗The Hobbit』(1937), 『실마릴리온 The Silmarillion』(1977)과 같은 작품에서 제시하고 있는 자료 속의 구체적인 신화적 역사에 의해 더욱더 풍부하게 펼쳐지고 있다(스스로 왕국의 지도를 제작했다). 톨킨은 아주 오래된 문서들을 기반으로 다양한 알파벳과 문자 체계를 만들었으며 그 스스로도 『중간계』의 상상력은 바로 이러한 문자들로부터 나온 것이라고 말하고 있다. 1915년 톨킨은 첫 번째 문자, 퀘냐Quenya를 개발하였다. 이 언어는 이후 '하이일레븐High Eleven'으로 진화한다. 『호빗』을 퀘냐 문자로 표기하면 다음과 같다.

키르스

노르웨이 및 앵글로색슨의 룬문자를 직접적인 모델로 탄생한 문자. 키르스는 퀘야, 신다린Sindarin(웨일즈에 기반을 두고 있는), 드와비쉬 Dwarvish 등 다양한 중간계 언어의 기록에 사용된다. 왼쪽에서 오른쪽으로 기록하며 점을 찍어 단어를 구분한다.

텡과르

텡과르Tengwar라는 문자 체계는 티벳 또는 브라민 문자를 연상시킨다. 톨킨은 텡과르를 만들기 위해 엄청난 정성을 들였다. 텡과르는 기록하는 대상 언어(가령 신다린 또는 퀘냐 등)에 따라 여러 가지 '모드'로 변한다.

사라티

일부 비문에 사용되었던 사라티 문자는 위에서 아래로, 그리고 왼쪽에서 오른쪽으로 기록한다. 사라티 문자 체계는 자음, 그리고 자음 앞뒤의 모음 구별 기호로 이루어져 있다.

판타지 언어

영국 정치인이자 철학자인 성 토머스 무어(1478~1535)는 그의 정치적 공상소설 『유토피아』(1516년, 오른쪽)에서 이상적인 형태의 문자를 제시하고 있다. 최근 50년 동안, 판타지 작품상에서 새로운 언어와 문자들이 많이 등장하고 있다.

"토마스 모어의 이상국가 문자. '유토피아'를 의미한다."

	A	B	C	D		
					고대 알파벳	TV 시리즈 〈스타게이트 SG-1〉에서 등장
					아스Ath 알파벳	소설 『성계의 문장Crest of the Stars』(1996)에 등장. 히로유키 모리오카의 3부작 『세이카이』 중 첫 번째 작품
					오렉-베시Aurek-Besh	〈스타워즈: 제다이의 귀환〉에 처음으로 등장. 미국 소설가 크레인Stephen Crane이 만든 알파벳
					그노미시Gnommish	콜퍼Eoin Colfer의 어린이 책 『아르테미스 파울Artemis Fowl』 시리즈에 등장
					하일리안Hylian	〈젤다의 전설Legend of Zelda〉 및 다른 닌텐도 판타지 게임에 등장
					크립토니언Kryptonian	1970년대 DC코믹스 출판사의 만화 〈슈퍼맨〉에 등장. E 넬슨 브리드웰이 개발한 이 문자는 TV 시리즈 〈스몰빌〉에도 나온다.
					머레인Marain	뱅스Iain M. Banks가 『컬처 시리즈the Culture novels』에서 소개
					SGA	톰 홀Tom Hall이 컴퓨터 게임 시리즈 〈커맨더 킨Commander Keen〉을 위해 개발한 표준 은하계 알파벳Standard Galactic Alphabet
					텐크토니즈Tenctonese	조 호손Joe Hawthorne이 피트먼 속기를 변형하여 개발한 것으로 생각됨. 영화 〈에이리언 네이션Alien Nation〉(1988)에서 등장

STAR TREK

스타트렉에는 벌칸, 클링곤, 로뮬란과 같은 외계어들을 표기하기 위해 다양한 알파벳들이 등장한다. 이 중 로뮬란은 크자드(위)로 표기한다.

사이버펑크

최근 컴퓨터의 성능은 급속도로 진화하고 있다. 조만간 인간의 삶을 간섭하고, 결국에는 인간을 압도하게 될지도 모른다. 윌리엄 깁슨(William Gibson, 1948~)의 '사이버펑크' 소설 중 주목할 만한 작품인 『뉴로맨서Neuromancer』(1984)와 『카운트제로Count Zero』(1986)를 보면, 완벽하고 상호교환이 가능한 네트워크상에서 코드화된 데이터와 인간이 서로 바뀔 수 있다는 새로운 패러다임이 등장한다. 워쇼스키 형제의 영화 '매트릭스'의 경우, 미래 세계에서 인간은 컴퓨터가 만들어내는 '현실' 속의 부품으로 살아간다. 여기서 인간은 코드화된 우주 속에 존재하는 하나의 작은 코드에 불과하다.

미국 작가 닐 스티븐슨Neal Stephenson(1959~)은 다양한 컬트 소설들을 발표했다. 그는 지금으로부터 400년 동안의 인류 역사를 압축된 이야기로 풀어내면서, 수학과 암호의 문화적 역사(가상의 인물)에 관한 이론과 구체적인 역사적 자료(실존 인물)를 연결하고 있다. 케임브리지와 블레츨리 파크에서 알란 튜링의 컴퓨터 개발(118쪽 참조)과 오늘날 데이터 천국의 탄생을 조명하고 있는 『크립토노믹스Cryptonomicon』(1999)를 시작으로, 화려한 어드벤처 시리즈 『바로크 삼부작Baroque Trilogy』(2003~04)에서는 기존의 주제들을 더욱 확장해 나가고 있다. 이 작품에는 암호, 기계식 컴퓨터, 연금술과 과학, 자유주의, 자본주의에 관한 개념들과 함께 훅, 뉴턴, 라이프니츠와 같은 유명한 수학자, 자연과학자, 철학자들이 오랜 간격을 두고 서서히 등장하고 있다.

세계 종말의 코드

종말을 표현하는 다양한 이름들이 존재한다. 가령 둠스데이Doomsday, 아마겟돈, 아포칼립스the Apocalypse, 심판의 날 등이 있다. 역사적으로 많은 종교, 많은 집단들이 스스로 '마지막 날'의 시대에 살고 있다고 믿었다. 하지만 자정을 알리는 시각 외엔 아무런 일도 일어나지 않았다. 하지만 지난 50년 동안, 인류는 우리가 생각하는 것보다 훨씬 더 많은 마지막 날을 넘겨왔다. 원폭 공격, 환경 재난, 세계적 전염병, 제3차 세계대전의 위험 등은 이미 언론에서 많이 다루었던 기사들이다. 우리 사회의 주변에 숨어 있는 집단들, 그리고 편집증적인 사람들은 요한계시록의 실현이 다가왔으며 예언은 결코 돌이킬 수 없다고 말하고 있다. 또한 우리가 만약 그 암호를 풀 수 있다면 직접 눈으로 예언을 확인할 수 있을 것이라고 주장하고 있다.

요한계시록의 네 기사

위의 알브레히트 뒤러의 그림처럼, 중세시대의 사람들이 두려워했던 전쟁, 침략, 전염병, 죽음에 대한 두려움은 오늘날에도 남아 있다. 천문학적, 점성술적인, 그리고 여러 다양한 계산들로 나온 숫자들의 조합으로 수많은 '최후의 날'이 탄생했다. 노스트라다무스가 인류의 미래에 대해 경고한 해는 다음과 같다.

4월 23일에 오는 그리스도 수난일, 성 조지의 날
4월 25일에 오는 부활절, 성 마가의 날
6월 24일에 오는 성체 축일, 세례 요한의 날

위 예언에 해당하는 날은 다음 연도에 나타났다. 그리고 그 해에 발생한 재난들은 노스트라다무스의 '코드화된' 계산과 일치하는 것이라고 여겨졌다.

45, 140, 387, 482, 577, 672, 919, 1014, 1109, 1204, 1421, 1451, 1546, 1666, 1734, 1886, 1945년. 그리고 앞으로 다가올 해는 2012, 2096년이다.

노스트라다무스

프랑스인 노스트라다무스Nostradamus(원래 이름은 미셸 드 노틀담, 1503~66)는 유명한 점성술사이자 르네상스 시대를 살았던 의사였다. 그는 매년 출판되는 베스트셀러 『연감』, 『예지』, 『예언』을 통해 평생 6,338개 정도의 예언을 남겼다. 최근 사람들은 인류의 역사를 3737년까지 예언하고 있다고 알려진 '지각 예언perceptual prophecies'에 가장 큰 관심을 보이고 있다. 또한 노스트라다무스의 예언을 히틀러와 케네디 가문과 관련된 여러 사건들과 연결시키는 사람들도 있다. 그들은 이러한 사건들이 예언이 '실현'된 것이며, 이를 근거로 노스트라다무스가 진정한 예언자라고 주장하고 있다. 아직까지 수많은 마산과 소문들이 노스트라다무스 주위를 둘러싸고 있다. 예를 들어, 노스트라다무스는 똑바로 선 채 묻혀 있으며, 목에는 그의 무덤이 언제 파헤쳐질지를 예언하는 메달을 걸고 있다고 한다. 하지만 실제로 그의 예언에는 많은 문제점들이 있다. 어떤 사람들은 그의 예언이 코드 형식으로 기록되어 있으며, 그의 저서 『제세기Les Centuries』 등에는 그 순서가 뒤바뀌어 있고, 수세기에 걸쳐 크게 왜곡되었다고 주장하고 있다. 그리고 초기 사본과 상당히 차이가 나는 이후의 사본들이 나돌고 있으며, 해석 및 번역 과정에서도 많은 문제점들이 발생하고 있다고 지적하고 있다.

STANT aſsis de nuit ſecret eſtude,
Seul repouſé ſus la ſelle d'æ rain,
Flambe exigue ſortant de ſolitude,
Fait proferer qui n'eſt à croire vain.

첫 '세기'의 사행시

비밀스런 연구를 위해 밤에 깨어 놋쇠로 만든 의자에 홀로 몸을 기대니 고독의 작은 불꽃이 밀려오네. 믿지 못할 말들만 공연히 되뇌는구나.

16세기에 일반적인 현상이기도 하였지만 노스트라다무스는 문학을 포함한 모든 기록, 심지어 과학적인 내용이라고 여겨지는 기록에도 4행시를 사용하였다. 그는 화려하면서 시적인 언어를 사용하였으며, 애매모호한 그리스어 및 라틴어도 즐겨 사용하였다. 배우지 못한 사람들에게 그의 4행시는 역시 일종의 '코드' 였을 것이다. 사실 노스트라다무스의 기록은 은유라고 볼 수 있다. 아마도 당시 세력가들의 심기를 건드리지 않기 위해 의도적으로 애매모호한 형태로 예언을 기록했을 것이다.

고풍스런 필체

원래 라틴어로 기록된 것으로 보인다. 4행시가 프랑스어로 번역되어 있다. 이들 단어 중 5% 정도는 알아보기 힘든 프랑스어이며, 또 다른 5% 정도는 프랑스 고어나 그리스어 또는 라틴어이다.

1666년은 노스트라다무스(왼쪽가 지목된 위험한 해였다. 공교롭게도 당시 영국 런던에서 대화재가 발생하여 도시 전체를 삼켜버렸대(오른쪽). 이러한 일치로 인해, 천년왕국설을 믿는 사람들은 노스트라다무스 예언에 대해 신뢰를 갖게 되었다(하지만 프랑스나 중국의 농부들은 거의 신경을 쓰지 않았다).

자정을 향한 시각?

시카고 대학의 '원자 과학자 게시판'에는 최후의 날을 알리는 시계the Doomsday Clock 가 있다. 1947년 이후로, 이 시계를 만든 사람들은 지금까지도 계속 관리를 해오고 있 다. 그들의 목적은 과학기술의 급속한 발전으로 파멸로 치닫고 있는 문명화에 대한 경 고를 상징적으로 보여주는 것이다. 시계를 만든 사람들은 핵무기, 지구온난화, 생명공 학과 같은 임박한 사안들이 가지고 있는 정치적, 경제적, 환경적 영향력을 고려하여 현 재의 시각을 조정하고 있다. 미국과 소련이 9개월 동안 서로 핵실험 경쟁을 하던 1953 년, 그리고 냉전이 한창이던 1984년, 이 시계는 자정 1분 전을 가리키고 있었다. 2007 년 1월 7일, 이 시계는 자정 5분 전을 가리키고 있다.

요한계시록의 빗나간 예언

Y2K, '2000년 문제' 또는 '밀레니엄 버그'의 공포는 세상의 모든 컴퓨터들에 들 어 있는 시각 시스템이 새천년으로 넘어가는 시점에서 문제를 일으킬 것이라는 걱 정으로부터 나왔다. 당시 이 문제가 컴퓨터 기술에 크게 의존하고 있는 현대사회 에 엄청난 재앙이 될 것이라는 우려의 목소리가 높았다. 가령 핵무기를 관리하는 시스템이 고장난다면… 아니면 병원이나 무기 관리에 문제가 생긴다면? 이러한 걱 정은 기존 컴퓨터들의 프로그래밍 방식 때문이었다. 많은 사람들이 1999년 12월 31일과 2000년 1월 1일 사이에 데이터 프로세싱에 큰 문제가 발생할 것이라고 경 고하였다. 이에 따라, 많은 국가와 기업들은 엄청난 비용을 들여 컴퓨터 업그레이 드 사업을 벌였으며 Y2K-안전'을 위해 최선을 다했다. 그러나 정작 1999년 12 월 31일 자정, Y2K 호환을 위해 많은 시간과 돈을 들인 나라에서도, 그리고 그렇 게 하지 않은 나라에서도 특별한 일은 발생하지 않았다. 다만, 두 나라에서 버스표 승인 기계가 고장이 났지만 다행히 아무도 죽지는 않았다고 한다.

2012년: '지구의 종말?'

오늘날 많은 뉴에이지 추종자들이 인 간의 문명 세계를 영원히 바꾸어버릴 대격변이 2012년 12월 21일에 일어날 것이라고 주장하고 있다. 그중 일부는 BC 1800년경 중앙아메리카 마야인들 이 사용한 장주기 역법Long Count(위) 에 근거를 두고 있다. 이 역법은 엄청 나게 긴 주기를 사용하고 있으며(어떤 것은 심지어 52년 이상이다), 2012년은 바 로 이 역법이 포함하고 있는 5125년의 주기가 모두 끝나는 해이다. 또한 이 날은 '은하계 일치Galactic Alignment', 즉 동지의 해가 우리 은하계 적도와 일 직선을 이루는 시점이기도 하다. 일부 뉴에이지 신도들은 이를 주장의 근거 로 활용하고 있다. 하지만 이상하게도 이 날은 노스트라다무스가 예언한 위 험한 연도(맞은편)와도 일치한다. 그럼 에도 불구하고, 마야 문명의 전문가들 은 그들의 주장이 터무니없는 것이라 고 생각하고 있다. 장주기 역법이 끝났 다고 해서 세상이 끝날 것이라는 근거 는 어디에도 없으며(세계는 역법이 나오 기 이전에도 분명히 존재했다), 마야인들 이 그러한 의도로 역법을 개발했다는 증거는 어디에도 없기 때문이다.

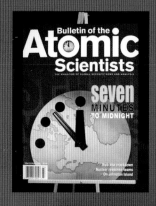

디지털 시대

컴퓨터 시대의 도래와 함께 암호는 전혀 새로운 국면을 맞이했다. 컴퓨터라고 하는 이 특별한 도구는 코드를 만들고 해독하는 기존의 방식을 완전히 바꾸어놓았다. 또한 코드 언어를 활용할 수 있는 최고의 방법으로 떠올랐다. 오늘날 우리 주위 어디에나 이진법 시스템이 널려 있다. 다시 말해, 국정, 공무, 보안, 재정과 관련된 업무로부터 집안일에 이르기까지 우리가 대화하고 이동하고 경제활동을 하고 즐기고 건강과 웰빙을 추구하는 모든 활동들이 0과 1에 의존하고 있다는 뜻이다. 이러한 측면에서 현대인들은 모두 암호 전문가인 셈이다.

슈퍼 컴퓨터

배비지가 차분기관을 개발한 이후 한 세기 만에, 그리고 앨런 튜링Alan Turing이 '봄베bombes' (120쪽 참조)를 개발한 지 10년이 지난 1954년, IBM은 최초의 상업용 컴퓨터인 IBM 704를 출시했다. 당시 IBM의 마케팅 부서는 전체 시장 규모를 여섯 대 정도로밖에 보지 않았다. 그러나 반세기가 지난 오늘날 약 20억 대 가량의 컴퓨터가 판매되었다. 그리고 이중 10억 대 이상이 사용되고 있다. 컴퓨터는 코드 언어만을 인식한다. 아직까지는 주인의 위치를 지키고 있는 인간은 컴퓨터에게 명령(272쪽 참조)을 내리기 위해 코드 언어를 사용하고 있다. 코드 언어를 활용해야만 컴퓨터가 계산하고 생각하고 다른 시스템들과 협동하게 할 수 있다. 하지만 계속 발전하면서도 작아지고 있는 이 영리한 기계는 조만간 코드 언어를 직접 사용하게 될 것이다. 즉, 인간이 들어설 자리가 없어지는 날이 조만간 도래하게 될 것이다.

인간을 지배하는 컴퓨터

지난 10년 동안 최첨단의 '슈퍼 컴퓨터'들이 많이 등장했다. 오늘날 슈퍼 컴퓨터는 우리 사회의 아주 중요한 보안 업무를 맡고 있다. 캘리포니아 리버모어에 있는 로렌스 리버모어 국립연구소Lawrence Livermore National Laboratory의 테라그리드 슈퍼 컴퓨터 아스키 퍼플은 현재 세상에서 가장 빠른 컴퓨터이다. 아스키 퍼플은 또 다른 첨단 시스템, 블루진 Blue Gene/L과 연결되어 있다. 아스키 퍼플의 주요 임무는 미국 핵무기들의 안전 상태를 점검하는 것이다. 시뮬레이션과 함께 여러 가지 검토 작업을 지속적으로 실시함으로써 아스키 퍼플은 추가적인 테스트 작업 없이 중요한 임무를 수행해 나가고 있다. 슈퍼 컴퓨터는 복잡한 접근 절차, 최첨단 보안 코드, 해커들의 침입을 막는 방화벽으로 둘러싸여 있다. 그럼에도 불구하고, 아스키 퍼플을 포함한 다른 최첨단 시스템들은 2007년 아시아 지역으로부터 해커 공격을 집중적으로 받았다고 한다.

NEC 지진 연구소

1997년 요코하마의 지진 연구소에 NEC의 지진 시뮬레이터가 들어섰다. 이 시뮬레이터 역시 우수한 성능을 자랑하는 슈퍼 컴퓨터의 초기 모델들 중 하나이다. 이 슈퍼 컴퓨터는 글로벌 기후 모델을 위한 시뮬레이션을 실행하고 있으며, 기후 변화 및 지리적 기후 상황들을 감시하고 있다. 이를 기반으로 일본은 아주 정확한 일기예보 서비스를 제공하고 있다. 처리 속도는 35조 8천6백억 플롭스FLOPS: floating-point operating per second(1초당 부동 소수점 연산 명령의 실행 횟수)에 육박한다. 2008년 일본 정부는 이보다 더욱 큰 슈퍼 컴퓨터를 개발할 것이라고 발표한 바 있다.

아스키 퍼플

아스키 퍼플은 IBM Power5 SMP 서버 196대로 구성되어 있다. 12,544개의 마이크로프로세서, 50테라바이트 메모리, 그리고 2페타바이트의 저장 공간을 갖고 있다. 운영 시스템은 IBM의 AXL 5L이며, 7.5메가와트의 전기를 소비한다(7,500가구가 사용하는 전력과 맞먹는 양이다). 그리고 특별히 제작된 쿨링 시스템이 들어 있다. 처리 속도는 무려 100테라플롭 teraflop(1테라플롭은 1초에 1조 회 연산을 수행할 수 있는 능력)에 이른다.

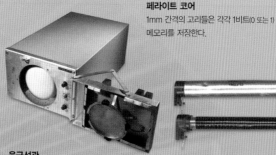

메모리 개발

오늘날 컴퓨터 개발의 중요한 과제 중 하나는 보다 효율적으로 데이터를 저장하는 일이다. 초기 컴퓨터의 경우, 데이터를 입력하면 천공 카드로 출력되었다(272쪽 참조). 그러나 제2차 세계대전 당시 레이더 탐색 기술과 관련하여 개발된 지연 기술 delaying technology을 기반으로 최초의 전자 메모리 시스템이 등장하였다. 이는 1947년 개발된 윌리엄즈와 킬번Williams-Kilburn의 음극선 진공관 방식과 더불어 이진법 메모리 시스템의 쌍벽을 이루었다. 1949년 자기 코어 메모리 기술이 등장하였으며, 이는 오늘날 데스크톱과 노트북 컴퓨터 출현의 초석이 되었다. 자기 코어 기술은 1950년대에 들어서서 본격적으로 활용되기 시작하였다.

페라이트 코어
1mm 간격의 고리들은 각각 1비트(0 또는 1) 메모리를 저장한다.

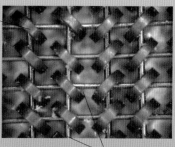

음극선관
음극선관은 2차 전자 방출을 통해 이진법 데이터를 저장한다. 진공관에 이어진 부분은 양전하를 띠고 그 주위는 음전하를 띠면서 '전위벽'이 형성되고, 이를 통해 데이터를 오랫동안 보존할 수 있다.

전기 지연선 저장장치
전기 지연선 저장장치Electric delay-line memory units는 여러 개를 한꺼번에 연결하여 사용한다. 일반적으로 이 장치는 금속 튜브가 에나멜을 입힌 구리선을 감싸고 있는 구조로 이루어져 있다.

자기코어 저장장치
자기코어 저장장치A Magnetic Core Plane는 전류의 방향에 따라 전자기적으로 전하가 바뀌는 원리를 이용하여 데이터를 저장하는 장치로서, 여러 겹의 자기코어판(위 사진들로 이루어져 있다.

배선
빨간색은 X선 또는 Y선이며 녹색은 감지선 또는 금지선이다.

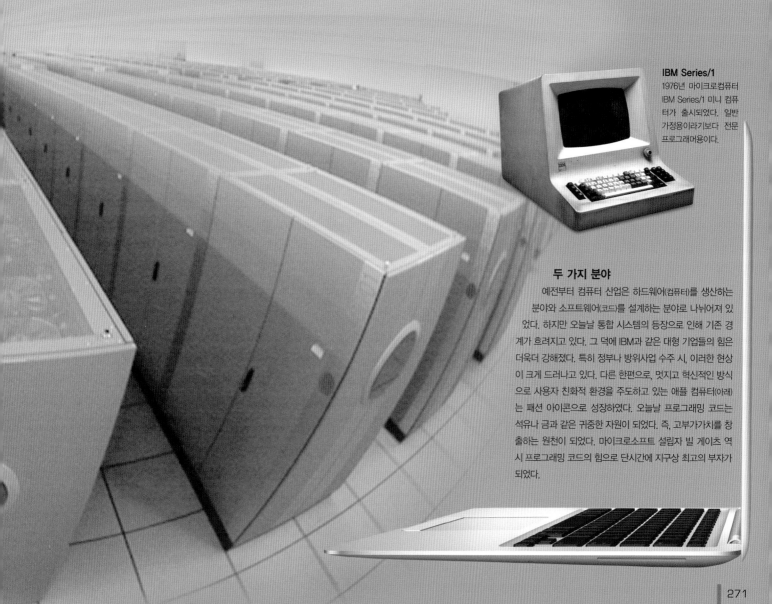

IBM Series/1
1976년 마이크로컴퓨터 IBM Series/1 미니 컴퓨터가 출시되었다. 일반 가정용이라기보다 전문 프로그래머용이다.

두 가지 분야

예전부터 컴퓨터 산업은 하드웨어(컴퓨터)를 생산하는 분야와 소프트웨어(코드)를 설계하는 분야로 나뉘어져 있었다. 하지만 오늘날 통합 시스템의 등장으로 인해 기존 경계가 흐려지고 있다. 그 덕에 IBM과 같은 대형 기업들의 힘은 더욱더 강해졌다. 특히 정부나 방위사업 수주 시, 이러한 현상이 크게 드러나고 있다. 다른 한편으로, 멋지고 혁신적인 방식으로 사용자 친화적 환경을 주도하고 있는 애플 컴퓨터(아래)는 패션 아이콘으로 성장하였다. 오늘날 프로그래밍 코드는 석유나 금과 같은 귀중한 자원이 되었다. 즉, 고부가가치를 창출하는 원천이 되었다. 마이크로소프트 설립자 빌 게이츠 역시 프로그래밍 코드의 힘으로 단시간에 지구상 최고의 부자가 되었다.

컴퓨터와 대화를 나누는 방법

어떤 면에서 컴퓨터는 인간과 아주 닮았다. 자신의 의사를 전달하기 위해서는 상대방이 알아들을 수 있는 언어로 얘기를 해야 한다. 이와 마찬가지로 컴퓨터가 어떤 프로그램을 실행하도록 명령을 내리려면 컴퓨터가 이해할 수 있는 언어로 '말을 해야' 한다. 일반적으로 컴퓨터는 이진법 코드(1과 0의 조합)를 기반으로 작동을 한다. 하지만 사람들은 이러한 방식으로 서로 대화를 하지 않기 때문에 컴퓨터가 이해할 수 있는 언어를 구사하는 것은 결코 쉬운 일이 아니다. 그럼에도 불구하고, 컴퓨터 기술은 컴퓨터의 언어를 기반으로 발전해 왔으며, 사람들은 이를 바탕으로 수많은 프로그램들을 개발하여 다양한 용도로 활용하고 있다.

무어의 법칙
칩 속의 트랜지스터의 수(프로세싱 능력을 결정)가 2년마다 두 배로 증가한다는 법칙. 인텔 공동 창립자 고든 무어Gordon Moore가 1965년에 제시하였다.

1971년 최초의 인텔 칩
23000.74MHz

1993년 첫 번째 펜티엄3
100,000,300MHz

2006년 첫 번째 듀얼 코어
291,000,000,320MHz

프로그래밍 언어
프로그래밍 언어는 '레벨'에 따라 구분할 수 있다. 일반적으로 낮은 레벨의 프로그래밍 언어는 프로세싱 작업을 위한 전반적인 시스템에 활용된다. 예를 들어, '어셈블리어'는 고유 명령native instruction을 마이크로프로세서로 직접 입력한다. 하지만 어셈블리어는 사용자에게 편리한 프로그램을 구축하기에는 적합하지 않다. 또한 다른 시스템에서 구동하기 어렵다. 즉, 호환성이 떨어지는 프로세서 의존적 언어이다. 한편, 상위 언어에는 C 언어와 자바 있다. 이들 언어는 영어와 비슷하다. 이러한 언어를 활용하면 다양하고 효율적인 프로그램들을 쉽게 개발할 수 있다. 웹 브라우저, 오피스 프로그램, 이미지 편집 프로그램 등은 대부분 상위 언어로 개발한다. 상위 언어는 편리하고 호환성이 뛰어난 반면, 컴퓨터가 알아들을 수 있도록 '번역' 작업을 해야 하기 때문에 하위 언어에 비해 속도가 느리다.

컴파일드와 인터프리트
사용자의 명령을 컴퓨터가 이해할 수 있는 언어로 '번역'하는 방식에 따라 프로그래밍 언어를 '컴파일드compiled'와 '인터프리트interpreted' 언어로 구분할 수 있다. C 또는 C++ 및 코볼과 같은 컴파일드 언어는 원래 상위 레벨 언어를 하위 언어로 변환하기 위해 개발된 언어이다. 이 변환 작업은 프로세서에 실행된다. 이와는 달리, 인터프리트 언어는 명령을 입력했을 때 별도의 번역 작업 없이 원천 소스 코드를 직접 실행하는 프로그램을 위한 언어이다. 자바와 같은 인터프리트 언어들은 호환성이 매우 뛰어나며, 인터프리트 언어로 만든 프로그램은 약간의 수정을 거쳐 휴대전화에서부터 슈퍼 컴퓨터에 이르기까지 다양한 시스템에서 구동이 가능하다. 하지만 일반적으로 인터프리트는 컴파일드에 비해 속도가 느리다는 단점이 있다.

미디어
모스 부호나 브라이Braille 문자와 비슷한 시스템으로 이루어진 배비지 천공 카드 방식은 수십 년 동안 컴퓨터 프로그래밍 작업에 활용되었다 (269쪽 참조). 또한 1970년대까지 데이터 저장 및 복구 과정에서도 사용되었다.

1928년 이후로 천공 카드의 포맷 표준화가 시작되었다. 전반적인 구조는 80열로 된 가용 비트와 10행으로 된 데이터 저장 영역으로 이루어져 있으며, 맨 위의 행은 제어를 담당한다.

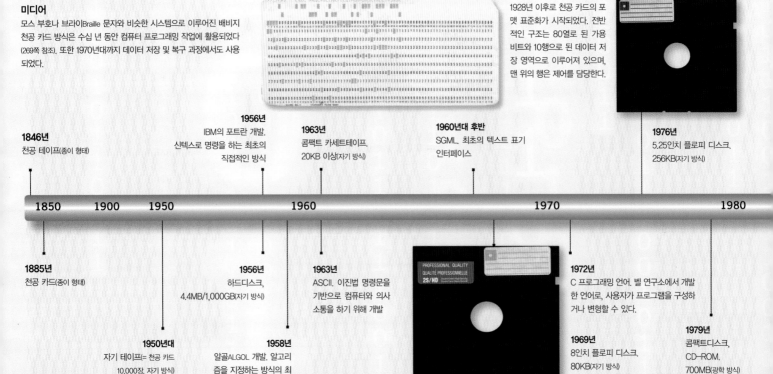

1846년
천공 테이프(종이 형태)

1956년
IBM의 포트란 개발. 신텍스로 명령을 하는 최초의 직접적인 방식

1963년
콤팩트 카세트테이프. 20KB 이상(자기 방식)

1960년대 후반
SGML, 최초의 텍스트 표기 인터페이스

1976년
5.25인치 플로피 디스크. 256KB(자기 방식)

1885년
천공 카드(종이 형태)

1956년
하드디스크. 4.4MB/1,000GB(자기 방식)

1963년
ASCII. 이진법 명령문을 기반으로 컴퓨터와 의사소통을 하기 위해 개발

1972년
C 프로그래밍 언어. 벨 연구소에서 개발한 언어로, 사용자가 프로그램을 구성하거나 변형할 수 있다.

1950년대
자기 테이프(= 천공 카드 10,000장, 자기 방식)

1958년
알골ALGOL 개발. 알고리즘을 지정하는 방식의 최초 프로그래밍 언어

1969년
8인치 플로피 디스크. 80KB(자기 방식)

1979년
콤팩트디스크. CD-ROM. 700MB(광학 방식)

1850　1900　1950　1960　1970　1980

"저는 생산 번호 3번, HAL 9000 컴퓨터입니다."

– 영화 〈2001 스페이스 오디세이〉(1968)에서

스탠리 큐브릭 감독의 영화 〈2001 스페이스 오디세이〉의 한 장면. 승무원이 우주선에 탑재된 컴퓨터 할Hal과 정답게 대화를 나누고 있다. 하지만 임무를 위해 프로그램 되어 있는 컴퓨터 할은 이후, 승무원들을 위협적인 존재로 파악하고 제거해 나간다.

ASCII	Character	ASCII	Character	ASCII	Character
32	(space)	64	@	96	`
33	!	65	A	97	a
34	"	66	B	98	b
35	#	67	C	99	c
36	$	68	D	100	d
37	%	69	E	101	e
38	&	70	F	102	f
39	'	71	G	103	g
40	(	72	H	104	h
41	)	73	I	105	i
42	*	74	J	106	j
43	+	75	K	107	k
44	,	76	L	108	l
45	-	77	M	109	m
46	.	78	N	110	n
47	/	79	O	111	o
48	0	80	P	112	p
49	1	81	Q	113	q
50	2	82	R	114	r
51	3	83	S	115	s
52	4	84	T	116	t
53	5	85	U	117	u
54	6	86	V	118	v
55	7	87	W	119	w
56	8	88	X	120	x
57	9	89	Y	121	y
58	:	90	Z	122	z
59	;	91	[	123	{
60	<	92	\	124	|
61	=	93	]	125	}
62	>	94	^	126	~
63	?	95	_	127	DEL

ASCII

아스키ASCII, American Standard Code for Information Interchange 코드는 가장 오래되고 가장 널리 사용되고 있는 인코딩 언어이다. 아스키 코드를 통해 모든 알파벳과 숫자, 그리고 다양한 구두점을 기록할 수 있다. 1바이트는 원래 8비트로 이루어져 있지만 마지막 비트는 에러 검사를 위한 예비 공간이기 때문에 1바이트에서 가용한 공간은 총 7비트이다. 그리고 각 비트는 0과 1 두 가지 경우로 구성되어 있기 때문에 7비트는 총 128가지 경우의 수를 갖는다. 그러므로 ASCII 코드는 0에서 127까지의 기호를 표현할 수 있다. 왼쪽 도표에는 '출력이 가능한' ASCII 코드가 나와 있다. 이 밖의 아스키 코드들은 시스템 제어를 위한 예비 공간으로 남겨져 있다. 하지만 오늘날 '제어 코드'들은 사용하지 않고 있다. 제어 코드는 컴퓨터 출력을 화면이 아니라 종이에 인쇄하는 방식으로 처리하던 시절에 사용되었다. 그래서 아주 옛날 영문 타자기 자판을 보면 복귀carriage return 키가 있다.

아스키 코드의 활용

아스키 코드로 39 72 101 108 108 111 44 32 67 111 109 112 117 116 101 114 33 39 는 'Hello, Computer!' 이다(구두점 포함).

HTML과 인터넷

우리가 인터넷상에서 만나는 웹사이트 대부분은 HTMLHypertext Markup Language로 만들어진 것이다. HTML은 웹페이지의 각 구성요소들을 표시하기 위해 사용하는 언어이다. 웹페이지 제작자는 먼저 나타내고자 하는 문장을 쓴 뒤에, HTML '태그'로 이 문장들을 둘러싼다. 태그는 각 문장들이 일반적인 문장인지, 하이퍼링크 또는 목록의 일부분인지, 아니면 볼드체, 이탤릭체로 표기해야 하는 것인지를 알려주는 역할을 한다. 그리고 인터넷 사용자가 웹사이트를 접속하는 순간, 이러한 정보들은 사용자 웹브라우저로 전송되고, 사용자 웹브라우저는 전송된 정보에 따라 각각의 구성요소들을 화면에 표시한다. 다른 프로그래밍 언어에 비해 HTML은 아주 간편하게 사용할 수 있다. 이러한 장점으로 HTML은 웹페이지 개발에 주로 사용되고 있다. HTML은 조금만 공부해도 간단한 웹페이지는 쉽게 제작할 수 있다.

스크립트

스크립트는 컴퓨터 시스템과 직접 의사소통을 하는 언어는 아니다. 대신 다양한 목적으로 프로그램을 제어하는 역할을 한다. 일부 웹페이지들은 이러한 스크립트 언어들을 사용한다. 예를 들어, PHP와 ASP 같은 언어들은 웹 서버를 활용하여 사용자의 요구에 맞게 역동적인 방식으로 콘텐츠를 보여줌으로써 HTML을 보완한다(전자상거래 웹페이지 등). CSSCascading Style Sheets 역시 웹브라우저 활용을 위한 스크립트 언어 중 하나이다. CSS를 활용하여 웹페이지의 색상과 폰트를 선택할 수 있다.

유니코드와 멀티바이트

유니코드와 멀티바이트 문자 체계는 아스키의 '후속편' 이라고 할 수 있다. 기존에 아스키 체계는 특수 기호를 표기할 수 없다는 단점을 갖고 있었다. 하지만 유럽 언어들을 표기하기 위해서는 다양한 특수 기호들이 필요하다(만다린 등 다양한 비유럽 언어 역시 마찬가지다). 이러한 문제점을 해결하기 위해 등장한 것이 유니코드이며, 이를 통해 세디유, 분음 부호, 생략 부호 등 악센트들의 표기가 가능해졌다. 그리고 음절문자에서 음절의 음가도 표현할 수 있게 되었다. 즉, 만다린이나 일본어도 인코딩이 가능해진 것이다. 아마도 몇 년 안에 이집트 상형문자를 비롯한 선문자 A, B, 그리고 파이스토스 디스크 문자(28쪽, 30쪽 참조)와 같은 비밀 문자들도 컴퓨터로 입력이 가능해질 것이다.

1994년(위)
메모리카드 : CF, 메모리스틱 (1998), SD(2000), XD(2002), 64GB까지(플래시 방식)

1995년(위)
HTML : 버너스 리Tim Berners-Lee가 웹페이지상에서 하이퍼텍스트를 활용하기 위해 개발한 언어. 선 마이크로시스템즈는 웹페이지를 구축하고 설계하기 위해 자바 언어를 개발했다.

2000년
플래시 드라이브. 128MB/64GB(플래시 방식)

2006년
HD DVD, 30GB(광학 방식)/ 블루레이 디스크, 50GB(광학 방식)

1990　　　**2000**

1994년
ZIP 드라이브. 100MB/750MB(자기 방식)

2004년
초고밀도 광학 디스크. 30GB(광학 방식)

2007년
SSD 32GB/832GB. 64GB SSD
(= DVD 4장, CD 90장, 3.5인치 디스켓 45,000장)

1983년
3.5인치 플로피 디스켓. 1.44MB(자기 방식)

1995년
DVD-ROM. 8.5GB(광학 방식)

엘리스, 밥, 그리고 이브

소수의 꿈

소수는 현대 암호 체계에서 아주 중요한 역할을 맡고 있다. 암호의 고유한 열쇠를 만드는 과정에 소수가 필요하기 때문이다. 소수란 1과 그 자신으로만 나누어지는 자연수를 말한다. 소수는 모두 홀수이다. 그런데 소수처럼 보이더라도 실제는 소수가 아닌 숫자들이 많이 있다.

3 소수/ 5 소수/ 7 소수/ 9 소수 아님/ 11 소수/ 13 소수/ 15 소수 아님/ 19 소수/ 21 소수 아님/ 27 소수 아님/ 37 소수/ 49 소수 아님

고대 이집트 시대로부터 수학자들은 소수 때문에 많은 어려움을 겪으면서도 그 매력에서 빠져나오지 못했다. 모든 자연수들 중에서 소수들만이 아무런 패턴을 갖고 있지 않은 것처럼 보인다. 엄청나게 큰 숫자의 경우, 소수인지를 확인하기 위해서 컴퓨터를 사용해야만 한다. 소수는 현대 암호 체계에서 열쇠를 생성하는 중요한 임무를 띠고 있기 때문에 특정 숫자가 소수인지를 확인하는 작업은 매우 중요하다.

오늘날 암호 세계에서 가장 유명한 사람은 다름 아닌 가상의 인물 엘리스Alice와 밥Bob일 것이다. 일반적으로 컴퓨터 공학, 양자 물리학, 암호학의 분야에서 두 주체 간에 의사소통이 필요한 경우, 이러한 이름을 붙인다. 예전에는 '사람 A', '사람 B', '사람 C' 등으로 불렀지만 1970년대 후반 이후 A는 엘리스Alice로, B는 밥Bob으로, C는 캐럴Carol로 부르게 되었다. 이 외에도 여러 가지 이름들이 더 있다. 오늘날 암호 시스템에서는 엘리스, 밥, 그리고 이와 관련된 이름을 주로 사용한다. 여기에 관련된 대표적인 이름으로 '이브Eve'를 들 수 있다. 암호에서 이브는 '도청자eavesdropper', 즉 암호를 중간에서 가로채려는 사람을 의미한다.

공개 키와 개인 키

암호 시스템에서 대부분 '열쇠'를 가지고 메시지를 암호화한다. 수백 년 동안 암호 시스템은 '대칭symmetric'적인 구조에 머물러 있었다. 대칭적 구조라는 말의 의미는 보내는 이와 받는 이가 동일한 알고리즘과 열쇠를 갖고 있어야 한다는 뜻이다. 이러한 구조에서 받는 이는 암호를 풀기 위해 열쇠를 가지고 암호화 단계를 거꾸로 밟아나가기만 하면 된다(64~87쪽 참조). 보내는 이와 받는 이가 열쇠를 안전하게 보관하고 있다면 대칭적 시스템 역시 매우 강력하다. 반면, 오늘날 디지털 암호 열쇠는 모든 문자들을 암호화하기 위해 매우 긴 형태를 띠고 있다. 열쇠의 유형도 다양해졌으며, 암호화 알고리즘도 많아졌다. 게다가 최근 일부 암호 시스템들은 '공개 키'와 '개인 키'(RSA라고도 함)를 사용하는 '비대칭asymmetric'적인 구조를 기반으로 하고 있다. 이러한 구조에서는 개인 키로 암호를 만들었다고 하더라도 이를 풀기 위해서는 공개 키도 가지고 있어야 한다. 그 반대도 마찬가지이다. 비대칭 구조를 한 암호 시스템을 활용하기 위해서는 우선 무작위 숫자(종종 소수, 왼쪽)를 생성하여 열쇠 쌍들을 만들어야 한다.

엘리스

개인 키
공개 키

엘리스는 우선 아주 큰 임의의 숫자(오른쪽)를 생성하여 공개 키와 개인 키라고 하는 두 가지 열쇠를 만든다. 그리고 공개 키 복사본을 밥과 캐럴에게 보낸다. 엘리스는 개인 키를 사용하여 메시지를 암호화한 뒤, 이를 밥과 캐럴에게 전송한다. 이 메시지를 해독하기 위해서는, 엘리스로부터 받은 공개 키 복사본이 반드시 필요하다. 여기서 엘리스는 혼자 개인 키를 갖고 있기 때문에, 가장 신뢰도가 높은 인물이다.

PGP

PGPpretty good privacy는 비대칭 구조를 기반으로 공개 키와 개인 키를 사용하는, 오늘날 가장 널리 알려진 디지털 암호화 시스템이다. PGP는 1991년 필립 치머만Philip Zimmermann(왼쪽)에 의해 개발되었다. 그는 '디지털 서명' 제도를 도입하기 위해, 특히 인터넷 사용자들이 안전하게 메일을 주고받게 하기 위해 PGP를 고안했다. 하지만 곧 보안 문제가 대두되었다. 범죄 조직이나 테러리스트들이 PGP를 사용할 경우, 정보의 입수 자체가 불가능해지기 때문이었다. 미국의 정보 전송 규제export regulation에 따르면 40비트 이상의 암호 시스템은 기술적으로 '군수품/무기'로 취급을 받고 있는데 PGP의 경우 128비트 이상만을 사용하고 있다. PGP가 점차 범죄에 활용되기 시작되면서 치머만은 헌법 수정 제1항의 정보 전송 규제에 관한 문제를 피하기 위해 책으로만 PGP를 발표하였다.

밥

밥은 엘리스가 보낸 공개 키를 가지고 메시지를 해독한다. 밥은 자신의 메시지를 공개 키로 암호화하여 엘리스에게 보낼 수 있다. 그가 보낸 메시지는 개인 키를 가지고 있는 엘리스만이 해독할 수 있다.

> "소수들은 자연수 밭에서 자라는 잡초이다. 소수는 우연의 법칙 외에 아무런 법칙을 따르지 않는다."
>
> – Don Zagier, 숫자 이론가(1975)

RSA 알고리즘은 1973년 영국의 정보통신본부GCHQ에서 근무하던 수학자 클리포드 콕스Clifford Cocks가 처음으로 소개하였다. 이후 이 알고리즘의 개념은 MIT의 론 리베스트, 아디 셰미르, 레오나르드 아델만에 의해 독자적으로 개발되었다(RSA는 그들 성의 첫 글자를 딴 이니셜이다). 1977년 그들은 연구 결과를 발표하였다.

이브

'도청자' 이브는 이 그룹 외부의 사람이다. 하지만 이브가 공개 키의 복사본을 어떻게든 입수한다면 밥이나 캐럴 행세를 하면서 엘리스에게 답장을 보낼 수 있다. 그러나 캐럴은 밥과 캐럴이 엘리스에게 보낸 메시지를 해독할 수는 없다. 여기까지가 이브의 한계이다. 또한 엘리스는 정기적으로 공개 키를 갱신하여 밥과 캐럴에게 보낼 수 있다.

캐럴

캐럴 역시 엘리스로부터 공개 키를 받아 엘리스가 보낸 메시지를 해독한다. 밥과 마찬가지로 엘리스에게 답변을 보내기 위해서 공개 키로 암호화해야 한다. 그리고 캐럴의 메시지 역시 엘리스만이 해독할 수 있다.

열쇠를 생성하는 방법

엘리스는 우선 p(예를 들어, 223)와 q(예를 들어, 199)의 두 가지 소수를 생성한다. 실제로는 이보다 훨씬 더 큰 소수를 사용한다.

p와 q를 가지고 n{44377=pXq}, Φ{43956=(p-1)X(q-1)}이라고 하는 다른 숫자를 만든다.

그리고 임의의 정수 e(예를 들어, 5)를 선택한다. e는 n과 Φ를 연결한다.

마지막으로 e와 Φ를 연결하는 비밀번호 d(35165)를 만든다. 여기서 공개 키는 (n, e)이고 개인 키는 (n, d)가 된다.

그 다음으로 엘리스는 밥과 캐럴에게 공개 키 복사본을 보낸다. 그들은 복사본으로 엘리스의 메시지를 해독할 수 있다.

엘리스는 메시지를 암호화한 뒤, 이를 밥에게 보낸다. 암호문은 e의 제곱 n의 계수를 곱한 것이다(여기서 계수란 24시와 같이 둘러싸고 있는 숫자를 말한다). 이제 암호화 과정이 끝났다. 그 다음, 이 암호문을 다섯 자리로 끊어서 배열한 뒤 밥에게 전송한다. 가령 'Hello, Bob'이라는 메시지는 '26946 09392 37665 23986 12461'로 암호화되어 전송된다.

이제 밥은 공개 키(n, e)를 가지고 '26946 09392 37665 23986 12461'을 해독한다. d를 제곱하고 여기에 n의 계수를 곱한다. 열쇠가 정확하다면, 밥은 '26946 09392 37665 23986 12461'에서 'Hello, Bob'이라는 메시지를 보게 될 것이다. 물론 잘못된 열쇠로는 메시지를 풀 수 없다.

무작위 숫자를 만들어내는 방법

컴퓨터에게 무작위 숫자를 만들어내라고 명령하는 것은 사실 무척 힘든 일이다. 컴퓨터는 자신의 본성에 따라 자기가 받은 명령만을 따른다. 즉, 컴퓨터에게 마음대로 숫자 하나를 골라보라고 부탁하는 것은 불가능하다. 하지만 오늘날의 PC는 '클록 주파수 계수기clock cycle counter'를 사용하여 이 문제를 우회적으로 해결하고 있다. 모든 컴퓨터 프로세서는 특정 주파수에서 반응하는 반도체를 포함하고 있다. 그리고 그 주파수는 프로세서의 단일 연산 처리에 걸리는 시간과 동일하다. 이 주파수는 프로세서의 처리 시간을 맞추기 위해 사용되며 주파수에 따라 모든 연산 작업이 처리된다. 그리고 프로세서가 '신호를 보내는 순간' 계수가 내부적으로 나타난다. 일반적으로 이 계수는 무작위 숫자의 형태로 발생한다. 사용자가 무작위 수를 요청하는 순간마다 이 계수는 계속 변하면서 새로운 숫자들을 만들어낸다. 가령 컴퓨터 프로세서의 속도가 3GHz라면 1초에 30억 개의 무작위 숫자가 만들어지는 셈이다!

엔트로피 풀

더욱 진보된 시스템은 무작위 숫자를 생성하기 위해 엔트로피 풀entropy Pool을 사용한다. 엔트로피 풀이란 무작위 숫자를 생성하기 위해, 열잡음thermal noise과 같은 물리적인 현상을 활용하는 하드웨어의 특수한 일부를 말한다. 최첨단 엔트로피 풀은 양자 현상을 활용하는 방식이다. 양자역학의 법칙을 활용하면, 예측 불가능하고 무작위적인 방식으로 시스템이 작동하도록 할 수 있다.

안전한 온라인 거래

우리의 카드 정보는 온라인상에서 안전하게 관리되고 있을까? 페이팔PayPal이나 구글의 체크아웃Checkout과 같은 대형 서비스 사이트들은 안전 거래를 위해, 특별히 만든 개인 키 암호 체계를 사용한다. 아주 최근에 페이팔은 거래 동안에만 사용할 수 있는 일시적인 코드를 생성하는 '열쇠' 장비를 개발했다. 이와 비슷하게, 수많은 은행들 역시 온라인 뱅킹의 안전성을 높이기 위해 유사한 장비들을 개발하고 있다.

미래의 의료기술

우리는 '키홀' 수술이나 장기 이식과 같이 우리가 태어날 당시 유행하지 않았던 다양한 의료 기술들과 오늘날 접하고 있다. 특히 인간 게놈 프로젝트(174쪽 참조)의 완성과 같은 의학적 성과와 더불어 제약 산업, 나노 기술, 로봇 공학과 같은 분야들이 급속하게 발전하고 있다. 어떤 측면에서 의학 발전 역시 코드화된 컴퓨터 기술에 의존하고 있다. 왓슨과 크릭이 DNA 코드를 발견한 이후(170쪽 참조) 반세기 동안, 사람들의 행복과 수명은 좋든 나쁘든 간에 디지털 기술에 점점 더 크게 의존하고 있다.

히포크라테스 선서

히포크라테스Hippocrates of Cos(BC 약 460~370)는 오늘날 세상의 모든 의사들이 지켜야 할 코드인 히포크라테스 선서를 만들었다. 그의 생각들은 코르푸스 사람들에 의해 기록되었다. 아직까지도 히포크라테스 코드의 네 가지 핵심적인 도덕적 계율이 이어져 내려오고 있다.

전통
스승에 대한 존경, 그리고 다음 세대에게 지식을 전달해야 하는 의무

생명의 소중함
환자에게 최상의 의학적 도움을 제공할 것. 그리고 환자가 요청을 하더라도 절대 독을 주지 말 것(원래는 낙태 수술 금지도 들어 있었다.)

환자의 비밀 보호
환자의 동의 없이 제삼자에게 환자의 상태에 대해 말하지 말 것

존경
환자와의 친밀한 관계를 경계할 것

사회적, 과학적 발전으로 인해 오늘날의 의사들은 점차 증가하고 있는 수많은 과제들을 떠안고 있다. 낙태 수술은 여전히 사회적, 윤리적, 법적 문제로 남아 있다. 또한 극심한 고통을 호소하는 환자에 대한 안락사 논의는 도덕적 관점 또는 의료 기술의 발전과 더불어 팽팽히 긴장 속에 놓여 있다. 최근에는 유전자 확인에 관한 혁신적인 기술에 대해 많은 사람들이 혼란스러워하고 있다. 특히 인간을 대상으로 한 유전공학은 의학 분야의 뜨거운 쟁점으로 남아 있다.

새로운 기술

컴퓨터 기술의 발전으로 오늘날 의학은 프린터 기술을 응용한 장비modified ink-jet printer가 인체 조직을 배양하는 단계로까지 발전하였다. 그리고 컴퓨터 분석 시스템을 통해 동물의 청각, 시각 기능을 연구함으로써 이러한 기능에 장애를 가진 사람들을 위해 손상된 조직을 재생하는 의료 서비스를 제공하고 있다. 게다가 최근 이루어지고 있는 DNA 관련 실험들을 보면 신체 기관 재생 기술이 더 이상 공상과학 속 얘기가 아니라 곧 다가올 과학적 현실임을 보여주고 있다.

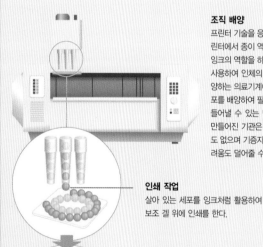

조직 배양
프린터 기술을 응용한 장비는 실제 프린터에서 종이 역할을 하는 보조 겔과 잉크의 역할을 하는 살아 있는 세포를 사용하여 인체의 조직이나 기관을 배양하는 의료기계이다. 이제 자신의 세포를 배양하여 필요한 신체 기관을 만들어낼 수 있는 단계에 있다. 이렇게 만들어진 기관은 거부 반응의 문제점도 없으며 기증자를 기다려야 하는 어려움도 덜어줄 수 있다.

인쇄 작업
살아 있는 세포를 잉크처럼 활용하여 보조 겔 위에 인쇄를 한다.

준비 완료
보조 겔을 제거하면 세포들은 특정한 조직을 형성한다. 이러한 방식으로 신체 기관을 완성할 수 있다.

3-D 구조
세포층과 보조 겔 층을 번갈아 쌓고 있다.

부착식 센서
옷에 부착된 센서는 맥박, 전도율, 호흡, 땀 속의 전해질 등을 체크하여 건강 상태를 수시로 알려준다. 그리고 체크된 데이터들은 의료센터로 곧바로 전송되어 그 환자의 건강 상태 및 위치를 알려준다. 이를 통해, 의료기관은 그 환자의 전반적인 건강 상태를 점검할 수 있으며 심각한 부상을 당한 경우 응급치료를 위해 활용할 수 있다.

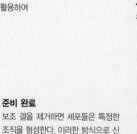

센서
천연섬유와 전해질 섬유로 만든 옷

데이터 전송
위성을 통해 의료센터로 데이터를 전송

데이터 수집
내장된 프로세서가 데이터를 수집하고 위성으로 전송

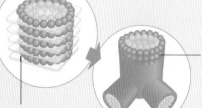

다빈치 로봇

정교하고 미세한 수술을 위해 최근 로봇을 활용하는 사례가 증가하고 있다. 로봇을 활용하면 정확하고 폭넓은 움직임이 가능하고, 초소형 카메라를 수술 부위에 삽입하여 3D 영상으로 확인할 수 있는 장점이 있다. 물론 의사가 직접 조정을 해야 하지만 자동기술의 놀라운 발전으로 수술 시 일어날 수 있는 실수를 미리 예방해 나가고 있다.

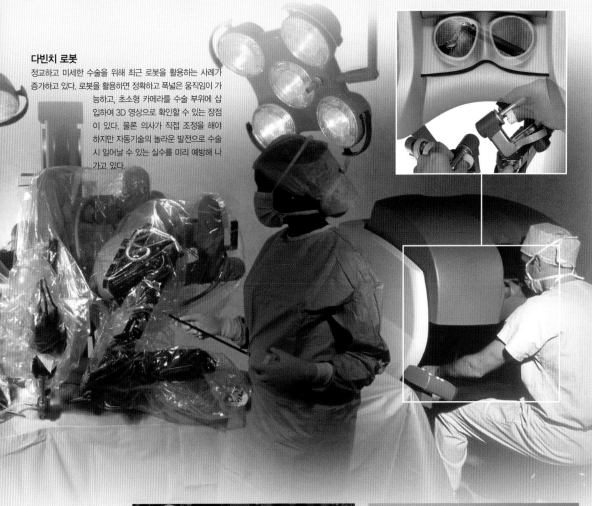

전쟁 중 의료 지원

전쟁터에서 부상을 당한 군인들을 신속하게 치료하는 과정에서 역사적으로 수많은 의학적 혁신들이 등장했다. 미래에는 원격 로봇 수술팀이 부상당한 군인들을 치료하고 후송하는 역할을 담당하게 될 것이다. 1957년 출판된 로버트 하인라인Robert Heinlein의 공상과학 소설, 『Starship Troopers』에 등장하는 기계의 이름을 따라 지은 '트라우마 포드trauma pods' 라고 하는 의료팀은 부상병의 생명을 좌우하는 '황금시간(부상 후 한 시간)' 이내에 자동화된 치료를 목적으로 하고 있다. 그리고 화상 부위에 직접 뿌리는 스프레이, 혈액을 응고시키는 파우더, 출혈 방지용 약품이 주입된 전투복(실제 전투에서 출혈 과다가 사망 원인의 50%를 차지한다)과 같은 새로운 발명품들도 쏟아져 나오고 있다. 최근 이러한 제품들은 제한적이지만 실전에 사용되고 있다.

부상 부위에 사용하는, 휴대가 가능한 마취 장비 역시 개발 중에 있으며 초음파를 주사하여 부상 위치를 파악하는 조영 장비도 나와 있다. 그리고 전투복에 부착된 센서를 통해 부상 정도를 의료팀에게 원격으로 알려줄 수도 있다. 이러한 신호를 받은 의료팀은 부상 정도에 따라 의료 지원을 제공한다.

생체 신호

의료센터는 데이터들을 분석하고 응급상황 신호가 발생하면 인력을 즉시 파견한다.

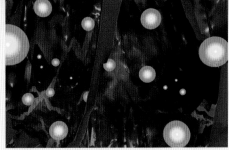

나노 기술

오늘날 나노(1나노미터는 10^{-9}미터이다) 규모의 치료 기술이 점차 발전하고 있으며, 조만간 일반적인 치료 방법으로 자리를 잡을 것으로 보인다. '나노셸nanoshell' 혹은 '버키볼buckyball' 이라고 하는 아주 미세한 분자 공을 사용하여 신체 특정 부위에 약물을 투여하고 시술을 하는 방법이 등장하고 있다. 특히 이 방법은 암세포에 직접 약물을 전달해야 하는 화학요법에 많은 도움을 줄 수 있다. 이 기술을 사용하면 정상세포를 건드리지 않기 때문에 부작용을 최소화할 수 있다는 장점이 있다. 그리고 나노 튜브를 통해 만든 '나노 세포지지체nanoscaffolds' 는 신경조직과 같은 손상된 조직을 재생하기 위한 받침대로 활용하고 있다.

뇌파 해석

고양이의 뇌에 전극을 삽입하는 실험을 통해 개발한 신호 감지 기술은 오늘날 흐릿한 이미지를 재생할 수 있는 치료 단계로까지 발전하였다. 시신경 바로 뒤에 있는 피질에서 감지한 신호는 '선형 해독 기술linear decoding technology' 을 통해 분석할 수 있다. 이러한 방식과는 거꾸로, 카메라로 찍은 이미지를 뇌가 인식할 수 있는 신호로 변환하여 시각 피질로 전송하면 맹인도 앞을 볼 수가 있다. 오늘날 시각 피질을 활성화시키기 위해 수학적인 방식으로 알고리즘을 연구하는 작업이 한창이다. 조만간 이 기술을 통해 다른 사람의 꿈과 생각을 눈으로 '볼 수' 있을지도 모르겠다.

트라우마 포드

트라우마 포드가 부상병의 상태를 점검하고 있다. 그리고 후송을 위해 부상병의 위치를 고정시키고 있다.

코드는 우리를 어디로 데려가고 있을까

세상을 이해하기 위해 코드 언어를 찾아내고 그 결과물을 이용하려는 인류의 전략은 아주 놀라운 일이었다. 아직도 많은 사람들은 '디지털 혁명'이 이제 시작 단계에 들어섰다고 생각하고 있다. 다양한 분야에서 눈부신 발전이 이루어지고 있으며 무어의 법칙(272쪽 참조)에 따르면 컴퓨터의 성능은 2년마다 두 배로 향상될 것이다. 수십 년 동안 전화, 카메라, 자동차, 음향 시스템, 텔레비전, 그리고 무엇보다 PC 분야에서 큰 발전이 이루어지고 있다. 특이한 사람이 아닌 이상, 20년 전으로 돌아간다면 모든 것이 불편해질 것이다. 이러한 발전에는 과연 한계가 있을까? 실리콘 회로에 들어갈 수 있는 트랜지스터의 수에는 분명 한계가 있다. 하지만 이 한계를 딛고 마이크로프로세서가 등장했으며, 이로 인해 수십 년 동안 컴퓨터 성능이 급속하게 발전하였다. 그러나 과열 현상과 한정된 공간의 문제는 또 다른 장벽으로 발전의 길을 막고 있다. 이제 뭔가 새로운 것을 찾아야 할 시간이 온 것이다.

양자 컴퓨터

향후 가장 전망 있는 분야로 양자 및 양자 역학의 가능성에 대한 연구를 들 수 있다. 아주 작은(원자 또는 아원자 정도) 입자의 세계에서는 일반적으로 사물을 지배하는 물리학의 법칙이 사라져버린다. 양자 역학의 세계에서 아원자는 입자이면서 파동이고 물질이면서 또한 에너지이다. 최근 과학자들은 저장 용량과 프로세싱 속도를 획기적으로 개선하기 위해 입자와 파동의 이중성을 활용하는 방법을 모색하고 있다. 이것이 현실화된다면 수백 년 걸릴 과제를 몇 초 안에 해결할 수 있을 것이다. 그러나 완전한 기능을 가진 양자 컴퓨터를 개발하기 위해서는 넘어야 할 산들이 많이 있다. 최근 양자 정보를 '송수신'하기 위해 아인슈타인이 "원거리 유령 작용spooky action at a distance"이라고 언급한, 그리고 '양자적 얽힘entanglement'이라고도 불리는 양자 효과에 대한 연구가 이루어지고 있다. 이러한 연구는 양자 계산 및 데이터 암호화에서 중요한 의미를 갖고 있으며, 향후 완벽하게 안전한 데이터 전송을 실현하게 될 것이다.

DNA의 활용

오늘날 새로운 유형의 컴퓨터에 대한 비전은 무한대에 가까운 성능, 그리고 슈퍼컴퓨터(270쪽 참조)도 구현하지 못하는 엄청나게 빠른 처리 속도를 제시하고 있다. 예를 들어, 500g의 DNA 속에는 현존하는 컴퓨터의 모든 데이터의 합계보다 더 많은 정보가 들어있다. 게다가 DNA는 아주 풍부하며 비싸지도 않다. 컴퓨터 기술에 DNA를 활용할 수만 있다면 앞으로 컴퓨터는 기존의 선형 방식이 아니라 수많은 데이터를 동시에 처리하는 병렬 방식으로 바뀌게 될 것이다. 속도는 빨라지면서도 크기는 작아질 것이다. 빗방울 크기의 컴퓨터가 오늘날 가장 빠른 컴퓨터의 성능을 넘어설 수도 있을 것이다. 또한 다양한 화학 물질의 화학 반응으로 작동하는 기술과 관련된 많은 아이디어들이 쏟아져 나오고 있다.

하늘을 나는 자동차

수많은 공상과학 이야기 속에 등장하고 있는 하늘을 나는 자동차는 과연 실현될까? 최근의 연구에 따르면 20년 안에 시장에 나올 것이라고 한다. 초기적인 형태의 개인용 수직 이륙 장치는 이미 출시되어 있다. 여기서 문제는 제어 기술에 있다. 그러나 최근 컴퓨터 모델링, GPS, 3D 위치 프로그램 등을 활용한 해결책들이 등장하고 있다.

디지털 전쟁

많은 국가들이 방위 산업에 엄청난 예산을 퍼붓고 있기 때문에 군사 시스템은 항상 최첨단 기술 수준을 보여주고 있다. 가끔 실제로 개발된 최첨단 무기가 공상과학 속 장면보다 더 이상해 보일 때도 있다. 아래 이미지는 새로 나온 F-35(3군 통합 전투공격기, Joint Strike Fighter) 조종사 헬멧이다. 오늘날 전투기 조종사는 최첨단 기술을 기반으로 예전에는 불가능했던 새로운 제어 기술을 발휘하고 있다. 아래의 세부적인 기능 외에도 조종사는 외부에 장착된 디지털 카메라를 사용하여 비행기의 측면, 위, 아래, 뒤 모든 방향을 확인할 수 있다.

양쪽 투사기
헬멧 내부 화면에 빔을 쏘아 이미지를 보여준다.

음성 신호
조종사는 음성으로 대부분의 디지털 장비들을 조정할 수 있다.

데이터 케이블
이 케이블을 통해 디지털 정보를 받고 명령을 전달한다.

산소 공급
고압력 산소 공급 시스템

이어폰
전파 메시지를 수신하고 전투기에 장착된 컴퓨터 제어 시스템을 통해 음성 정보들을 종합적으로 관리해 준다.

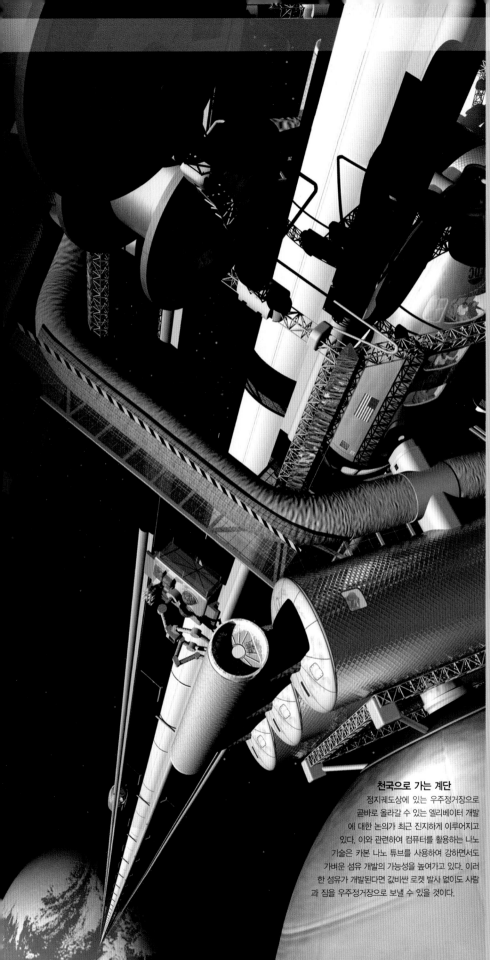

매트릭스 속으로

앞으로는 원자적 차원에서 작동하는 프로세서를 탑재한 엄청나게 빠르면서도 작은 컴퓨터들이 일상용품이나 피부에 삽입되어 양자 네트워크를 통해 신호를 주고받을 수 있는 환경을 제공하게 될 것이다. 크기도 작아지고 생산 비용도 낮아지면서 RFID 기술처럼 마이크로프로세서가 점차 일상용품 속으로 들어가고 있다. 그리고 wi-fi 및 광대역 장비를 기반으로 이러한 초소형 컴퓨터들은 자기들끼리 동시에 정보를 주고받을 것이다. 또한 인터넷을 통해 스스로 정보들을 수집할 것이다. 예를 들어, 잔디 스프링클러는 일기예보 자료들을 수집하고, 어린이 옷들은 부착된 GPS 시스템을 통해 위치를 알려줄 것이다. 그리고 약품 보관 캐비닛은 약의 종류를 자동으로 점검해서 함께 복용하면 안 되는 약에 대한 정보를 알려줄 것이다. 또한 음식물을 담는 용기는 요리 방법에 관한 지침을 제공할 것이다.

이러한 모든 변화는 앞으로 컴퓨터의 영역이 집과 사무실을 벗어나 아주 광범위한 공간으로 확장될 것임을 의미하는 것이다. 단말기는 착용 가능한 크기, 가령 손목시계나 머리띠에 삽입될 수 있을 정도로 작아질 것이다. 이러한 초소형 컴퓨터들은 인터넷 환경을 기반으로 우리들에게 뉴스와 정보를 지속적으로 제공하고 우리가 있는 지역 정보와 환경을 알려주게 될 것이다. 심지어 우리의 욕망과 생각을 눈치 챌 수도 있을 것이다.

플러그 인

두뇌 속에 들어가는 컴퓨터 인터페이스BCIs는 뇌의 전기적 활동을 분석하는 기술을 바탕으로 점차 발전해 나가고 있다. 이미 두뇌에 장착된 센서를 통해 생각만으로 컴퓨터 화면의 커서를 움직이고 메시지를 입력할 수 있는 기술이 개발되어 있다. 게다가 원숭이에게 로봇팔과 두뇌 센서를 장착하여 원숭이들이 스스로 로봇팔에 명령을 내릴 수 있는 훈련까지 시키고 있다. 또한 고양이의 뇌에 전극을 삽입하여 이를 통해 나오는 신호를 분석함으로써 고양이 눈으로 세상을 보는 실험도 하고 있다(277쪽 참조). 이제 인간은 기계와 결혼을 하여 인식 능력을 발전시키고 더욱더 건강해지고 필요한 정보를 쉽게 얻으면서 즐거움을 누리는 세상을 꿈꾸고 있다. 이 모든 것이 인터넷 환경을 기반으로 이루어질 것이다. 하지만 반대로 우리의 사생활은 그만큼 위협 받게 될 것이다. 당신이라면 뇌에 칩을 삽입하는 제안을 받아들일 것인가? 이러한 질문에 대한 해답은 우리의 문화에 달려 있다. 여러분은 이러한 발전이 바람직한 것이라고 생각하는가? 아니면 인간성을 말살시키는 악몽이 될 것이라고 생각하는가?

천국으로 가는 계단

정지궤도상에 있는 우주정거장으로 곧바로 올라갈 수 있는 엘리베이터 개발에 대한 논의가 최근 진지하게 이루어지고 있다. 이와 관련하여 컴퓨터를 활용하는 나노 기술은 카본 나노 튜브를 사용하여 강하면서도 가벼운 섬유 개발의 가능성을 높여가고 있다. 이러한 섬유가 개발된다면 값비싼 로켓 발사 없이도 사람과 짐을 우주정거장으로 보낼 수 있을 것이다.

용어해설

격자 Tabula recta/ tableaus

다중문자 치환 암호나 추론을 사용하기 위해 일반적으로 사용하는 암호화 도구. 특정한 단어나 절로 이루어진 격자의 가로와 세로축을 활용하여, 다양한 다중문자 치환 암호를 생성한다. 대표적인 것으로 비제네르 암호가 있다. 104~105쪽 참조.

그릴 Grille

원래 문장에 숨겨져 있는 의미를 드러나게 하는 도구. 일반적으로 그릴은 종이 또는 구멍 뚫린 카드 모양이다. 그릴을 원문 위에 놓으면 특정 문자나 글자만을 나타내서 숨겨진 비밀 메시지를 드러낸다.

다이아그램/ 다이아그래프 Diagrams/Diagraphs

일반적으로 나타나는 문자 또는 기호 쌍의 조합.

다중문자 치환 암호 Polyalphabetic substitution ciphers

원문의 문자, 숫자, 암호를 다양한 문자, 숫자, 글자로 치환하는 암호 체계

단일문자 치환 암호 Monoalphabetic substitution ciphers

원문의 글자, 숫자, 기호를 다른 글자, 숫자, 기호로 바꾸는 치환 암호 체계. 동음이자를 사용하지 않을 경우, 메시지의 길이는 변하지 않는다. 66, 74, 103쪽 참조.

대칭 열쇠 암호 Symmetric key cryptography

대부분의 근대 이전 암호 체계를 부르는 총칭. 보내는 이와 받는 이가 동일한 알고리즘과 열쇠를 갖고 있는 구조. 보내는 이의 암호화 과정을 거꾸로 해서 해독할 수 있다.

동음이자 Homophone

원문에서 반복적으로 등장하는 문자, 숫자, 기호를 대체하여 기록하는 문자, 숫자, 기호. 단일 알파벳 치환 암호에서 자주 등장하는 단어나 글자를 위장하기 위해 주로 사용한다.

디코드 Decode

코드 메시지를 원래 문장으로 변환하는 것.

분류법 Fractionation

원래 문장의 알파벳 글자들을 숫자 혹은 숫자의 그룹으로 변환하는 작업.

비대칭 열쇠 암호 Asymmetric key cryptography

서로 다른 두 개의 열쇠를 사용하여 메시지를 안전하게 전송하는 현대 암호 체계. 하나의 열쇠는 암호화를 위해, 나머지 하나는 해독을 위해 사용한다. 일반적으로 이를 '공개 키' 그리고 '개인 키' 라고 부른다. 대표적인 사례로 RSA와 PGP 시스템을 들 수 있다. 최근 디지털 방식의 커뮤니케이션 및 온라인 거래에 많이 이용되고 있다. 274~275쪽 참조.

삼자명 Trigrams/ Trigraphs

the 또는 ing와 같이 영어에서 자주 등장하는 일련의 세 자리 알파벳.

스테가노그래피 Steganography

암호화가 아닌 다른 방식으로 메시지를 숨기거나 위장하는 방법.

아나그램 anagram, **글자 교환**

원문의 단어나 문장 속의 글자 배열을 바꾸어 다른 단어나 문장으로 만드는 단순 치환 암호. 66쪽 참조.

아스키 ASCII

미국 정보교환 표준코드American Standard Code for Information Interchange. 문자를 이진수 형태의 숫자로 변환하기 위해 널리 사용되는 시스템. 273쪽 참조.

안내인 Nomenclator

반복하여 등장하는 문자, 숫자, 기호, 단어들을 동음이자를 사용하여 치환하는 단일문자 치환 방식의 조합.

70~71, 74~75, 106~107쪽 참조.

알고리즘 algorithm
원래의 문장을 암호문으로 바꾸는 시스템의 총칭. 알고리즘은 실제로 열쇠와 함께 실질적인 형태로 활용된다. 66쪽 참조.

암호 Cipher
의미를 숨기기 위해, 원문 글자, 숫자, 기호들을 다른 글자, 숫자, 기호로 변환하는 시스템.

암호문 Ciphertext
원래 문장을 암호화 한 것.

암호 알파벳 Cipher alphabet
알파벳을 치환하여 암호를 만들기 위한 매개 글자. 주로 문자나 숫자를 배열한 형태를 띠고 있다.

암호 작성 Cryptography
메시지의 의미를 위장하는 작업. 또는 암호화 시스템을 개발하거나 개선하는 활동.

암호 작업 Encryption
알고리즘을 사용하여 원래 문장을 암호문으로 변환하는 절차.

암호학 Cryptology
코드 메시지와 비밀 기록을 연구하는 학문.

암호 해독 Decipher
암호 체계를 사용하여 암호문을 원래의 문장으로 되돌리는 것.

암호화 Encipher
원래 문장을 암호문으로 변환하는 작업.

열쇠 Key
알고리즘과 함께 암호화 및 해독 작업을 가능하게 하는 암호의 한 요소. 알고리즘을 실제로 사용하기 위해서는 열쇠가 반드시 필요하다. 가장 널리 알려진 비제네르 암호에서처럼, 다중문자 치환 암호 방식을 사용하기 위해 단어 또는 문장 형태(가끔 아주 긴 문장을 사용하기도 한다)의 열쇠와 함께 격자를 사용하기도 한다. 104쪽 참조.

원래 문장 Plaintext
암호화하기 전, 혹은 해독한 이후의 메시지

일회용 암호표 One-time pad
오직 한번만 사용하는, 암호책의 형태로 된 무작위 열쇠. 암호책을 가지고 있지 않으면 제삼자는 해독을 할 수 없다.

자리바꿈 암호 Transposition ciphers
원문의 문자를 재배열하여 암호화하는 방법. 자리바꿈 암호에는 아나그램과 레일펜스가 있다. 66쪽 참조.

전자서명 Digital signature
일반적으로 비대칭 열쇠 암호를 사용하여 디지털 메시지를 인증하는 방식.

책 암호 Book cipher
암호의 열쇠가 매우 긴 암호. 열쇠로 성경책이나 미국의 독립선언문과 같은 책을 사용한다.

코드화 Encode
원래 문장을 코드 메시지로 변환하는 작업.

하위 언어 Cryptolect
문자보다는 음성언어의 형태로 존재한다. 특정 집단 내에서 비밀 의사소통의 수단으로 사용되었다. 은어, 속어, 코크니 등이 여기에 해당한다. 99, 128~129, 132~133, 134~135, 146~147쪽 참조.

해독 Decrypt
암호 해독 또는 디코드 작업.

찾아보기

The publisher would like to thank the following for their kind permission to reproduce their photographs.

Key: (a-above; b-below/bottom; bg-background; c-center; f-far; l-left; r-right; t-top)

akg-images: 42tl, 52-53c, 56-57bc, 58tl, 58c, 86-87c, 114cla, 164-165bg, 179tr, 185c, 194br, 232bc; Elie Bernager 59br; Bibliothèque Nationale, Paris 59tl, 104tl, 160tl, 160bl; Collection Archiv für Kunst & Geschichte, Berlin 112-113bc; Erich Lessing 61l, 64b, 186br, 190bl; Musée du Louvre, Paris/Erich Lessing 43clb; Museo Nazionale Archeologico, Naples/Nimatallah 102-103bc; Postmuseum, Berlin 162br; Ullstein Bild 114bc; Victoria & Albert Museum, London/Erich Lessing 201tl.
Alamy: blickwinkel 14fclb; Mike Booth 209cbr; capt.digby 152tl; Classic Image 74br; Phil Degginger 159ca; Javier Etcheverry 19tr; Mary Evans Picture Library 9bc, 47t, 53tr, 58br, 65tr, 72tl, 73bl, 80tl, 97cb, 109tr, 114cr, 124bl, 172-173bc, 197cr, 260tl; Mark Eveleigh 15ftl; Tim Gainey 182b; Duncan Hale-Sutton 95crb; Dennis Hallinan 77tc, 194tl; Nick Hanna 205bl; Peter Horree 264tr; INTERFOTO Pressebildagentur 21tl, 49tc, 73tr, 96tl, 110tl, 189bl; Steven J. Kazlowski 15br; Stan Kujawa 145tc; David Levenson 189tc; Jason Lindsey 188br; The London Art Archive 78tl, 265b; Manor Photography 179tl; Mediacolor's 208tl; Todd Muskopf 244c; Jim Nicholson 15tr; Photo Researchers 156tl; Photos12 204bl; Phototake Inc. 277clb; Pictorial Press Ltd 94bcl, 121br, 125ca; The Print Collector 20ca, 36tl, 55cbl, 70b, 91br, 113tc, 131cl, 189c; PYMCA 146c; Friedrich Saurer 167c; Sherab 187br; Ian Simpson 18-19c; Skyscan Photolibrary 74tl; Stefan Sollfors 188clb; Stockfolio 207ca; Amoret Tanner 224l; Don Tonge 91tc; Genevieve Vallee 15cr; Vario Images GmbH & Co. KG 275br; Mireille Vautier 157bl; Visual Arts Library, London 20br, 33tr, 33cl, 53cb, 172c, 197bc, 242tl; Dave Watts 175tc; Ken Welsh 186cla; Norman Wharton 45br; Tim E. White 120cla; Maciej Wojtkowiak 183tc; World Religions Photo Library 187bl, 187bcl; Konrad Zelazowski 15tc.
***Amhitheatrum Sapientae Aeternae*, by Heinrich Khunrath, 1606:** 52bl.
Apex News & Pictures: 155tr.
Courtesy of **Apple Computer, Inc.:** 98bc, 271br.
The Art Archive: 116clb, 120bl, 211tr; American Museum, Madrid 153c; Archaological Museum Chatillon-sur-Seine/Dagli Orti 102tl; Archaeological Museum, Chora/Dagli Orti 29tl; Archaeologica Museum Sousse, Tunisia/Dagli Orti 43tl; Archives de l'Académie des Sciences, Paris/Marc Charmet 158cb; Ashmolean Museum, Oxford 57tr; Bibliothèque des Arts Décoratifs, Paris/Dagli Orti 28tr; Egyptian Museum, Cairo/Dagli Orti 35cr; Egyptian Museum, Turin/Dagli Orti 20tl; Galerie Christian Gonnet, Louvre des Antiquaires/Dagli Orti 209cb; Heraklion Museum/Dagli Orti 28tl, 30-31; Jan Vinchon Numismatist/Dagli Orti 212tl; Musée Cernuschi, Paris 185br; Musée Condé, Chantilly/Dagli Orti 228tl; Musée du Louvre, Paris/Dagli Orti 46tl; Musée Luxembourgeois, Arlon/Dagli Orti 27cla; Museo della Civilta, Romana, Rome/Dagli Orti 42clb, 152br; Museum of Carthage/Dagli Orti 43cr; National Gallery, London/Eileen Tweedy 195tr, 195b; National Gallery, London/John Webb 196tl; National Maritime Museum/Eileen Tweedy 92-93c; Nationalmuseet, Copenhagen 189br; Dagli Orti 7fbl, 26c, 34bc, 45ca, 85c, 190tl, 196bl; Palenque Site Museum, Chiapas/Dagli Orti 36cra; Private Collection/Marc Charmet 188cra; Ragab Papyrus Institute, Cairo/Dagli Orti 152cl; Science Museum, London/Eileen Tweedy 84cra; Eileen Tweedy 93tc; Mireille Vautier 185cla; Victoria & Albert Museum, London/Sally Chappell 74cla; Laurie Platt Winfrey 85tl.
Philippa Baile: 206tl.
The Bridgeman Art Library: Bonhams, London 198cbl; Centre Historique des Archives Nationales, Paris/Giraudon 49br; Chartres Cathedral 193cra, 193br; Fondazione Giorgio Cini, Venice 82cl; Vadim Gippenreiter 43bc; Look and Learn 257tr; Oriental Museum, Durham University 180bc; Prado, Madrid 242bl; Private Collection 54clb, 210tl; Royal Geographical Society, London 164tl, 164bl; Santa Sabina, Rome 43br; St Paul's Cathedral Library, London 210cr, 210b; Victoria & Albert Museum, London 181t; The Worshipful Company of Clockmakers' Collection, UK 153bc.
Corbis: 6br, 120-121bc, 123tr, 123c, 187t, 214tl; The Art Archive 224tl, 246cl; Asian Art & Archaeology, Inc. 130clb; Alinari Archives 76-77b; Richard Berenholtz 206-207bc; Bettmann 9fbl, 56tl, 77br, 78-79bc, 104b, 124br, 129cr, 134bl, 134-135c, 138clb, 170tl, 179bl, 228-229c, 232bl, 243tl, 264bl; Stefano Bianchetti 148c; Tibor Bognár 226-227c; Andrew Brookes 6fbl, 175bl; Christie's Images 82-83c, 172tl, 200bc; Dean Conger 192bl; Ashley Cooper 220-221c; Gérard Degeorge 186cr; Marc Deville 106-107c; DK Ltd 95tc; EPA 6bl, 246-247bc; Robert Essel NYC 174tl; Kevin Fleming 7br, 38-39c; Michael Freeman 184-185c, 209br; Rick Friedman 248tl; Gallo Images 14tr; Historical Picture Archive 111tc; Angelo Hornak 5br, 192-193c; Hulton-Deutsch Collection 132-133b, 133tc, 254-255tc; Kim Kulish 270bl; Massimo Listri 194cr, 218bl; Araldo de Luca 24cr; Maritime Museum, Barcelona/Ramon Manent 166c; Francis G. Mayer 209l; Gideon Mendel 7fbr, 131bc; Ali Meyer 128-129b; David Muench 18bl; Robert Mulder 45bc; Kazuyoshi Nomachi 22-23b; Charles O'Rear 208bl; Gianni Dagli Orti 20bl, 23c, 234tl; Papilio/Robert Gill 15tl; Steve Raymer 204-205bg; Roger Ressmeyer 119tr; Reuters 173ca; Reuters/Mike Mahoney 148bl; Reuters/Guang Niu 25tr; Reuters/Mike Segar 207tr; H. Armstrong Roberts 261bg; Royal Ontario Museum 209cb; Tony Savino 207tl; Stapleton Collection 57tc, 66-67c; Swim Inc. 2, LLC 122tl, 219tr; Sygma/Denver Post/Kent Meireis 139tr; Sygma/Franck Peret147tr; Sygma/Gaylon Wampler 274cb; Atsuko Tanaka 147tl; Penny Tweedie 19br; TWPhoto 131tr; Underwood & Underwood 16br; Werner Forman Archive 68bl, 186bc, 188tr; Adam Woolfitt 185cl; Michael S. Yamashita 249tc; Zefa/Howard Pyle 147bl; Zefa/Guenter Rossenbach 166tl; Zefa/Christine Schneider 224bc.
***Dogme et Rituel de la Haute Magie*, by Levi Eliphas, 1855:** 44-45c.
Mary Evans Picture Library: 32br.
Eric Gaba: 168tl.
Getty: 175br; AFP 156-157bc, 157br; AFP/Frederic J. Brown 226tl; AFP/Alastair Grant 230-231tc; AFP/Stephane de Sakutin 279br; AFP/Yoshikazu Tsuno 279cr; De Agostini Picture Library 200-201bg; Aurora/David H. Wells 183br; Aurora/Scott Warren 17br; Tim Boyle 265cla; The Bridgeman Art Library/Art Gallery and Museum, Kelvingrove 75bl; The Bridgeman Art Library/Bibliothèque Nationale, Paris 106tl; The Bridgeman Art Library/Instituto da Biblioteca Nacional, Lisbon 27br; The Bridgeman Art Library/National Museum of Karachi, Pakistan 4br, 20cb; The Bridgeman Art Library/Private Collection 5bl, 90cl, 234bl; The Bridgeman Art Library/Royal Geographical Society, London 163br; The Bridgeman Art Library/Stapleton Collection 25bc; Paula Bronstein 9bl, 227tr; Katja Buchholz 146tr; Matt Cardy 148-149c; CBS Photo Archive 263cb; Central Press 135tr; Evening Standard 118b; Christopher Furlong 50clb, 50bc, 50-51tc, 51cr; Cate Gillon 154r; Tim Graham 14clb, 128tl, 230bc; Henry Guttmann 229tc; Dave Hogan 55bl; Hulton Archive 29tr, 81br, 113tr, 205tc, 231bc, 233br; Hulton Archive/Horst Tappe 255tr; IDF 213bl; Image Bank/Ezio Geneletti 262-263c; Image Bank/Martin Puddy 98-99bc Imagno 60br, 191l, 233tc; Kean Collection 260clb; Keystone 235tr, 255bl; London Stereoscopic Company 132tl, Lonely Planet Images/Chris Mellor 32l; Haywood Magee 262c; Ethan Miller 218-219bc; Minden Pictures/Ingo Arndt 171tra, 171trb; Minden Pictures/Michael & Patricia Fogden 249cb, 249b; Minden Pictures/Mark Moffett 249tr; Michael Ochs Archive 94bcr; NEC 270-271c; Panoramic Images 8br, 144-145b; Photographer's Choice/Marvin E. Newman 16-17bg; Photographer's Choice/Bernard Van Berg 125tr; Picture Post/Bert Hardy 222cla; Popperfoto 122-123; Sportschrome/Rob Tringali 222-223c; Stone/Paul Chelsey 146bc; Stone/Frank Gaglione 240-241c; Stone/Jason Hawkes 6fbr, 64-65bg; Stone/Arnulf Husmo 96-97c; Stone/Nicholas Parfitt 13bg; Stone/Stephen Wilkes 144-145tc; Stone/Art Wolfe 13br; Taxi/Christopher Bissell 274-275c; Taxi/FPG 173tl; Taxi/Elizabeth Simpson 98-99tbg; Time & Life Pictures 79tr, 108b, 121tc, 247br, 268tl; Time & Life Pictures/Dorothea Lange 136-137; Roger Viollet 94-95c; Ian Waldie 175tr; Mark Wilson 125bc.
Prof. Jochen Gros/www.icon-language.com: 239br.
Helsinki University Library: 244tl.
Amelia Heritage: 206bl, 225tr, 255tr.
Image courtesy **History of Science Collections, University of Oklahoma Libraries**; copyright the Board of Regents of the University of Oklahoma: 84tl.
***Identification Anthropométrique*, by Alphone Bertillon, 1914:** 138c.
Courtesy of **IKEA:** 239cb.
© 2008 Intuitive Surgical Inc.: 277tc, 277c.
IOC/Olympic Museum Collections: 239cla.
iStockphoto.com: 12tl, 24-25bg, 36-37b, 61br, 91tr, 178c, 224c, 241crb, 245br, 272bc, 273bl; Adrian Beesle 178bl; Nicholas Belton 68-69bg; Daniel Bendjy 212cb; Anthony Brown 9fbr, 247cra; Mikhail Choumiatsky 90-91c; Lev Ezhov 273bc; Markus Gann 152bl; Vladislav Gurfinkel 200ca; Uli Hamacher 272tl; Clint Hild 69tr; Eric Hood 218tl; Hulton Archive 226clb; Gabriele Lechner 272-273bc; Arie J. Jager 211c; Sebastian Kaulitzki 276-277bg; Mark Kostich 248bc; Matej Krajcovic 152-153bg; Arnold Lee 8bl, 240tl; Tryfonov Levgenii 68bc; Marcus Lindström 140bg; Susan Long 98tl; Robyn Mackenzie 213tr; José Marafona 49tr; David Marchal 262-263tbg; Roman Milert 5fbl, 243cla; Vasko Miokovic 210-211bg; S. Greg Panosian 179tc; Joze Pojbic 251tr; Heiko Potthoff 106bl; Achim Prill 12bg; Johan Ramberg 149tr; Stefan Redel 240cra; Amanda Rohde 158br; Emrah Turudu 213c; Smirnov Vasily 256-257c; Krzysztof Zmij 273tr.
Susan Kare LLP: 239cr.
The Kobal Collection: A.I.P. 173tr; Artisan Ent 256clb; Bunuel-Dali 235br; MGM 273tc; Paramount 251crb; Warner Bros 263tr.
Library of Congress, Washington, D.C.: 61tr, 84bl, 84-85b, 112tl, 260cr, 261tr; Edward S. Curtis 258-259t.
***Light for the Blind*, by William Moon, 1877:** 243cra.
Musée Condé, Chantilly: 46bc.
Musée du Louvre, Paris: 34tl.
Museo Nazionale Archaeologico, Naples: 103tl.
Muséum des Sciences Naturelles, Brussels: 26tl.
Museum of Natural History, Manhattan: 169cr.
National Archives, London: 75cra.
National Portrait Gallery, London: 74tr.
NASA: 250bc; ESA and H.E. Bond (STScl) 250tl; ESA and J. Hester (ASU) 250-251bg; JPL 164br, 251bla, 251blb; MSFC 279l.
Courtesy of the **National Security Agency:** 84cb., 85crb, 119tc, 125tc.
Photo12.com: ARJ 199; Pierre-Jean Chalençon 110-111c.
Photolibrary: AGE Fotostock/Esbin-Anderson 227br; Jon Arnold Images 48bc; Jon Arnold Travel/James Montgomery 39br; F1 Online 28-29bc; Garden Picture Library/Dan Rosenholm 168bl; Robert Harding Travel/David Lomax 166-167c; Hemis/Jean-Baptiste Rabouan 64br; Imagestate/Pictor 265tc; Imagestate/The Print Collector 156bl; Pacific Stock/John Hyde 248-249tc; Franklin Viola 38bl.
***Philosophiae Naturalis Principia Mathematica*, by Sir Isaac Newton, 1687:** 156ca.
Private Collection: 22tl, 42bc, 47b, 54r, 55tc, 56bl, 60cr, 64cr, 65tl, 73br, 87tc, 94c, 97bl, 102cl, 107cb, 115cl, 115br, 116cbl, 117bc, 124tl, 129tl, 134tl, 139b, 158tl, 162-163tc, 164cra, 164crb, 165, 168c, 173br, 196br, 197tl, 197c, 201tr, 201bc, 206tr, 212tr, 212clb, 232br, 234-235bc, 238cr, 238bc, 254tl, 254bl, 260bl, 264tl, 264cr, 269crb, 271tc, 271tr, 272cb.
Antonia Reeve Photography: 51bl.
***Relación de las Cosas de Yucatán*, by Diego de Landa, 16thC:** 37tl.
Rex Features: 278bl; Greg Mathieson 65c; Sipa Press 147br; Dan Tuffs 277crb.
Tony Rogers: 96bl.
Royal Swedish Academy of Sciences: 168br.
Science and Society Picture Library: 117r, 119tl, 119cl, 152cr, 268bc, 268-269c, 269tc, 269tr, 269c, 271tc, 271cr.
Science Photo Library: 116tl.
SETI League Photo: Used by Permission 251tc.
SRI International: Image courtesy of DARPA and XVIVO 277br.
Still Pictures: Andia/Zylberyng 179br; Biosphoto/Gunther Michel 184tl; The Medical File/Geoffrey Stewart 171bc; Ullstein/Peters 185tl; Visum/Wolfgang Steche 167br; VISUM/Thomas Pflaum 278tl; WaterFrame.de/Dirscherl 221tr.
Caroline Stone: 7bl, 9br, 198cbr, 201cl.
Tim Streater: 64cl.
Telegraph Media Group: 86bl.
Louise Thomas: 14-15bc, 198tl.
Times of India: 87bc.
University of Pennsylvania: 154tl.
U.S. Air Force: 124-125c.
U.S. Government: 212br.
The U.S. National Archives and Records Administration: 115tc, 115cb.
Courtesy of **VSI:** 278br.
Werner Forman Archive: 32cr; Biblioteca Universitaria, Bologna 27tr; Haiphong Museum, Vietnam 180tr; Museum für Volkerkunde, Vienna 21tc; Museum of Americas, Madrid 153tc; National Gallery, Prague 180tl; National Museum, Kyoto 130cr.
John Wolff, Melbourne: 85tr.
Zodiackiller.com: 5fbr, 140cr, 141, 142-143.